本研究得到教育部人文社会科学重点研究基地重大项目资助
（项目批准号：07JJD770111）

中国社会科学院文库
历史考古研究系列
The Selected Works of CASS
History and Archaeology

 中国社会科学院创新工程学术出版资助项目

中国社会科学院文库 · **历史考古研究系列**
The Selected Works of CASS · **History and Archaeology**

道义与政治
—— 乾隆朝常平积贮养民研究

MORALITY AND POLITICS: A Study on Nourishing the
People by Ever-Normal Granary in Qianlong Dynasty

和卫国 著

中国社会科学出版社

图书在版编目（CIP）数据

道义与政治：乾隆朝常平积贮养民研究／和卫国著 .
—北京：中国社会科学出版社，2021.5
（中国社会科学院文库）
ISBN 978 - 7 - 5203 - 7829 - 1

Ⅰ.①道⋯　Ⅱ.①和⋯　Ⅲ.①粮食储备—研究—
中国—清代　Ⅳ.①F253 - 092

中国版本图书馆 CIP 数据核字（2021）第 022048 号

出 版 人	赵剑英
责任编辑	宋燕鹏
责任校对	冯英爽
责任印制	李寡寡

出　　版	中国社会科学出版社
社　　址	北京鼓楼西大街甲 158 号
邮　　编	100720
网　　址	http://www.csspw.cn
发 行 部	010 - 84083685
门 市 部	010 - 84029450
经　　销	新华书店及其他书店

印　　刷	北京君升印刷有限公司
装　　订	廊坊市广阳区广增装订厂
版　　次	2021 年 5 月第 1 版
印　　次	2021 年 5 月第 1 次印刷

开　　本	710×1000　1/16
印　　张	23
字　　数	358 千字
定　　价	128.00 元

凡购买中国社会科学出版社图书，如有质量问题请与本社营销中心联系调换
电话：010 - 84083683

《中国社会科学院文库》出版说明

　　《中国社会科学院文库》（全称为《中国社会科学院重点研究课题成果文库》）是中国社会科学院组织出版的系列学术丛书。组织出版《中国社会科学院文库》，是我院进一步加强课题成果管理和学术成果出版的规范化、制度化建设的重要举措。

　　建院以来，我院广大科研人员坚持以马克思主义为指导，在中国特色社会主义理论和实践的双重探索中做出了重要贡献，在推进马克思主义理论创新、为建设中国特色社会主义提供智力支持和各学科基础建设方面，推出了大量的研究成果，其中每年完成的专著类成果就有三四百种之多。从现在起，我们经过一定的鉴定、结项、评审程序，逐年从中选出一批通过各类别课题研究工作而完成的具有较高学术水平和一定代表性的著作，编入《中国社会科学院文库》集中出版。我们希望这能够从一个侧面展示我院整体科研状况和学术成就，同时为优秀学术成果的面世创造更好的条件。

　　《中国社会科学院文库》分设马克思主义研究、文学语言研究、历史考古研究、哲学宗教研究、经济研究、法学社会学研究、国际问题研究七个系列，选收范围包括专著、研究报告集、学术资料、古籍整理、译著、工具书等。

中国社会科学院科研局

2006 年 11 月

目　　录

1

绪　　论

《尚书·五子之歌》云："民惟邦本，本固邦宁。"①《尚书·大禹谟》言："德惟善政，政在养民。"②《汉书·郦食其传》称："王者以民为天，而民以食为天。"③寥寥数语，蕴含着深厚的民本思想，概括出了中国传统社会国家治理的基本规则。因此，能否充分关注民生，并通过休养生息、兴修水利、劝课农桑等各种屡试不爽的措施合理、有效地解决民生问题，成为确定政治合法性、维护统治稳定的根本命题之一，特别是能否解决天下子民的吃饭生存问题，更被视为国家治理中无可置疑的头等大事。进而言之，中国传统政治哲学是"把维持大众福利置于最优先的地位"，"正统"概念"也以养育人民及调节人民生活为前提"，"中国的统治是基于道德的意识形态"。④从这个层面看，实施养民所需要的粮食，已不仅仅是食物的主要组成部分，或经济范畴中的普通商品，而是被作为政府掌控下的重要战略资源，承载起了更多的现实政治意义，政府对粮食的积贮、管理、使用等行为也就成了"粮政"的重要内容。清代亦不例外，乾隆朝表现得尤为突出。

乾隆前期，高宗秉持"贮粟养民乃国家第一要务"⑤的理念，调动政

----

① 孔安国传，孔颖达正义：《尚书正义》卷7，上海古籍出版社2007年版，第264页。
② 孔安国传，孔颖达正义：《尚书正义》卷4，第126页。
③ 班固：《汉书》卷43，中华书局1962年版，第7册，第2108页。
④ ［美］王国斌：《转变的中国——历史变迁与欧洲经验的局限》，李伯重、连玲玲译，江苏人民出版社1998年版，第91页。
⑤ 《清高宗实录》卷61，乾隆三年正月庚午，中华书局1985年版。

治资源，在全国范围内推行常平积贮养民，通过政府掌控的常平仓大量储备粮食，以期实现养育天下子民的目的。这场大规模行政实践背后，其实包含着一种深层的政治隐喻，即天下子民需要由政府主动作为来养活，或者说，政府在养民问题上具有不可推卸的道义责任。所以，常平积贮养民既是政治问题，又是道义问题，具有了支持和强化清朝政权合法性的重大现实意义。① 但是，这种具有高度道义价值的常平积贮养民政治在全面推进之后，并没有按照高宗的美好预期前行，反而在与州县地方行政结合过程中，产生了种种弊端和问题。本书的研究即以此为出发点，希望通过对乾隆朝常平积贮养民政治的近距离观察，发现乾隆朝国家政治理念与地方行政关系发展演变的方方面面、虚虚实实，进而重新审视乾隆朝常平积贮养民政治的本质特征和基本要义，从而为人们认识清代传统政治和国家治理提供一个典型的案例或视角。

第一节　学术史回顾

研究乾隆朝常平积贮，涉及两个密不可分的主题，一是常平仓，二是粮食。由于本书属于政治史研究，以下将主要介绍探讨仓储、粮食与政治关系的相关著述，其他经济史研究成果仅作为参考，不再详细列举。②

民国时期，即有多位学者围绕历代仓储制度展开研究，并出版了一批学术成果，如郎擎霄的《中国民食史》，邓云特的《中国救荒史》，于佑虞的《中国仓储制度考》，冯柳堂的《中国历代民食政策史》等。

其中，郎擎霄在《中国民食史》一书中，对我国传统"民食政策"做出了详细的划分和定义：

---

① 曾小萍在分析清世宗打击前朝亏空和腐败时指出："在中国历史上哪位统治者不是喜欢涤尽前朝污垢，希望自己领导下的道德政治能够有一个崭新的开始呢？"（［美］曾小萍：《州县官的银两——18世纪中国的合理化财政改革》，董建中译，中国人民大学出版社2005年版，第75页）

② 在这些成果中，讨论较多的是清代粮价问题，参见全汉昇《中国经济史论丛》（中华书局2012年版）、彭凯翔《清代以来的粮价——历史学的解释与再解释》（上海人民出版社2006年版）、朱琳《清代淮河流域的粮价、市场与地方社会》（经济科学出版社2016年版）等。其中，朱琳一书对清代粮价研究成果进行了全面梳理，可资参考。

我国历代民食政策，大别之可分为四：生产政策、流通政策、调
剂政策及消费政策是也……流通政策：乃值歉收之岁，或移民就粟，
或移粟就民，以及禁止粮食输出等，以资补救。此其要旨也。调剂政
策：或积谷平粜，以防凶岁；或改变食物种类，以补粮食之不足；或
预防价格之暴涨，以保障人民生活之安全；此其要旨也。消费政策：
乃值战争之际，或歉收之年，举行食粮配给制，以及酿酒之限制及禁
止等，以防人民有缺食之虞，此其要要旨也。举此四者，则我国往昔
解决民食问题之策可谓备矣。①

冯柳堂在《中国历代民食政策史》中指出，"我国自大禹揭善政养民，及
《洪范》农用八政，食货为先，重农足食，遂为历代施政之纲要……水旱
无常，灾荒代有。因此公私经济以岁歉而有特感不安者，此'惟事事乃其
有备，有备无患。'而均输平准之税、常平仓储之制，所由兴也"。冯氏独
念 20 世纪 30 年代一些学子不识"言谷物原始，则盛道西方。常平制度，则
侈陈东瀛。数典忘祖，心窃耻之"，故而梳理历代民食政策，介绍农政、粮
政历代沿革，分析利弊得失，以期能够为人们的利用提供参证。其中具体阐
述了清代常平、社仓等各类仓储的运作及其发展演变，并介绍了包括保证粮
食流通、查禁囤积居奇、平粜米粮方法在内的各种粮食调节方式。②

20 世纪 80 年代以来，国内外出现了一批研究清代仓储和粮政问题的
厚重之作，值得特别关注的有五部著作，即王国斌、魏丕信等合作撰写的
《养民：1650—1850 年中国的仓储制度》③（以下简称《养民》），高王凌的
《十八世纪中国的经济发展和政府政策》④，邓海伦的《政府还是商人：
1740 年代中国的政治经济和政治过程》⑤（以下简称《政府还是商人》），
彭凯翔的《清代以来的粮价——历史学的解释与再解释》和吴四伍的《清

---

① 郎擎霄：《中国民食史》，《民国丛书》第 5 编第 24 册，第 2 页。

② 冯柳堂：《中国历代民食政策史》"编著大意"，商务印书馆 1993 年版。

③ Pierre-Étienne Will & R. Bin Wong, *Nourish the People: The State Civilian Granary System in China（1650 – 1850）*, Ann Arbor: The University of Michigan, 1991.

④ 中国社会科学出版社 1995 年版。

⑤ Helen Dunstan, *State or Merchant?: Political Economy and Political Process in 1740s China*, Harvard University Press, 2006.

代仓储的制度困境与救灾实践》①。

五部著作的研究各具特色。高王凌自 20 世纪 80 年代即已开始以"经济发展与政府政策"作为其清史研究的重点，于 1995 年出版《十八世纪中国的经济发展和政府政策》一书，2005 年修订后又以《活着的传统：十八世纪中国的经济发展和政府政策》为名由北京大学出版社再版。该书从发现人口问题入手，对 18 世纪清朝政府的农政、粮政、工业政策等进行了系统阐述。关于粮政，该书介绍了 18 世纪政府的新努力，分析了粮政运作中政府职权的扩大和干预的加强，全面考察了乾隆十三年前后关于米贵问题的大讨论与政府角色的反省和调整（参见下文）。

《清代以来的粮价——历史学的解释与再解释》将经济学与历史学研究相结合，展示了清代到当代粮价长时段的变动趋势和粮价指数，剖析了粮价变动中政府与市场的地位与作用，考察了人口、货币、气候、技术、制度等因素与粮价波动的结构性"约束"关系。该书通过"贮库"（存银）代替"贮仓"（存粮）表明的逐利动机的存在、大多数时期常平籴粜数量的有限性以及籴粜过程中定价的基础仍是时价等方面的综合分析，认为常平仓制度纵然存在很多操作性问题，却并不妨碍清代粮价的自由市场价格性质。

《清代仓储的制度困境与救灾实践》重点关注的是清代仓储由"以仓养仓"向"仓外养仓"的近代转型，特别是长元吴丰备义仓的经营管理、技术变革、救灾实践及其与江南社会的关系。为追本溯源，该书用大量篇幅阐述了乾隆朝常平仓、社仓、义仓的经营与管理，对常平仓经营的成本压力、经营利润、管理模式等进行了深入探讨，并分析了常平仓制度设计与实践之间的矛盾关系。该书指出，传统仓储经营的制度设计和具体运行存在着两个不同的景象。前者是仓储不仅能够获利丰厚，而且赈济社会、造福万民，而后者则是仓储不仅要承受粮食贮藏的巨大损耗，同时还要接受经营利润有限、风险不小的现实，因而整个仓储的经营效率低下。出现以上问题，则是由于官员主导管理、直接参与粮食市场交易所致。这些研究对于进一步认识乾隆朝常平积贮养民政治乃至整个清代的粮政问题都具有启发作用。

---

① 社会科学文献出版社 2018 年版。

　　《养民》与《政府还是商人》是目前清代常平仓研究中最为专业的两本著作。《养民》是一部优秀的常平制度史研究成果，对 1650—1850 年 200 年间常平仓制度的发展与衰落、运作中的结构问题进行了深入探讨，并对山东、湖南、云南、贵州等省做了个案分析，对清代仓储制度发挥的作用给予了积极评价。《政府还是商人》一书以乾隆前期粮食问题上究竟是政府还是商人来主导为线索，对清朝政府的行政过程进行了具体研究。① 该书针对以往大多关注乾隆十三年关于米贵问题讨论的重要性，而未能认识到争论是一个长期过程，重点对乾隆三年以来众多官员围绕常平积贮目标变动，以及由此引起的关于政府与市场在粮食调节中的角色和作用问题的持续讨论展开了研究，探讨了政府对待囤积者的微妙态度和举措，政府官员之间对国家干涉的批评、质疑和争论，特别是在常平积贮指标上政府如何认识并一步步让位于商人，从而实现了政府与商人的平衡发展等内容。该书对乾隆三年提出增贮计划到乾隆十三年讨论最终确定削减积贮指标的十余年间，各类官员通过奏报反映出的政治经济思想进行了详细介绍和分析，并将积贮指标从确定到调整、削减作为一个政治过程加以审视，从而描绘了较为完整的乾隆前期常平积贮发展轨迹，同时还建构了一种对乾隆前期粮食市场如何发挥作用的解释模式。② 可以说，《政府还是商人》与《养民》两部著作各有侧重，相得益彰，为进一步考察乾隆朝常平仓及粮食问题提供了重要参考，特别是《政府还是商人》更为本书的研究提供了许多线索和启示。

　　除以上五部著作之外，学者们围绕清代的仓储和粮食问题还发表了一系列学术论文，下面仅就与本书相关的研究成果分三个方面加以概要介绍。

　　一是关于常平仓和粮食问题的综述性文章。其中包括余新忠的《1980 年以来国内明清社会救济史研究综述》③，范瑞的《1980 年以来国内明清

---

　　① 该书认为，《养民》一书更多的是对常平仓制度演进的描述，而非对政策的讨论。(Helen Dunstan, *State or Merchant*？: *Political Economy and Political Process in 1740s China*, p. 151)

　　② Helen Dunstan, *State or Merchant*？: *Political Economy and Political Process in 1740s China*, p. 140.

　　③ 《中国史研究动态》1996 年第 9 期。

仓政史研究综述》①，黄兆宏、姚延玲的《近十年来清代社会救济问题研究综述》②，闫文博的《清代仓储制度研究述评》③ 等，为了解相关研究进展提供了参考。

二是关于常平仓的制度史研究成果。如张岩的《试论清代的常平仓制度》④，倪玉平的《试论清朝的常平仓》⑤ 等。此外，马丽、方修琦的《清代常平仓粮食储额的空间格局》一文，根据嘉庆《大清会典事例》和不同年代刊印的《户部则例》记载，结合有关人口、灾害数据，尝试对清代常平仓粮食储额的空间格局进行研究，认为康雍时期，各地常平仓粮食储额的确定，依据地区规模和人口数量，较为简单和整体划一；乾隆以来，常平仓储额在空间分布上呈现东部和西北地区高、中部和西南地区低的格局。它的形成受到了人口数量、受灾情况、地理条件、区域脆弱性和政治、军事等因素影响，具有一定合理性。⑥

三是关于粮食调控和粮食流通问题的研究。此类研究成果较多，仅举数例。陈桦的《论清康雍乾时期的粮食流通政策》一文，介绍了康乾时期清朝政府鼓励和保护民间贩运粮食的政策，包括减免粮食商品税、禁止地方官遏籴、严禁米商囤积居奇、严禁粮食外运出洋、打击地方劣绅及不法牙行欺诈商贩行为，此外政府还致力于粮食市场开发，开放东北米禁，吸引外国粮商来华贸易。清朝政府还利用国家经济力量和行政权力直接参与流通，如临时性粮食调运等，促进粮食转输，以赈济灾荒、平抑粮价、充实仓储。⑦ 唐文基的《乾隆时期的粮食问题及其对策》一文，梳理了乾隆朝政府应对粮食问题的主要对策，即关心农业，重视粮食生产；普免钱粮，以散财于下，促进农业生产；减少国家粮储，通过平粜以控制粮价；鼓励商人长途贩卖粮食，严禁囤积居奇；鼓励粮食进口，禁止粮食出口。该文对乾隆十三年围绕粮价上涨问题的讨论进行了简要介绍和分析，指出

---

① 《许昌学院学报》2008 年第 3 期。
② 《长春师范学院学报》（人文社会科学版）2009 年第 2 期。
③ 《中国史研究动态》2011 年第 2 期。
④ 《清史研究》1993 年第 4 期。
⑤ 《石家庄学院学报》2007 年第 1 期。
⑥ 《中国历史地理论丛》2009 年第 3 期。
⑦ 《中国社会科学院研究生院学报》1988 年第 6 期。

讨论中大部分官员认为粮价涨价与人口激增密切相关，只有少数人认识到是由于采买过多和粮食流通失调，或经济作物与粮争地引起的。尽管高宗不理会、不承认，但是这已经成为事实。① 周志斌的《试论康雍乾时期清政府的粮价平抑政策》一文，简要梳理了康乾时期政府平抑粮价的主要政策，包括发展农业生产增加粮食产量、兴修水利、完善粮食仓储制度、丰年不忘荒年、截留漕粮、倡商贩运、进口粮食等。② 钟永宁的《十八世纪的湘米输出与清政府的粮食调控政策》一文，探讨了 18 世纪清朝政府在湖南推行的通商、保商政策，常平仓谷减额和溢额，捐监暂停和劝行以及截漕四个方面的问题。③ 白新良的《乾隆初年的粮食问题》一文，认为乾隆初年粮荒半是天灾，半是人祸，是最高统治者的错误决策，即"乾隆帝的粮食积贮政策走过了头，以致人为地加重了灾害程度"，导致了粮荒范围广、时间长、程度重。④

此外，申妙的硕士学位论文《养民——乾隆初期粮政决策》，对乾隆初期粮政演变过程进行了梳理，并据此对乾隆初年的政治生态进行了初步考察。⑤ 赵媛的硕士学位论文《雍乾时期广东的粮食骚乱及政府对策》，着重分析了雍正、乾隆时期广东粮食骚乱的类型、原因及政府对策。以上成果都为本书的研究提供了帮助。⑥

乾隆十三年米贵问题讨论及常平积贮政策调整是乾隆朝仓储和粮食问题研究中不可回避的重要议题。一个时期以来，全汉昇、常建华、邓海伦、高王凌、岸本美绪、魏淑民、陈春声等多位中外学者对此进行了专题探讨。

全汉昇的《乾隆十三年的米贵问题》一文，详细介绍了 18 世纪长江流域和东南沿海地区的米价上涨以及由此引发的民众暴动，具体分析了乾隆十三年大讨论提出的影响米价的户口繁滋、仓谷买补、水旱偏灾、

① 《中国社会经济史研究》1994 年第 3 期。
② 《学海》1995 年 第 4 期。
③ 《中国社会经济史研究》1993 年第 4 期。
④ 《历史教学》2002 年第 4 期。
⑤ 硕士学位论文，中国人民大学，2011 年。
⑥ 硕士学位论文，东北师范大学，2009 年。

囤积居奇等因素，并进一步阐述了大讨论没有触及的 18 世纪美洲白银输入导致的米价上涨问题。他认为，高宗君臣提出的对策，无法有效制止米价上涨趋势，因为以上因素"并不是他们一时所能遏阻得住的"。①

常建华的《乾隆早期廷议粮价腾贵问题探略》一文，利用《清实录》等资料对乾隆十三年讨论进行了详细介绍。该文认为，米价上涨是由于高额仓储思想指导下的大规模采买造成的。同时指出，从考察乾隆早期控制粮价的历史，可以看到清代国家通过粮价奏报、仓储平粜等手段，"对于市场变化反应迅速，干预市场的能力很强。不仅在积贮和控制市场清朝富有经验，而且这也是一种有效稳定社会秩序、实现社会控制的手段"。②

邓海伦的《乾隆十三年再检讨——常平仓政策改革和国家利益权衡》一文认为，朝廷将米价上涨归咎于常平仓储备扩大并不一定与事实相符。乾隆十三年乾隆帝决定每省常平仓定额应悉准康熙、雍正年间旧额，亦非各省督抚一致同意的反映。次年建议将全国仓储总额定为 3379 万石的报告，说明清朝政府粗率地进行政策调整与清朝政府为发动第一次金川战争而节约经费不无关系。为自圆其说，该文最后又指出："朝廷的想法未必坚定。如上所述，八月下旬，皇帝似乎许诺，在各州县把多余的买谷资金'提解司库'后，这些资金仍可归地方政府使用。这一许诺或许是有意进行误导。但是，有可能它倒是皇帝犹豫不决的反映。只有在万不得已的情况下，一位'视民如伤'的君主才会从公共福利事业里挤出资金以供战火。我们最好不要把乾隆十三年的大论战看作朝廷为了劫掠常平仓的资产所精心设计的巧妙方案，而是要把皇帝和军机大臣、户部堂官等置于一个为应付不测事件和'做最坏打算'这样的境遇里来加以理解。"③

高王凌的《活着的传统：十八世纪中国的经济发展和政府政策》一书，用较大篇幅探讨了乾隆十三年米贵问题大讨论。该书指出，"乾隆十三年粮政决议的真正含义，是在于这种粮政方针乃至政府角色的深刻转

---

① 全汉昇：《中国经济史论丛》，第 650—671 页。

② 《南开学报》1991 年第 6 期，后收入常建华著《清代的国家与社会研究》（人民出版社 2006 年版）一书。

③ 《清史研究》2007 年第 2 期。

变，而决不仅仅是缩减仓储及赈粜数量"。具体而言，在政府角色转变过程中，"国家在粮政上就可以仅储备有限的一定数量的仓粮，而以大部分留置民间和划归商业流通；同时，政府仍对有关问题予以密切的关注，而主要依靠间接的方式，如指示粮情、筹划办法、帮同料理……具体事务则多交由商人或其他民间组织办理"。① 此后，他的《乾隆十三年》一书，又在整个清朝政府政治理念转变层面，对乾隆十三年粮政决议的含义给予了较高评价，并对邓海伦等人的意见进行了回应。他指出，粮政决议的真正含义，"是在政府角色的深刻转变，而并不在于粮政一个方面，以及国家粮食储备的数量多少，更不是为节约钱粮起见，或为一时的财政紧张所致"。②

岸本美绪《清代中国的物价与经济波动》一书，专门探讨了清朝政府为应对18世纪40年代粮食问题采取的粮食流通政策、仓储政策、税粮蠲免与减租政策，以及清代经济政策中的不干涉论等问题。该书指出，以乾隆十三年讨论为契机，清朝仓储政策朝"缓和的方向转换"。关于经济政策中的不干涉论，"似乎都可以归结为，对粮食流通和分配，政府是介入还是放任民间的自由经济活动这一点"。该书认为，"清朝政府经济政策的特征，绝不能说是压制性的全盘介入倾向。就像等待水自然地澄清一样，寄希望于民间经济的自然调整力的放任论，也是非常强有力的，政府在相当程度上被这一力量所左右。当时围绕介入与放任的议论，并不是诘问介入与放任的伦理是非，而是根据当时的情况来判断作为社会稳定手段的优劣……如果必须以介入或放任来表达当时经济政策的特征的话，那么或许可以说，那既不是介入，也不是放任，而是在介入与放任之间'摇摆'——在介入与放任之间进行实质论、结果论的判断与选择"。③

魏淑民的硕士学位论文《乾隆初年粮政的再探讨》，通过搜集整理乾

---

① 高王凌：《活着的传统：十八世纪中国的经济发展和政府政策》，北京大学出版社2005年版，第137页。
② 高王凌：《乾隆十三年》，经济科学出版社2012年版，第145页。
③ 社会科学文献出版社2000年版。参见该书第八章"清代中期的经济政策基调——以18世纪40年代的粮食问题为中心"。

隆十三年君臣汇议米谷昂贵奏折，系统梳理了督抚们提出的偏灾、人口、商贩流通、囤积和采买等多种米价上涨因素，认为乾隆十三年常平贮额调整，并非仅仅是缩减仓储及赈粜数量，而是在仓储指标恢复康熙、雍正旧额同时，实现了政府角色的深刻转变和反思，君臣之间达成了"听任民间自为流通，减少官方干预"的共识，完成了政府职能高度扩张、不断调整到合理定位的完整周期。①

以上学者研究的关注点主要集中在仓储经营和粮政运作中政府角色的反思、调整以及与市场关系的重新定位。不同于以上研究取向，陈春声、刘志伟合作撰写的《贡赋、市场与物质生活——试论十八世纪美洲白银输入与中国社会变迁之关系》一文，在批评经济史研究局限性的同时，更多地关注了政府行政与米价上涨的关系。②为避免歪曲文章原意，兹将其最主要结论摘抄如下：

> 综上所述，"乾隆十三年米贵问题"这一"经济现象"之所以引人注目，很大程度上是清代行政体制运作的结果。单纯从数量统计的角度考察，是年的米价变动实在很难说有多少异常之处。
>
> 关于地方官员的奏对所蕴含的经济理念，是以往研究关心的另一个重点……不过，细心阅读那些奏折，就会发现，乾隆皇帝和地方大吏关心米价上升的原因，真正的兴趣在于检讨政府的行政措施是否得当，以及如何在防止米贵引发社会动乱方面未雨绸缪……对于皇帝和大臣们来说，"米贵"主要不是商品供应或通货膨胀之类的经济问题，更重要的是一个政治问题……正因为把"米贵"看成与行政运作是否得当有直接关系的问题，所以各地官员在讨论米价上升原因时，除人口过多这个在当时极为引人注目的因素外，所考虑的主要是仓谷采买、常平捐监、官为抑价、禁止囤户、稽查出境等等政府行为。对于一个有责任感的传统士大夫来说，"经世济民"是其最重要的道德使命，在具体的行政实践中，他们往往认为政府在处理经济问题方面有

---

① 魏淑民：《乾隆初年粮政的再探讨》，硕士学位论文，中国人民大学，2004 年。
② 《清华大学学报》（哲学社会科学版）2010 年第 5 期。

很大的能力，而且抱有一种"综合治理"而不是"对症下药"的态度。从讨论中可以看出，他们并不把物价作为一种自由市场行为来看待，而是从政治、社会等许多方面探求降低米价的办法，而降价的根本目的又在于防止社会动乱。

显然，与以往用现代经济眼光审视乾隆朝粮政及十三年讨论相比，此文更多回归到了粮政的核心——政府行政上来，因此其结论更接近于政治过程的本质和高宗君臣分析认识米价上涨问题的本来面目。

通过梳理可以看出，对乾隆朝仓储及粮食问题的研究，已经取得了丰硕成果，但是在研究视角和研究方法上仍有进一步探讨的余地：首先，以往侧重对常平仓功能、经费来源、建设规模、存在弊端以及与社仓、义仓之关系和粮食流通政策等进行一般性概括，并没有深入粮政特别是常平积贮运作内部，以国家治理的视角，去发现政府行政的实态和逻辑，结果导致研究的平面化、静态化。即使有的研究稍有深入，涉及的实政性内容也多停留在中央层面，对于地方行政往往轻描淡写，并未讲清楚皇权意志和国家政策如何付诸地方行政实践，更没有对州县官主导的地方行政反作用于皇权意志和国家政策予以足够的关注。其次，政治过程演进是多元因素综合作用的结果，乾隆朝常平积贮和粮食问题，同样不能被线性、单一地加以看待，应该通过对史料的充分搜集利用，以窥测其在多重因素和多层关系共同作用下产生的多维动态图景，从而体悟和把握乾隆朝政治生态的生长轨迹和存在特质。对此，邓海伦的《政府还是商人》做出了一些很好的探索，但其以现代意义上政府与市场关系解析传统政治的运行，未能从乾隆朝政治发生演变本身去理解常平积贮养民问题，结果造成了认识的偏差。陈春声等人的研究进一步打开了视野，但又未将乾隆朝常平积贮养民作为完整而且复杂的政治过程加以全面分析。本书将在借鉴吸收以往研究成果基础上作出一些尝试。再次，以往对常平仓的研究更多是探讨其在荒政中的备灾、赈灾功能，对其日常粮食价格调节等功能关注不够。

第二节　政治史研究视角与叙事思路

严格意义上讲，本书对乾隆朝大规模常平积贮养民的研究属于政治史研究范畴，因为本书坚持的一个基本观点是，这是 18 世纪清朝政府实施国家治理的典型个案，是高宗主导下、由督抚和州县官共同参与的政治过程，其产生、发展、演变、结束，无不体现着各种政治关系的作用和影响。以下结合笔者对推进政治史研究的几点粗浅思考谈谈本书的主要研究思路。

一个时期以来，政治史研究的衰落已经成为不争的事实。① 然而，如王毓铨所言，"不论搞经济史或其它什么史，政治史总是研究历史的主干和基础，研究其它史不能没有政治史的基础知识"②，以 "大政府小社会" 面貌呈现出来的中国传统社会国家治理架构，并不允许我们冷落乃至抛弃政治史研究而追逐其他。当然，提高政治史研究水平，还有很长的路要走，需要克服传统政治史研究 "缺乏解释能力和叙述魅力"③ 的不足，努力探求新的增长点。

本书认为，欲求政治史研究领域的开拓，应打破原有思维定式和研究偏见，积极追寻政治演生的基本逻辑，探讨政治史研究如何更好地与政治本义相契合。职此之故，本书将努力克服单纯制度史研究的不足，将乾隆

---

① 杨念群指出："在人们的记忆中，'政治史' 曾经在现代中国的历史叙述系谱中占有至高无上的地位，除了社会经济史因论题内容与之相呼应，可以配合其某些讨论而拥有较为显赫的位置外，'历史学' 几乎完全可以和 '政治史' 划等号。但进入 20 世纪 80 年代末期，'政治史' 这块 '帝国版图' 迅速被 '文化史' 和 '社会史' 等新兴学科所吞噬和肢解，最终沦落成为边缘学门。这倒不是说 '政治史' 没人研究了，而是其作为方法论支配地位的急剧衰落至为明显。'政治史' 遭此际遇的大背景自然与中国史学界受当代西方理论影响，开始转向关注下层日常生活的 '社会史' 趋向有关。其严重程度几乎到了任何政治现象似乎只有涵化到 '地方史' 的框架里才能得到更为精细与合理的解释。"（杨念群：《为什么要重提 "政治史" 研究》，《历史研究》2004 年第 4 期）

② 转引自包伟民《"地方政治史" 研究杂想》，《国际社会科学杂志》（中文版）2009 年第 3 期。

③ 杨念群：《为什么要重提 "政治史" 研究》，《历史研究》2004 年第 4 期。

朝大规模积贮养民视为一个"活的"政治过程①，关注以高宗为代表的国家意志推向基层社会后遭遇到的种种问题，考察国家意志进入行政实践环节引起的不同政治主体思维逻辑、行为方式的变化及其之间关系的密切互动，以期为重新认识乾隆朝政治生态特别是地方政治生态提供典型个案，为推进政治史研究做出一些探索。

一 对焦国家治理和政府行政

政治史研究重点对焦作为政治常态的国家治理，就是要为一定历史时期的国家治理寻求一个正面的合理阐释；要在日常行政实践中发现看似平静的历史下面掩盖的思想和行为逻辑，因为这些积累到一定程度，将会把隐性内容推向显性，对政治全局产生深刻影响。以下从三个方面加以阐释。

首先，政治史研究应在"大政治史"框架下对国家治理问题予以重点关注。李文海曾经指出，以往政治史研究，"往往只局限于政治斗争的历史，而且通常被狭隘地理解为就是指被统治阶级与统治阶级之间的阶级斗争的历史"。② 进而言之，人们在对阶级斗争进行重点研究之外，讨论大多集中于权力、利益、控制、集权、制度等主题，探讨权力结构及其运行、皇权与官僚集团权力关系演变，甚至将政治几乎等同于权力或利益的追逐和争夺，从而夸大了政治斗争的特殊性。对于政治史研究的理解，还应从"政治"的内涵中寻找支撑点。关于"政治"概念，《辞海》给出了两个层面的解释：其一为"经济的集中表现"；其二为"国事得以治理"。③ 前者为传统意义上抽象的政治概念，后者则为现实中的具体政治概念，本书主要关注的则是后者，即国家政治理念、国家如何治理、治理成效、存在

---

① 邓小南指出，如果要把握政治史跳动的脉搏，则需要注意政治体制的运作实践，注意使诸多要素活动起来、贯穿起来的线索。人们试图摆脱"人物—事件史"的窠臼，超越"就制度讲制度"的描绘式叙述，就需要重点关注政治过程、运作行为、互动关系等。（邓小南：《宋代历史探求》，首都师范大学出版社 2015 年版，第 15 页）

② 李文海：《近代中国灾荒纪年》"前言"，湖南教育出版社 1990 年版。

③ 《辞海》，上海辞书出版社 2002 年版，第 2180 页。

问题及后续影响等。也正如钱穆所言，"中国传统政治，注重在政府之职能"①，以上"政治"概念即是对政府职能的另一种表达和概括，甚至狭义上可以作为政府行政的同义词。据此，政治史的主体内容，应包括"政"与"治"两个基本单元，也就是政府履行相关职能基础上的国家（政府）政策（包括制度、方案）制定与执行（即政府政策与政府行为）两个层面。推动政治史研究，就要在研究对象上加以拓展，即在传统政治制度、权力斗争之外，将盐政、漕政、农政、粮政、矿政、财政、荒政、治水等涉及政府职能和国家治理的各类"实政"确定为研究重点。换言之，凡是与政府履行职能有关的、凡是属于国家治理的内容，包括各种理念、思想、制度、技术、政策、行为、人物等，都应视为"大政治史"组成部分纳入政治史研究范畴。当然，"大政治史"并不是"泛政治史"，并非提及政府和官员就是政治史，而是一个过程、一个事件、一次活动、一种问题，要有政府行为参与其中，并且能够体现出较为明确的政府职能发挥和角色定位。

其次，政治史研究要打破现代学科思维束缚，坚持以传统"六政"视角观察历史的发展变迁。受现代学科体系划分和专业背景影响，人们将一部完整的历史瓜分豆剖式地划分成经济史、农业史、工业史、文化史、思想史、社会史、水利史等不同学科领域，鲜活的整体史被肢解得七零八落。尽管其中还可以看到政府的"身影"，但往往不是历史的主角。以上做法一方面造成研究的过度专业化，即如农业史重点研究农业作物、耕作制度、生产技术、生产规模等，水利史则重点研究冰冷的水利工程和专业的治水技术；另一方面造成了政治史研究乃至历史学研究的狭隘化。然而，在历史当事人看来，凡与国家治理相关的事务，均是政府履行行政职能的重要内容，无一例外地应划归到吏、户、礼、兵、刑、工"六政"②范畴。因此，从事政治史研究，就要有意识地打破现代专业划分的藩篱，努力回归到传统"六政"观念中去思考和认识问题。

---

① 钱穆：《国史新论》，生活·读书·新知三联书店 2005 年版，第 87 页。
② 贺长龄、魏源编纂的《皇朝经世文编》在"学术""治体"两部分之外，将现代所谓的政治、经济、文化、军事、水利等各个方面统归类于"六政"之中。这种做法为后来《皇朝经世文续编》等所继承。

　　最后，政治史研究应关注政治舞台上活跃的历史人物的"所思所想"，即政府行为背后的"政治思想"。这里所说的政治思想，并非理论层面对国家政治体制、政治模式的思考和设计，而是与政府行政行为相关联，在国家治理中产生的各种思想、理念、观念、精神、逻辑等思维层面的内容。余英时将此政治思维方式和政治行动风格称之为"政治文化"。① 这些思维成果是对现实的一种设计，并将对现实产生或大或小的影响，甚至有的可以改变现实的发展方向。只有充分理解和把握这些思想或理念，才能深刻解读现实问题发生发展的原因和轨迹。因此，挖掘政治史研究深度，需要将"虚""实"二者有机结合起来，将思想与行动、理念与行为结合起来，乃至从文化层面对政治史问题加以探究，而对这些思想产生、变化以及能否实践、实践达到何种程度等一系列问题的研究和回答，将大大有助于我们探寻政治的内涵和本质。

二　关注地方政治生态及其相对独立性

　　目前，政治史研究一般采用的是中央与地方二元的解释框架。在这种框架中，更多侧重于中央层面，地方政治有意无意地被忽略了。② 钱穆曾经指出："地方政治一向是中国政治史上最大一问题。因为中国国家大，地方行政之好坏，关系最重要。"③ 此处也可以借用美国已故众议院议长奥尼尔的一句名言——"一切政治都是地方政治"（All politics is local）。他们无不强调了地方行政在国家政治中的特殊地位。因为一项大政的酝酿、制定、颁行、推动等环节固然离不开中央层面，但是地方则是国家理念、

---

　　① ［美］余英时：《宋明理学与政治文化》，吉林出版集团有限责任公司 2008 年版，第 13 页。
　　② 包伟民《"地方政治史"研究杂想》[《国际社会科学杂志》（中文版）2009 年第 3 期]一文指出，中国传统政治史研究的深入，有待于学者将目光从中央转向地方。其中有三个问题值得关注：一是如何将研究者的视角从此前所习惯的以国家为主角、从朝廷向下俯视，改为由下向上，让地方各种群体成为政治的主角来观察；二是如何摆脱目前在政治史领域存在的大一统的视野，改为从富有各自特色的地方政治立场出发，去观察、去描述各地可能具有的区域特征；三是如何面对地方政治史研究可能存在的文献资料不足的困境，主张在历史学研究过于"技术化"的当下，强调对历史的人文学科式的体悟是重要的。
　　③ 钱穆：《中国历代政治得失》，生活·读书·新知三联书店 2001 年版，第 114 页。

政策、制度、措施最终落脚点和最主要的生存土壤，离开对地方行政的考察去谈论政治和政治史研究是不可想象的。即使得出一些结论，也将成为"空中楼阁"。

当然，重视地方行政并不等于仅仅停留在下层，就下层谈下层，而是要打通上层与下层的真实关联，既不"高高在上"，又不"沉迷于下"，要力争实现上下"双向流动"。这是对以往政治史研究"只对上不（少）对下"、社会史研究"只对下不（少）对上"的反思与变革。具体而言，在中央与地方解释框架中，中央一般被赋予了"绝对权威"，似乎地方对于来自中央的政治意志，不过是一种逆来顺受的单向承接关系，是被会典及律例设计好的行政模式。事实并非如此。地方行政是极其活跃，甚至可以说是多面孔的变化体，需要我们从大量历史资料中去发掘各式各样的运行逻辑和变化形式，去捕捉千奇百怪的动态信息和历史面像，那时候就会发现，地方与中央其实是一种深度交融与博弈的矛盾统一体。因此，政治史研究要从实政研究出发，探讨上情下达、下情上传所带来的传导反应，在上下互动而非单向流动的框架中，去认识国家大政在地方行政实践中的实际境况，特别是要克服忽略地方行政能动性、反作用及其影响力的思维模式，更加全面地把握不同历史时期的政治生态及其对社会各个层面产生的种种影响。为此，要强化从下层生态回归上层，回归到宏观叙事，在对国家政治的理念、预期、行为的反观中，达到一种较为本质和真实的认知，从而避免线性思考和表面化解读对历史的误解。这种对思想演变、行为演进、政治演生的系统研究，可以称之为政治生态史研究。它是制度与现实、政策与行政、思想与行为的结合，是活的政治史，而且应该将其地位加以提升，与其他政治史研究一起，为人们认识传统国家政治提供一种路径，以扭转以往中央和地方框架中对双方角色的偏见，重塑中央与地方二元解释架构。

与此同时，还要充分关注地方政治生态的封闭性和复杂性，其中涉及地方官员、士绅、民众等多种利益关系的交织。要摆脱先入为主的思维惯性，注重观察地方官员如何构建一方的政治生态，并在各级官员之间及其与士绅、民众的多重交往中寻找自身利益的最佳落脚点，实现自身利益的最大化。进而言之，对地方政治的研究，不仅要考虑到官员代表朝廷行使地方治理权时必须履行的"公义"，更要考虑到官员们的个人"私利"
（如俗话所说"千里当官只为吃穿"等），明确两种身份和立场在不同场合
的交替转换，才是地方政府行为产生与地方政治生态形成的基本支撑，避
免地方官员完全被"公义"所绑架而无法听到他们真实的声音，或者忽略
他们的实际利益诉求。

三　强化历史参与感

努力提高历史过程的参与度，强调对历史当事人及其时代境遇的理解
和尊重，是多年来中外学者为克服研究主观性而共同倡导的一种基本
立场。

钱穆曾针对制度史研究提出，作为后人的我们认识前代制度，需要明
确自己的时代，作出两分看待："要讲某一代的制度得失，必需知道在此
制度实施时期之有关各方意见之反映。这些意见，才是评判该项制度之利
弊得失的真凭据与真意见。此种意见，我将称之曰历史意见。历史意见指
的是在那制度实施时代的人们所切身感受而发出的意见。这些意见，比较
真实而客观。待时代隔得久了，该项制度早已消失不存在，而后代人单凭
后代人自己所处的环境和需要来批评历史上已往的各项制度，那只能说是
一种时代意见。时代意见并非是全不合真理，但我们不该单凭时代意见来
抹杀已往的历史意见。"[1] 杨奎松反对"事后诸葛亮"式地评判、斥责历史
人物，主张"要理解人，无论是现实中的他者，还是已成历史的逝者，首
先就要习惯于设身处地地去为他人着想，注意能够从他人的角度考虑问
题"[2]，提出"我们对历史和历史中人，还是努力先去理解，在理解的基础
上再来尝试着做评价吧"。[3] 美国学者柯文使用"移情"的概念，强调进入
中国内部探讨究竟中国人自己是怎样理解、感受自己历史的重要性。林同
奇进一步解释指出："如果编织历史的材料是个人经验，则理解历史实质

---

① 钱穆：《中国历代政治得失》"前言"，第5—6页。
② 《杨奎松：历史研究是对人的研究》，《中华读书报》2013年7月10日第13版。
③ 杨奎松：《忍不住的"关怀"：1949年前后的书生与政治》"前言"，广西师范大学出版社
2013年版。

上就是如何进入到历史演员们丰富多彩的直接经验之中的问题。这就是所谓的移情。移情不同于同情。移情是为了理解对方，设身处地地体会对方的思想、感情和处境，它并不意味着就赞同对方的思想感情。"① 此外，陈春声还提倡"回到历史现场"，主张"在具体的研究中，既要把个案的、区域的研究置于对整体历史的关怀之中，努力注意从中国历史的实际和中国人的意识出发理解传统中国社会历史现象，从不同地区移民、拓殖、身份与族群关系等方面重新审视传统中国社会的国家认同，又从无时不在、无处不在的国家制度和国家观念出发理解具体地域中'地方性知识'与'区域文化'被创造与传播的机制"。②

历史需要在客观、合理的阐释中得到尊重。而现实中，研究主体无法摆脱自身时代局限和主观立场，结果削弱了研究的穿透力和对历史的解释力。这虽然是一道无法彻底打破的壁垒，但是也不能以此为借口而绝对地看待问题。归纳以上中外学者的认识逻辑，无不强调了先对历史、对当事人予以最大限度的理解，然后作为后人用现代眼光审视历史万象的研究理路。也就是说，要树立自觉意识，先"他者"，后"自我"，主动认识这对矛盾并努力加以克服，积极把自己置身历史过程和历史现场之中，甚至在思维世界中"刻意"去"扮演"历史人物的时代角色，强化对历史当事人时代经历的"感同身受"，"倾听"当事人对历史情境的认知和意见表达，然后再去观察、分析、反思、评论，仍可以取得很多有价值的成果，也只有这样才能从历史中找到现代人需要的真问题及其答案。

四　关于乾隆朝常平积贮养民政治过程的叙事思路

本书对乾隆朝常平积贮养民的研究，不同于以往的经济史研究，也不属于纯粹的制度史研究，而是站在国家治理层面，将其作为完整政治过程加以考察，特别是基于以上对政治史研究的几点认识，在把握"父母斯

---

① 林同奇：[美] 柯文《在中国发现历史——中国中心观在美国的兴起》"译者代序"，中华书局 2002 年版，第 21 页。

② 陈春声：《走向历史现场》，见黄国信《区与界：清代湘粤赣界邻地区食盐专卖研究》(生活·读书·新知三联书店 2006 年版) 一书载录的"历史·田野丛书"总序。

民"道义理念的前提下，有意向地方政治倾斜，发掘以督抚、州县官为代表的地方官员行政中的思与行、明与暗，观察皇权意志和国家政策在与州县行政实践结合中产生的碰撞与交织、磨合与背离、推进与变异，进而从皇权与官僚、官僚之间、中央与地方等维度考察地方官员行为对国家政策走向产生的直接冲击或隐性改造，以此尝试触及这场政治过程的本质和内在逻辑，勾勒出道义与政治之间关系共生、变异的历史轨迹，以及传统社会国家治理的问题、困境和解决思路，从而为传统政治描绘出一幅可以感知的局部动态示意图。

此外，邓海伦在《政府还是商人》中曾经提出，如果只关注 1749 年的削减积贮指标，我们在评价清人智慧时将会冒被我们自己的、当代的、政治的观点过分影响的危险。[①] 为了克服"事后诸葛亮"式研究的弊端，本书也将努力回到历史现场，用心感知高宗、大学士、督抚、州县官的身份地位、现实处境、利益关注和行为选择，体悟他们的思想波动、内心变化和行为轨迹，尊重和理解他们思想、行为和利益诉求的合理性和正当性，以期对乾隆朝常平积贮养民政治做出令人信服的阐释。

---

① Helen Dunstan, *State or Merchant?: Political Economy and Political Process in 1740s China*, p. 469.

第一章 "父母斯民"：高宗初政及其教养之道

雍正十三年（1735）八月，以勤政、改革著称的清世宗爱新觉罗·胤禛去世，年仅25岁的皇四子爱新觉罗·弘历继承皇位，是为清高宗。此时的高宗皇帝，年轻得志，意气风发，"对自己的治国能力和他所统治的伟大王朝充满信心"，"满怀着乐观的精神开始了他漫长的统治"。①

总体上看，高宗初政是一个富有改革气象的重要时期。他大刀阔斧，诸多"善政"②络绎而下，政治生态为之一新。对此，时人及后人多有称颂。乾隆年间，袁枚有言："皇上登极未一载，仁言圣政，重累而下。九州八陔，靡不异音同叹，庆尧、舜复生。"③黄印《锡金识小录》则称："至雍正十三年，今天子登极，凡民所不便者悉报罢，万民欢呼。"④嘉庆年间，礼亲王昭梿也称："纯皇帝即位时，承宪皇严肃之后，皆以宽大为政。罢开垦、停捐纳、重农桑、汰僧尼之诏累下，万民欢悦，颂声如雷。"⑤在这个除旧布新之局中，爱民、养民、足民理念的提出及其实践就是"布新"的典型代表。

---

① ［美］史景迁：《追寻现代中国：1600—1912 年的中国历史》，黄纯艳译，上海远东出版社 2005 年版，第 113 页。

② 清人陈康祺称："高宗登极，所布诏令，善政络绎，海宇睹闻，莫不蹈舞。"（陈康祺撰，晋石点校：《郎潜纪闻二笔》卷 2，中华书局 1984 年版，第 353 页）另参见赵慎畛撰，徐怀宝点校《榆巢杂识》上卷，中华书局 2001 年版，第 35—62 页。

③ 袁枚著，周本淳标校：《小仓山房文集》卷 2，上海古籍出版社 1988 年版，第 1176 页。

④ 黄印：《锡金识小录》卷 1，《中国方志丛书》，成文出版社 1970 年版。

⑤ 昭梿撰，何英芳点校：《啸亭杂录》卷 1，中华书局 1980 年版，第 13 页。

第一节 "治天下之道，莫大于教、养二端"

高宗大力提倡爱民、养民，并不是心血来潮，一时兴起，其背后其实有一股深层政治理念在推动，即"'回向三代'的理想追求"。"回向三代"是传统儒家政治理念中的一个大问题，也是历代统治者追求的最高政治理想。世宗皇帝曾有"朕愿与大小诸臣交相儆勉，详思礼义廉耻之大者，身体力行，则人心风俗烝烝日上，而唐虞三代之治庶几其可复见"[1]之论。高宗绍述世宗之志，怀抱实现"三代之治必可复，尧舜之道必可行"[2]的宏大理想，"不仅是想超迈皇祖、皇父，更是打算直追三代，做中国历史上最好的皇帝"，开始推行包括爱民、养民、足民在内的一系列政治理念，并将其转化为了现实的政府行政实践。[3]

提倡爱民、养民也非高宗首创。自清军入关以来，"敬天、法祖、勤政、爱民"不断被总结、提升为国家的基本政治纲领。八字政纲"浓缩、提炼了中国传统政治文化对于皇帝的定义，总结了国家赖以良性运转所需的皇帝的条件，标志着中国传统政治文化特别其中的皇帝政治文化的发展与成熟"。[4] 也可以说，清朝皇帝治国能否以此政纲为准绳，成为检验其政治合法性的重要依据。高宗继位后，继承乃祖乃父的政治理念，并进一步加以发展。其中，"爱民"作为上天赋予皇权道义责任的最基本要求，与"养民""足民"等话语一起在不同的政治场景中被高宗反复表达或阐释。

雍正十三年九月，高宗从天人合一、皇权正统的角度论证了政府教养百姓的职责和义务，并明确表达了"先养后教"的观点：

---

① 《清世宗实录》卷58，雍正五年六月壬寅，中华书局1985年版。

② 《清高宗实录》卷3，雍正十三年九月壬戌。

③ 关于回向三代问题的阐释，详见高王凌《乾隆皇帝"回向三代"的理想追求》一文，《中州学刊》2010年第4期，另参见高王凌《乾隆十三年》一书。

④ 常建华：《清代的国家与社会研究》，第65页。

从来帝王抚育区夏之道，惟在教、养两端。盖天生民而立之君，原以代天地左右斯民，广其怀保，人君一身，实亿兆群生所托命也。《书》称：正德利用，厚生惟和。又云：唯土物爱厥心臧。盖恒产、恒心相为维系，仓廪实而知礼义，理所固然。则夫教民之道必先之以养民，惟期顺天因地，养欲给求，俾黎民饱食暖衣，太平有象，民气和乐，民心自顺，民生优裕，民质自驯，返朴还淳之俗可致，庠序孝弟之教可兴，礼义廉耻之行可敦也。

高宗虽有兴养立教之心，但也明白"天下至大，兆民至众，非朕一人所能独理"的道理。为此，他语重心长地告诫各级官员，"内而阁部八旗大臣，外而督抚藩臬有司，均受国家深恩，有惠养斯民之责者，当共思黾勉，崇俭戒奢，视国事如家事，以民身为己身，痌瘝一体，休戚相关，各殚诚心，期登斯民于衽席"，希望朝野上下、君臣一体共同承担起"惠养斯民"的道义责任，实现天下大治。①

同年十一月，高宗再次以天命观为依据，就如何爱民、养民对督抚提出明确政治要求。谕曰：

朕闻之元后作民父母，朕实代天以子民，督抚大臣又代朕以子民，均有父母斯民之任者也。为治之道，莫切于爱民。其余一切察吏理财、明刑禁暴，特教养民之余事，其本总归于爱民而已。天以爱民之职畀朕，天下之民皆以朕为必能爱，而民或失所，民其何望？朕以爱民之事分寄督抚大臣，亦以督抚大臣为必能爱，而民或失所，朕更何望？督抚大臣之不能体朕心以宣德意，即朕之不能答天心以恤民依也。尔督抚能知爱民之为称职，始不负朕委任之心。他若钱粮不敢侵欺、请托不敢假借、弊窦不容毫发、羡余不隐分厘，此不过一端一事之才能。以矫饰夫外貌，又安足副封疆重寄哉？②

---

① 《清高宗实录》卷3，雍正十三年九月壬戌。
② 《清高宗实录》卷7，雍正十三年十一月癸亥。

上谕将"爱民"作为"为治之道"确立为了国家政治的根本出发点，而其余则视为"余事"而已。与此同时，高宗从天命观的角度，定义了天、皇帝、督抚三者共同承担的"父母斯民"（"子民""爱民"）道义责任（即所谓的"德意"），并特别强调了督抚在国家治理中肩负的代表皇权（"分寄"）履行爱民道义的重大职责和使命，饱含着高宗对督抚行政寄予的厚望。为此，上谕进一步强调："夫朕一人之心思，不能周知天下之利弊，故有赖于督抚；督抚一人之耳目，不能遍悉地方之情形，故有资于良有司。是又在有司之各爱其民，而仍藉督抚之倡率鼓励之耳。"① 可见，在高宗心目中，督抚既是代表皇权践行道义追求的主体，更是对下推动国家治理的重要纽带，必须担负起察吏安民之责，加强对州县官的表率和督促。

此后，他仍不厌其烦地向臣工们强调着爱民、养民、足民的道义责任和义务。如雍正十三年十二月指出，"治天下之道，莫先于爱民"②。乾隆元年（1736）四月，在太和殿前策试三百四十四名贡士时，制文曰："夫民为邦本，固当爱之。爱之则必思所以养之，养之必先求所以足之。朕欲爱、养、足民，以为教化之本，使士皆可用，户皆可封，以臻于唐虞之盛治，务使执中之传不为空言，用中之道见于实事。"③ 乾隆二年（1737）七月，训谕州县官员教养百姓时提出："天下亲民之官莫如州县，州县之事莫切于勤察民生而务教养之实政"，"各省督抚遵朕此旨，董率有司，实力奉行，务使官民上下，情意流通，联为一体，以副朕教养斯民之至意"。④ 乾隆三年（1738）七月强调，"各省督抚身任地方，皆有父母斯民之责"⑤。八月，谕曰："凡督抚膺封疆之重寄，原以惠养百姓，为地方第一要务。若舍此而言办事，则其所留心者不过末节耳。"⑥ 乾隆五年（1740）又谕："天为百姓而立之君，君不能独为治也，而分其任于督抚。凡百姓之事，皆君之事，即皆督抚之事也。如沈世枫折中所奏

① 《清高宗实录》卷7，雍正十三年十一月癸亥。
② 《清高宗实录》卷9，雍正十三年十二月壬午。
③ 《清高宗实录》卷16，乾隆元年四月丙寅。
④ 《清高宗实录》卷47，乾隆二年七月癸卯。
⑤ 《清高宗实录》卷72，乾隆三年七月辛酉。
⑥ 《清高宗实录》卷74，乾隆三年八月丙戌。

劝农、积贮等务，朕何尝不屡降谕旨，责之督抚，而督抚中之实在留心者果不多见。"① 乾隆七年（1742），强调："至于外而督抚，内而九卿，朕之股肱心膂也。万方亿兆，皆吾赤子。其为朕教养此赤子者，朕非尔等是赖，其将奚赖？今尔等惟以循例办稿为供职，并无深谋远虑，为国家根本之计，安所谓大臣者欤？"② 字里行间浸润着高宗对天下子民的爱养抚育之情，更寄托着他对督抚能够切实代其行使养民道义的深深期待。

总之，高宗继位之初即向天下昭示了皇帝和督抚等各级官员必须承担起根植于天命观的"父母斯民"道义责任，并将爱民、养民真正付诸实践的意志和决心。这也将是他们君臣维系皇权正统的最有力证明。这种意识形态化的政治理念和精神追求，因此成为乾隆初年诸多大政特别是常平积贮养民走入现实政治的根本动力。

第二节　从"先养后教"到"寓教于养"

如何教养百姓，历代多有论述，高宗也有他的一番见解。如上所引，他指出，"教民之道必先之以养民""爱之则必思所以养之，养之必先求所以足之"，再如乾隆五年所谕，"治天下之道，莫大于教、养二端。朕之初意，俟养民之政渐次就绪，闾阎略有盈宁之象，则兴行教化，易俗移风，庶几可登上理，岂封疆大臣能办地方一二事，遂足以满朕之望乎"③，即爱民是为政之本，爱民则要足民，而爱民、养民、足民又是实施教民的根本。

然而，此后高宗的观点发生了微妙变化。乾隆五年（1740）十一月，高宗在饬令官员教民孝悌的上谕中对教、养关系做出了另一种阐释。谕曰：

> 从来为治之道，不外教、养两端，然必衣食足而后礼义充，故论

---

① 《清高宗实录》卷123，乾隆五年七月庚寅。
② 《清高宗实录》卷162，乾隆七年三月庚申。
③ 《清高宗实录》卷123，乾隆五年七月庚寅。

治者往往先养后教。朕御极以来，日为斯民筹衣食之源、水旱之备，所期薄海烝黎，盖藏充裕，俯仰有资，以为施教之地，而解愠阜财之效，尚未克副朕怀。第思维皇降衷，有物有则，衣食以养其形，教化以复其性，二者相成而不相妨，不容偏废。正如为学之道，知先行后，然知行并进，非划然两时、判然两事，又安得谓养之之道未裕，遂可置教化为缓图也？①

在这段文字中，高宗将"为治之道"与"为学之道"相比对，重新检视了以往"先养后教"存在的问题，认为养民（"养形"）和教民（"复性"）应该是相辅相成的"并进"关系，而非"划然两时，判然两事"，不能因为养民目标尚未实现而不履行教民义务。

乾隆七年（1742），高宗进一步指出："从来教、养兼施，而教即寓于养之中。"② 乾隆九年（1744）正月，又复专门训饬督抚督饬属员教养百姓："盖教、养虽为二端，而实则相为表里。衣食足乃可兴礼义，饥寒迫则罔顾廉耻，是不能养民不可以言教，不能教民仍不得谓之能养。故教即在养之中，养即可收教之效。其理其势，固如此也……（州县官）惟教养是务，以养为教之本，以教成养之功，而不事具文，不沽虚誉，但期实有裨于民生……如督抚果以诚心课吏，有司果以诚心治民，岁月既久，渐摩沦洽，庶几教养有成，可副朕之厚望焉。"③ 以上表述看出，高宗已经逐步改变了以往"先养后教"理念，开始将教、养视为治理国家相为表里的两个方面一并加以推进。

对于高宗的教养观，有学者曾经给予了较高评价，认为它比清初遗民的观念"更具活力"，后者强调"养"应该在"教"先，"奉行的还是孟子的传统言说，似乎不及乾隆帝对'教化'所予以的高度重视"。④ 如果

---

① 《清高宗实录》卷130，乾隆五年十一月辛未。

② 《清高宗实录》卷162，乾隆七年三月庚申。

③ 《清高宗实录》卷208，乾隆九年正月壬午。

④ 参见杨念群《清朝帝王的"教养观"与"学者型官僚"的基层治理模式——从地方官对乾隆帝一份谕旨的执行力说起》，《新史学（第五卷）》，中华书局2011年版，第110—111页。

仔细观察，高宗在教养百姓问题上与清初遗民们相比，并不仅仅在于其对孟子传统言说的超越。高宗教养观的特点主要体现在两个方面：

一是经历了"教民之道必先之以养民"到"从来教、养兼施，而教即寓于养之中"的演进过程。直到乾隆晚期，高宗批注《纲鉴》一书时仍明白指出："君民之道，莫大乎教养。伏羲氏作佃渔畜牧，皆所以为养也，而教即行其中。后世视教、养为二者，去古远矣。"① 因此，乾隆五年之后高宗即开始秉持寓教于养、教养并重的教养合一观，特别是寓教于养，更赋予了"养民"以深刻内涵。

二是与清初遗民相比，高宗的教养观并非停留在理论表达层面，或者说是一种空洞的说教，而是将爱民、养民、足民理念付诸了政治实践。② 即如他在继位之初向列位臣工宣示的，继承其父之志，意欲回复三代之治，"此朕中心乾惕之诚，并非因即位之初，为此邀誉近名之语，以博天下臣民之感颂。朕心务收实效，岂肯徒托空言？"③ 也就是，为了政治理想必将采取切实措施加以践行。本文探讨的中心问题，就是高宗教养观引领下采取的重大决策和实践行动——大规模常平积贮养民。对此，乾隆十年（1745）御史万年茂称："我皇上御极以来，宵衣旰食，无日不以此事上廑宸衷，惟恐仓储有名无实，节年谕旨多方筹画，各省仓庾渐次充盈。"④ 乾隆十三年（1748）七月，闽浙总督喀尔吉善指出："臣伏睹我皇上无时不以民食为念，全免米豆关税，屡行申禁遏籴，究查囤户，偶有歉收之处，截拨漕粮，酌开海禁，招徕商贩，议叙好施，并免外国夷商货税，以嘉其运米来至内地之诚，凡所以为民食计者至详极备。即或地方大吏办理未善，随蒙谕旨训示，敬谨奉行，无敢怠忽。"⑤ 甚至乾隆五年高宗自我评价

---

① 梁长森主编：《乾隆御批纲鉴》卷1，黄山书社1996年版，第1—2页。

② 张分田在对圣祖、世宗、高宗诸帝民本思想研究后指出，清朝皇帝对民本思想"以上谕、钦定、御笔等方式予以确认，加以阐发，不仅提升了这类说法的权威性，还在理论上强化了君主的责任、义务与规范。在这个意义上可以说，最高统治者、统治集团和官方学说的民本思想还是有所推进的"。（张分田：《民本思想与中国古代统治思想（上）》，南开大学出版社2009年版，第366页）

③ 《清高宗实录》卷3，雍正十三年九月壬戌。

④ 《录副奏折》，乾隆十年九月二十八日监察御史万年茂奏，档号：03 - 0339 - 046。

⑤ 《朱批奏折》，乾隆十三年七月闽浙总督喀尔吉善奏，档号：04 - 01 - 35 - 1143 - 045。

也认为，自登基以来，"日为斯民筹衣食之源、水旱之备"，"以为施教之地"①。尽管所言不无溢美之嫌②，但高宗推行的教民、养民政治实践的确可圈可点。

对于教养问题，还有学者从理论层面进行了提升。王国斌通过对比欧洲与中国国家形成的意识形态，认为与欧洲国家力图限制精英在国家形成中的参与程度截然不同，中国国家形成的意识形态则起源于另一种政治哲学，"这种政治哲学把维持大众福利置于最优先的地位"③，而且"从意识形态方面来看，学校与粮仓是相互补充的。促进教育与经济福利是地方官的两大任务，因为'教养'人民被认为是治国的基本特征之一"④。瞿同祖通过对清代地方政府研究得到的类似认识，放大到中央层面同样适用。他指出，地方政府最重要的两项职能是司法和税收，除此之外还有户口登记、治安、邮驿、公共工程、公共福利教育、文化、宗教、祭祀及其他职能。因此，"地方政府的职能是非常广泛的。不仅包括只能由政府进行的活动，还包括监督由（或可能由）私人机构进行的活动。这一情形背后蕴含着的是中国的'政府哲学'：它宣告所有与民生福利相关的有组织的活动都是政府应关心和操办的。因此，所有的共同性活动要么是官方化的，要么是直接由政府督办的"⑤。高王凌则将以上政府全面干预社会生活的大政府现象解释为政府的"老爸爸"思想，即政府"属于这样一种'父亲'或曰'君父'的形象，它既'严厉'又'仁慈'，正与所谓父系家长及家族制的社会相互适合。对于'老爸爸'来说，他的子女似乎永远不会成年，他对他们拥有生、养、管、教……无所不包的权力和责任，无论在实

---

① 《清高宗实录》卷130，乾隆五年十一月辛未。

② 有评价认为，高宗行政"既是清朝专（治）［制］条件下政治形势演变的客观要求，也源于即位新君沽名邀誉、树立自己圣明形象的自私动机"（高翔：《康雍乾三帝统治思想研究》，中国人民大学出版社1995年版，第282页）。但不能否认，高宗在养民上的力度确实胜过其他时期。如，研究证明，在赈济灾民方面，高宗是"不遗余力、毫不吝啬的，受灾达到5分以上是逢灾必赈，否则要追究有关部门和官员的责任；5分以下的给予赈济也是家常便饭。有关史料中关于这一方面的记载纷繁复杂，赈济到底耗费了国家多少钱粮也无法精确统计"。（张祥稳：《清代乾隆时期自然灾害与荒政研究》，中国三峡出版社2010年版，第330页）

③ ［美］王国斌：《转变的中国——历史变迁与欧洲经验的局限》，李伯重、连玲玲译，第91页。

④ ［美］王国斌：《转变的中国——历史变迁与欧洲经验的局限》，李伯重、连玲玲译，第110页。

⑤ 瞿同祖：《清代地方政府》，范忠信、晏锋译，法律出版社2003年版，第248页。

际上是采取什么方式。这种意识和实体的存在，也可以说是中国历史（或同类文明）的一个特点"。①

综括以上所述，高宗教养观是对传统"政治哲学"的继承和发展，蕴含着传统政治的道义精神，体现了君父与子民之间"养"与"被养"的特殊关系。而从政治的思想动力学角度讲，作为政治文化的一部分，教养观在乾隆朝被附加在了强化的皇权之上，从而外化成为朝廷的重大决策推向各省。这为我们阐释乾隆朝常平积贮养民政治提供了有效方法。

第三节　"养民之政多端，而莫先于储备"

回溯过往，自康熙朝以来，政府在养民问题上采取了包括鼓励开垦②、发展多种经营③、恢复建设以常平仓为代表的仓储体系等在内的诸多举措。然而，就常平仓建设而言，实际效果并不理想，如从雍正初期清理地方钱粮亏空时暴露出的情况看，康熙朝常平仓中几乎很少存有粮食实物。④ 正因如此，圣祖"特重'邻谷协济'，而非仅恃本地之储，截漕与民间通贩皆可列入"⑤，通过开辟多种供应渠道解决粮食问题。雍正朝延续康熙朝以来的养民政策，世宗屡屡强调"积贮仓谷，关系民生，最为紧要"⑥，"积贮米谷，所以备旱涝缓急之需，民命攸关，最为切要"⑦。尽管世宗对常平仓储意在整顿，但是他也明白，地方官员对此并不热心，"从来积贮米谷，自督抚以及州县，皆耽延瞻顾，苟且塞责，此弊务须痛革，实心奉行"⑧。为此，类于康熙一朝，雍正朝除垦荒、蠲免、赈恤之外，同样"颇重省际流通"，而世宗"有明识，善运用，似尤过之"，即一

---

① 高王凌：《活着的传统：十八世纪中国的经济发展和政府政策》，第138页。
② 参见和卫国《从广西捐垦案看清代垦政》，《清史研究》2007年第4期。
③ 参见高王凌《活着的传统：十八世纪中国的经济发展和政府政策》一书。
④ 刘凤云：《雍正朝清理地方钱粮亏空研究》，《历史研究》2013年第2期。
⑤ 高王凌：《政府作用和角色问题的历史考察》，海洋出版社2002年版，第116—117页。
⑥ 《清世宗实录》卷39，雍正三年十二月戊子。
⑦ 《清世宗实录》卷68，雍正六年四月庚寅。
⑧ 《清世宗实录》卷39，雍正三年十二月辛卯。

面鼓励私商贩易，一面动用库银购运，尤重省际调拨流通，以此作为替代手段满足养民济民之需。①

高宗执政后，不再追求大规模土地开垦，在如何养民问题上，采取了常平积贮、兴修水利、教民种植、开矿殖产等诸多措施。如，乾隆二年（1737），谕令各省督抚留心水利事务："自古致治以养民为本，而养民之道必使兴利防患，水旱无虞，方能使盖藏充裕，缓急可资。是以川泽陂塘、沟渠堤岸，凡有关于农事，豫筹画于平时，斯蓄泄得宜，潦则有疏导之方，旱则资灌溉之利，非可诿之天时丰歉之适然，而以临时赈恤为可塞责也。"② 乾隆三年（1738），谕令教民种植："朕御极以来，轸念民依，于劝农教稼之外，更令地方有司化导民人，自勤树植，以收地力，以益民生。"③ 乾隆九年（1744），通谕各省督抚督率州县发展多种经营："人君以养民为急务。养民之道，在使之上顺天时，下因地利，殚其经营力作，以赡其室家，非沾沾于在上之补苴救恤，遂长恃为资生之策也。在昔善图国是者，谓以君养民则不足，使民自养则有余，诚不易之论……朕思一方之地利原可以养一方之人，一家之人力原可以养一家之人。古者九职任万民，一曰三农生九谷，二曰园圃毓草木，三曰虞衡作山泽之材，四曰薮牧养蕃鸟兽，何一非资生养赡之术？为民父母，民事即家事，宜实心劝课，随时区画，使地无遗利，民无余力，则家有盖藏，自可引养引恬，俯仰不匮。"④ 当然，在诸多养民要务中，常平积贮更被置于了前所未有的突出地位，即所谓的"养民之政多端，而莫先于储备，所以使粟米有余，以应缓急之用"⑤。对于高宗大力推行常平积贮养民，可以从以下几个方面加以理解。

首先，"父母斯民"的根本原则确立了养民主体责任在于政府，特别对于遭遇灾歉等不时之需，政府必须具备充足的粮食储备来加以应对。乾隆五年（1740）七月，谕曰："夫丰年不知积贮，一至歉年，束手无策，

---

① 高王凌：《政府作用和角色问题的历史考察》，第118页。
② 《清高宗实录》卷47，乾隆二年七月癸卯。
③ 《清高宗实录》卷83，乾隆三年十二月庚子。
④ 《清高宗实录》卷213，乾隆九年三月辛丑。
⑤ 《清高宗实录》卷42，乾隆二年五月丙申。

是谁之咎耶？各督抚有司均有父母斯民之责，应视民事如己事，毋得徒奉具文，仍蹈苟且便安之习。"① 同时以"积谷乃养民之要务"，要求直隶、山东、河南、江南、湖广等省督抚，劝谕地方官员"乘时讲求积贮，以备将来缓急之用"，劝谕子民"撙节爱惜"，并谆谆教导督抚"可共体朕心，以尽父母斯民之职"。② 署理广东布政使程仁圻认为："积储之道，民不能谋，而官代为之谋，因民之所利而导之也。"③ 高宗进一步将此表述为："盖买谷贮仓，原恐民有余粟，不知撙节，以致糜费，是以令官广为收买，以为储蓄之计。"④ 可见，高宗及其臣工之意在于，政府存储粮食，乃为民生之计，强调了政府视养民为己任的主动性特点，而高宗反复提及的"父母斯民"四个字，更恰如其分地表达出了常平积贮养民的基本出发点。这也正是高王凌所谓"老爸爸"思想的典型表现。

其次，在乾隆前期的政治格局中，常平积贮被视为国家第一要务，在政府行政中具有优先地位。高宗继承了圣祖以来重视常平积贮的思想，再三向臣工们宣讲常平积贮、平粜的特殊意义，其中由《清实录》收录的高宗关于常平积贮、平粜和赈济的言论可窥一斑（参见表1-1）。需要注意的是，乾隆十七年（1752）之后，常平积贮为"第一要务"类似的言论便很少在上谕和朱批中出现了。这至少可以反映出，乾隆早期高宗对常平积贮特别关注，甚至已经将积贮养民提升到了国家战略中心位置来加以对待和运作，这种认识与高宗大规模推行常平积贮养民政治的行动轨迹正相吻合。因此，在乾隆早期诸多大政中，积贮养民作为国家政治运作的重要代表，折射出了乾隆朝政治生态发展演变的初始面貌。

表1-1　《清实录》载乾隆前期高宗强调积贮、平粜、赈济言论一览

时　间	内　容	资料来源
乾隆二年	平粜乃利济贫民第一要务	卷41，乾隆二年四月丁丑
乾隆二年	拯灾恤困乃国家第一要务	卷55，乾隆二年十月甲辰

---

① 《清高宗实录》卷122，乾隆五年七月癸未。
② 《清高宗实录》卷123，乾隆五年七月戊子。
③ 《录副奏折》，乾隆六年二月署理广东布政使程仁圻奏，档号：03-0635-026。
④ 《清高宗实录》卷189，乾隆八年四月己亥。

续表

时　间	内　容	资料来源
乾隆三年	贮粟养民乃国家第一要务	卷61，乾隆三年正月庚午
乾隆三年	赈恤民瘼乃督抚第一要务，切不可怠忽	卷71，乾隆三年六月
乾隆三年	凡督抚膺封疆之重寄，原以惠养百姓为地方第一要务，若舍此而言办事，则其所留心者不过末节耳	卷74，乾隆三年八月丙戌
乾隆三年	赈恤一事乃地方大吏第一要务	卷79，乾隆三年十月
乾隆四年	自古帝王抚御寰区，惟以爱养斯民为第一要务。朕即位以来，仰体皇祖、皇考勤求保赤之圣心，宵衣旰食，偶遇水旱灾伤，真视为己饥己溺，百计经营，散赈蠲租，动辄数十百万，期登斯民于衽席，此薄海内外所共知者	卷99，乾隆四年八月癸卯
乾隆五年	地方积谷备用，乃惠济穷民第一要务	卷122，乾隆五年七月癸未
乾隆五年	际此丰收之年，吾君臣更当敬承天贶，而积贮尤为第一要务也	卷123，乾隆五年七月
乾隆六年	国家设立平粜，乃惠济贫民第一要务	卷156，乾隆六年十二月甲辰
乾隆七年	各省地方每遇歉收，米价昂贵，国家动发仓储，减价平粜，乃养民之切务	卷169，乾隆七年六月戊申
乾隆十二年	朕自御极以来，宵旰励精，勤求民隐，闾阎疾苦无或壅于上闻，乃不能收斗米三钱之益，而使赤子胥有艰食之累，殊益焦劳。各督抚身任封疆，于民生第一要务必当详悉熟筹，深究其所以然。如果得其受病之由，尤当力图补救	卷304，乾隆十二年十二月戊辰
乾隆十七年	仓贮民食为地方第一要务	卷428，乾隆十七年十二月丁酉

　　再次，常平积贮养民目标不仅是确保足额收贮，更要多多益善。高宗据此不断督促各省官员加紧采买收贮。乾隆二年（1737）三月，江苏巡抚邵基奏称："查向来动缺额谷，虽照题定之例，即令各该州县动支地丁银两秋成照数买补，然州县常虞贮谷折耗，交代艰难，往往观望延挨，任催罔应，以致展（辗）转经年，前数未补，拨用踵至，日复一日，购补愈

难，一有缓急，必需他处拨济。"邵基认为，"仓储宁可数年不用，不可一日无备"，为此拟于本年六月动支司库地丁银 10 万两委员前往丰收省份采买。高宗对邵基的想法和请求极力表示支持，朱批称"此是极应举行者"。① 乾隆二年十月，署理湖北巡抚张楷奏报遵旨买补湖北通省仓谷事宜，高宗朱批："至地方丰稔，虽多买而无高昂之弊，则部臣远在京中，何由得知耶？在汝等地方大吏酌量情形为之。要之，地方以积贮足数为是。"② 同年十二月，张楷奏报本省共应买补仓谷 276000 余石，已经报买 26 万余石。高宗又批："仓谷惟以充盈为是，即再多于此数亦可。"③ 乾隆三年（1738），高宗在云贵总督庆复奏报云南限令买补上年动支仓谷一折上朱批："积贮为各省民命攸关，而云南为尤要，卿其实力行之，自然于民有益也。"④ 乾隆六年（1741）正月，闽浙总督德沛，署福建巡抚、广东布政使王恕奏闽省常平充裕，采买可缓。高宗朱批："积贮乃有备无患之政，尔等当时刻留心者也。"⑤ 乾隆六年二月上谕明确要求，"地方积谷不厌其多，赈恤加恩亦所时有，正未易言仓储充盈"。⑥ 乾隆六年七月，刑部尚书、署湖广总督那苏图奏报两湖晚稻丰收，现饬各属采买仓谷，高宗指示"至留意积贮，犹为当务之急也"。⑦ 乾隆九年（1744）三月，江西巡抚塞楞额奏报买补事务，高宗明确告诫塞楞额"岂惟足额，多多益善耳"。⑧ 在高宗推动下，经过多方筹办，江西至乾隆九年底实贮在仓谷已有 147 万石，乾隆十年九月因所粜无多，加上捐监收谷 65600 余石，通省实贮达 1532800 余石，较之定额尚少 73000 余石。高宗仍要求江西官员，"若少之额亦不为多，应趁丰收买足也，速为之"。⑨ 以上君臣对话

---

① 《朱批奏折》，乾隆二年三月十五日江苏巡抚邵基奏，档号：04 - 01 - 35 - 1103 - 032。

② 《清高宗实录》卷 55，乾隆二年十月。

③ 《朱批奏折》，乾隆二年十二月二十九日湖北巡抚张楷奏，档号：04 - 01 - 35 - 1105 - 039。

④ 《清高宗实录》卷 81，乾隆三年十一月。

⑤ 《清高宗实录》卷 135，乾隆六年正月。

⑥ 《清高宗实录》卷 136，乾隆六年二月癸卯。

⑦ 《清高宗实录》卷 147，乾隆六年七月。

⑧ 《朱批奏折》，乾隆九年三月二十五日江西巡抚塞楞额奏，档号：04 - 01 - 35 - 1129 - 024。

⑨ 《朱批奏折》，乾隆十年九月二十七日江西巡抚塞楞额奏，档号：1134 - 010。

透露出了高宗积极推动地方足额收贮，以及遇到丰收更要多加积贮的急迫心情和特别期待。

最后，强调政府常平积贮的同时，不忘鼓励百姓自己储蓄作为重要补充。乾隆三年九月，谕令山东、河南二省乘年丰之时加紧积贮，并劝谕百姓注意积贮："小民识见短浅，既遇有秋，又获善价，必至争相售卖，以图一时之利，无所留余。又或婚丧嫁娶之间、衣食宴会之际，不知检束，任意奢靡。圣人食时用礼之训，无在不然，尤当致谨于丰稔之岁。着该抚率同地方官多方劝谕，俾知年谷顺成，未可常恃。储蓄之道，实为吾民养命之源，人人撙节爱惜，共励俭勤，留目前之有余，以补将来之不足，则丰年有乐利之休，而歉岁无艰食之患矣。"① 乾隆三年十二月，训谕督抚尽"父母斯民"之责，董率州县尽心民事：

> 至于五谷者，乃民命之所关。吾君臣受上天牧民之责，而于民之所资以生者转视为缓图，亦逐末而忘其本矣。地方有司但知以簿书为事，自顾考成，幸免参劾，便为称职。此等人员，固不可与劣迹昭著者同日而语，而究之牧民之要道缺焉未尽，所谓父母斯民者安在乎？国家设立仓储，原以济小民之缓急。当救济百姓之时，岂复有所吝惜？但仓储有限，而人数繁多。不足之数，势必借资于邻省。倘邻省又复歉收，则将如何经理之？是在督抚大臣董率州县官早作夜思，视百姓之事如己身之事，勤勤恳恳，劝勉化导，俾百姓各尽力于南亩，野无旷土，户无游民，纵不能如古人之耕九余三即有成效，然亦必令有所储畜，以备不虞，不为旦夕糊口之谋，而置仰事俯育于膜外，则克尽牧民之本图矣。但小民识见短浅，不能虑及久远，必须良有司感之以至诚，使官民上下情意流通，有言必信，奉令承教，出于自然，行之既久，渐臻家给人足之风。此等牧令，真不愧古之循良。②

---

① 《清高宗实录》卷77，乾隆三年九月丁丑。
② 《清高宗实录》卷83，乾隆三年十二月庚子。

乾隆四年（1739）指出："从来养民之道，首重积贮，而积贮之道，必使百姓家有盖藏，能自为计，庶几缓急可恃，虽遇旱涝，可以自存，不致流离失所。若百姓毫无储蓄，而事事仰给于官，无论常平等仓现在未能充足，即使充足矣，而以有限之谷，给无穷之民，所济能有几何？"① 乾隆六年（1741），再次饬令督抚劝谕百姓预筹积谷："夫积贮之道，必讲求于丰年，而后可以济俭岁之用。若至俭岁而返悔从前之未曾预筹，亦已迟矣。今兹禾麦盈畴，实为田家难遇之景象。各省应贮谷数，自应及时经理，买补足额，以备缓急。但积之于官，虽仓廪无亏，其为数终属有限，惟当于民间有余之时，教以撙节之方，使人自为计，户有盖藏，庶几长保盈宁，不致有辜上天之隆贶。"② 在高宗思维中，政府理所当然地要加强常平积贮，尽最大努力储存粮食养活百姓，但是百姓自己储粮是对常平积贮的重要辅助，希望以政府掌握的常平仓为引领，大规模积贮备荒的同时，天下子民亦能撙节自爱，家有盖藏，户户充盈，以臻有备无患之目的。

第四节 "赈济之道在于发粟"

高宗大力推动常平积贮养民，还源于对现实生活中灾害频仍、民生维艰的忧虑。根据相关研究，乾隆朝的自然灾害总体上呈现出明显的连续性和集中性，灾害发生频次和影响范围远远超过顺治、康熙、雍正和嘉庆四朝。乾隆朝各种灾害被灾州县厅次平均为 236.6 个，而顺治朝平均为 94.9 个，康熙朝为 99.6 个，雍正朝为 88.6 个，嘉庆朝为 174 个（见表 1 - 2）。其中以水灾为最多，其次为旱灾。③

---

① 《清高宗实录》卷 97，乾隆四年七月壬申。
② 《清高宗实录》卷 142，乾隆六年五月甲戌。
③ 张祥稳：《清代乾隆时期自然灾害与荒政研究》，第 85 页。另参见陈振汉等编《清实录经济史资料（顺治—嘉庆朝）》（北京大学出版社 1989 年版）第三章第五节对顺治朝到嘉庆朝各类灾害的详细统计。

表 1-2　　　　　　　乾隆朝十八直省自然灾害被及州县厅次统计　　　　单位：个

年份	数量	年份	数量	年份	数量	年份	数量	年份	数量
元年	197	十三年	368	二十五年	153	三十七年	46	四十九年	95
二年	408	十四年	357	二十六年	422	三十八年	85	五十年	402
三年	371	十五年	355	二十七年	213	三十九年	148	五十一年	188
四年	426	十六年	315	二十八年	169	四十年	218	五十二年	172
五年	166	十七年	319	二十九年	182	四十一年	80	五十三年	263
六年	271	十八年	300	三十年	182	四十二年	103	五十四年	136
七年	216	十九年	175	三十一年	242	四十三年	316	五十五年	168
八年	208	二十年	308	三十二年	221	四十四年	126	五十六年	148
九年	454	二十一年	138	三十三年	192	四十五年	163	五十七年	229
十年	433	二十二年	347	三十四年	246	四十六年	183	五十八年	152
十一年	354	二十三年	175	三十五年	192	四十七年	150	五十九年	409
十二年	438	二十四年	362	三十六年	208	四十八年	73	六十年	138

资料来源：张祥稳《清代乾隆时期自然灾害与荒政研究》，第 74—76 页。

从表 2 被灾超过 300 个州县厅的年份数量看，乾隆前半期灾害尤多，特别是乾隆元年（1736）至乾隆十八年（1753）情况最为集中。[1] 严峻的现实激发了高宗强烈的忧患意识和未雨绸缪思想。他认为："今天下幅员日广，生齿日繁，一有水旱，饥荒立告，此皆不能使菽粟如水火之故也。"[2] 此后进一步指出："目今生齿益众，民食愈艰，使猝遇旱干水溢，其将何以为计？我君臣不及时筹画，又将何待？岁月如流，迄以无成，乃曰俟诸后人，不几为天下后世笑乎？"[3] 对此，郭成康研究认为："乾隆即位后，米贵问题更其突出，而天公又不作美，在他初政的十多年间，正是中原地区水旱灾害集中多发期，乾隆就一再说自己'十年九忧旱'。这位年轻的皇帝真诚地以'养民'为己任，不仅屡屡发布'政在养民'、'爱养百姓'的旨谕，而且采取各种切实措施，期望能稍稍缓解因人口繁滋、

---

[1] 张祥稳：《清代乾隆时期自然灾害与荒政研究》，第 92—93 页。

[2] 《清高宗实录》卷 86，乾隆四年二月己卯。

[3] 《清高宗实录》卷 162，乾隆七年三月庚申。

米价腾贵给百姓带来的压力。"① 因此，在中国传统社会救灾条件落后的背景下，面对如此频繁、大面积的自然灾害，自认为肩负"代天以子民"②使命的高宗，"刻刻以爱养天下百姓为心"③，想当一位好皇帝，想为普天之下的子民百姓谋求生路，于是将目光投向了政府掌握的常平仓。所以，在常平积贮养民上推行重大举措，无论从道义出发，还是从现实考虑，都是具有了一定的历史必然性。

与灾害频发现实相对应，在赈济方式上高宗更看重粮食实物的赈济，对银米兼赈则不以为然。乾隆二年（1737），山西兴临、永宁等州县遭遇旱灾，钦差、兵部左侍郎孙国玺等查明各属丰歉情形后具折奏闻。孙国玺等指出，此次赈灾民间多有银米兼赈之议。据署布政使许容等声称，"晋省风俗俭约，食用淡泊，民间饔飧米谷非其专尚，常以莜、荞、大小等麦与杂豆等面，并豆荚、蔬菜等物调煮为饭，习以为常。虽遇丰年，不弃秕稗，虽属素丰，尚食杂粮，非不尚米谷，特以米价之一斗即可得杂粮之一斗数升，是以甘之如饴。况五州县原系夏秋之交得雨，稍迟之村庄晚谷晚黍被旱成灾，并非一邑全荒。现今粟米杂粮尚有收获，兼之连年有收，今岁夏麦亦不歉薄，富户积蓄尚多，市集粟米杂粮并不缺乏，本地实有粮食可买。今广谘风土，曲体民情，因地制宜，诚莫如银米兼赈之为便"。孙国玺、石麟对此表示支持，认为银米兼赈确属符合山西民情："赈济动用仓粮固属定例，晋省各属仓储亦敷拨给，但晋俗尚俭，食甘粗粝。斗米之价既可得杂粮一斗数升，宁食杂粮而不食米，贵多不贵精，其素性也。丰年如此，何况歉岁？今各该州县市集米粮并不缺少，既属民情所愿，似应酌量变通，银米兼赈。且杂粮并食，则数口之内即余一口之食，数日之内即余一日之粮，于灾民更有裨益。相应奏请……除极贫之户已给九、十两月口粮外，其十一月以后俱银米兼赈，一半照米给谷，一半照米给银。"接到奏报，高宗命户部速议具奏。④

---

① 郭成康：《乾隆正传》，中央编译出版社 2006 年版，第 210 页。
② 《清高宗实录》卷 7，雍正十三年十一月癸亥。
③ 《清高宗实录》卷 12，乾隆元年二月己巳。
④ 《朱批奏折》，乾隆二年闰九月二十二日兵部左侍郎孙国玺、山西巡抚觉罗石麟奏，档号：04 - 01 - 01 - 0014 - 033。

随后，高宗专门就山西银米兼赈问题阐述看法，在肯定山西办赈的同时，对银米兼赈明确表示怀疑。上谕指出：

> 第汝等银米兼赈之议，朕不以为然。何则？因饥荒而赈米，则民无菜色，未闻因饥而赈银者也。若有米谷之可买，则无庸官为赈济矣。且贪官蠹役，从未有冒销米谷者也。若听其银米兼施，则取之甚易而查之甚难，徒见百姓少一半之谷而贪官蠹役得一半之银，非计之得也。若仓中米谷缺少，或可另为通融，而汝等又奏称仓谷尽数赈恤之用，岂汝等未之思乎？抑别有难办之情节乎？此事部议亦不准矣。汝等其速为明白回奏。①

高宗的担心在于，既然发生灾荒，民间必然粮食紧缺，无可买之米谷，赈银无法解决百姓就食问题，又容易造成官吏贪污冒销。

户部会议孙国玺等所奏后提出，山西先行动拨邻县谷石分别散给。"如不得已而银米兼赈，令该抚等酌定价值报部"。此议得到了高宗允准，但在随后所颁上谕中，他仍表达了对银米兼赈的质疑：

> 朕思积贮之设，所以裕民食也。当荒歉之岁，地方米谷必致缺乏。发粟散赈，既可令无食贫民藉以糊口，而奸商之囤积者亦不得借以居奇，此救荒之常理也。且米石出入，众目共睹，上司亦易于稽查。若以银分给，殊非周济民食之本义，而贪官猾吏浮冒侵蚀，更弊端百出矣。但恐晋省仓粮平日原未必充裕，而今年被灾之处或尚不止五州县。傥或仓储无几，辇运需时，则灾民之迫不及待者不得即沾升斗，又非朕轸恤穷民之至意。用是再颁谕旨，著孙国玺、石麟等详查地方实在情形，如果邻邑米多易运，即照部议拨给。若粮少运难，著暂行银米兼赈，仍酌定价值报部，一面办理，一面奏闻。总在多方稽察，务使官吏无所容奸，穷黎均沾实惠。②

---

① 《清高宗实录》卷55，乾隆二年十月。
② 《清高宗实录》卷54，乾隆二年十月甲午。

与前面上谕精神一致，高宗坚持了"若以银分给，殊非周济民食之本义"的观点，仍旧认为荒歉后民间缺少米谷，赈银无济于事，徒增侵蚀浮冒。因此，山西赈灾应首选从外地仓储中调拨粮食实物，银米兼赈乃是邻邑粮少难运不得已而为之之举。

根据高宗要求，孙国玺、石麟二人再次具折，陈述晋省办赈情形。他们仍坚持认为山西并非全境无收，实行银米兼赈符合当地民俗和百姓需要：

> 伏思因饥赈米固属历来定例，但查山西兴、永等处成灾州县乃系一方偏灾，并非通境无收、全无粜卖者可比。方今收获已毕，所在村镇市集粟米杂粮皆有贩卖。据各贫民咸称，杂粮价值稍减，其质粗粝，食之易饱，与其专给米谷，不如半折银两，使得兼买杂粮换和，则逐日更多节省余剩，等语。查晋省民俗俭朴，杂粮充食，不但歉岁，丰年亦然，不但贫家，富室亦然，则因地制宜银米兼赈实为两便。至于晋省各属仓储虽敷拨用，然乘其杂粮凑集之时散银籴买，而留其有余之储，于明年青黄不接之交，以为借粜之用，则一变通间而有备无患，更不虑米价之不平也。如散赈之法，现委道员董率丞卒，会同各该地方官亲身唱名给散，众手众目，共指共视，不但地方官无从染指，即胥役亦不使其经手，自无冒销之弊。臣等所欲银米兼赈通变宜民者，诚察询民情之所共愿……①

既然山西地方官认为银米兼赈符合当地赈灾实际，高宗不再勉强，于是谕令孙国玺等可以银米兼赈，但要严加督察，防止官吏中饱私囊：

> 前据孙国玺、石麟奏称，晋省被灾州县恳请银米兼赈。朕以赈济之道在于发粟，若以银分给，恐官吏易生弊端，难于查察，应详酌地

---

① 《朱批奏折》，乾隆二年十月十五日兵部左侍郎署理刑部左侍郎孙国玺、山西巡抚觉罗石麟奏，档号：04-01-35-1105-011。

方情形，如果邻邑米多易运，仍令拨给谷石，以济民食。若粮少运难，著暂行银米兼赈之法，已于本月初十日降旨谕孙国玺、石麟矣……孙国玺、石麟身在晋省，目睹地方情形，既称银米兼赈于穷民有益，即照所奏行。但拯灾恤困乃国家第一要务，倘司其事者经理不善，查察不周，或致不肖官吏侵蚀中饱，使恩泽不能下逮，则钦差大臣、该省巡抚难辞其咎，朕必严加处分。①

通过办理山西赈灾个案可见，乾隆初年高宗看重的是赈灾中粮食实物的供给和保障，认为灾歉发生后银米兼赈并不可行。话语中隐含着他对天下子民在灾害面前嗷嗷待哺、无以为生的忧虑，以及对贪官猾吏冒销侵蚀造成皇恩无法真正泽被子民的担心。而此时的高宗，为解决民生问题，已经开始谋划将天下粮食收入政府的常平仓中，以待灾歉发生后有粮可赈，有粮可调，满足应急之需。这就是他心目中真正的养民之道和办赈之道。即使此后乾隆八年（1743）户部颁发了银谷兼赈毋庸拨运邻邑谷石之例②，高宗仍坚持己见。这种“赈济之道在于发粟”的意见在乾隆十年（1745）被更清晰地表达出来。当年，护理苏州巡抚安宁奏报办赈时称：“例动常平米谷，因饥口众多，有折银给赈之例，但地方被灾，米价必贵，终不若放给本色，于贫民更为有益。”本年淮、徐等处被灾，查明各该处原有常平及监谷共471400余石，陆续拨运江苏等属谷190600余石，后奉旨截留上下江漕粮10万石，本色充裕，“因令各属察看情形，如米价尚平，兼给折色，米贵即给本色”。高宗要求喀尔吉善督率属员妥协为之的同时，明确表达了他与官员们在备赈上的不同看法，认为喀尔吉善所办，“此系朕本意。向来亦曾谕各督抚，而彼等总以银米兼施为便，此朕所不解，汝奏正合朕意”。③

总之，反对银米兼赈的同时，高宗提出“赈济之道在于发粟”，确立

① 《清高宗实录》卷55，乾隆二年十月甲辰。
② 《清高宗实录》卷252，乾隆八年十一月辛未。
③ 《清高宗实录》卷253，乾隆十年十一月。

了灾歉发生后政府应坚持以直接赈济粮食实物为先的赈灾理念①。这种赈灾理念自然对粮食实物的大规模储备提出了特别要求，成为了高宗全力推行常平积贮养民的重要动因。

---

① 罗威廉在研究 18 世纪著名官僚陈弘谋时归纳道："许多学者都曾指出，陈宏谋的政治生涯所处的雍正时期和乾隆早期都是国家直接救济的巅峰期。在此期间，国家直接救济都取得了巨大的成功。封建政府对其力量越来越自信，对自身在社会事务上的积极态度也满怀信心。"（［美］罗威廉：《救世——陈宏谋与十八世纪中国的精英意识》，陈乃宣等译，中国人民大学出版社 2013 年版，第 243 页）而直接救济背后即是常平积贮规模的扩大。另按：陈弘谋因避讳在其题奏中书写姓名一直使用缺笔的"弘"字，《清实录》中多用"宏"字，故"陈宏谋原名陈弘谋"一说似乎不妥，本书俱从"弘"字。

第二章　"视积谷为畏途"：积贮赔累风险与州县官的规避

在政治领域，政治理念支配下的政策（制度或计划）必须走向现实政治才能实现其自身价值。现实政治是活泼的、千姿百态的，其发展演进充满着种种不确定性因素，而政策（制度或计划）预期则往往是相对稳定的，双方矛盾的生长、演变，使得政策（制度或计划）运行的轨迹和结果与设计预期及其政治理念经常发生程度不同的偏离，甚至是根本背离。

常平仓显然可以归为程式化、简单化的国家制度设计：从采买、转运到归仓、出粜，再到买补还仓，周而复始，是一种完美的循环运作过程，并不存在多少羁绊。然而，天下州县地域情况、生产条件、市场状况等千差万别，"或粜多而市价贵，则病民；粜滞而市价贱，则病农。必相天时，随地利，察人情物价转移而调剂之。故粜尚易，而籴较难"①。江西巡抚陈弘谋认为："积贮为地方要务，常平乃赈粜必需。贮之不多则不足以备缓急之用，积而不散则有红朽折耗之虞。每遇出易赈粜、秋收买补，昂价则累贫民，减价则非累富户即累官司，邻境采买则并累邻封。小民未受接济之益，先受买补之苦。倘年谷不登，则买补仍难如数，陆续买补又恐所缺过多，次年荒歉不能接济。"② 因此，对地方官而言，制度实施的每一步都是严峻的挑战，很多情况下甚至可能导致常平仓根本无法正常运转。为此，本章将重点对常平采买、积储中的制度性难题，以及高宗、督抚，特

---

① 王庆云：《石渠余纪》卷4，北京古籍出版社1985年版，第187页。
② 《朱批奏折》，乾隆七年五月二十九日江西巡抚陈弘谋奏，档号：1119–008。

别是州县官员应对的思维逻辑和行为方式进行考察，希望借此更加深刻地理解大规模常平积贮的现实遭遇，从而为其历史宿命提供合理的解释依据。

第一节 "积贮一事，本非州县乐从"

清代州县是"一省之内的最小行政单元"[1]，州县官历来被视为最亲民之官。关于知县的具体执掌，《清史稿》归纳为："知县掌一县治理，决讼断辟，劝农赈贫，讨猾除奸，兴养立教。"[2] 如前所引，高宗也强调指出，"天下亲民之官莫如州县，州县之事莫切于勤察民生而务教养之实政"[3]。而对于州县官在兴养立教中的角色和作用，清人方大湜明言，"兴利除弊，不特藩臬道府能说不能行，即督抚亦仅托空言，惟州县则实见诸行事，故造福莫如州县"[4]。老一辈学者瞿同祖更直接地指出，"毫不夸张地说，地方行政全在州县官们手中。没有他们，地方行政就会停滞"[5]。因此，州县官承载着沟通代表上层意旨的政策（制度或计划）与基层社会民众关系的重任，掌握着政策（制度或计划）走向社会现实的主动权，是将皇权恩泽推及天下子民的直接力量。

以往对地方官员的研究中，有一种观点似乎是被默认的，即从皇帝到督抚再到州县官，犹身之使臂，臂之使指，三者保持着绝对的、直线的隶属与服从关系。应当说，这仅是一种机械的理解，现实则处处充满着鲜活与灵动：面对同一种皇权意志和国家政策，各种力量或群体出发点并非整齐划一，行动步调也不完全一致。他们都会从自身的地位、环境出发，依据自身利益得失进行衡量，然后付诸行动，并在行政运作中尽可能地施加自己的影响。那么，高宗大力推行的常平积贮养民，在最亲民的州县官那

---

① 瞿同祖：《清代地方政府》，范忠信、晏锋译，第5页。
② 赵尔巽等：《清史稿》卷116，中华书局1976年版，第12册，第3357页。
③ 《清高宗实录》卷47，乾隆二年七月癸卯。
④ 方大湜：《平平言》卷1，转引自瞿同祖《清代地方政府》，范忠信、晏锋译，第29页。
⑤ 瞿同祖：《清代地方政府》，范忠信、晏锋译，第29页。

里得到的是什么样的反应呢？

先看几位官员的奏报。乾隆四年（1739），署理湖南按察使彭家屏奏称："每见州县当岁歉散赈之后，仓廪空虚，恒不能即为买补者，缘州县仓粮皆以万计，且多至数万石不等，一时丰收，辄欲买补全完，恐谷价因以昂贵，州县官虑干赔累，是以每支吾延挨而不肯速为买足。若迫于上司之催促不能不买，则又多不免有摊派里民、扰累行户以及衙役家人克扣短发之事。此买补仓谷之所以每致稽迟而易于滋弊也。"① 乾隆五年，安徽巡抚陈大受奏报，"各属仓储，甚为空乏"，原因在于州县基层官员顾虑未除，"平粜价银向例秋成即应买补，但粜贱籴贵，州县虑及赔累，每多挨延，竟有平粜数年尚未买足者"。② 乾隆八年（1743），河南巡抚雅尔图明确向高宗表明，"从来买补一节，官绅士庶皆不乐从"。对于官员而言，"既无余利可嗜，又为民怨所归，稍有不慎，更致赔累。是以一议采买，动辄招尤，而局外之闲言、旁观之指摘往往丛集而起"。③ 乾隆十年（1745），江苏布政使安宁声称："大约州县之中，急公者少而自顾者多。在米谷收贮年久，若非设法调剂，难免折耗赔累。积贮一事，本非州县乐从……"④

仔细观察发现，以上几位官员的表述中，不约而同地提到了一个关键词——"赔累"。州县官因为担心经营常平积贮可能造成赔累，并不愿意去认真经理，更毋庸说去多贮增贮。而"从来……皆不乐从""本非州县乐从"等则表明，州县官对常平积贮的逆反和抵制态度并非后天形成的，是随着制度或政策"与生俱来"的。州县官的所思所为，甚至被安宁批评为"自顾"，也就是州县官只知道顾及自身利益，实不能急公好义。或如四川巡抚硕色所言，"恤民之念不胜畏累之心"⑤，在自身利益与养民职责发生矛盾冲突时，州县官员的行为选择明显遵从了自身利益优先的原则。

既然办理积贮面临着"赔累"的风险，那么究竟哪些环节可能造成州

① 《朱批奏折》，乾隆四年十一月二十二日署理湖南按察使彭家屏奏，档号：1112 - 027。
② 《清高宗实录》卷110，乾隆五年二月壬午。
③ 《朱批奏折》，乾隆八年闰四月二十五日河南巡抚雅尔图奏，档号：04 - 01 - 35 - 1125 - 007。
④ 《江苏布政使安宁为密陈各省捐监督抚应认真督率事奏折》，《历史档案》1992 年第1 期。
⑤ 《朱批奏折》，乾隆三年正月二十八日四川巡抚硕色奏，档号：1106 - 013。

县官赔累而使得他们唯恐躲之不及呢？

乾隆元年（1736），署兵部侍郎王士俊具奏指出，州县官员"视积谷为畏途，等平粜若具文，不肯实力奉行"，并从盘量折耗、不敷买补、霉烂难储、交代不便等多方面归纳了问题所在：

> 一则仓谷交代，新官必逐仓盘量，筛飏至净，方肯收受，多一番出入，即多一番折耗。若所积谷石稍多，即虑赔垫不赀。此选补各官每先问地方仓谷有无多寡，若其地有仓谷而多者即攒眉蹙额，视属畏途。此其一也。更如平粜固足出陈易新，而谷价新旧悬殊，如每谷一石新收时价值三钱者，当青黄不接之际，市价增至四、五、六钱不等。夫平粜之实利民生，正宜于市价增长时减价粜卖。乃各州县恐秋收丰歉不常，贱价平粜，不敷买补，每石不过减价数分，贫民升斗所需，沾惠无几，反多守候之烦，既鲜踊跃赴粜。又粜卖谷价例应提解司库，新谷出时赴司请领，辗转出入，胥吏因缘为奸，每多暗损。迨至买补，上司定价惟照时值，余价或扣存司库，或添买积储。凡新谷初出，带湿未干，照价买贮，次年春夏潮黦，易致霉烂折耗，种种掣肘之患二也。再加州县迁调不常，正署互更不一。凡旧任经手粜卖之谷未经买补，虽价贮司库，新官不肯接受，必须旧任自行买补，或留本员在彼，或亲属家人报明上司，自行领买交仓，新官盘实方始交代出结，较之旧存仓谷更多掯勒，诸弊丛生，是以狡猾之员辄详称市价甚平，无庸出粜，以图免累三也。①

对于州县官的消极态度，云南布政使陈弘谋不无同情地指出："欲期有备无患，惟宜多贮毋亏。但积贮太多，存贮太久，鼠耗虫伤不无亏折。按以存七粜三之例，计三年之内虽可全数出易，而洼湿炎热之处霉变可虞。即地处高燥，而东量西折，亏短势仍不免。凡积谷数多之州县，一遇交盘，赔累不少。以此人多视为畏途，不欲多贮，亦属实情。"② 自然条件的局限和当时的粮仓储备条件都表明，大量增加粮食实物的贮备实在

---

① 《朱批奏折》，乾隆元年二月二十五日署理兵部侍郎王士俊奏，档号：1103-007。
② 《朱批奏折》，乾隆元年十二月初三日云南布政使陈弘谋奏，档号：1103-022。

不具有可行性。

此后，对常平积贮存在的问题以及由此引起的州县官担忧和抵制，被地方官员反复奏及。乾隆二年（1737），直隶按察使多纶奏称："惟是州县牧令每狃于近利而昧于远图，多以积贮为累，细察其情，盖亦有故。"在他看来，"谷贮年久，不无霉变之虑。交代盘量，不无折耗之累。平粜之后，所粜谷价必令提贮府库，但此平粜之谷皆系零星升斗，收者尽系钱文。一奉提解，势必以钱易银。及至秋收买谷还仓，各市各镇零星收买，用者又尽系钱文，所领原价又须以银易钱，易银易钱已多转折折耗，一解一领又须往来盘费，而府胥于提解发领之时更恐不无需索。再，秋收籴谷之价贱于三春粜谷之价，人人共知者也。州县牧令设非极贪极鄙，何敢任意多开，特以一切盘费、脚费别无所出，不得不于谷价内一并开算，而司府谓其浮冒，每每苛驳核减。由是而畏累之念横据于胸中，急公之义遂置膜外矣"。[①] 同年九月，浙江布政使张若震指出："贮谷则有盘量之亏折、鼠雀之耗损、斗级之盗窃，经霉过夏，色变堪虞，交代过斛，雇夫有费，加以修廒铺垫，在在须出己资，将来离任，后官保无掯勒？身家之念重，国计民生之念轻，所以乐于贮银而不乐于贮谷，甚至将次离任，借称惠民，故意多粜，以冀免累。"[②] 以上奏报中，无论是多纶所谓的"畏累之念"与"急公之义"之间的选择，还是张若震所谓的"身家之念"与"国计民生之念"之间的权衡，再一次将州县官办理常平积贮面临的政治风险，特别是他们应对风险所坚持的"利益本位"原则表露无遗。这种情况也告诫我们，分析和认识历史不可以道德（或言道义）绑架人物，而应以平常之心乃至人之常情去切近其真实生活和为政轨迹。

此外，乾隆五年（1740）江苏按察使陈弘谋也明确指出，常平积贮"屡经臣工条奏，部议通行，而各省办理未收实效者，非尽奉行之不力，其中原各有蔽格难行之隐情"。他所谓的"隐情"包括"惧其盘量折耗而不敢多贮之患""惧其买补不敷而不能多贮之患"等，其中"常平仓谷石存仓则有霉烂虫蛀，出易则有盘量折耗，一遇交代盘量，则折耗更多。每

---

① 《朱批奏折》，乾隆二年七月初二日直隶按察使多纶奏，档号：1104-019。
② 《朱批奏折》，乾隆二年九月二十六日浙江布政使张若震奏，档号：1104-043。

州县贮米谷至万石者，一经盘量，折耗不下数百石。州县养廉每年不过千两及数百两，束脩薪水全资于此，岂能为常平积贮赔垫多金？所以上司惟欲其多贮，即属员亦知多贮之有益，而无如贮多则亏折亦多，无力赔垫，实有难于多贮之势"。此外，出粜之价不宜过贱，"过贱则买补不敷，地方官虑及买补，或惮于出粜，或粜后而一时难买，仓储仍多空虚"。①

乾隆六年（1741）十一月，曾任户部侍郎的刑部侍郎周学健奏称：累官之事，莫如霉变与买补二者。本年五月，在任户部时曾遵旨议请将常平仓谷比照通仓准销气头、廒底之例，行令各省督抚酌定成规题明办理，霉变一事将来可免赔累。且修缮仓廒、及时晾晒、照例出易，犹人力可为，"买补赔累则有非人力所及者"。"春夏出粜，当青黄不接之时米价必贵，秋收新谷登场，价值自必平贱，似乎买补止有赢余，竟无不敷。不知谷价之贵贱，视乎年岁之丰歉。如出粜之时遇歉价贵，买补之时遇丰价贱，则有赢余。或出粜与买补之时皆值歉收、皆值丰收，其价值约略相等。即有不敷，尚属无多。若出粜之时则遇丰年价贱，买补之时又值歉收价昂，斯价值相悬，不敷之数每以千计。即出粜数少不敷，价轻者亦每至数百两不等。府州县官岁给养廉，有几何能堪此赔累乎？遇有不肖之员勒派里民，短价领买，势所必至。然派买一出，而参劾随之、处分及之矣……仓储不出陈易新致有霉变，则有赔补之严例；出粜之后不依限买补致仓储空虚，则有买补迟延之参处；买补仓谷致派里民，则有计赃治罪之科条。有违功令，则参处不免；欲全功名，则赔累何底？焉得不视为畏途，惟冀积谷之少，以省赔累之地乎？"②

归纳王士俊、陈弘谋、多纶、张若震、周学健等人对官员畏避积贮因素的分析，大致包括四个方面：一是地方潮湿，易致霉烂；二是积贮太多太久，鼠耗、雀耗、虫耗不无亏缺；三是官员盘量折耗、新旧交代折耗过多，难以赔补；四是粜粜谷价悬殊，难以买补。如果这些问题处理不得当，或降官撤职，或自己赔补，带给州县官的是自身经济和政治

① 《朱批奏折》，乾隆五年八月二十二日江苏按察使陈弘谋奏，档号：04-01-35-1114-017。
② 《朱批奏折》，乾隆六年十一月二十日刑部侍郎周学健奏，档号：1117-036。

利益的受损，制度设计预留给官员们的操作空间实际被大大压缩。在此情况下，避而自保可能是他们对待常平积贮的最合理选择，正所谓"从来皆乐于粜而不乐于买，盖窃畏久贮之贻累，惟欲图自利之念切耳"①。因此，无论是从自然条件，还是从体制上讲，州县增加仓储自始就面临着无法逾越的难题。常平积贮目的的单一性与实施环境的复杂性之间深刻的矛盾已经预示着，高宗大规模推行常平积贮养民计划不会是一帆风顺的。而这些矛盾能否得到合理解决，又将直接关系到常平积贮养民政治的最终结局。

原本被视为良法美意的善政，因为地方官员顾及自身利益而遭到怠慢，甚至可以说是抵制，这种现实问题向来为朝廷上下所熟识。即如世宗所言，"朕屡降谕旨，令该督抚严饬州县，及时买补昔年亏空之数，无如苟且迟延，奉行不力"②，"从来积贮米谷，自督抚以及州县，皆耽延瞻顾，苟且塞责。此弊务须痛革，实心奉行"③。既有前车之鉴，高宗在推行积贮养民的过程中，便反复提醒督抚等大员注意州县官行政的惰性，并强调加强对州县官的督促和监管。乾隆三年（1738），批谕署福建巡抚王士任所奏时指出，"地方官未有不以多贮仓谷为患者。若汝等督抚再存此念，则地方万一凶荒，小民何赖焉？"④乾隆五年（1740）七月，再次指出："地方积谷备用乃惠济穷民第一要务，而州县有司惟恐贮谷过多，平时难于照料，离任难于交盘，瞻顾迁延，实为通病，朕知之甚悉，已屡降谕旨矣。"⑤乾隆五年十月，浙江布政使张若震具奏买补仓粮一事时称，他在接见属员时反复叮嘱他们要劝民节俭，留有余以备不足，"无如编氓识浅，岁歉则称贷以效彼素封，岁稔则出粜以恣其费用，而家有余蓄者实未多见，是以臣不得不乘今岁丰登之候，先谋官廪之积贮以为缓急之需"。高宗进一步提醒张若震："积贮乃为政要务，而州县每以私意视为畏途，此

---

① 《朱批奏折》，乾隆十二年三月初七日江西布政使彭家屏奏，档号：1138 - 028。
② 《清世宗实录》卷39，雍正三年十二月戊子。
③ 《清世宗实录》卷39，雍正三年十二月辛卯。
④ 《清高宗实录》卷81，乾隆三年十一月。
⑤ 《清高宗实录》卷122，乾隆五年七月癸未。

在汝等大吏亟宜留心者也。"① 乾隆七年，在福建布政使张嗣昌的折子上又明确指出："地方有司视积谷为畏途，若汝等再不留心，则仓谷无足额之日矣。"② 即使到了乾隆中期，高宗仍传谕督抚注意对州县官行为的监督，认为州县将积贮视为畏途，因循延诿，而地方大吏又不悉心办理，"此种弊病现在各省实皆有之"。③

高宗对督抚、布政使等官员的训诫，实乃出于对普遍存在的州县官"私意"太重，打着自己的"小算盘"不愿意认真办理常平积贮现象的持续担忧。更有意思的是，高宗甚至将州县官作为防备的对象，许多想法和信息不愿向他们公开透露。如乾隆九年六月河南巡抚硕色奏报，由于节年平粜、拨协及动赈以及协济江苏等省，"从前未及买补，虚悬甚多。若令骤行采买，恐妨民食"。应除平粜、拨协及上年被灾州县缓买之粜谷，乘此新麦登场买抵，秋后易谷还仓外，运江及七年被灾赈谷俟秋成后议买。对此缓买之议，高宗指示硕色："所奏俱悉，但此意不可使州县知之。彼皆以仓储为累，若知此，必借端延挨，仓谷无足额之日矣。"④ 在高宗的思维中，州县官原本就不想积贮买补，如果再让他们知道上级有此缓买之意，事情势必将变得更加糟糕。一个被认为是养民大政的常平积贮，身处两头的皇帝和州县官却各怀心思，这不能不说是一种历史的遗憾。

所以，州县官员对朝廷推行常平积贮的不合作（或说抵制）立场，是随着制度与现实矛盾自然衍生出来的，也就是说是本能的和具有普遍性的，只要仓储制度的设计问题不能解决，这些行为就无法加以根除。⑤ 正是意识到州县官在买补存贮环节存在着积极性不高，甚至弄虚作假等种种弊端，高宗君臣也在不断探索解决之道，希图改善常平积贮运作的制度环境，以便推动州县官员对常平积贮养民的真正关注。

美国学者詹姆斯·C.斯科特在其《国家的视角——那些试图改善人类

---

① 《朱批奏折》，乾隆五年十月十二日浙江布政使张若震奏，档号：04-01-35-1114-036。

② 《朱批奏折》，乾隆七年十月二十四日福建布政使张嗣昌奏，档号：1121-012。

③ 《清高宗实录》卷542，乾隆二十二年七月癸卯。

④ 《清高宗实录》卷218，乾隆九年六月癸丑。

⑤ 参见吴四伍《清代仓储的制度困境与救灾实践》第一章"以仓养仓：清代仓储的制度困境"相关分析。

状况的项目是如何失败的》一书指出，社会工程实施过程中最重要的因素在于，"它的效率依赖于真正的人类主体的反应和合作。如果人们发现新的安排，不管安排如何有效率，只要与他们的尊严、计划、趣味相背离，他们就会将它们变成低效率的安排"①。与斯科特研究所列个案颇为相似，意气风发、踌躇满志的高宗在初政之时，欲图在养民问题上大有作为，他以为通过强力推行常平积贮养民"社会工程"，依托政府掌控的各级常平仓大规模贮粮，便可实现自己爱民、养民、足民的宏愿。然而，高宗心怀美好的政治预期，在现实中并没有得到广泛认同。这一"社会工程"从开始就遭遇到了来自于作为实施主体的州县官的异样反应：在常平积贮由皇权意志转化为地方行政的过程中，直接负责计划运作的州县官员顾及自身利益得失，导致地方行为超出来自皇权意志及为官职责的约束，乃至于发生严重背离。正如萧公权所指出的，清代"常平仓制度从来就不怎么有效。官府管理的常平仓，其状况如何，直接取决于负责管理的官员的态度如何。虽然有事例表明有些官员认真努力地使常平仓成为有用的工具，但多半官吏并不关心。非常可能的是，清朝在其建立初期所发布的上谕和定下的措施，基本没有执行"②。通过本节分析可见，州县官"视积谷为畏途"的本能反应，不仅塑造着州县官员的个人行为，而且对整个常平积贮"社会工程"的走向和命运也将产生根本性的影响。因此，理解常平积贮养民政治，必须从文字走向现实，尽力使自己面对一个鲜活的高宗皇帝和一个"活生生"的州县官群体，才有可能真正走入这一政治过程的深处。

第二节 积贮压力下的地方应对

在困扰州县积贮的霉烂、鼠耗、雀耗、交代折耗、买补缺价等多种难

---

① ［美］詹姆斯·C. 斯科特：《国家的视角——那些试图改善人类状况的项目是如何失败的》，王晓毅译，社会科学文献出版社 2004 年版，第 299 页。

② ［美］萧公权：《中国乡村：19 世纪的帝国控制》，张皓、张升译，九州出版社 2018 年版，第 177—178 页。

题中，无法正常买补问题影响当属最大。① 陕西巡抚崔纪指出：常平弊端，"大抵由于畏采买之赔累居多"②。前文引述刑部侍郎周学健所论，累官之事，莫如霉变与买补二者，"霉变一事将来可免赔累"，修缮仓廒、及时晾晒、照例出易，"犹人力可为"，但是买补赔累"则有非人力所及者"。③ 采买的制度性困局似乎已经成了无解的积贮顽疾。值得注意的是，这些原本就让官员们纠结的买补问题，在高宗推行大规模常平积贮之后，加快异化着州县官员的积贮行为，特别是对于无法完成采买任务的州县，往往是延缓采买，能缓则缓，甚至出现了根本不买、派买民间乃至亏空等严重扭曲的行政行为。

一　存价待买与仓储缺额

面对积贮粮食实物存在的赔累风险，州县官权衡利弊之后最直接的反映就是尽量拖延不买。雍正朝以来，各地经营常平积贮即普遍存在着存价待买现象。即如浙江布政使张若震所言，世宗严定采买之限、特申存价之禁，即是针对以往"各省仓谷多系折价存库，一遇歉岁，每致束手无策"④而出台的。在第三章将要详细介绍的乾隆三年围绕平粜买补的讨论中，大多数督抚都提到了因粜价不足以买补而贮银待买的问题。如山西巡抚觉罗石麟指出：该省"时势不齐，所粜之价难保其有盈而无缩，每见州县因价值稍亏惧干赔补，遂尔频年请缓，仓贮空悬，诚为可虑"。⑤ 福建巡抚卢焯则指出："减价平粜年年应行，则买补还仓亦必年年买足。如歉收谷贵，许令存价以俟来年，势必群相观望，不数年而仓廪俱空。闽省现有前车可鉴，而州县之利于存价者，缘谷系减价出粜，本不宽裕，买补不敷，力难

① 马立博同意魏丕信、王国斌的观点，认为造成各地常平仓缺额的最主要因素并非粮食库存变质，而是秋收后的买补问题。参见［美］马立博《虎、米、丝、泥：帝制晚期华南的环境与经济》，江苏人民出版社2012年版，第226—227页。
② 《朱批奏折》，乾隆三年二月初四日陕西巡抚崔纪奏，档号：1106-015。
③ 《朱批奏折》，乾隆六年十一月二十日刑部侍郎周学健奏，档号：1117-036。
④ 《朱批奏折》，乾隆二年九月二十六日浙江布政使张若震奏，档号：1104-043。
⑤ 《朱批奏折》，乾隆三年正月十一日山西巡抚觉罗石麟奏，档号：1106-002。

赔垫，非望通融拨补，故意因循，即贪原价，交盘稍可免累。"① 可见，因为不敷买补造成的存价待买问题在乾隆初年依然非常突出。

此后，州县官存价待买以及由此产生的仓储空虚问题仍被不断揭露出来。乾隆七年（1742），御史徐以升具奏，"买补还仓不能刻期定限，而邻境或争相采买，产米之地价必日昂，买补既有定价，又无余力赔偿，势必因循观望，补足无期，年来各省仓储每有空虚之患，率由于此也"。② 乾隆九年（1744），署理兵部右侍郎雅尔图表达了对州县拖延不买造成仓储空虚的担忧："地方有司视仓谷皆为畏途，往往有虚报实贮、折银交代者。自有谷贵缓买之例，州县已多推卸。嗣奉上谕停止采买③，深合州县之愿，后奉谕旨④，各按地方情形应买应缓，相机筹画，仍恐托故延挨，终无裨益，现在仓谷业已大半空虚。若再加每岁之平粜、水旱之赈恤，恐数年之后颗粒无存矣。"⑤ 乾隆十二年（1747），江西布政使彭家屏揭露了州县粜则以多报少、籴则以少报多且折银交代的积习："州县之经理仓谷，作奸营私，巧诈多端"，"粜籴出纳之间，俱有虚报。粜则以多报少，实粜一千石，止报五百石；籴则以少报多，实籴五百石，即报一千石。如遇加增买补，亦买数不及其报数。似此等类，无限腾展，皆是亏缺。迨有事故离任，猝不及买，则与新任官讲究谷价，折银抵交。若新任官肯为照数买补，亦尚不至悬宕，往往接银到手，因循待价，久之将原银济乏自用，而前官所交之少数依然仍在，再加以后官效尤而为之，未有不日亏日多者。臣于平素之体访、交代之查核，深悉此弊"。⑥ 从州县官角

---

① 《朱批奏折》，乾隆三年二月初九日福建巡抚卢焯奏，档号：1106 - 020。

② 《朱批奏折》，乾隆七年十二月山东道监察御史徐以升奏，档号：04 - 01 - 02 - 0065 - 006。按：整理者将此档标注为乾隆十年。此折中有"而各省督抚再能恪遵本年十一月内所奉上谕，各行劝导所属官民，毋执畛域之见，务敦拯恤之情，俾商贩愈加流通"等语，查《清高宗实录》（卷178，乾隆七年十一月甲子），此为乾隆七年上谕，因此此折具奏时间应为乾隆七年十二月。

③ 《清高宗实录》卷189，乾隆八年四月己亥。

④ 《清高宗实录》卷211，乾隆九年二月癸酉。

⑤ 《朱批奏折》，乾隆九年四月十二日署理兵部右侍郎雅尔图奏，档号：04 - 01 - 35 - 1129 - 034。

⑥ 《朱批奏折》，乾隆十二年十一月初五日江西布政使彭家屏奏，档号：04 - 01 - 35 - 1141 - 008。

度讲，存价待买几乎成了他们防止自身利益遭受损害的一种最常见也是最有效的规避行为，原本被视为良法美意的常平积贮，由于地方官员的"抵制"而被严重扭曲，而且延缓购买以至积累多年不买的情况不可胜数①，各地常平积贮的大量缺额甚至亏空由此而生。

　　的确，常平缺额不是一时一地的问题，而是乾隆朝较为普遍的现象，这在各省督抚奏报中被不断反映出来。此处以广东、浙江为例加以说明。广东例行奏报乾隆九年至十一年三年间每年实在存储均在 300 万石上下②，但实际情况与此并不相符。乾隆八年（1743）九月广东布政使讬庸即称，各属本年平粜仓谷止 17 万余石，"五、六、七等年平粜未补仓谷为数尚多"③。九年（1744）九月，署理广东巡抚策楞称，通省仓储额谷 3359000 余石，历年平粜存价未买已积至 64 万余两，"是筹补仓储似较他省为倍急"，实因连年歉收之后"米价不能骤平，民间疮痍亦难尽复，是以未敢轻议"。④ 十年（1745）正月策楞又奏：乾隆九年秋查核通省仓谷，"虽有三百余万之数，实则缺额甚多，因数年以来连遭俭岁，米价昂贵，购补甚艰，并有不肖有司乐于省事，只知存价之易于交代，不顾常平之日渐空虚，以致通省仓储有粜卖而无买补"，总计存价未买之项已积至 64 万余两。对于州县采买"类皆派之绅衿富民，或克扣平头，或短发价值，甚或虚张声势，谷未买而价已顿增，藉此迁延，诿而不买，未收仓储之益，先已高价病民。此皆向来通弊"。⑤ 十年二月再奏称，州县官员"图一时之便安，谷不实贮在仓，惟留价银贮库，偶遇升迁事故离任，为亲属侵分，致成亏空，而年来以此参追者亦在在有之。此皆道府平日盘查视同故事，而

　　① Pierre-Étienne Will & R., Bin Wong, *Nourish the People: The State Civilian Granary System in China*（1650 – 1850），p. 150.

　　② 乾隆九年十二月署理广东巡抚策楞奏称，通省实在存仓谷 2685111 石零。（《朱批奏折》，乾隆九年十二月初八日署理广东巡抚印务策楞奏，档号：04 – 01 – 35 – 1132 – 007）乾隆十年十一月巡抚准泰奏报，通省实在存仓谷 3100838 石。（《朱批奏折》，乾隆十年十一月二十二日广东巡抚准泰奏，档号：04 – 01 – 30 – 0291 – 009）乾隆十一年十一月又奏通省实在存仓谷 3085573 石。（《朱批奏折》，乾隆十一年十一月二十一日广东巡抚准泰奏，档号：04 – 01 – 35 – 1137 – 001）

　　③ 《朱批奏折》，乾隆八年九月二十四日广东布政使讬庸奏，档号：04 – 01 – 35 – 1127 – 018。

　　④ 《朱批奏折》，乾隆九年九月十五日署理广东巡抚策楞奏，档号：1131 – 013。

　　⑤ 《朱批奏折》，乾隆十年正月二十五日署理广东巡抚策楞奏，档号：1132 – 024。

上司并无废口册籍，遂致散漫无稽耳"①。可见，广东理论实存有 300 万石之多，然而实际缺额问题已非常严重，存价已达 64 万两之多。对此，陈春声在对 18 世纪广东粮价的研究中也认为："尽管乾隆十三年（1748）后各州县常平仓积谷都有一个法定的额数，但实际上储谷缺额的情况十分普遍。"②

乾隆晚期的浙江也是如此。浙省"州县向多因循玩忽，往往延至深冬方行报买，未几即借口价昂，吁请停止，以致历年多有未买之项"③。乾隆五十一年（1786）奏报额贮 2784415 石，除去历年粜借 632882 石外，应存 2151533 石。但是，当年全省清查亏空缺少未买谷竟有 1351692 石，仅存 799841 石。据巡抚琅玕称，除去当年盘查收回谷 114228 石，连前实贮 914068 石，其余未买谷石已将谷价提解司库。④ 翌年同样如此，奏报应存 2112285 石。清查案内缺少未买谷 1237464 石，已将价银提解司库，分作五年买补。本年续买 384182 石，连前实贮 1298251 石。⑤ 到五十二年（1787）题报实存时，全省竟然仍有 2783132 石的常平储量。

不独广东、浙江二省，"乾隆时期很多州县厅之仓储确是徒有虚名，流于形式。正因为如此，使得各地一遇灾荒赈借，要么部分或全给折色，要么把希望寄托于中央政府手中的漕粮"⑥。这一点也与乾隆八年（1743）福建道试监察御史胡宝琭的质疑和担忧正好吻合，即高宗御极以来加意整顿，现在各直省岁底奏报存仓谷数共计 3440 万石有奇，"亦可谓有备无患"，"然每遇支拨，或无以应，臣窃疑之"⑦。以上恰恰说明，因为缺额或亏空大量存在，遇有灾荒赈济便捉襟见肘，常平仓往往无法有效地履行它

---

① 《朱批奏折》，乾隆十年二月二十七日署理广东巡抚策楞奏，档号：1132 – 033。

② 陈春声：《市场机制与社会变迁——18 世纪广东米价分析》，中国人民大学出版社 2010 年版，第 187 页。

③ 《录副奏折》，乾隆三十一年正月十六日浙江布政使永德奏，档号：03 – 0754 – 039。

④ 《录副奏折》，乾隆五十一年十二月初二日浙江巡抚琅玕奏，档号：03 – 0360 – 040。

⑤ 《录副奏折》，乾隆五十二年十一月三十日浙江巡抚琅玕奏，档号：03 – 0290 – 045。

⑥ 张祥稳：《清代乾隆时期自然灾害与荒政研究》，第 261—267 页。

⑦ 《朱批奏折》，乾隆八年六月二十八日福建道试监察御史胡宝琭奏，档号：04 – 01 – 35 – 1126 – 006。

被赋予的重要社会保障功能。①

对州县官员拖延不买，督抚颇感纠结和头疼，考虑到州县办理积贮遇到的实际困难，他们也对存价待买行为表示了几分理解和同情，请求朝廷能够接受待买行为。乾隆三年（1738）十一月，署理福建巡抚王士任奏称，因偶遇偏灾，收成歉薄，赈粜兼施，福建省共需买补仓谷60余万石。虽已督饬地方官员乘机买补，但是本年并未丰收，而且上年歉收之后，"民间盖藏鲜克盈裕"，而漳州、泉州一带向来仰给于台湾米谷，今年台湾沿海田亩偶被旱灾，价格颇昂，另外临近的浙江、江苏二省遇歉，"告籴维艰"，"民间余谷有限，势难猝办，更虑转瞬明春复届青黄不接之候，谷尽归于官则食匮于下，食匮于下则不得不仍求济于官，往返周折，殊觉无益于民"。王士任认为，福建现存各项仓谷已有100余万石，存省仓10万余石，江楚运来谷10万石，拨存省仓6万石，年底至明年正月平粜之谷可以买补二三十万石，来年三月至六月"平粜所需通省不出十五万石，现在仓储业已有备无虞"，故提出今年应补谷石如未足数者，将价银存贮，俟明年秋收照数买足。明年平粜之数如不能一并买补，则俟后年买补。如果明年大丰，则全数买足。同时，为防止地方官员"一闻分年采买之语，遂致观望延挨"，因此"不敢将此意宣泄于人"，仍严行督催如数采买。对于王士任的奏请，高宗不无隐忧地表示："此见固是，但地方官未有不以多贮仓谷为患者。若汝等督抚再存此念，则地方万一凶荒，小民何赖焉？其再与督臣详悉妥议以闻。"②

乾隆七年（1742）十一月，广西巡抚杨锡绂具奏本省买补仓谷一事称，已饬令各府州县，如本地价平尚可采买，或邻邑价平可以赴买，或本境、邻邑价俱稍昂，而核之原粜价值不甚悬殊，均应及时照数买补，"必现在之价与原粜之价实在相悬，方许存留价值，俟之明年"。关于接济广

---

① 魏丕信认为，各省贮额"只是仓储量的理想水平。考虑到仓谷支出和买补的实际决策过程的因素，真实储量可能会低于或高于这些数字"。（［法］魏丕信：《18世纪中国的官僚制度与荒政》，徐建青译，江苏人民出版社2003年版，第161页）本书认为，乾隆前期各省确定的常平积贮额定指标只是各省努力的方向，实际储量则远远低于这个额贮指标。后文对此将做具体分析，兹不赘述。

② 《朱批奏折》，乾隆三年十一月二十九日署理福建巡抚王士任奏，档号：1110-007。

东之谷，"东省解交价值，系照从前之例每石四钱核之，今岁情形实不敷采买"。他认为："四钱者，粤西从前之价，非今日之价"，目前江广等省每石五钱至五钱五六分，于是命各府州县斟酌情形，如在五钱五六分以内可以购买者，即行买补。如地方价值因此转致昂贵，即行停买，统俟年底确查两项不能买补之数，再行咨明户部，俟下年买补。但高宗对此议可能造成的不良后果同样颇为担忧，朱批："如此办理，恐仓谷无足额之日矣。"①

乾隆八年（1743）四月，贵州总督兼管巡抚张广泗奏报各属平粜买补出入仓谷数时称，贵阳、安顺、大定、铜仁四府以及广顺、黄平二州，贵筑、贵定等十县，平粜米谷70440余石、谷4690余石，"据报各该处秋成之时米价高昂，难以买补"，请求秋收之后再为买贮。张广泗支持属员的说法，认为各属未买"实因市价与平粜原价悬殊，势难责令买补"，且各州县所存仓谷尚堪接济，因此请求缓买。高宗却将信将疑，在折中朱批称："虽然如是，然仓贮足数，自是属员畏难之事，亦不可听其日攘之说也。"②

以上看来，高宗和督抚们都认为这种待买行为一定意义上合情但不完全"合理"，给予了一定的理解和宽容。当然，高宗更为担心的还是，州县官员不愿积贮，如果存价待买一旦成为地方"通病"，而且长期拖延不买，常平仓体系正常运转必然受到严重冲击，各省仓储即面临着发生灾荒而无粮可赈的危险。

在皇权和现实双重压力下，被要求监督州县履行充实仓储职责的各省督抚，开始严查州县虚报粜价、买价，设法加紧督促各地买补归仓，甚至勒限完成买补任务。如乾隆四年（1739）二月，闽浙总督郝玉麟会同署理巡抚王士任提出，福建现在需要买补六十五六万石，"是欲以一岁之中而买三倍之多，其势原觉艰难"，兼之上年台湾被灾，内地收成一般，勒令全数买足，恐谷价骤昂，因此王士任才有分年采买之请。但是，缓买并不是允许州县官员率意而为，必须制定章程加以约束。嗣后

---

① 《朱批奏折》，乾隆七年十一月初十日广西巡抚杨锡绂奏，档号：1121-022。
② 《朱批奏折》，乾隆八年四月三十日贵州总督张广泗奏，档号：04-01-35-1124-017。

有十分收成者责令全数买足，有八九分者买补十分之八，仅有六七分者准其买补一半，"未买之谷照数存价，统俟次年秋收后全买"。如可以买补，仍复买补不足，则以玩视仓储题参。接到奏报，高宗仍对福建官员的意见表示不满："此亦不可概论者。若如所奏，设连年皆遇六七分年成，则递减而仓谷必至于全无矣。尚当通盘详算、酌盈济虚为是。"① 乾隆四年九月，郝玉麟会同王士任再奏，延平、建宁、邵武、汀州、福宁等五府各属早稻收成丰稔，"实为大熟之年"，台湾府早稻亦属丰收，新米每石市价值银六钱二分，每谷一石值银二钱六分，且各属晚稻"冬成可望"，"省城内外米谷充盈，价值平减"，为此严饬各属将上年平粜谷石上紧采买补仓。高宗颇感欣慰，再次指示："夫有收而不图积贮，则仓谷无足数之日矣，可亟留心也。"② 可见，此时郝玉麟、王士任的想法和措施，与高宗所思所想比较吻合。他们的顾虑是，在可以实施买补，特别是收成颇丰的情况下，如果仍不能及时采买，则仓储空虚，何以养民安民？高宗看重的督抚"可亟留心"之处正在于此。

乾隆八年十月，河南巡抚硕色奏称，"调任河南入境之初，即闻豫属仓粮匮缺"。待抵任后经过查核，河南常平、社仓、义仓旧管共有255万余石，连年平粜未买168000余石，上年拨运江苏未补338000余石，上年永城等州县被水案内动用常平、漕粮赈谷90000余石，本年春协拨永城等县平粜积谷32000石，乾隆六年前任巡抚雅尔图曾奏请买补乾隆四年赈谷案内尚有未买者42000余石，兼之屡年民借未还等项，现在已积至828000余石，通省存仓谷石仅有1050000石。目前，"各属仓储在在皆虚，有一邑而仅存一二百石及二三十石者，甚至有颗粒全无者"。硕色提出，"若再拘泥价昂停买之例因循延缓，则年复一年，仓谷有出无入，不数年而全数皆空，殊非有备无虞之计"，因此督促所属各州县加紧买补还仓。高宗对此表示"应如是办理者"。③ 关于督抚督促州县买补

---

① 《朱批奏折》，乾隆四年二月初十日闽浙总督郝玉麟、署理福建巡抚王士任奏，档号：1110-026。
② 《录副奏折》，乾隆四年九月闽浙总督郝玉麟、署理福建巡抚王士任奏，档号：03-9691-052。
③ 《朱批奏折》，乾隆八年十月初三日河南巡抚硕色奏，档号：04-01-35-1127-023。

之事颇多，兹不枚举。

魏丕信等曾经指出，只要这种缓买行为被控制在合理的限度内，就不会削弱整个仓储系统。18 世纪的最后二十年，这种限度开始不断被突破。① 以上内容可见，存价待买行为并非一时所为，而是与常平仓制度一直相伴随的现象。高宗初政以来，大力推行常平积贮养民政治，州县官却"视积贮为畏途"，面对采买不敷等问题，为了自保而不去及时买补还仓，直接造成了常平仓储的空虚。当然，本书不否认，与康熙、雍正时期相比，在高宗的严格督促下，乾隆初年各省常平积贮出现了明显增长，也不否认督抚控制州县缓买行为的存在，但是从各地反映上来的积贮情形看，存价不补行为非常普遍，进而对常平仓制度设计中平粜、买补环环相扣的理想模式形成了冲击，这种冲击并不是18 世纪最后二十年才开始。其间，高宗和各省督抚无不对州县官的行为及其预期后果表示了担忧。尽管各省督抚也在一定程度上理解州县官的处境和缓买行为，经常对州县缓买加以适当辩解，高宗则表现出了更具敏感性的忧虑，正如其所言，"地方官未有不以多贮仓谷为患者。若汝等督抚再存此念，则地方万一凶荒，小民何赖焉"。如果缓买，"恐仓谷无足额之日矣"，话语中对州县官办理积贮的不信任表达得淋漓尽致。他倾向于认为很多情况下存价待买是州县官有意的拖延行为，这种惰性不能被助长，否则常平仓大量缺额而无法备贮养民，因此反复提醒各省督抚必须加紧督促州县足额收贮，不可姑息纵容。然而，督抚们反映的问题并不虚假，高宗的担心也非多余，缺额不补是与本书重点关注的政府采买捆绑在一起的一个问题的两个方面，即使高宗君臣倾注了很多心力，由于各地每年无法实施理想的买补还仓，实际仍然产生了严重的缺额问题，这从前文所述广东、浙江等省的缺额情况和各省督抚请求缓买奏报的字里行间已经得到了有效印证。

---

① Pierre-Étienne Will & R. Bin Wong, *Nourish the People：The State Civilian Granary System in China*（1650 – 1850），p. 152.

二 派买勒买扰累民间

如果说存价待买是州县官员面对风险和压力采取的较为温和的应对措施的话，那么强行派买则是由压力而传导下去的强硬做法了。由于派买体现的是地方政府在粮食采买中的强势地位，以及由此带来的对百姓利益的损害，因此在绝大多数官方语境中，被认为是一种应该受到谴责和查禁的不良行政行为。不过，"派买"在地方政府的行政实践中，还可以详细划分为一般派买和强行勒派两种。二者在主观目的、实施影响等方面有所不同，尚不可笼统视之。

雍正十三年（1735），内阁学士方苞奏准禁止本地采买而求之于邻封，即有防止本地采买可能出现派买、勒买的考虑（参见第四章）。乾隆元年（1736）四月，太常寺卿王瀅陈奏仓谷出入之弊时指出，各地遇到秋成年丰，尚易买补。如系歉收之年，入市谷少，加之采买官谷，则价值昂贵，"原价不敷，州县官不能赔补，虽干严禁，不得不派之民间，迩来直省绅民铺户受累者比比"①。乾隆三年关于平粜、买补的大讨论中，大部分督抚对州县官员之间普遍存在着的勒派问题表示了谴责。如甘肃巡抚元展成指出，"因价昂而忧赔累，则勒派不无短扣；因盗卖以致亏空，则填盖势必浮收。此民之所以受其累者，由于倚官以压民也"。因此，买补之时仍应责令道府委员监粜，"如原委监粜之员必须更换地方，以免弊窦，仍不时访察市价，务令照时价于各市集分路采买，则客员不能压民强买，自必交易公平，无短扣，无浮收，而亦自无扰累矣"。②川陕总督查郎阿更是直言不讳地指出："从来采买粮石，严禁派累小民，然往往竟为纸上空谈，鲜能收其实效。盖州县身为长吏，既不能亲诣市集，持银钱，较斗斛，以与民相交易，则势不得不假手他人，或遣其家仆、长随，或委其吏书、皂快……牧令既无倚任之人，则民膏胥入奸贪之壑，于是有强派之弊，有短

---

① 《朱批奏折》，乾隆元年四月二十八日太常寺卿王瀅奏，档号：1102-040。
② 《朱批奏折》，乾隆三年正月二十四日甘肃巡抚元展成奏，档号：1106-010。

扣之弊，有浮收之弊，有勒掯之弊，有包户代纳之弊，有高抬市价之弊。"①

然而，随着粮价不断上涨，采买经费不敷买补之时，州县官员仍强行派发，从而将官员们可能产生的利益损失转嫁到了民间。乾隆十二年（1747），河南道监察御史欧堪善指出："今查各省秋成方登，每谷一石需银多至七八钱，部价收仓定以四钱、五钱，州县当秋冬买补仓谷，每弊窦丛生，或照粮派买，或发银衙役、里长赴乡勒买。"② 乾隆十三年（1748），江西巡抚开泰声称，地方官员奉文买补，"向来多有勒派压价与夫以贱报贵、以少报多等弊"③。

时至乾隆二十九年（1764）四月，两江总督尹继善再次专折具奏，请求严禁各地普遍存在的派买行为。他指出："直省各州县设立常平仓积贮谷石，定例春粜秋还，盖以平市价而防红朽也。各州县于秋成买补之时，自应按照时价秉公采买，方不致于病民。乃向来州县采买仓粮，多有按田强派，不照市价平买，而承办之书役、家人又藉端勒派，克扣分肥，其中弊端不可胜举。"尹继善称，他与巡抚屡次出示严禁，并于巡行之便随地随时留心察访，还将失察书役短价病民的盱眙县知县陈述祖及无为州知州严道洪分别题参，相关书役严行审拟，从重治罪。尹继善同时指出，自己所管辖的三省中"前弊多不能免，仍恐他省亦有类此者"，因此请求高宗特颁谕旨，"将短价采买之事勒石严禁，俾大小官吏触目警心，庶可永除民累"。高宗对其反映的情况表示认可，朱批"所议是"，命户部速议具奏。④

户部会议认为，如果地方官能够"公平持正，以平粜价值按照时价买补还仓，原属有盈无绌"。但是，州县官员"贤愚不一，或借买补名目派买克扣，官图饱囊，吏藉分肥，是于利民之中转开病民之窦"。查照大清律例，各省采买务令州县等官平价采买，不许转发里递派买，敢有私派勒

———————————

① 《朱批奏折》，乾隆三年三月二十二日川陕总督查郎阿奏，档号：1107-010。

② 《朱批奏折》，乾隆十二年十月十三日河南道监察御史欧堪善奏，档号：1140-035。

③ 《朱批奏折》，乾隆十三年七月二十四日江西巡抚开泰奏，档号：04-01-35-1143-035。

④ 《宫中档乾隆朝奏折》第21辑，（台北）故宫博物院1982年印行，第178—180页。

买及短价强派、强拏民力运送者坐赃治罪，"定例未尝不严"。尽管如此，"乃州县中往往阳奉阴违，所在多有"。如江南省盱眙县及无为州失察短价病民等案，"一省如此，他省可知。若不严行立法，俾官吏人等知所警惕，则无以垂永久而昭炯戒"。因此，尹继善所奏应予允准，"通行各直省画一办理，并勒石垂戒，庶可永除民累"。①

以上可见，派买、勒买早已是地方官应付采买压力的一种常见"累民"行为，因其有悖于"父母斯民"道义责任，故而一直备受诟病。即使如此，这种弊病却无法根除，乾隆晚期地方官采买仓谷"往往有抑勒乡民、短价派买等弊"，派买、勒买依然如故。②

较之派买、勒买更为复杂的是，很多地方采取了向当地富户预发谷价定向购买，待其收获后再行将粮食按价归仓，或者向行户发价，渐次购买还仓等做法。这些做法原则上被视为了可行的再储备手段，而且不止一省将采买任务分配到当地富户或从事商业贸易的行户身上。③

乾隆七年（1742）九月，江西巡抚陈弘谋奏称，江西乾隆六年仅存谷62万余石。因米价昂贵，"各属应买之谷若照原存粜价采买，则不敷甚多，官不能赔，势必发价于富户。当此谷贵之时而令其贱价卖谷于官，名虽发价，与派累无异。若照时价给买，则须在一两二三四钱之多，不但难于报销，实于国帑有损"。即使严饬各属及时采买，但是各属"均以价值太昂，纷纷请示"。对此情形，陈弘谋也不得不表示经密加体察，所云"并非虚捏，不能采买亦属真情"。④

乾隆八年（1743），署理湖南巡抚蒋溥向高宗反映了一个重要情况：作为重要米谷输出地，"楚南仓谷颇多亏缺"，"各省有缺，尚赴此地采买，而本地何以反有不足"，原因在于当地近年常有歉收，加之外省采买商贩，

① 杨受廷等修，马汝舟等纂：（嘉庆）《如皋县志》卷3，嘉庆十三年刻本。该志详细收录了尹继善奏报及户部议覆内容。另参见《清高宗实录》卷712，乾隆二十九年六月乙未。
② 《朱批奏折》，乾隆六十年十一月十八日江苏巡抚费淳奏，档号：04-01-35-1186-032。
③ Pierre-Étienne Will & R. Bin Wong, *Nourish the People：The State Civilian Granary System in China（1650－1850）*, p.168.
④ 《朱批奏折》，乾隆七年九月二十八日江西巡抚陈弘谋奏，档号：04-01-35-1120-023。

以致米价日昂。"官买还仓之谷价有定额，不能悉照贵价，而仓储又难久悬"，因此承买官员"向皆派交田多殷实之家，照依额价分给银两，令其交谷。而承领之户又利先得现银，陆续交仓。虽价值稍减，亦皆情愿，以致相习成风，视为常例。此湖南历来承买官谷之积习也"。然而，上年冬间至本年春，"粮价腾涌，更甚于先，时价与官额相去天渊。官既不能增添，民则未免赔累，官民交病，日久不交，以致辗转拖欠，无所底止。此又楚南仓储亏缺之大概也"。对此，蒋溥声称已经组织人力进行清查整顿，立限追补，并提出以后再行提前发价者严行参处。高宗表示谨慎认可的同时，指示蒋溥"徐徐行之"。① 显然向富户发价派买在米价平减之时尚且可行，一遇米贵，则民有赔累之苦。而发价派买在湖南已是行之多年的惯例，如在短时间内加以根除并非易事。

预发价值派买补仓的问题并非湖南所仅有，湖北省同样如此。乾隆十八年（1753）七月，署理湖广总督开泰针对湖北省常平仓缺额 132100 余石，应及时买补，而本地大部分地区早稻收成预计多在七八成以上，为防买补时市侩藉口抬价，经与湖北巡抚恒文面商，打算当下"早发价银"，令各地方官员"零星平买，或行户中有情愿承买者，即将价银预行发给，不必克日取足，统于来年二月内完仓"。他们对此持有一种乐观估计，认为湖北本系产谷之地，现买补之数无多，而又宽其限期，地方官可以"从容办理，不须与民争籴"，而行户于半年前预领价银，"得以辗转经营，亦必皆为踊跃，似于仓贮、粮价两有裨益"。② 但是，开泰和恒文的提议最终并未得到高宗的认同。高宗更担心的是这种做法可能会给民间利益带来各种损害，因此朱批"此处尚有斟酌，另有旨谕"。

在随后专门颁发的上谕中，高宗具体阐明了他对预行发价的看法："采买仓谷，在于酌量地方年岁情形，权衡贵贱，使囤积者不得居奇，即市侩无从借口。"如果预行发价，则可能产生三个方面的弊端：一是，"豫将银两交州县收贮，设遇升迁事故，前后交代不清，必且滋弊"，即预将经费交由州县管理，可能在新旧官员交代问题上产生弊混。二是，"若豫

---

① 《朱批奏折》，乾隆八年六月初十日署理湖南巡抚蒋溥奏，档号：1125 - 036。

② 《录副奏折》，乾隆十八年七月十二日署理湖广总督开泰奏，档号：03 - 0747 - 030。

行发给行户，谁不踊跃乐从？但行户之米，仍需于本地民间购买，徒多一转手，致令中饱欲壑，于调剂价值亦未见有益"。也就是说，预发行户，仍需买于民间，纯属多此一举。三是，"若发价民间，令于明岁完仓，在殷实者必不愿领，愿领者必致追呼，其滋扰正与青苗法等耳"。如果民间不愿承领，则预发民间与以贷款为借口向民众额外敛取的青苗法相等同。尽管派买遭到了明确反对，但是面对采买的种种问题，如何实现常平积贮的正常运转，高宗似乎也拿不出有效的应对之策，只能要求开泰和恒文，"惟在督率地方官实心筹画，即照旧于丰收州县酌量采买，奸贩亦不得藉口抬价，不在更张成法也"。①

与训示湖北办理积贮一样，高宗对福建发价派买问题给出了类似的评判。乾隆十八年闽浙总督喀尔吉善等奏，乾隆初年，鉴于福建没有集场大市可供官方采买，因此俱向田多谷多之家"预先公平给价，冬成交谷还仓"。他们承认，承买之户"奸良不一"，并非完全按照他们的意志当年按时足数交清，于是地方官员每年设法"逐一清查，督率催追，不遗余力"。② 福建的做法遭到了高宗的彻底否定，认为"所办非是"。上谕指出："该省从前择谷多之家豫先给价，冬成交谷还仓，办理原属错误。盖给价时，愿领者未必即系谷多之家，贫民冒领价值，随意花销，必致逋负。迨积欠累累，追呼滋扰。此与青苗弊政何异？"③ 同年十二月，军机大臣等再次针对闽浙总督喀尔吉善"采买谷石于秋成后照市价给发，限岁内交仓"的奏请，以派买民间"易滋情弊"表示反对，要求喀尔吉善转饬地方官员"随买随交，无庸豫给"。高宗则与军机大臣等保持了一致立场。④

在湖北、福建等省预行发价采买仓谷问题上，高宗态度比较明确。但是，两省督抚的看法与高宗并不完全一致。即如湖北省，乃是湖广总督开泰与巡抚恒文面商后达成的共识。督抚们从地方行政实际出发，将发价派买作为了州县官员在制度制约下，为推进常平积贮所采取的一种比较合理的变通行为，只要恰当操作，防止派买作弊，这种由政府与富户或行户的

---

① 《清高宗实录》卷443，乾隆十八年七月戊寅。
② 《宫中档乾隆朝奏折》第6辑，第80页。
③ 《清高宗实录》卷446，乾隆十八年九月戊午。
④ 《清高宗实录》卷452，乾隆十八年十二月乙酉。

"合作"尚属可行。即使在派买推行中产生矛盾，也可以动用官方力量强行推进。如果再做进一步推论，发价派买在地方行政实践中应该屡见不鲜，更重要的是，州县派买行为实际上已经得到了督抚们的认可，最起码也是一种默许。

所以，即使派买并未得到朝廷认同，各地仍在根据本省实际继续推行。乾隆二十一年（1756），湖南巡抚陈弘谋提出，本县仓储可向本地有谷之家酌量派买，并严格立法，谨防地方官、胥役需索等弊。他指出，前经议定（参见下文），不近水次州县在本地采买，附近水次州县在城市集镇并有口岸地方采买。然而，本省米谷口岸不过三四处，各处虽有行铺，原系收买乡民谷石，碾米卖给商贩。若各处官谷皆于口岸行铺采买，则"风声所树"，粮价先已昂贵，所买官谷仍不能多，"所以名曰邻境收买，不必定在本处，其实不能舍本处而别买也；名曰买于城市行铺，其实皆向有谷之家收买也"。即使如此，如果不明定章程，则"或书役开单传买，固多需索卖放，即官差家人持银登门求买亦多规避，在巧狡之户营求免买，则殷良之户所买偏多，不相输服，而豪强之户则又藉买谷为邀结挟制之计。上司明知其所买不尽公当，而舍此不能买谷，不便深求。种种弊累，难以尽述"。鉴于本年湖南粮食丰收，与司道等商酌，一县应买官谷，"凡无田者不可派买，田少者不必派买，就田多谷多之家酌买，如收谷五百石者，约止买官谷二十石内外，为数亦属无多。其谷价又照时值，并不短少，加入运脚，所损亦甚有限，而事属均平，小户无派买之累，大户无多买之累。地方官就近买谷，不必差人远购，多所靡费。更将某县应买若干、定价若干明张告示，四境士民咸所通晓，胥役需索卖放之计皆无所施"。地方官营私、刁难、浮收等弊则由其与司道等严行稽查。虽然高宗对此举基本认可，朱批"所定已详，而行之则仍在得人与汝实力稽察耳"[1]，但话语中仍带有着几分对地方官能否真正实现无累于民的怀疑。

福建省预发价值的做法尽管遭到过高宗的明确否定，但是这种地方行为习惯也没有完全停止。乾隆三十五年（1770），署理福建巡抚钟音即指出，福建因环山滨海，产谷无多，"秋后买补，向无集市，只就本地田多

---

① 《宫中档乾隆朝奏折》第14辑，第759—760页。

有谷之家给价采买，原与他省情形不同"。因当年应买额谷 29 万余石，为防止地方官办理不善，致有胥役克扣滋弊，拟将上年未买谷价查明市值，核实出示晓谕，使民间共知采买给价银数，同时责成该管道府就近督察，"务按实在田多有谷之户，如数公平给价，随买随交。如有短价勒派情事，即令严揭请参"。① 钟音与陈弘谋奏请向田多有谷之家发价派买的同时，均表示他们会及时、有效监管实施过程以防止滋弊累民，其目的无非是向高宗表明，在合理操作的前提下，发价派买符合当地实际，有助于解决积贮不足的问题，并希望得到朝廷的支持。而从高宗的表态看，此举已经基本获得了高宗的认可。

此外值得一提的还有贵州省。就在乾隆二十九年尹继善奏准严禁派买的禁令下发后，七月，贵州巡抚图尔炳阿针对本省特殊情况提出了改进事宜。据称，接到朝廷指令后，贵州布政使钱度、粮驿道永泰详称，以贵州与他省情形不同，"采买之法有难画一者"。贵州省"寸步皆山，舟车鲜通，并无米粮聚集之所，每遇场期，民苗不过肩挑背负，多只数斗，而州县平粜多有至数千石者，且采买兵粮等项盈千累百，岂能于场市之中所可购备？是短价勒索之弊，黔省均应照各省一律禁革，而按粮派买之处，黔省实难照各省一律禁止。因查雍正八年奉准部文，行令出粜米谷，派经历、佐贰等官亲身平买运仓，不许派发里递。如有短价私派，即行参处。等因。经前抚张广泗题明，黔省采买，非同别省，难照一例□行，但著令里递领价承买，或不肖官胥扣索滋弊，亦未可定，惟先期传唤里甲乡耆，照依时价给发，酌定村寨大小、买谷多寡，令道府委员分往鉴视，具结申送"。张广泗所题得到允准。因此，黔省不能不按照村寨采买，应仍依前例，再予强调执行。图尔炳阿对两位属员的禀请表示支持，请求朝廷准予不同于腹里的贵州仍循往例采买，照依时价给发价值。②

乾隆三十一年（1766）九月，贵州布政使良卿又具折奏请永禁派买：尹继善所奏得以准行，"盖以州县采买仓粮，一经按田强派，未必全照市

---

① 《朱批奏折》，乾隆三十五年十一月初九日署理福建巡抚钟音奏，档号：04 - 01 - 35 - 1167 -013。

② 《录副奏折》，乾隆二十九年七月二十七日贵州巡抚图尔炳阿奏，档号：03 -0753 -109。

值给发，而书役、家人又复从中克扣，百弊丛生，闾阎滋扰，是以特严其禁"。就贵州省而言，买补还仓之时，酌定村寨大小、买谷多寡派分里递交纳，系原任巡抚张广泗题明，又经巡抚图尔炳阿奏明后相沿为例。然而，"黔中跬步皆山，不通舟楫，民苗背负肩挑，多止数斗，难供采买，不得不向粮户给价承办，其议近似，而扰累之弊由之渐启"。具体表现在，"在小民零星运送，饭食、脚费均无所出，核之市价已有亏折。况黔省地瘠山多，烟户畸零，名曰粮户，实鲜盖藏。自派买之例一定，不问贫富，不计远近，不论民苗，按田计亩，升斗均摊，追呼之扰几同正赋，兼之奸胥按户派交，易启偏梏。里保领银转发，难免克扣。此又弊端之莫克穷诘者也"。上年就有天柱县知县徐鸿玢"就势借端多买，兼且渔利折收"，后被告发参革。为此，请将"一切派发里递承办之令永行禁革"。① 高宗命户部议奏，户部认为自应查明妥办。接到户部咨文，云贵总督杨应琚、贵州巡抚方世儵查明实际情况后联衔回奏。

杨应琚等认为，"黔属市场无多粮可籴，邻境又非舟车可通，即令各属自行采买，势必仍责令本地乡约、寨头购买，乡约、寨头仍需向有粮之家四处凑籴。行之日久，究属有名无实，转不若按粮均买，在民售其有余，在官补其不足，源源相济，总在粮价无许丝毫扣克、粮数无许颗粒浮买之为得也"。② 显然，在两位封疆大吏看来，严格监督之下实施的向有粮之家派买行为符合贵州实际，是他们可以达成共识的意见。

综上所述，派买、勒买是州县官面对行政压力时经常采取的应对之举，其扰累民间之弊显而易见，因此对于强行派买、勒买行为，高宗与督抚的反对立场保持了一致。而对于一些省份向田多有谷之家预发价值的派买行为，督抚从本地粮食生产实际、市场变动以及采买习惯等方面出发，认为这种行为尚可接受，只是需要严加督察，而高宗更纠结于这种派买在执行过程中会演化成为一种勒买行为，最终将损害到常平积贮的养民道义价值。但即使乾隆初期高宗对此明确表示反对，这种做法在多个省份依旧

---

① 《朱批奏折》，乾隆三十一年九月十五日贵州布政使良卿奏，档号：04－01－35－1163－038。

② 《朱批奏折》，乾隆三十二年二月二十八日大学士、管理云贵总督杨应琚、贵州巡抚方世儵奏，档号：04－01－35－1164－034。

得到推行，直到乾隆二三十年间，高宗态度发生了松动，同意在督抚严密监管下加以实施，这表明高宗已经有条件地承认向田多有谷之家派买符合一部分地区常平积贮实际。

第三章 "使官吏无累而盖藏常足"：修补常平积贮制度缺陷的努力

高宗初政以来，常平积贮养民在地方行政实践中，因州县官员抵制而发生了与其养民道义初衷有背的问题，特别是常平积贮大量缺额乃至亏空，已经被督抚们反复陈奏，高宗也明确表示"朕知之甚悉，已屡降谕旨"①。在不断要求督抚加大督办力度的同时，高宗君臣针对常平积贮中存在的机制问题也进行了讨论、校正和修补，希望以此解除经营积贮的赔累风险，解决州县官的后顾之忧，从而保证常平积贮养民沿着理想的轨道向前推进。

第一节 乾隆初年买补与平粜大讨论

常平积贮虽属良法美意，只有普惠天下子民，才能真正实现其身上承载的政治意义。然而，自康熙朝推行常平积贮，对买补、平粜弊端的批评声就此起彼伏，甚至可以说仓储弊端丛生似乎已经成了尽人皆知之事。即使高宗不断向督抚们强调着积贮养民的道义所在及其重要性，不断告诫督抚严格加以推行，但批评之声并未因此而中断。究竟常平积贮症结何在，究竟如何才能解决官无赔累和民无滋扰，更好地发挥常平仓积贮养民功

---

① 《清高宗实录》卷122，乾隆五年七月癸未。

能，高宗发起了一场关于常平买补、平粜弊端及其解决之道的大讨论。因行文需要，此处重点介绍其中的买补问题，对平粜问题稍作涉及，第六章将有专文探讨。

一 一份来自浙江金华的呈文

雍正十三年（1735），高宗登基理政，欲求天下大治，于是广开言路，问政于群臣百官。此后，在办理常平积贮方面，先后有山西布政使王謩[①]、内阁学士方苞[②]、署理兵部侍郎王士俊[③]、河南巡抚富德[④]等多位官员具折陈奏前朝遗留的买补、平粜、交代等弊，其中王謩所请未买谷价专责新官收银采买，方苞所请不拘粜七粜半之例、如遇价昂将价银解贮府库待买，王士俊所请岁歉平粜大加减价，秋成买补不足通融拨补等，均经朝廷议准通行各省。

乾隆元年（1736）七月，高宗特降谕旨，历数常平买补、平粜存在的种种弊病，要求各省督抚秉承其"爱养斯民"意旨，尽心筹划粜粜便民之策。谕曰：

> 积贮平粜之法原以便民，乃闻各省州县于仓谷出入，竟有派累百姓者。当出粜之时，则派单令其纳银，领谷若干；及买补之时，则派单令其纳谷，领银若干。纳银则收书重取其赢余，纳谷则仓胥大肆其勒抑，甚至以霉烂之谷充为干洁，小民畏势，不敢不领，惟有隐忍赔累而已。更有山多田少之地，产谷无多，而该地方官不能向他处采买，但按田亩册籍核算发价，派令百姓将田亩岁收之谷交仓，绝不为民间计及盖藏。至有十余亩之田，而亦责其承买谷石者。在附郭居民，去仓廒不远，尚可就近转输。至于远乡僻壤，离城或百里，或七八十里之遥，亦一概令其领银纳谷。小民肩挑背负，越岭登山，穷日之力，始至交纳之所，而

---

① 《朱批奏折》，雍正十三年十一月十八日山西布政使王謩奏，档号：1102-010。
② 《清高宗实录》卷8，雍正十三年十二月丁丑。
③ 《朱批奏折》，乾隆元年二月二十五日署理兵部侍郎王士俊奏，档号：1103-007。
④ 《朱批奏折》，乾隆元年六月二十二日河南巡抚富德奏，档号：1103-006。

好胥蠹吏又复任意留难。及平粜之日，而穷远乡村更不能均沾实惠，是徒有转运之苦，而不获蒙积贮之益。夫良法美意，行之不善，流弊种种，其作何变通之法，使闾阎实受籴粜之益而无有扰累，各该督抚大吏当悉心筹画，令有司实力奉行，以副朕爱养斯民之意。①

八月，署理江苏巡抚顾琮具折，对以上各位官员意见表示赞成之后，进一步强调了督抚在保持粮食供应中的作用和及时买补归仓的重要性。江苏从前粜三之价尚未买补，今年又遭水灾。若存价以待来年买补，来年米价未平，则可能导致"已粜者归补无期"，而"存仓者接踵平粜，不数年间仓储皆属空虚"。此外，州县官员"惟恐谷多赔累，希冀迁延。新任之员又借有银贮库之例，观望迟逾。年复一年，又成流抵积弊"。顾琮认为，"各州县谷石止有此数，责其源源接济，惟在出纳以时"，而"久远之计，惟在督抚诸臣因地制宜，善为筹画买补，以裕平粜之源"。因此，他请求以后各州县买补仓谷照新定之例，于邻近州县产谷价平之处如数买足实贮。倘邻近地区歉收，则江北之运漕、枞阳诸镇与江西、湖广二省皆为产聚粮食之地，一水可通，各州县可委员前赴采买。②

浙江布政使张若震却对方苞、王士俊的条奏提出了批评。他认为，二者所议"惟恐属员赔累，为之经画弥补，意非不善"，但是"旱涝莫恃，不肖之员转生觊觎即从此起"。他明确指出，州县官员"身家之念重，国计民生之念轻，所以乐于贮银而不乐于贮谷"。然而，"救荒无奇策，积贮为先。若本年不丰，次年不贱，有粜无籴，不三载而仓储一空，设逢歉岁，虽有智者莫可如何。是贮价实有难以久远行之者也"。浙江省虽经大学士嵇曾筠严定买补限期③，"而各州县推卸觊觎之习终不能尽破，浙江省如此，别省亦可概见"。直隶本年被灾之后全赖通仓接济，更说明"各省

---

① 《清高宗实录》卷22，乾隆元年七月己亥。
② 《朱批奏折》，乾隆元年八月二十九日署理江苏巡抚顾琮奏，档号：1103－012。
③ 乾隆二年，嵇曾筠疏议平粜事宜六条中提出了定限申送仓收的建议。嵇曾筠主张，"春间出粜，秋成买补，定例昭然。乃各府属往往买补愆期，年底尚无仓收申送，既不敷来岁出粜，仓储空缺亦且缓急无资。应酌定限期，务于本年十一月内买足，出具仓收申送"。户部经过会议，同意于十一月内买足，出具仓收，并令该管知府年底亲往盘查结报，逾限不买补者揭参议处，徇庇捏饰者一并参处。（《清高宗实录》卷46，乾隆二年七月己亥）

旱涝难必，岂可不早思贮备，以为万全之计"。为此，他提出了不必预定拨补之例，如遇买补不敷，可以动用盈余或司库公银加以补助的建议。①

即使高宗君臣如此反复探讨常平仓运作问题，实际情况似乎并没有发生改观。乾隆二年（1737）十二月，九门提督鄂善转呈了一份浙江省金华府东阳县举人李秀会（曾任四川省汀安县改教知县）的呈文。该文抨击了州县官办理平粜、买补的种种劣迹，再次将如何消除弊端以发挥常平仓的养民功能问题推到了风口浪尖。

在李秀会看来，每年存七粜三，秋熟买补，本应"仰体朝廷惠爱黎元之意，今乃百弊害民，贫富受累，至大不堪，而上宪置若罔闻，一任州县作弊"。李秀会目击情形，遂不远万里赴京呈报。鄂善认为常平、社仓"原为济民而设"，"以备歉岁赈恤之用"，"并非滋弊害民之举"，而地方官员办理积贮，大吏们"稽察不周，以致弊窦丛生，与民无益，事属有之。若止辗转更移，并不实力奉行，亦难与民有补"。尽管鄂善对其所提州县纳谷捐监、输谷授予顶戴荣身等款表示反对，但是对其反映的州县经理平粜、买补情况，认为"其中多属的确"，表示同情和认同。呈文表明，最需要得到粮食保障的底层民众，并没有真正获得来自于皇帝的恩惠，甚至还被赔垫、勒派等弊政所困扰。在百姓眼中，原本来自皇帝的德政，在州县官股掌之上已经变形，高宗苦心经营而树立的爱民形象也被扭曲，甚至经营常平仓变成了"做县官，莫愁荒；纳仓吏，好生意；常平仓，陆陈行；民父母，大囤户"。② 这显然是高宗无法容忍的。

李秀会的呈文经鄂善转递后，高宗再次谕令各省督抚酌筹常平仓出粜、买补之法：

> 各省常平仓原为济民而设，每年青黄不接之时存七粜三，以给民

---

① 《朱批奏折》，乾隆二年九月二十六日浙江布政使张若震奏，档号：1104 - 043。

② 《朱批奏折》，乾隆二年十二月十三日九门提督鄂善奏，档号：04 - 01 - 35 - 1105 - 035。申妙在其学位论文中对此有较为详细的介绍，她还特别强调了这份奏折对高宗的触动作用以及由此引发的一场督抚们的广泛讨论。（参见申妙《养民——乾隆初期粮政决策》，中国人民大学2011年硕士学位论文）因下文所录上谕内容与呈文基本一致，故此处不再具体介绍。

食。秋成之后照数买补，出陈易新，不致红朽，以备歉岁赈恤之用，法至善也。但有司奉行不善，其弊遂有不可胜言者。当其出粜之时，惟附近居民就近赴买，而乡民则往返守候，不能遍及。且城中衿户、役户、牙户、囤户与仓书声气相通，捏名报买，而州县之内丁、随役亦乘机暗窃，通同盗卖。虽仓额有亏，总期秋熟买补还仓时，于斗秤溢额浮收，填补遮盖。此平粜时之弊也。至于买补之际，往往择县中富户，发给银两，令其交谷。有照时价短发十之一二者，有银色低潮者，或令自运还仓，脚价无出，又或用斗则以大易小，用秤则以重易轻，且交仓折耗、盘仓供应之费皆出之小民。此富民受累也。乃更有照粮派买之弊，每处派一买头，总敛各户，照数交仓。此等穷黎，二月新丝，五月新谷，尚然不敷，岂能堪此扰累也。朕思谷贵则出粜，谷贱则买补，自然之理。然天时丰歉靡常，而价值低昂难定，倘或买补之时不能无赔累之苦，则官吏不能不问之间阎，而不肖者更欲藉此获利，则其害益不可问矣。其中弊端种种，朕知之甚悉，即臣工参奏者亦甚多。但再三思维，若明降谕旨，又恐启奸民阻挠公事之渐。可密寄各省督抚，将如何筹画办理，使官吏无累而盖藏常足之处，悉心定议具奏。①

谕旨明确举出了乡民往返守候、捏名报买、通同盗卖等平粜之弊，以及短价、银色低潮、脚价无出、照粮派买等买补之弊，这些问题不加解决就无法保证常平积贮养民真正惠及百姓。为此，高宗给各省督抚提出了一个命题，要求他们根据各地实际予以解答，即要认真讨论如何办理买补、平粜才能够兼顾官民双方利益，既使"官吏无累"愿意从事，又可确保百姓"盖藏常足"。依据谕旨要求，各省督抚陆续具折上奏。

二 粜价不敷如何采买

这场高宗君臣大范围讨论，涉及了三个方面的问题：一是如何消除平

---

① 《清高宗实录》卷58，乾隆二年十二月丁酉。按：石麟的折子所引高宗上谕最后还有"不必缮本"四字。

籴之时乡民往返守候之苦；二是如何杜绝捏名报买及通同盗卖；三是如何解决买补时的官员赔累和百姓扰累。对于前两个问题，各省督抚基本倾向于主张可以由政府多设米厂，动用政府经费解决运粮费用问题。平籴时，百姓按照一定次序轮流购买，以免往返守候；预查贫民户口，加强对籴价、籴银以及官吏佐杂的监管，或者可以照保甲法施行平籴，以确保平籴真正惠及贫民百姓。还有少数督抚提出，可以尽量扩大分贮点，将粮食分散藏于各地，便于平籴购买。

在三个问题中，最具实质意义的当属如何解决籴价不足买补造成地方官员赔累乃至于派累民间的问题。各省督抚提出的应对之策大致可分为通融拨补盈余、动支公项采买、向有粮户摊征三种，其中前两种往往被结合在一起，即先尽本省盈余拨补采买，如果仍有不足，再行动用公项买补。

一是全省盈余银两通融拨补。通融拨补，顾名思义就是实行区域内的统筹协调，"以此之所有，补彼之不足"①，将部分地区因买补时粮价下降而产生的籴价余银或者是公项经费划拨其他州县用于常平积贮采买。

乾隆元年（1736）二月，署理兵部侍郎王士俊具奏，山东所属州县仓谷照例平籴，"买补时必令选择干谷。如此邑谷价不敷，将邻近价贱之州县通融拨补"。但是，各直省办理情形不同，不无弊窦可言。为此，他请求高宗敕令各督抚通饬所属州县买补仓谷，务选好谷贮仓，"如价有不敷，将通省贵贱不齐之处通融拨补，毋令赔累，亦不必定有余剩。至所籴银两，府道有库可收，即令就近解贮，不必悉提司库"②。此议得到了户部和高宗的许可，通谕各省照此而行。此次讨论中，盈余通融拨补也被督抚们作为了弥补籴价不足的首选方案。

河南巡抚尹会一指出，买补仓谷"盈千累万，势必四散采买，动需脚价，且北地陆运所费尤多，虽定例准于买谷羡余银内开销，但天时丰歉靡常，谷价低昂难定，设遇价昂，即无羡余，诚如圣谕，不能无赔累之苦，则官吏不能不问之间阎，或派富户，或派里民，辇运交送，滋累实多"。今后采买如该州县遇有价值昂贵，原籴价银不敷，仍照例将别处羡余银内

---

① 《朱批奏折》，乾隆二年九月二十六日浙江布政使张若震奏，档号：1104－043。
② 《朱批奏折》，乾隆元年二月二十五日署理兵部侍郎王士俊奏，档号：1103－007。

通融拨补。如果年岁歉收，本地、邻邑价俱昂贵，而仓储充实，则将存价缘由咨部，俟次年秋收再行买补。如果本地或附近州县积谷均属无多，而仓储又不可虚悬，则准许其详明，按照时价动支司库公项给补买足，据实报销。总之，"买补之际，则按道里之远近给以脚价，照时值之贵贱核实支销，经费悉出公帑，官无赔累之虞，采买既属从容，民无派累之扰，盖藏自足，积贮常盈"。①

四川巡抚硕色针对籴价不敷问题提出，应与此前做法一致，"如本地采买则平价和籴，不许扣短，邻封购买则运费实销，勿致赔累。若买还之价照原籴稍有不敷，或于有余处拨补，或于公用内补足。倘秋后粮价骤贵，较原存甚缺，则俟下年再买。出入以官斗平量，给价则制钱纹银，只须照例遵循，即于官民无累"。硕色认为，对待州县办理平籴买补，不宜过于苛刻，"盖立法过密，条例多端，则为州县者，或初任未谙，或代庖无几，恤民之念不胜畏累之心，必将遇采买而日事延挨，际民艰而漫不借籴，以为与其动干咎戾，何若持重静守。如是则不惟远者不能均沾，即近者亦难接济，仓储陈陈相因，霉变参追累累，是于民无益而于官反累"。②

陕西巡抚崔纪以采买之弊"大抵由于畏采买之赔累居多"，提出了"莫如以州县籴粜之盈余，常留为采买仓粮之费，而不必别充公用"的意见。他坚持认为，如果常平仓合理运转可以获得盈余。定例常平仓粮遇歉收之年酌量多粜，不必拘泥粜三成例。如果时值丰年，不能粜三，则将应粜粮石归入下年平粜，"是州县仓粮在丰年粜卖者十之一二，在歉岁粜卖者十之八九，以丰年粜价为丰年籴价，尚可至大不足"。如果歉岁贵粜、丰年贱籴，必有盈余。但是，如果将仓粮盈余归诸别项公用，"州县藉此以邀记功，而上官亦亟嘉为干才，殊不思锱铢之微利，虽若创获于意外，而积贮之大计必至坐困于局中。一当买补之时，价值而外丝毫不得假借，一切运费扇耗，有司不能作无米之炊，虽欲不扰累百姓，而势固有所不能"。因此，仓储盈余必须专款专用，"嗣后常平仓粮只以原额为率，年年

---

① 《朱批奏折》，乾隆三年正月二十二日河南巡抚尹会一奏，档号：1106 - 007。

② 《朱批奏折》，乾隆三年正月二十八日四川巡抚硕色奏，档号：1106 - 013。

积算，一陈仅易一新之贮，所有每年贵粜贱籴之盈余，令州县据实详明，永远存留，为买补仓粮之费，而不以充别项公用，亦不以增添仓粮，则今岁之盈余可预备来岁之不足，即前任之盈余并可预备后任之不足。凡运费扇耗等项，岂犹有患其赔累者乎？不但此也，即交代盘查，一切人夫之费，皆可取给于盈余之中而不忧其不足矣。倘虑不肖州县侵那亏空，即于报明盈余之时，将银两提贮府库，遇有采买及一切需费之处，准其详明动支。以仓储所余，常留为仓储之用，庶几官民无累、盖藏常足之道也"。①

江西巡抚岳濬奏称，为防止谷价低昂难定，官员因避赔累而问之民间，丰收之年谷价平减即照依原粜买足，"有司原无赔累"。时价稍昂，原粜价值不敷采买，"若令地方官照数买补，未免赔累难支"。为此，"凡有价值不敷之处，现在于通省平粜盈余银内通融拨补。如或收成歉薄，本地、邻封价各昂贵，不特难以购买，亦且有妨民食，即照例详请将谷价存留停买，俟次年秋收之后买补还仓。如仍属价昂，查其不敷之数拨补买足。倘通省盈余银两不敷拨补，照例动支司库公项买补。总期贵粜贱买，使官民均无所累，而盖藏亦不致久悬"。②此外，直隶总督李卫还提出，如果原粜不敷值，照例于通省盈余价内通融拨补。若再不足，遵照减半平余银两钦奉谕旨停其解部，存贮本省，遇有地方裨益民生要务动用之例，酌量拨给，汇册奏报。③

二是动用存公银两弥补采买费用不足。山西巡抚觉罗石麟认为，"时势不齐，所粜之价难保其有盈而无缩，每见州县因价值稍亏惧干赔补，遂尔频年请缓，仓贮空悬，诚为可虑"。如果州县地方秋收丰稔，务将所粜之谷照数买足贮仓。如果遭遇岁歉粮缺，"则不便责令采买，以致妨民食而滋赔累，似应缓至次年买补。设或收成稍薄而商贩充盈，市粮不少，每石不敷之价仅止数分者，应请动存公银两添给买足"，既可以解决官吏赔补之苦，百姓亦可免科派之害，"官民均可无累"。④

甘肃巡抚元展成指出："倘秋后价贵于春，必系歉薄之年，势必不敷

---

① 《朱批奏折》，乾隆三年二月初四日陕西巡抚崔纪奏，档号：1106–015。
② 《朱批奏折》，乾隆三年四月初一日江西巡抚岳濬奏，档号：1107–018。
③ 《朱批奏折》，乾隆三年二月初七日直隶总督李卫奏，档号：1106–019。
④ 《朱批奏折》，乾隆三年正月十一日山西巡抚觉罗石麟奏，档号：1106–002。

采买，即将价银贮库，俟下年秋成买补。倘次年仍复歉收，应照乾隆二年定例，查不敷之数拨补买足。如无盈余，准动司库公项。如此则积贮无亏，民食常裕，官无侵那之弊，亦无赔累之虞。"①

湖广总督德沛指出，因天时丰歉靡常，价值低昂难定，买补赔累或所不免。如果核准确实不敷购买，请先于该州县库内动支正项钱粮买补还仓，事竣在藩库充公银内动拨归款，则官吏既无赔累，百姓亦可免除滋扰。② 福建巡抚卢焯提出："我皇上深悉买补之时不能无赔累之苦，实天地父母之心，请停止存价通融之令，务必年清一年，如数买足，县清一县，按限归仓。倘岁内不行买足，严加参处。或微有不敷，责成知府查明粜价果无捏混，于司库公存银内拨补，则官可免累，自不致贻害于百姓矣。"③

三是根据本地实际由官方向有粮之户公开摊征。川陕总督查郎阿在采买方式上提出了"采买粮石既不免于派诸民间，与其任听吏役头人私行勒派而扰累贫民，孰若官为公派而清除弊窦"的设想。在他看来，欲除采买积弊，可以仿照征收额粮之例，向民间进行摊征。"按年粜三及平粜借赈，其所出之粮俱系应行买补以裕仓储，是各该州县本年应买之粮原有一定之数，可以预为核算者也。夫粮石原出于有田之家，则采买自应问之有粮之户，将本年应行买补之粮石合计，通州县额征之银粮均匀公派，令其照交纳额粮之例公平交仓，照依时价即于该户名下应完地丁银内按数扣除。该州县仍以采买之银拨补额征地丁之数，则正赋仍无缺额，似此摊算，则田多而采买者亦多，富户无所用其贿求，田少而采买者亦少，贫户亦无庸其称贷，均平齐一，而强派之弊除矣。以交粮之数除其应纳之银，即以应纳之银抵其采买之价，既无庸另发价值，则不经吏役头人之手，而短扣之弊除矣。小民既知采买之粮与正粮一样完交，并无苛刻，则自无所畏怯，且额征粮石亦已分纳城乡，则采买之粮即随正粮交纳，更无升斗零星，自己上仓，尤为便易，而包户勒索之弊除矣。不购买于市集，则奸牙无计可以朋吞，而高抬市价之弊除矣。"④

---

① 《朱批奏折》，乾隆三年正月二十四日甘肃巡抚元展成奏，档号：1106-010。
② 《朱批奏折》，乾隆三年二月十二日湖广总督德沛奏，档号：1106-022。
③ 《朱批奏折》，乾隆三年二月初九日福建巡抚卢焯奏，档号：1106-020。
④ 《朱批奏折》，乾隆三年三月二十二日川陕总督查郎阿奏，档号：1107-010。

与查郎阿提出公开向有田之家摊派相类似，贵州总督张广泗分析了贵州实行照粮派买的具体原因。他指出，黔省地处万山之中，除镇远、思州、铜仁三府属由水路可通楚省，古州、都江二处由水路可通粤省，每年平粜米石尚可各就近赴邻省购买，其余各府州县皆属山径峻险，舟楫不通。若一概责令赴外境采买，不但脚价繁重，而且夫马无从雇备。"至本地场市米贩稀少，仅可供民间零星籴买，为日用糊口之需，非若通都大邑商贾辐辏者可比，一经官买，米价骤昂，必致大妨民食，是以历年买补仓粮，俱系照粮派买，即令花户随同秋粮一体交纳，盖就本省之地势情形，实有不得不然者。但恐奉行不善，或价值有亏，或平色不足，或责承里长包纳，则多收斗面以取利，或委任乡保给散，则暗侵粮价以分肥，又或系派粮之际，吏胥舞弊，多寡不均，再或催粮之时，差役追呼，需索无厌，种种弊端实为民累"。为此，他提出嗣后买补仓粮的具体办法，即"饬令地方官将应买米谷核定确数，再照田粮之多寡以定分买之等差，按照时值价银，仍量增脚价，详明上司，毋许丝毫亏短，即将详准价值并某里某寨田粮若干、应买米谷若干数目刊示，遍行晓谕。发银之际，会同监散之员当堂给发，务须足平足色。交收之际，派令佐贰、教杂等官轮流监收，升合不许交耗，仍令各花户随同秋粮一体交纳，以免赴城往返路费，一切发价交收总不许假手吏胥、乡保人等，亦不许差役追呼需索"。①

两广总督鄂弥达、广东巡抚王謩首先阐述了按地亩发银买补的弊端："大约民间出粜于市集者米多谷少，不得不问诸有谷之家，因而按亩给银，挨家索谷，地方之衿户、囤户、牙户等邀结官吏，情愿预期领银营运，秋收还仓，于是折扣短发之弊丛生，富户小民交受其累。"为克服此弊，两位提出应于买补之时，"一面将市价申报，一面照数出示晓谕，委佐贰官于市镇公平易买，自运上仓，毋许勒令代送"。如果市谷不足，则"向有谷之家照时价平买"，正、佐官密加查访。同时，考虑到"贵粜贱籴，自有盈余银两"，各地要"酌盈剂虚，以此府此县之有余补彼府彼县之不足，以今岁之有余补来岁之不足，通盘计算，自可因时制宜，而地方官更无赔

---

① 《朱批奏折》，乾隆三年五月二十四日贵州总督张广泗奏，档号：1108-002。

累之苦"。①

以上可见，督抚们对本地办理买补、平粜中存在的种种弊病已有比较清晰的认识，特别是在买补问题上，他们都将遭遇歉收导致的原粜价值不敷采买视为了官员赔累的主要因素，而官员赔累又是造成延挨不买和派累民间的根源所在。从督抚们提出的解决方案看，其思路和逻辑大致是，如果遇到荒歉价昂，原有粜价不足买补，先是通过全省通融拨补加以协调解决，如果仍旧不足，再行动用存公银两，其中湖广总督德沛还提出暂行借用正项钱粮，然后以存公银加以抵补。如果确系价昂，也可存价至次年再买；再有不敷，亦照以上方式办理。也就是说，各省督抚仍旧寄希望于通过地方经费自行解决费用不足问题，并未轻易提出将常平买补纳入国家正项钱粮资助范畴。那么，各省推行通融拨补等措施实际情况究竟如何，下文将专门加以探讨。

三 常平积贮中的"有治人，无治法"

"有治人，无治法"一语源自《荀子》"君道篇"中对治人与治法关系的阐述。② 继圣祖、世宗之后，高宗仍大力推崇"有治人，无治法"的政治理念③，并从三个维度阐释了"人"的因素在国家治理中的重要作用：一是从选人用人角度强调了得人对于一地民生福祉的决定作用。如乾隆元

---

① 《清高宗实录》卷69，乾隆三年五月。

② 荀子曰："有乱君，无乱国；有治人，无治法。羿之法非亡也，而羿不世中；禹之法犹存，而夏不世王。故法不能独立，类不能自行，得其人则存，失其人则亡。法者，治之端也；君子者，法之原也。故有君子则法虽省，足以遍矣；无君子则法虽具，失先后之施，不能应事之变，足以乱矣。"其中，王先谦注解曰："无治法者，法无定也，故贵有治人。"（王先谦撰，沈啸寰、王星贤点校：《荀子集解》卷8"君道篇第十二"，中华书局2016年版）在荀子的思维中，君子与法在国家治理中的地位和作用不同，二者是本与末的关系，人的因素更重于法的因素。王先谦的注解进一步表明了对治人的重视。张晋藩从法制史的角度解释称："任何一个时代的国家在制定法律之后，都需要官吏执行，否则法律只是具文，无法走向生活。古今中外概莫能外。荀况只是强调了执法之吏的作用而发出的'有治人，无治法'，不能由此得出荀况只讲人治不讲法治的结论。"［张晋藩：《论治法与治人——中国古代的治国方略》，《法律科学》（西北政法大学学报）2011年第4期］

③ 参见刘凤云《"有治人无治法"：康雍乾三帝的用人治国理念》，《求是学刊》2014年第3期。

年（1736），针对直隶总督李卫奏请吏部带领州县引见事宜指出："自古有治人，无治法，而治人概不多得。譬如知县贤则一县受其福，知府贤则一府受其福，督抚贤则一省受其福。然而十三省之督抚，已不能尽得贤能而用之，况府县哉？惟在督抚时刻以吏治民生为念，不存为己观望之心，则朕之百姓，庶乎稍有裨益耳。"① 二是从执行力角度强调了地官员行政过程中必须因时、因地制宜。如乾隆三年（1738），针对设立八旗米局一事指出："从来朝廷立政，有治人，无治法，必须办理得宜，方为有利无弊。若米局既设而奉行不善，有失初设之美意，则虽属良法，终何益之有？"② 乾隆五年九月，针对河南巡抚雅尔图奏定例提高糶糴限额一事提出："总之有治人，无治法。严定律令，不若汝等督抚奉行之善也。"③ 同月，在署两江总督杨超曾等奏请查禁吴县木渎镇米麦烧锅事宜的折子中告诫官员："有治人，无治法，惟在汝等因时制宜妥协办理耳。"④ 三是从责任与担当角度强调了官员行政必须实心实力。如乾隆十二年（1747）正月，就两江总督尹继善请求将太湖地区渔船编号并限定数量训诫："有治人，无治法，惟在汝等实力行之耳。"⑤

乾隆三年讨论中，各省督抚一一分析了买补、平粜的种种弊端并提出了对策建议，其中多份奏折涉及"治人""治法"的关系问题。他们大多认为，目前法令已备，应该加强对州县官的监管督促，推动州县实力奉行，才能将常平积贮落到实处。四川巡抚硕色指出："其奉行之善不善，皇上当责之督抚，督抚当时刻留心稽查有司。倘州县奉行不善滋弊累民者，既有府道之查揭，又有司院之纠察，参一官而百寮振肃，处一役而万人警惕，似不必于法令详备之时再议章程也。"⑥ 陕西巡抚崔纪明确提出："治法、治人相辅而行，可藉以仰慰我皇上足国裕民、慎重仓贮之至意耳。"⑦ 湖广总督德沛则认为："然小民之受累与否，惟在有司之实心经理，

---

① 《清高宗实录》卷19，乾隆元年五月。
② 《清高宗实录》卷66，乾隆三年四月壬辰。
③ 《清高宗实录》卷127，乾隆五年九月。
④ 《清高宗实录》卷127，乾隆五年九月。
⑤ 《清高宗实录》卷283，乾隆十二年正月。
⑥ 《朱批奏折》，乾隆三年正月二十八日四川巡抚硕色奏，档号：1106－013。
⑦ 《朱批奏折》，乾隆三年二月初四日陕西巡抚崔纪奏，档号：1106－015。

力为除弊，而有司之果否奉行，又全在督抚大吏查察周备。惟存利民之心，屏绝宽狗之念，如此庶期弊绝风清，而官民均获无累矣。"① 川陕总督查郎阿指出："常平积贮所以平岁时之丰歉，平市价之低昂，平民食之亏盈，平收藏之新旧，法良意美，可亿万载遵行而不易者也。然出而平粜则有弊，入而买补则有弊，以便民之良法而为累民之弊薮，是其咎在于奉行之人。"② 广西巡抚杨超曾认为："至其间时势之不同，地方之各异，是又在司牧者因地制宜，率属者随时通变，大抵守令得人，则诸弊不禁而自止，不在条教之纷繁，惟在奉行之实力。苟地方有一慈惠之长，间阎自蒙乐利之休。"③

阅览列位臣工奏报，高宗进一步强调，办理常平积贮应遵循"有治人，无治法"原则，切实履行好督抚职责。其中，针对湖广总督德沛的奏请，朱批："即照此议行。语云：有治人，无治法。惟在卿等大吏与司道府县各员竭力奉行、因时制宜耳。"④ 针对广西巡抚杨超曾所奏，朱批："览奏俱悉。总之，有治人，无治法。汝其时时留心，实力办理可也。"⑤ 针对江西巡抚岳浚所奏，朱批："所议俱悉。知道了。然有治人，无治法，又在汝临时酌量也。"⑥ 针对湖南巡抚张渠所奏，朱批："古语云：有治人，无治法。先事调剂，毋过不及，实在汝等之尽心董率也。"⑦ 可以看出，此处高宗对"有治人，无治法"的理解与其他场合对"有治人，无治法"内涵的阐释是统一的，即常平积贮的运转经营不在于有更多的制度或措施，而在于官员能否因时制宜、实力奉行，以消除各种累官累民之弊，更好地践行常平积贮被赋予的"父母斯民""惠养子民"道义责任。

从政府采买到仓谷平粜，从改进措施到明确政治理念，乾隆三年的讨论成为高宗君臣对康熙、雍正以来，特别是雍正朝办理常平积贮的一次全面总结和反思。如果将讨论置于常平积贮养民政治进程中考察可以进一步

① 《朱批奏折》，乾隆三年二月十二日湖广总督德沛奏，档号：1106 - 022。

② 《朱批奏折》，乾隆三年三月二十二日川陕总督查郎阿奏，档号：1107 - 010。

③ 《朱批奏折》，乾隆三年三月初八日广西巡抚杨超曾奏，档号：1107 - 005。

④ 《朱批奏折》，乾隆三年二月十二日湖广总督德沛奏，档号：1106 - 022。

⑤ 《朱批奏折》，乾隆三年三月初八日广西巡抚杨超曾奏，档号：1107 - 005。

⑥ 《朱批奏折》，乾隆三年四月初一日江西巡抚岳浚奏，档号：1107 - 018。

⑦ 《朱批奏折》，乾隆三年十一月初八日湖南巡抚张渠奏，档号：1109 - 029。

发现，高宗与督抚等地方大员无不深知州县积贮存在的问题和弊病，但是他们仍抱有很大期望，那就是通过各省督抚的实心努力，能够有效消除已有积弊，从而将常平积贮养民切实推行下去。

第二节　缓解采买压力

常平积贮采买面临的最主要障碍是粮食价格矛盾造成的经费不敷。所谓的粮食价格矛盾包括两个方面：一个是粜卖价格与买补价格的严重偏离；一个是部定采买例价与米谷市场价格的严重背离。从问题产生根源上讲，二者都属于制度设计简单化造成经费不足而无法买补。正如魏丕信所言，清代常平仓"不仅在于其管理受到规章制度的约束，这些规章制度相当复杂僵硬，缺乏机动性，有时其实是不可能完全行得通的，而且相当多的时候，仓谷的粜籴进出是很难平衡的，因为价格季节变动的幅度和时间并非总是能够预测的"[1]。这种制度性障碍，虽然经常遭到批评，实际中受年岁丰歉、市场波动、路途远近等多种因素的影响，又难以从根本上阻止问题的产生。[2] 即使如此，高宗和各省督抚担心的是，延挨不买如果被普遍复制，可能导致仓储空虚甚至大面积亏空，将来无法应对可能到来的灾歉和粮荒，因此他们仍在不断寻找着解决问题的有效途径。

一　邻封采买与本地采买兼行

雍正十三年（1735），内阁学士方苞就常平仓管理提出的建议中，包括对平粜之后如何实施买补的一些思考。他提出，"州县秋成买补，或遇谷价腾贵，即将所粜价银解交府库，俟次年有收，照数买补"。为防止本地粮食不足买补可能导致的粮价上涨和抑勒派累，要求需要买补的州县前

---

① ［法］魏丕信：《18世纪中国的官僚制度与荒政》，徐建青译，第156页。
② Pierre-Étienne Will & R. Bin Wong, *Nourish the People：The State Civilian Granary System in China（1650－1850）*, p. 45.

往邻近州县购买。方苞所请得到了户部和高宗的支持①，乾隆元年（1736）二月"敕部议定禁令，饬在邻封产地采买"②。于是，常平积贮须在外地买补成为定例，督抚开始据此对各州县的采买行为加以监督和约束。以湖南省为例：巡抚高其倬奏称，湖南十数州县"地处深山穷谷，不但无舟楫可通，且山路崎岖，实输运艰难，并辰、沅、靖一带现在飞挽军糈，其船只难于雇觅，且兵米之船价加增，照此雇运，则脚价计倍于谷价"，邻封采买之制在湖南很多地方显然并不适用。因此，该省各属"纷纷仍具详于当地采买请示"。高其倬以为，"因此而开本地采买之端断断不可，如但不准其本地采买而不为之设法，又使良法美意格于难行"，为此仍"督令各属不许仍在本地采买，俱遵邻近采买之例实力奉行，并将赴何地方采买、何时到去、何时买齐运回、是何价值，令赴买之州县、采买地方之州县俱具文呈报，以凭稽察"的同时，又根据本省实际，提出州县对买之法，"令此等府厅州县彼此将应买谷数核算，如应买之数相仿，即两处兑会，各选差妥确诚实之人持价赴兑会之地方市集，照民间时价如数购买，就近运赴本地之仓交收，各抵各数。如彼此应买之数多寡不齐，将不足之数再向别处兑买。差去采买之人，不许向采买之地方官求出差票，压派行户、里民"。高宗对此因地制宜之举非常认可，朱批："此即朕谕③中所谓筹画变通之谓也。"④

不许州县官员在本地采买，"原以杜抑勒短价、按粮派买之弊"⑤，初衷主要考虑了对州县官员派买本地等"累民"问题的防治，并未对邻封采买带来的其他问题做出充分预估。特别是对于产粮省份，如果也限定必须在其他州县采买，势必会大费周章。高宗初政，广开求治言路，朝中多有官员条奏之事，必须邻封采买的定例引来了一些官员的指责。

乾隆二年（1737）九月，御史周人骥奏请停止有损无益之议准条例，

---

① 《清高宗实录》卷8，雍正十三年十二月丁丑。

② 《朱批奏折》，乾隆元年十一月初六日湖南巡抚高其倬奏，档号：1103－018。

③ 此系指乾隆元年七月命各省督抚尽心筹划籴粜粜便民之策谕旨而言，参见前文所引。

④ 《朱批奏折》，乾隆元年十一月初六日湖南巡抚高其倬奏，档号：1103－018。

⑤ 《户科题本》，乾隆二年十一月初八日大学士管户部尚书事张廷玉等题，档号：02－01－04－12993－021。

邻封采买即位列其中。周人骥明确表示，方苞此前所奏乃"断不可行"。他承认州县买谷向例俱于本地采办，不肖官吏不无抑勒派累，因此才有方苞条奏常平仓谷粜籴之法，务令于邻近州县购买。但是，相比之下，邻封采买舍近求远，其弊更甚于本地采买：一是不便于州县操作。"凡城镇市集以及河路大马头处所，俱无谷可以多买，向来州县买谷系百姓各从乡村送交，所以众擎易举，计日成功。今向邻封采买，必须差人沿村逐户购之，州县官安有许多可信之人分头远出？又安有如许之盘缠资斧？而此村三十石，彼村五十石，岂尽能随买随运？倘贮非其地，守非其人，侵盗之弊在所难免，而长途之颠扬折耗更无论已"。二是容易造成奸民抬高粮价。"州县照本地市价买谷，其民不敢多索，故一时买千石、万石，粮价亦不致高昂。今各于邻封采买，则彼之民不畏此地之官，彼本地官不敢自买其地之谷，岂复干预邻封官采买之事？奸民借端居奇，必致高抬时价，则不便于官且大有累于民"。三是容易造成官员侵蚀。"不肖有司名为远赴邻封，实仍买于本地，而反冒销运费，侵蚀盈余银两。此又必至之势也"。基于以上考虑，周人骥认为应该仍在本地采买，而将赴邻封采买永行停止："总之，本地之官原以治本地之民，本地之民分应服本地之官。州县奉文采办之物，何一不在本地？况买本地谷，贮本地仓，备本地用，事属官民一体，官不得派累，民亦当急公。如必舍近求远，舍易求难，恐各官呼应不灵。凡署事、试用、新旧交代之际，推诿延挨，不肯及时采办，贻误仓储，所关不更巨耶？"[1] 究竟应该如何处理，高宗命直省督抚秉公据实议奏。

综观督抚们遵旨具题的意见和户部议覆的结论，朝野上下较为一致地倾向于方苞邻封采买之议于事不便，主张采买不应拘泥定例，应根据米价、脚价等情况因时、因地加以实施。以下举例说明。

乾隆二年，山西巡抚石麟题称，该管上司"果能督率有方，即本处采买亦不致于扰累。苟查禁不力，虽限以疆圉，终不免滋弊混"。因此，同意周人骥所请，停止邻封采买。以后本地买补，责成该府道等严行稽查。凡州县买补仓谷，只在城关大集地方向粮多愿粜之家按照时价公平交易，不许零星分派，用强勒买，更不得纵役留难，高收斛面，否则一并参处。

---

① 《户科题本》，乾隆二年十二月十五日湖北巡抚张楷题，档号：02 - 01 - 04 - 12994 - 020。

大学士等对其所题会议表示同意。会议结论指出，如果本地丰收，自应及时进行采买。同时，他们对邻封采买定例的积极意义仍然表示肯定，提出如果遇到本地歉收，恐不肖官吏借口推诿，邻封采买亦不便一概停止。①

同年，湖北巡抚张楷题称，周人骥所奏经该省布政使、粮储道等详议后认为，买贮仓谷"全在因时制宜，未便格以定例"。价值昂贵，自应赴邻近谷贱地方采买，"或本境原系产谷之区，又值丰稔之年，价值平减，若令舍此而赴他邑购买，不特多费脚价，并恐易致冒销，自宜听其在于本境采买，按照时价公平交易，不得派勒领银交谷，更不许浮收斗面"，本境、邻封俱可采买，"惟在因时办理，未可豫议一定之例也"。②乾隆三年（1738）五月，护理湖南巡抚张璨也表达了类似的观点。他指出：官仓买补仓谷远赴他地，"只因官民交易，诚恐临势扣短等弊，是以不许本地采买。若格以成例，实难画一。如本地歉收，谷价昂贵，不得不赴谷贱地方采买。倘本地丰收，谷价平贱，即邻封尚须赴彼采买，若舍本地贱价而赴他邑购买，不但多费脚价，亦恐易致冒销，自应在于本地采买。况湖南所产惟有稻谷，民间一切费用全藉此谷粜卖，而岩疆小邑负载远出，盘费甚多，是本地采买洵属官民两便"。③

江苏巡抚杨永斌、安庆巡抚赵国麟的题报，同时得到了户部官员的认可。作为缺粮较多但水陆交通比较便利的江苏省，情况与其他省份有些不同。杨永斌认为，"江广等省产谷素多，下江采买运回，俱一水可通，所需运脚价值合计开销，较诸本地时价并无多费。况江省民食浩繁，常有不敷，应请仍遵定例赴邻封采买。如州县地方有通河马头、市镇，本处米谷本多，有商贩云集，则本地官买亦不可禁"④。尽管杨永斌明确主张江苏还应遵守定例实施邻封采买，是在充分考虑江苏本省具体情况后得出的结论，但是并未对本地采买完全否定。赵国麟也支持各地采买邻封还是本地

① 《户科题本》，乾隆二年十一月初八日大学士管户部尚书事张廷玉等题，档号：02-01-04-12993-021。

② 《户科题本》，乾隆二年十二月十五日湖北巡抚张楷题，档号：02-01-04-12994-020。

③ 《户科题本》，乾隆三年五月十三日湖南巡抚张璨题，档号：02-01-04-13097-004。

④ 《户科题本》，乾隆三年五月十三日湖南巡抚张璨题，档号：02-01-04-13097-004。《朱批奏折》，乾隆五年九月十八日协理户部事务讷亲等奏，档号：04-01-35-1114-028。

采买应不拘定例而行。他指出："各州县有本地出产聚集米谷者，若舍近而求远，殊非情理，亦有并不出产聚集，概令本地购买，又必致滋弊，筹酌情形，似应不必拘本地、邻封，总以价值平贱之处为准。"① 户部会议后，同意两省实施灵活采买：如果本地原系出产并丰稔价平之时，即于本地照时采买，不得派累里民，如有扣克抑勒者即行参究；如本地并非出产，兼之米价过昂，仍遵定例赴邻封采买，不得在本地购买。②

四川巡抚硕色认为，"采买仓谷，应视收成之丰歉、粮价之低昂。若本州县粮裕价平，而邻封路远费多，自应就近采买，岂可舍近求远？若本处粮缺价昂，而邻封路近价省，亦应任便购买，又何分此疆彼界？是采买之法止期平价和籴，不致亏短累民。至于采买之处，应听州县官因地因时，固不必限定本地，亦不必拘定邻邑也"。户部议覆称："采办仓谷，或买于本地，或购于邻封，总视收成丰歉、价值低昂，原未可执一而论"，同意硕色题奏内容。高宗对硕色的意见也表示了认可。③ 除硕色之外，云南巡抚张允随④、甘肃巡抚元展成⑤等多位督抚大员也都持有相同的观点。

此次讨论，在避免采买累官和累民之间，各级官员遵循利益兼顾原则，使得实施灵活采买成为常平积贮采买的主调。就在各省督抚遵旨汇议周人骥所奏之后开始的关于买补、平粜大讨论，再次涉及了如何实施采买的议题。而从各省督抚议奏看，此次讨论进一步确认了之前关于本地采买还是邻封采买的汇议共识，确立了因时因地制宜，依据粮价实际，不分本地、邻封，实施灵活采买的基本准则。因此次督抚所议与前次汇议内容基本一致，故而仅列举几例说明。如河南巡抚尹会一奏称：前因本地买谷有派买短价等弊，定例于临近州县购买，"然或本地价贱，而必向邻邑远求，既费钱粮，又多跋涉，殊为未便"。他提出，嗣后采买谷石，无论本境或者邻邑，"总视谷价之贵贱为准"。如果邻封谷价甚贱，虽加运费，较之

① 《朱批奏折》，乾隆五年九月十八日协理户部事务讷亲等奏，档号：04 – 01 – 35 – 1114 – 028。
② 《朱批奏折》，乾隆五年九月十八日协理户部事务讷亲等奏，档号：04 – 01 – 35 – 1114 – 028。
③ 《户科题本》，乾隆三年六月初四日户部尚书海望等题，档号：02 – 01 – 04 – 13098 – 018。
④ 《户科题本》，乾隆三年七月初二日户部尚书海望等题，档号：02 – 01 – 04 – 13100 – 003。
⑤ 《户科题本》，乾隆三年五月初六日甘肃巡抚元展成题，档号：02 – 01 – 04 – 13096 – 014。

本地尚为减省，则即赴邻封采买；如本地价贱，即在本地采买。倘有必需车船运送之处，即自行雇备。其所需运费，照例准于羡余银内开销。如果本邑没有羡余，准于别邑羡余银内拨给。如果别邑不敷拨给，准其详明，于司库存公银内动支。① 另如湖广总督德沛奏称：买补时"总期无所拘碍，则可以随时随地斟酌通融。如本地价已高昂，而邻封价值平减，即令其赍银赴买，悉按照市价携带官斗公平买运"。② 再如江西巡抚岳浚声称：江西"民间有谷出售，皆由牙侩经纪看谷评价，是以地方官收买无论盈千累百，总在牙行经手，无待零收，亦并未设立买头照粮派买"。为防止不肖州县希图小利，"与富户往来诡代为采买之名，行倍收巧取之弊"，岳浚主张"当各属秋收采买，饬令不拘本地、邻封，但择谷多价贱之地买运。如系邻境，则地非所辖，官势更不能行如在本地，则先行出示，严禁勒派等情，并令该管知府不时查察。倘有地方官抑勒富户、里民短价代买隐忍赔累，以及科敛穷黎、照粮派累者，许被害之人告发，或经访闻，即行详揭参究。若该管知府徇隐，一并参处。如此则买补时之诸弊似亦可以剔除矣"。③

此后，邻封采买的定例还是被保留了下来。既然定例未被废止，就为一些地区拘泥成例而行留下了隐患。乾隆五年（1740）八月，署理两江总督杨超曾针对安徽、江苏两省仓储节年买补，再次将问题矛头指向了邻封采买之例。他认为，江苏、安徽等省各地常平仓储"辗转延挨，总不能依期买足"，"皆格于邻封采买之成例，以致州县办理实多掣肘"。他具体分析了邻封采买造成的州县官员种种不端行为："邻封采买，地方官不能亲身前往，势必托之家人、吏役，其间往来日用之需、舟车载运之费自不可少。若附近州县或偶值歉收，或非产米处所，又必向数百里外采买运仓。且一处不能买足，更须分头购觅，程途愈远则需费愈多，折耗更甚。原价之外既无别项拨补，养廉有限，尤难设措赔偿，于是甘受买补迟延之参处，而百端推诿，置仓储于不顾。更有巧黠之吏，阳赴邻封采买，暗中仍

---

① 《朱批奏折》，乾隆三年正月二十二日河南巡抚尹会一奏，档号：1106－007。
② 《朱批奏折》，乾隆三年二月十二日湖广总督德沛奏，档号：1106－022。
③ 《朱批奏折》，乾隆三年四月初一日江西巡抚岳浚奏，档号：1107－018。

在本地买补者。更有邻近州县互相关会，彼此代买，以掩饰一时耳目者。总缘赔累堪虞，以致弊端滋起。夫州县固不可尽信，州县之家人、吏役独可尽信乎？牧令为亲民之官，凡地方各项公务无不取办于本地，何独买谷一事必令其取之邻境乎？"杨超曾认为，"积贮本以便民，亦不可累官"。"本年江南秋收丰稔，亟宜赶紧买足贮仓。若仍拘于邻封采买之例，致州县逡巡畏缩，归补终属无期"，应将邻封采买之例酌量变通，令各州县"不拘本地、邻封，照依市价随便收买，务必勒限买足"。① 高宗命户部速议具奏。户部再次重申，此前会议周人骥所奏时，已由杨永斌、赵国麟题准采买原则，如本地原系出产并遇丰稔价平之时，即令于本地采买。如本地并非出产兼之价值未平之时，则仍赴邻封采买。②

总之，鉴于在采买问题上需要充分考虑地区间存在的差异以及各地采买面临的现实困难，一般情况下，督抚们并没有将邻封采买视为不可跨越的严格界限，而是主张根据各地实际情况由地方官员实施自主采买。这一点已经成为朝野上下共同认可的基本原则，并在讨论中一直得到了高宗的支持。

二 尝试建立信息沟通与代买机制

清代的粮食流通逐步形成了一个全国性网络。所谓的"全国性"，更多是从经济史角度对清代粮食流通格局的描述、分析和估测。③ 在这些经济现象之外，政府主导和推动的官方粮食采买，特别是常规性的常平积贮采买，也是粮食流通中不可忽视的部分。其中，政府不仅仅是管理，很多情况下是一种协调。在乾隆朝常平积贮养民推行过程中，督抚之间就曾有建立粮食跨省协调机制的努力。如果用现代话语概括，就是一种"全局性

① 《朱批奏折》，乾隆五年八月二十六日署理两江总督杨超曾奏，档号：04 - 01 - 35 - 1114 - 018。
② 《朱批奏折》，乾隆五年九月十八日协理户部事务讷亲等奏，档号：04 - 01 - 35 - 1114 - 028。
③ 参见牛贯杰《17—19 世纪中国的市场与经济发展》第二章，黄山书社 2008 年版。此外，吴承明、蒋建平、郭松义、邓亦兵等均有相关研究成果。

统筹"思想及其实践。尽管很多并未取得成功，却为我们认识时人在粮食问题上对政府角色和政府行为的认知提供了很好的素材和视角。

在常平积贮采买时，推动合理的跨地区粮食流通，需要恰当处理产粮与缺粮省份的供求关系，既确保前者的粮价稳定，又要解决后者的采买之需，从而保持供、求双方的"利益双赢"。正如湖北巡抚卢焯所言，湖北省为米谷主要产地，"积贮一事不独攸关本省民食，即下游江浙等省偶有缺乏，皆仰藉转输接济，是湖北一省积储之盈虚，关系数省命脉，诚宜筹备于平时，庶免周章于临事"①。因此，对于产粮省份，更需要督抚具有全局观念和主动意识，在可以预见的粮食缺乏影响市场波动，乃至引起社会安定等问题真正变成现实之前，采取应对措施以消弭这些负面影响，避免形势朝着不利的方向发展。

乾隆初年，为防止跨省采买可能导致的市场动荡，以及因无法获得米价信息或信息不对称，造成委员无法买运，以督抚为代表的地方高级官员，开始试图通过省际的互动、协作，探索建立一种米价信息互通机制，以期减少采买的盲目性，降低采买对双方可能产生的靡费帑银、哄抬物价等风险。

乾隆三年（1738），两江总督那苏图会同安徽巡抚赵国麟、江苏巡抚杨永斌等议奏，令各州县赴产米地方采买时，应将需买谷数报明督抚，行知买米地方，"如系隔省，即咨会彼省督抚，转行知照"②。督抚们在实施买补时已明确意识到了省际信息沟通的重要性，并主动展开沟通。乾隆七年（1742）三月，湖南巡抚许容针对其他省份争相携银籴买米谷提出了应对之策。他指出："湖南素产米谷，迩年生齿日繁，又兼各省官买商贩，以致时价日昂。"乾隆六年秋冬，各省纷纷赴湘采买，江苏先后知会委员赴江广买谷共计15万余石，湖北知会委员赴湖南买谷计49000余石，"嗣闻南省价贵，各将委员撤回"；安徽奏动银20万两，赴江广采买米谷，后因截留漕粮停买；福建"赍到银二万两，委员计算，买运回闽，其费转在

---

① 《朱批奏折》，乾隆二十二年二月二十六日湖北巡抚卢焯奏，档号：04-01-35-1152-017。
② 《宫中档乾隆朝奏折》第4辑，第507页。

本地价值之上，未敢遽买，禀候浙闽督臣示到遵行"；广东赍到银 11500 两，"委员奉两督臣谕令，不论时价高下，务必买回，正在陆续买运，其谷价制斛每石皆在五钱以外"。由于供需双方缺乏沟通，急需采买的缺粮省份在产粮地区粮食收成及价格并不明确的情况下贸然前往，已深受米价信息滞后之苦，"闻贵停买，未免徒费跋涉，而虽贵亦买，又恐益糜帑金。此筹画民食者所当因时制宜，而近年廷臣每有请停采买之奏"。他认为，"出籴于产米之乡，原所以裕储蓄，诚未便停其采办。然必江广等省米价果贱，而后可以称物平施、哀多益寡"。为有效缓解这种矛盾，应该由朝廷出面，在加强各省之间信息沟通上建立一种咨报机制：从乾隆七年开始，"令湖广、江西素产米谷省份，于秋收之后，自七、八月以至腊月，将本地附近水次各属米谷价值每月咨报安徽、江苏、浙闽、两广，俾得审择而行。即或遇有急需，势在必买，而江广等处又值价昂，只可备咨知会，通融筹酌，在于现在仓贮内量其盈绌，酌拨买运收存，俟价平时采买补项。如此庶谷价不至因买愈昂，而钱粮亦得尽归实用矣"。①

许容陈奏得到了朝廷的支持，经大学士等会议后，高宗命各相关省份依议而行。② 当然，其建议也非完美无缺。在行政实践中，如果建立跨省协作机制，中间还有很多问题有待克服和解决。就在所议准行后，浙江巡抚常安即对政府把控的采买行为提出批评。他对许容倡议建立咨报机制的担心在于，道路远近和市场变化导致供需关系变化，是省际咨报无法及时应对的，即"买谷一事，道里有远近，时价有消长，全赖随时斟酌，采办便捷，实有未可泥于一定者"。在他看来，由于市场价格变动较快，"惟在临期变通，固不宜于千里或二三千里外遥制其柄而预为区画"。如果咨报之初米价本贱，"及各省领咨赴买之日，其价已昂，此时本地方官吏听其昂价采买，则此前之咨报只成虚文。若抑勒粜户，令其减少以迁就从前之咨报，又无此情理"。此外，"官价既有定数，私贩自无异同。若价值随时消长，则各省商贾冀有利息，自照常前往贩运；如价值画一，利息无多，商贩裹足不前，是湖广、江西之谷止在湖广、江西，而各省竟乏商贩往来

---

① 《录副奏折》，乾隆七年三月十一日湖南巡抚许容奏，档号：03-0739-013。
② 《清高宗实录》卷 164，乾隆七年四月辛丑。

接济，所关甚重。总之，交易之事听其自然，斯流通而不滞，拘以成格必掣肘而难行"。显然，常安对省际信息的沟通并不看好，甚至将其视为了市场流通的障碍。此外，他还将其所议与遏籴相提并论，即"虽恐跋涉徒劳，转致缓急多阻，本为通籴，究反似于遏籴"。因此，常安主张仍照旧例而行，听从各省州县陆续照依市价采买，不必定价咨会。①

究竟是产粮省份按月咨报采买省份，还是由需采买地区自行采买，户部遵照高宗之旨再次会商酌议。通过权衡利弊得失，他们认为，"不待咨会遽行赴买，未免有徒费跋涉之虞，而必俟知会始行赴买，又恐有缓急不济之患"。咨会与否都有可以利用之处，于是他们对两议进行了折中处理，提出各省可以根据需要采取不同的处置方案：如有急需米谷者，即令该省知会江广督抚委员采买，"毋庸静候咨会"；如遇价格昂贵，可将湖南存仓米谷酌量拨运，邻省价银留贮，待价平买补还项。如系常平出粜例应买补者，"购运尚属从容"，应照前议咨会办理。在未经咨会之前，各省州县有确知江广二省米价平减情愿采买者，听其详明督抚前往采买。如采买过多而致价昂，则详明督抚商酌停止。此外，湖南视收成情形，可以"随时咨会""正不必一概俟秋成之后汇行咨报"。② 户部吸收了浙江巡抚常安提出的批评意见，强调循例采买仍需咨会的同时，各地不应完全拘泥定例，要因时制宜，便宜从事，从而赋予了督抚更为宽松的操作空间。

如果说信息沟通是督抚之间的一种间接协作，为防止外地委员采买影响本地粮价稳定，特别是防止部分商户趁机囤积居奇，哄抬本地粮价，地方官员们提出并采取的邻封代买，则是督抚监管指挥下协助外地实施的直接采买行为。

乾隆三年（1738），江西省年成丰稔，米价平减。自五六月以来，江苏、安徽、浙江、福建等省委派人员前往采买络绎不绝。各省扎堆仓促采买，对当地市场的冲击效应很快显现出来，特别是行铺、富户趁机囤积，抬高米价，造成米价由每石八钱四五分，增加到了一两五六分到一两一钱不等。九月，江西按察使凌燽不无忧虑地指出，当前采买尚多，"价必日

---

① 《朱批奏折》，乾隆七年八月初十日浙江巡抚常安奏，档号：1120-003。
② 《朱批奏折》，乾隆七年九月二十五日管理户部尚书事务徐本等奏，档号：1120-019。

昂"，"委员以购备为艰，贫民以涌价为累，实觉彼此未便"。他认为，各省采买有积储未充而买补者，不妨从容购买；有因地方歉收而急备赈粜者，委员"旷日稽守，似非所以急民瘼也"。各省采买赈粜谷石约计不过30万石，江西常平贮谷126万余石，现在尚无需用之处，"似宜酌量通融以筹其便"，可将各省委员所带谷价留给江西，根据其价先于附近水次各府州县酌拨存仓谷石，令其自行领运，各省总以30万石为准，然后再将谷价分发谷州县，"悉照时价陆续购补"，明春买足，不误平粜之用。"同一采办，同一运送，不过以现在之谷济邻省之急，现在价值代采办之劳。一转移间，在各省之急于赈粜者既得及时济用，而采买不专于一方，取足不迫于一时，庶民间之价可平，而稽积之患亦息"。①

高宗接奏后命户部速议具奏。户部等会议认为，邻省采买，"原系酌盈剂虚，必须筹画两全，庶于地方有益"。当前江西情形实为"以一省之丰余，供四省之不足"，势必无法应付，不仅本省米价上涨，而且各省委员亦有守候之苦。他们肯定凌燽所奏具有可行性，不仅可以济赈粜之需，而且江西从容购籴，米价不致昂贵，仓谷渐次买补，于来年平粜亦无贻误。接到户部奏报后，高宗命江西省照凌燽及户部所议速行。②

乾隆六年（1741）三月，河南布政使赵城进一步提出了邻省代买仓谷的建议。他认为，各省委员前赴丰收省份采买，"则产谷地方无不预知，囤户藉以居奇，牙侩乘机抬价，赴买之员不得不增价买足，既已耗费朝廷之帑项，复有碍于本地买食之贫民。况承委之员贤愚不一，难保无冒开、侵渔等弊。虽定例令产谷地方将委员采买之价详报咨明，然所报之价类多出于委员之口，实难究诘"。赵城提出，嗣后歉收省份欲赴丰收省份买谷，"不必委员赴买，止须将应买谷数咨明，该省督抚酌量各属收成之分数、产谷之多寡，藉动公项分发各邑陆续买贮。倘此邑价昂，即改发别邑。俟买足之后，知会采买之省委员领运，缴价还项。如此则囤户不能居奇，牙侩不能抬价，本地免食贵之虞，库帑无虚糜之弊，似于公私均有裨益"。③

---

① 《朱批奏折》，乾隆三年九月初二日江西按察使凌燽奏，档号：04-01-35-1108-021。
② 《朱批奏折》，乾隆三年九月三十日户部尚书海望等奏，档号：04-01-35-1109-011。
③ 《朱批奏折》，乾隆六年三月二十五日河南布政使赵城奏，档号：1115-030。

相对于凌燽的意见，赵城更强调了供需双方督抚沟通的重要性，其实质则在逐步弱化缺粮省份直接采买行为，通过督抚之间协调与合作，建立起产粮省份代买机制，或言实现缺粮省份的间接采买。由此，可以回避缺粮省份直接采买对市场的冲击，从而消除囤户等乘机抬价行为，将采买主动权完全掌控在产粮省份督抚及其各级地方官员手中。遗憾的是，赵城的意见似乎并未引起朝廷的充分注意。

乾隆八年（1743）六月，吏部右侍郎田懋具折，建议每年密令产粮省份督抚代缺粮省份采买，然后再由朝廷拨补缺粮省份。他指出，"采买之弊，原因大张明示，邻省委员赴籴，该处百姓一闻其信，恐采买者接踵而至，于是无谷之家争相购蓄，有谷之家妄意居奇，以致米价腾长，加以委买官员限于时日，不顾该地情形，务期购足而止，卒之此盈彼绌，民受其艰。诚能斟酌时宜，屏去形迹，于停止采买之中寓变通买补之法，则国计、民生两受其益"。针对四川丰收情形，田懋请求密敕新任四川巡抚纪山到任后酌量购买一二十万石，或照上年运济江南之例，以之拨补江南仓储，抑或就近拨给他省，"是采买之行于四川，此时有益而无损"。以后每年各省奏报收成之时，即密饬谷麦最丰省份督抚"随时购买，不必拘定限期，价昂即停，或十万石，或二十万石，分贮附近水次各仓"。俟买足奏闻后，特降谕旨拨补仓储不足省份，歉收地方可借以接济，"如此酌盈济虚，则既无采买之迹，可收采买之效，于民食、仓储两有裨益"。高宗接到所奏，命纪山到任四川后留心查办。①

与此同时，乾隆八年六月二十一日，高宗还当面谕令川陕总督庆复根据四川等地情形酌量采买备贮："从前各省买补仓粮，恐一时购买过多，有妨民食，是以降旨暂行停买一年②。今闻四川米价甚贱，兼可接济邻省，现在令巡抚纪山查办。又据西安巡抚塞楞额奏称春麦丰收，市价平减，已降旨谕令购买麦十万石，运济河南仓储之用。尔到任后酌量情形，如秋收又能丰稔，价自更加平减，即河南无需运贮，亦可多为购买，以备本境民

① 《朱批奏折》，乾隆八年六月二十一日吏部右侍郎田懋奏，档号：04 - 01 - 35 - 1126 - 004。

② 《清高宗实录》卷189，乾隆八年四月己亥。

食，且免谷贱妨农。总之，米麦仓储为民食要务，全在该督抚随时酌量，妥协筹办。若该地方丰收价平，自当随时买补，不可拘泥观望，又不可过为采买，使民间谷价顿昂，总期酌盈剂虚，仓储、民食两有裨益，方为妥协。"庆复遂与纪山会查四川省粮食生产及市场情形后回奏高宗。经各属具报，四川秋收确属丰稔，价格平减，因此立即密饬布政司王玠迅速妥议。王玠请求动用司库乾隆八年分杂税银 3 万两、地丁银 12 万两，共计 15 万两，派委成都府同知李盛唐总理，并委派佐杂官六员分办，地方官协同料理，在成都、重庆、叙州、顺庆、嘉定、泸州六府州属附近水次各州县出产米谷最多之处相机采买。所买米谷堆贮沿江州县空出仓廒，交予地方官收贮。庆复等表示同意，命各员"照依时价分路公平采买，不拘额数，不定限期，价平则买，不致谷贱妨农，价昂即止，亦不致谷贵妨民"。高宗命户部对庆复等所办情形速议具奏。① 户部会议认为，采买积贮应"因时筹酌"。此前大学士、九卿等议准布兰泰、徐以升等条奏停止采买（参见下文），行令各省督抚"视民有余粟，官为收买。如或市价增长，即暂行停买。总在岁稔价平，随各地方情形因时酌办"。既然四川连岁丰稔，米价平减，应照其所奏，动支司库杂税等项，照依时价公平采买，收贮沿江各州县空出仓内。采买时"不拘额数，亦毋庸拘定限期，如遇价值昂贵，即行停止，总在该督抚随时斟酌办理"，高宗即命依议速行。②

以上讨论中，高宗与官员达成一致的是，代买行为不要拘泥于各种定例和额数，要根据市场米价变动情况，由产粮省份照依时价从容实施，灵活采买，在不干扰本地市场乃至有助于解决谷贱伤农问题前提下，满足缺粮省份的采买需求。然而，这种值得称许的代买措施，并没有被上升到定例层面实现制度化运作。随着各地粮价不断上涨，以代买替代缺粮省份直接委员采买的呼声也越来越高。

乾隆八年八月，湖广总督阿尔赛再次提出产粮省份代为购买的建议。他认为，"年来各省米价增昂，而楚南产米之乡亦复价多腾贵"，"委因各

---

① 《朱批奏折》，乾隆八年九月二十六日川陕总督庆复、四川巡抚纪山奏，档号：04 - 01 - 35 - 1127 - 021。

② 《朱批奏折》，乾隆八年十一月初三日管理户部尚书事务徐本等奏，档号：1127 - 037。

省纷纷采买之故"。他指出，"盖委官一到，其数则动逾千万，其价则不论低昂，群聚广收，期于必得。远商则惟恐其愈长而争买，富户则逆计其必昂而固藏，于是价值渐抬，势难平减"。现在暂停米谷采买，市价渐平。但是，每遇青黄不接，"所恃以资接济平市价者，惟仓谷是赖。若仓谷不于平时积贮，一旦米粮缺乏，凭何接济？且小民贪得无厌，往往米价日长，则愈肆居奇。谕之以理而弗从，绳之以法而不可，是不特米粮之贵其病仍在吾民，窃恐滋生事端，所关匪细"。阿尔赛提出，如本年江西米价上涨，每石竟至三两以上，情形非常急迫，幸有四川巡抚硕色奏明拨运江苏米谷恰好运抵汉口，于是奏明拨运江西，"一闻川米之信，米价即平，民志亦即定"。对此，不仅江西来楚贸易者众论如出一口，江西巡抚陈弘谋亦言之凿凿。阿尔赛同时批评了遇有灾歉不妨以银折赈的观点，认为歉收之地米价必昂，而领银到手仍需籴米而食。上年湖北偶被水灾，赈济之时仓粮不足，每谷一石值银七八钱不等，所领一升之价仅可买谷六七合，"穷民日食委有未敷，倘或仓粮充实，岂不更可济民之困？故赈谷不足，不得已而济之以银，尚可权宜办理。若谓仓无积谷，竟可恃银而无恐？臣之愚衷，实不免鳃鳃过虑也"。针对以上"邻省采买则市价有日长之虞，仓贮不充则商贾逞居奇之智，用银折赈则穷民仅沾半价之恩"的困惑，他建议可否密谕各省督抚，如果四川等产米省份察看本地年丰价减，其他各省设有需用米谷之处，"即令该督抚彼此密商，酌量动项，代为采办，分拨运济，解银归款，总期因时妥计，不必务在取盈。如此则于丰收之岁买本地之米，既无争买之势，自无日昂之价，以有余省分之官谷，济不足省分之仓粮，巢借有资，旱涝有备，官有操纵之权，民无倒悬之急，于停止邻省采买之中，仍寓豫筹积贮之计"。

就建议的核心而论，阿尔赛与凌燽、赵城等人所议并无二致。此前高宗对凌燽的请求已慨然允准，对阿尔赛实施邻省代买的意见亦无异议，只是对产粮省份全面实施代买表示了几分犹豫，故而在奏折中朱批"此奏亦是，待朕酌筹之"。①

经过一番斟酌，高宗最终将邻省代买调剂粮食供需的职能放在军机

①　《朱批奏折》，乾隆八年八月初十日湖广总督阿尔赛奏，档号：1126－033。

处，由中央统一组织实施。在随后所颁谕旨中，他指出："该督抚等往来商酌，未免稽迟时日。各省奏报秋成分数及现贮谷数，军机处可以汇总查核，著派员于年终汇齐之时通盘查对。如有应行通融接济邻省之处，奏明寄信该督抚，令其商酌办理。"① 乾隆十年（1745）正月，军机处将各省督抚核算上年收成分数及仓谷数目等情况奏报高宗，其中直隶、浙江二省受灾较重，已经奉旨酌拨河南仓粮，加上截漕及现存仓谷可敷赈济，不必邻省拨济。高宗表示同意，同时指示军机处"年年如此奏"。从此，军机处在各省奏报汇齐后，梳理各地情形奏报高宗，演变成为一种定例。② 乾隆十四年（1749）初，军机大臣张廷玉等奏报了十三年的整体形势：奉天、直隶、江苏、江西、浙江、河南、甘肃、云南、贵州、广东、广西等十一省"通省丰收，米粮平减"，安徽、湖北、湖南、山西等四省虽有一隅偏灾，一切赈恤事宜已据各督抚照例妥协查办，而通省收成均系七、八、九分，仓贮充足，以上十五省无庸另行筹拨。山东、福建、西安三省受灾较多，均已谕令邻省协拨，加之各省他处不被灾之处收成较好，以及本省仓储较为充足，自足敷用。③

但是，笔者查阅了中国第一历史档案馆馆藏相关资料，从乾隆十五年（1750）开始此奏报即已消失，据此推测，此项制度应该是被废止了。而就此机制的实际效果而言，由于它是一种程式化运作，加之调查也是迟至数月后完成，所以发挥作用仍属有限。④ 若论最终停止的原因，还在于高宗对粮政的重新设计，特别是乾隆十三年常平积贮政策重大调整带来的政府大规模集中采买行为基本终止，以及各省积贮要求的降低，使得这种由中央统一协调的机制失去了存在价值。下文有述，兹不赘言。

最后要说明的是，此后仍有官员提出产粮、缺粮省份可以沟通收成信息。乾隆二十六年（1761）八月，广西巡抚熊学鹏指出：广西每年所收粮食以供本省食用，原属有余，而广东"人多田少，每每借资外省米粮接

---

① 《朱批奏折》，乾隆十二年大学士张廷玉等奏，档号：04-01-11-0005-006。
② 《朱批奏折》，乾隆十四年大学士张廷玉等奏，档号：04-01-11-0005-004。
③ 《朱批奏折》，乾隆十四年大学士张廷玉等奏，档号：04-01-11-0005-004。
④ Helen Dunstan, *State or Merchant?*: *Political Economy and Political Process in* 1740s *China*, p177.

济"。本年广西早稻已经丰收，晚稻亦可望丰收。经访询邻省情形，广东、湖南收成亦好，似可毋庸广西另筹接济，"然究系得知传言"。他由本省粮食毋庸接济广东、湖南情形，联想到可否加强省际之间的沟通协调以解决粮食调剂问题，认为"该省实在收成分数，彼此向不相闻，难以知其备细"。无论本境、邻封，如有采买、借拨之处，均应"预筹妥办，免致临时猝备，庶商贩不致居奇，而奸民亦无囤积，于两地皆有裨益"。因此，建议朝廷敕下各省督抚，嗣后于每年具报早、晚二收分数之时，一面缮折，一面即备文互相关会，"俾封疆大吏得以知邻境收成之丰歉，以为酌盈济虚，庶几事可预筹，民无缺食"。①

高宗对所奏内容中直接表示认可，随后又专门就此命军机大臣等传谕各省督抚知悉：

> 熊学鹏奏请邻省收成互相知会一折，所见亦是。地方年丰谷贱之时，邻封倘需籴买济用，商民等自无不访探营运。但各督抚等于本省收成分数既定，随时转相知会，以便酌量采购调剂，于民用实为有益，其事亦属可行。著将该抚原折钞录，令于各督抚奏事之便传谕知悉。②

多位督抚回奏表示支持，认为此举有利于进行省际间粮食调剂，正如河南巡抚胡宝瑔所言，"商民访探或只及于一隅，诚不若督抚查报可以通省周知。且随时知会，则有需采购之处，更可早为筹画"③。

在高宗推行大规模常平积贮养民背景下，通过相互知会、邻封代买等方法，尝试建立省际乃至由中央统一组织的粮食信息沟通及协作机制，是政府积极应对常平积贮难题采取的重要举措，对于化解采买风险、稳定粮食市场，协调粮食供需，确保"仓储、民食两有裨益"，发挥了一定作用。尽管作用有限，但是高宗君臣的主观努力仍值得肯定。

---

① 《朱批奏折》，乾隆二十六年八月初八日广西巡抚熊学鹏奏，档号：04-01-35-1160-029。

② 《清高宗实录》卷644，乾隆二十六年九月己酉。

③ 《朱批奏折》，乾隆二十六年十月初九日河南巡抚胡宝瑔奏，档号：04-01-24-0061-031。

三　平粜盈余通融拨补

各省不同地区情形不同，丰歉不一，实行通省盈余银两通融拨补，一定程度上缓解了部分地区因粜价不敷导致的无法及时采买补仓难题。试以山东、河南两省为例加以说明。

乾隆三年（1738），山东、河南两省收成较好，高宗却闻知各地州县官并不能积极买补上年平粜缺额，为此要求两省巡抚认真督促筹划。谕曰："山东、河南二省今岁收成颇丰……所有各属应补之仓谷，自应乘时购买，以为储积之计。但闻去年官仓出粜之价，原属平减以便民。今年时价较从前粜价稍觉昂贵，以致有司采买补项，逡巡观望，时日稽延。著该抚酌量本地情形，筹画如何买补之法，督率有司，务令仓储不缺，官民无赔垫之苦，斯为尽善。"① 山东巡抚法敏回奏声称，山东去年平粜米谷57万余石，秋后仅买补7万余石，因歉收咨部缓买，加之本年春平粜谷20余万石，共计应买补70余万石。现在已经通饬各属将应买谷石"照依时价采买还仓"，同时要求各地将所买谷石价值、数目十日一报查核。据各州县奏报，各地粮价有与原价相等者，有较原价稍有盈余者，有原价不敷采买另请拨补添给者，亦有本地产谷无多而两年应买至五六万石，请于本年先买一半，其余来年采买者。法敏认为，虽然各地丰收，粮价尚未平减，"倘不加意斟酌，必致贻累官民"。各地"时价低昂不一，仓储务宜充盈"，遂与布政使黄叔琳筹划，"因地因时"督率州县上紧办理，"倘原价不敷，或于各属之内通融拨补，或遵照定例于司库存公银内动支给发，或酌量买谷最多之处分年采买"，务期仓廪无缺额之虞，官民无赔垫之苦。② 河南巡抚尹会一覆奏中声称，为解决官员买补不前问题，如果本地谷价昂贵，平粜之银不敷买补，即在邻邑价贱之地采办。如果邻邑价值亦昂，即将不敷银数据实报明，于别属买补盈余银内通融拨给，速为买贮，可无赔垫之

---

① 《清高宗实录》卷77，乾隆三年九月丁丑。
② 《朱批奏折》，乾隆三年十月十三日山东巡抚法敏奏，档号：04 - 01 - 35 - 1109 - 020。

虞。高宗对所奏表示赞赏，称"如此酌量情形办理甚佳"。①

但是，自乾隆元年酌拨盈余之例公布实施后，由于从内心对常平积贮的抵制，很多州县官员反而在具体办理时利用制度漏洞拖延买补。因为从利益层面讲，盈余本属于州县经营常平积贮"额外"所得资源，如果将本地剩余资源无偿划拨给其他州县，保有盈余的州县则难以接受。同时，对于谷价不敷地区，州县官员的行政惰性很快表现出来，往往将弥补本地不足的希望寄托于外地盈余拨补，形成了一种对外地盈余的依赖，甚至以通融拨补之例为借口观望不买，原本为解决买补不敷而实施的通融拨补也在地方行政实践中被扭曲。

浙江布政使张若震曾经向高宗详细奏报了浙省通融拨补遭遇到的尴尬，即"不肖有司见有银贮府库之行而存价不买矣，见有拨补之文而任意多枲藉词妄冒矣"。每届买补之时，州县官"申报盈余者甚属寥寥，详请拨补者比比皆是"。也就是说，大多数州县往往向上级申诉原价不敷，请求统筹安排，希冀从其他存有盈余州县划拨补助经费。令张若震感到两难和担心的是，"盈余既少，拨补孔多。不如其请，则有违例之嫌；如其所请，则属无米之炊。州县复巧于推卸，非云价值不敷，即云年岁欠丰。凡新旧交接，前官则诿之后任，后任则诿之前官。或请存价，或请拨补，展转驳查，而已逾采买之期矣"。虽然大学士稽曾筠严定买补限期，自己也多方筹划，责令道府上紧查催，"固有贮价拨补成例，而各州县推卸觊觎之习终不能尽破。浙省如此，别省亦可概见"。张若震进一步指出，"枲于青黄不接之时，买于新谷既登之候，原无赔累，本不必预定拨补之例，致开延误之端。但水旱灾伤，亦所时有。倘该属适逢水旱，本地、邻境俱各昂贵，势难买补，应令该管上司查核确实，将存价缘由咨部存案，俟次年秋收采买。次年未稔，价仍昂贵，则不宜再缓，应查其实在不敷之数拨补买足。如无盈余，准动司库公银，专咨报部察销"。②张若震所奏最终得到了朝廷的支持，户部议覆同意浙江可以通计有余、不足通融拨补。如无盈

---

① 《朱批奏折》，乾隆三年十一月二十四日河南巡抚尹会一奏，档号：04－01－35－1110－004。

② 《朱批奏折》，乾隆二年九月二十六日浙江布政使张若震奏，档号：1104－043。

余，准动司库公银买补，而且将此作为定例推行全国。①

州县官员借口通融拨补并不及时买补还仓，使得问题变得更加复杂。乾隆四年（1739）八月十五日，江苏巡抚张渠分两折向高宗反映了州县官假借通融拨补之例玩忽常平积贮的行为，并请求停止通融拨补之例。第一份奏折指出："籴价不敷，既有请拨盈余之例，而存价未买，又有转交新任之条，谁肯实贮在仓，致多折耗，并贻他日交代之累？故……通融拨补之例行，而处处觊觎观望矣"。为此，他请求将相关定例停止，以免造成仓储空虚。高宗对其所奏特别认可，朱批"此奏甚是"。② 第二份奏折进一步指出：江苏各州县向来在江广一带采买，"长途剥运，脚费浩繁，中间诚不免偶有一二赔补之事"。但自经通融拨补定例以来，"报盈余者绝无，请拨补者接踵。上年又值因灾减籴，详者尤多。虽据其辞，无非捐资赔垫，而核其实，率皆浮开者多。甚或买补之时，竟自那动别款以待拨抵，并或只就现银采买，余候拨给买足，统计通省恐不下三四万金。况既无盈余，又无公项，从何拨补？"尽管现在已经饬令通查，并勒令买足归款，"但通融拨补之例未停，州县究得有所藉口，且年复一年，转成通省亏空，所关尤为匪细。此不敷价值准拨盈余、公项之难行也"。张渠建议，"其籴卖价银合算市值，每米一石成熟年分以核减五分为率，歉收米贵之年以核减一钱为率，所籴价银照例留贮县库，秋收责令经手之员各自照数买补，不许留银交代。如照额买补之外，籴价尚有盈余，亦令存贮县库，俟将来或有采买不敷，查明果无浮冒，准其拨抵。总以本邑之盈余拨抵本邑不敷之价值，仍不得那动别款及故意采买不足，以图流抵，致开亏空之端"。③ 高宗命大学士会同户部速议具奏。户部经过会议，对张渠的意见表示支持，最终确定以本邑之盈余为本邑之拨补，其他州县不得通融。如果遭遇岁歉谷价昂贵，不敷采买，准其展限购买。④ 通融拨补之例再次被大幅度调整。

对于限制拨补或一概停止拨补，一些官员表达了不同意见，江苏巡抚

---

① 《朱批奏折》，乾隆五年十一月二十日江苏巡抚徐士林奏，档号：1115-009。
② 《朱批奏折》，乾隆四年八月十五日江苏巡抚张渠奏，档号：1111-041。
③ 《朱批奏折》，乾隆四年八月十五日江苏巡抚张渠奏，档号：1111-042。此奏被允准。另参见乾隆十年八月初十日山西巡抚阿里衮奏。
④ 《清高宗实录》卷161，乾隆七年二月戊午。

徐士林即从应对灾歉、避免累官累民的角度提出应根据赈粜实际通融拨补，或动用司库公项买补。乾隆五年（1740），徐士林奏称，"因天时丰歉靡常，价值低昂难定，恐州县买补不无赔累"，乾隆二年命各省督抚筹划买补事宜，当时两江总督那苏图会同巡抚赵国麟、杨永斌议覆，买补时价不敷，照户部议覆浙江布政使张若震条奏定例，通计有余、不足通融拨补。如无盈余，准动司库公银买补。乾隆四年巡抚张渠以江苏省一时公项不敷，粜价无余，奏准停止拨补，总以本邑盈余拨抵本邑不敷价值。此后，又有候补詹事府詹事李绂请求将监谷拨补，被户部议驳。徐士林认为，"停止拨补，在目前则乖政体以病官，在日后则酿流弊以病民"。所谓"乖政体以病官"，乾隆元年奉有定例，歉岁粜价大加酌减，"原未著有定数，所以粜存原银类多不及常价，此盖不得不减。赈粜之后仓廪空虚，设复遇灾歉，又需赈粜。即本境有收，邻邑多资拨协，所需米谷甚殷，此又不得不买。米价春贵秋贱，常理也。若荒年之后即遇有秋，贫者知盖藏，富者竞囤积，米价骤难大贱。况江省叠遭水旱，邻封亦多歉收，而产米之江广数省，官商舟车云集，争购价长，复加以远运费繁，此又不得不贵"。徐士林指出，数年来由藩司动帑委员赴江广采买，所需脚价较州县减粜原价"实属彼多此少"，此即不敷之明证，亦即无盈余之明证。"既无盈余，乃谓以本邑盈余拨抵本邑不敷，直画饼空谈耳，于仓储何补？"徐士林进一步指出，乾隆元年、二年定例灾粜大减，拨补买补，此后各州县皆遵照定例详明减粜并经督抚批准。及买补不敷，或动款待拨，或缺谷待补。"盖奉有大减之例，固不惜减价以惠民；又恃有拨补之例，更不虑赔垫以赔累"。现在如果停止拨补，又无盈余可动，悬缺银谷以亏空参追，"是给之于前，勒之于后，将何以折服其心？"现在买补不敷各员有病故者，有改教者，有署事离任者，有别案参革者，"厉檄催追，终属虚悬"。即使现在各员，"若以恤灾减粜之故而听其变产赔补，如国法何？"

所谓"酿流弊以病民"，官员们"早行买补坐罹赔累，势必群相观望，谓采买迟误，罪止于革职，买补不敷，害且至于倾家。迁延时日，前后推卸，原价虽存，饥者不可以为粟，设天灾骤至，赈恤将何所施？既畏买补，先畏出粜。虽米价昂贵，势必捏称价平无庸出粜，朦混详报，官图免累，民将焉望？即迫于上司之查催不得不粜，不得不买，而势穷计迫，则又将徵倖觔法，或分派勒买，或短价浮斛，百弊丛生，民何以堪？"

徐士林指出，因灾减粜非常平存七粜三出陈易新可比，原价果有不敷，拨补自所宜行，不必惜此区区帑项，"令有司存顾畏之心，而沮恤患救灾之志"。因此，可以酌定章程，量复前例。除常年粜三仍照原数买足，不准拨补外，自乾隆元年至今因灾平粜大加核减，照时价买补。实在不敷，且其他地方已无盈余，司库公项又值不敷，无项可补，应查明缺额实数，以本色捐监补足。以后因灾减粜，照大学士议准张渠条奏定例（参见下文）核减一钱，买补价值自不致悬绝，无庸拨补。如果灾情严重，米价腾长，需要大减粜卖，一面据实奏闻，一面定价发粜。倘有买补不敷，仍请准照原例，统计有余、不足，通融拨补。如无盈余，动支司库公项买足。①

徐士林的意见并没有被户部认可。户部认为，常平仓谷原于青黄不接、米价昂贵之时按时价出粜，买补还仓系于秋收新谷登场之时，"价值自当平贱，不甚悬殊，亦不至于不敷"。因乾隆四年张渠已经奏准各地平粜具体减价标准，对平粜行为严加限制，故前有议覆王士俊条奏以及张渠定例粜卖，每米一石成熟年份以核减五分为率，歉收以一钱为率，"则秋成价平之时照数买补自无不敷，又何至通融拨补，亦毋庸动用存公"。② 对此，吴四伍研究认为，这是"来自常平仓实践者与制度设计理想者的一次直接交锋"，徐的意见被否定，"充分反映了清代官员经济意识的低下以及仓储管理政策的简单化操作"，虽然偶有官员"能够意识到常平仓经营的市场风险，但是权势人员的经济意识，特别是乾隆帝的市场认识仍是非常有限。这在邓海伦的研究中也可得到证实。因而，清朝统治者始终将常平仓出现买补不敷看成官员管理不佳的一种结果，从头到尾地相信常平仓是一个高效盈利的经济组织"。③ 本书认为，以上评述具有一定的合理性，特别是朝廷官员比较机械地坚持以乾隆四年张渠奏准平粜减价定例来估测买

---

① 《朱批奏折》，乾隆五年十一月二十日江苏巡抚徐士林奏，档号：04 - 01 - 35 - 1115 - 009。

② 《朱批奏折》，乾隆五年十二月二十一日大学士鄂尔泰等奏，档号：04 - 01 - 35 - 1115 - 018。

③ 吴四伍：《清代仓储的制度困境与救灾实践》，第50页。

补之盈亏，这显然不符合实际。但是，如果以此评价高宗君臣市场风险意识不足，似乎还有待进一步斟酌。前文可见，从高宗初政以来，对各地丰歉不一可能造成的市场米价变动、常平贱粜贵籴问题即有反复奏报和讨论，特别是由此引起的赔累问题更是一清二楚，为此高宗君臣多次改进买补、平粜相关定例，以期官民均无所累而常平积贮充盈。因此，当前议覆徐士林所奏，更多是鄂尔泰等人拘泥定例，且不允许州县之间通融拨补并不代表主流意识，这在前述乾隆三年大讨论及后文将要提到的官员批评及高宗意见中均可窥其一斑。

乾隆六年（1741）十一月，曾任户部侍郎的刑部侍郎周学健具奏请复拨补盈余、动支存公之例以实仓储。周学健首先回顾了乾隆初年以来通融拨补政策调整变动情况。他指出：乾隆二年户部议定，买补不敷准将通省籴价赢余匀拨，如再不敷，准动存公银两拨补。"自此例一定，买补之赔累稍减"。乾隆四年，江苏巡抚张渠以江苏遇歉价贵并无赢余可以通融拨补，奏请停止拨补。经户部议定，嗣后以本地之赢余为本地之拨补，将通省融拨及公项拨补之处通行停止。"以通省之赢余拨补通省之不敷，则有赢余之州县固不容其冒销侵隐，无赢余之州县亦不致赔累偏枯，事属公平"。现在以本地之赢余为本地之拨补，如果连遇出粜价贱、买补价贵，则无赢余可以拨补。此外，以本地拨补，"则上年所有赢余，不肖之员下年必百计浮开，以图侵冒。上司因系本地拨补之项，不甚爱惜，听其开销。彼上年并无盈余者，则又不准融拨，勒令赔补"。即如查办兖州府知府沈斯厚贪婪案内，峄县乾隆五年赢余谷价 1900 余两，沈斯厚提用 1200 两。如果以此 1200 两通融拨补，可免数员之赔累，"是同一拨补赢余，以之匀拨通省则公而溥，以之匀拨本地则偏而私"。至于动支存公添补不敷，"必值该省皆系歉收价贵，赢余不敷，然后动支"。"若年丰谷贱则赢余已敷拨补，动支存公原非常有之事"。周学健认为，如果想要仓储常盈，必使官无赔累之苦，欲使官无赔累之苦，"必当复通省拨补与动支存公之例"。请求敕下户部议定通行各省，将乾隆六年以前凡有谷价赢余彻底查清，解交司库，统俟下年买补时有不敷之处核实拨补。若有赢余，再留为下年之用。倘或不敷，动支存公添补，总以上年通省赢余为下年匀拨不敷之用。各府州买谷还仓如有赢余，事竣之日即解贮司库，另款收存，报部查核。①

在是否通融拨补之间，两方各执一词。经过深思熟虑，高宗决定采取较为灵活的方式处理此问题。乾隆七年（1742）二月谕曰：

> 从前廷臣议准张渠买补仓谷一事，以本岁之赢余为本邑之拨补，其他州县不得通融。如岁歉谷价昂贵，不敷采买，准其展限。朕思积谷原以备民间缓急之需，必及时买足，方于蓄储有益。若一概不许通融，而无赢余之州县，或又值岁歉价昂，咨部展限，则仓储必致久悬，非济民利用之道也。嗣后如该州县当秋成之时谷价高昂不能买补，而该处存仓谷石尚可接济者，照例详请展限，于次年买补。倘谷价既属不敷，而贮仓谷石又系不足者，准其详明上司，以别州县谷价之赢余添补采买，为酌盈济虚、挹彼注兹之计。该管督抚不时查察，一面办理，一面奏闻。②

至此，关于粜价盈余通融拨补的争论最终确定下来。在高宗看来，通融拨补应该视情况而定，只有在仓储明显不足，且谷价不敷采买时，才允许详明督抚以其他州县之盈余拨补采买，这样既可以避免因经费不敷造成州县仓储空虚，又可以约束州县任意请求拨补的行为。

但是，从此后各省反映看，州县借口拨补而懈怠采买的情况仍不在少数。乾隆十一年（1746）安徽布政使陈悳荣反映，安徽各州县与浙江、江苏等省基本类似。除歉收地区外，丰收各属春粜仓粮各止照例减银五分。秋后买补时，歉收之处称原价不足购买，即使丰收之处"亦无盈余开报。间有一二处报出者，为数无几，而借口不敷详请拨补者则十居三四，约计通省盈余之数，实难敷补缺之项。虽经再三驳饬，责令道府严查着落经手之员赔交，大都藉词延展，悬项未补"。针对州县官员如此之表现，陈悳荣认为，即使可以通融拨补，也应据实开报，不得借此冒销。对于连年丰熟地方，"乃恃有通融拨补之例，藉口具详，虚悬仓贮"，如果不严立章程加以约束，"恐久后盈余日少，正额日亏，所关匪细"。他进一步提出，对

----

① 《朱批奏折》，乾隆六年十一月二十日刑部侍郎周学健奏，档号：1117-036。
② 《清高宗实录》卷161，乾隆七年二月戊午。

于州县过分依赖，甚至借口通融、虚悬仓储的行为，应该实力稽查，"不必拘定处处俱有盈余，总使有余者据实报出，无余者照数还仓，不得稍亏原额。其所余银两即令解贮司库，查明地方积歉，米价过昂，平粜大加核减者，方酌量拨补"。其间有偶尔歉收，春间减粜不过一钱以下，或勘不成灾的，"亦令自行经画买补，不得一概请拨，致滋侵冒"。如果实有不得已之情，详明上司确查出结，方准量拨。①

乾隆十六年（1751），山东布政使李渭奏称："各州县凡遇买补，无论地方是否歉收，俱称价值不敷，详请拨补，辗转驳查，徒稽案牍。"为防止买补冒销，不得不慎重筹办。他提出，"嗣后平粜减价一钱以下，遇秋后有收者，概令如数买还。倘或盈余，据实报解。如值秋收歉薄，价昂不敷采买，而本处仓粮尚可接济者，详明于下年买补。惟歉收州县平粜时，每石减价一钱以上，秋收后谷价尚昂，而本处仓储实系不足者，始准其详请以别属盈余添拨采买。如此因时分别定以章程，则采买更不致有冒销之虞矣"。李渭的建议与乾隆七年定例的精神并无二致，因此高宗命其与巡抚商议后酌量办理。②

再如乾隆三十五年（1770）浙江巡抚富勒浑声称，浙省杭州、嘉兴、湖州三府，向赴外江采买，"或因旧存粜价本轻，详请缓买有案。或因散赈给籽，买补还仓，原发之价不敷，原有酌量拨补之例。在出粜采买各州县持有此例，往往开报粜价必贱，开报买价必贵，动辄详请拨补，无不妄希别邑之盈余，拨补本县之不足。积习相沿，亟宜整顿"。③ 可见，"有意"开报买补困难而请求拨补是州县官员之间长期、普遍存在的一种现象，只要存在释放压力、减轻负担的机会，他们自然纷纷行动，乐此不疲。这种惯性行为，可以说是来自皇权和督抚压力下州县官员的又一"集体选择"，而这种地方行为仅凭督抚的监督是不可能根本消除的。

---

① 《朱批奏折》，乾隆十一年十一月二十二日安徽布政使陈蕙荣奏，档号：04 - 01 - 35 - 1136 - 047。

② 《朱批奏折》，乾隆十六年六月二十七日山东布政使李渭奏，档号：04 - 01 - 35 - 1151 - 026。

③ 《朱批奏折》，乾隆三十五年十二月二十七日浙江巡抚富勒浑奏，档号：04 - 01 - 35 - 1167 - 039。

那么，通融拨补究竟发挥了多大作用？这一问题可以从乾隆四十五年（1780）三月福建巡抚富纲所奏及各省根据高宗上谕覆奏中得到较充分的反映。富纲奏称，福建平粜仓谷递年撙节买补，原粜价银之外积有盈余。据前任巡抚钟音查明，乾隆二十年以前积存银50602两，"奏请记档，并声明各属如有采买不敷照例拨补，仍俟二三年后续有积余成数，再行奏报"。此后，历任巡抚每届三年即行查明奏报。至乾隆四十二年二月，共续存银74635两，除奏准折借各营兵自行买米银约7542两外，统计实存盈余银约117696两。乾隆四十二年三月至四十五年二月，续收解司盈余银约20464两，收回前借各营兵米扣还银7542两，统计新旧盈余银约145702两。内除前任布政使钱琦奏准，以平粜之有余补常平之不足，拨给各属买补常平仓缺额谷价银90109两，续又借给各营兵买米银约7022两尚未扣还外，现存盈余银约48571两，仍照原奏，俟各属买补不敷通融拨补，或折借兵营自行买米。①

接报后，高宗依据福建存有大量盈余银的情形，联想到了其他各直省，认为各地经营常平积贮多年必有盈余，希望各省也能像福建一样加以合理运用。谕曰：

> 据富纲奏报闽省平粜仓谷盈余银一十四万五千余两一折，内称前任藩司钱琦奏准，以平粜之有余补常平之不足，将平粜盈余银两拨给各属买补常平缺额，俟各属买补不敷通融酌拨，等语。闽省常平缺额米石，自属因时调剂，为有备无患之善策。闽省粜谷既积有盈余数至十余万两，各省平粜即多寡不等，均有盈余，是否亦照此办理，著传谕各省督抚，即行查明，据实覆奏。②

随后，除浙江省以外，各省督抚陆续具折覆奏，追溯了乾隆初年以来粜价盈余收存及使用情况。兹将奏报内容按具奏时序择要摘录如下，由此可以窥见乾隆初年以来各省办理通融拨补的基本轮廓。

---

① 《朱批奏折》，乾隆四十五年三月二十一日福建巡抚富纲奏，档号：04－01－35－1176－044。

② 《清高宗实录》卷1104，乾隆四十五年四月癸丑。

直隶：通融核计，每年约报出盈余银自四五百两至一千五六百两不等，"历系提解司库，同各属出粜溢额仓谷毋庸买补，并屯粮米谷例准陆续粜卖报拨等项价银，一并作为盈余粜价，按春、秋二季入拨报部"。遇有奉旨领运外省米麦，或截拨通漕米石需用脚价银两，暨各属运赴四乡设厂平粜脚费，均于此项盈余内报部动用。现在实存司库盈余银41774两。其中，平粜盈余银26066两，溢额等粜价银15708两。直隶各属仓粮如遇缺额在数千石及一二万石者，亦系照闽省之例，动用盈余粜价随时报部采买足额。倘遇赈贷兼施，动辄数十万石，常平额贮与盈余粜价均不敷用，历来赏拨漕粮，兼有奏请动用地粮银两赴奉天等省采买。直隶因赈贷需用较多，未能如闽省之以平粜盈余买补缺额。直隶虽与福建盈余多寡不同，但除入拨报部外，或凑买仓粮，或拨充运价，"同属作正动用，办理亦并无二致"。①

江苏：平粜盈余银两，一直遵奉乾隆七年上谕，地方积谷买补不敷，以盈余添补买足。至乾隆二十二年，前后积存余剩银127360余两。前任总督尹继善奏请归入二十二年差务项下全数拨充经费。截至乾隆四十三年，积存盈余银除陆续拨补各属采买不敷及报部拨用外，实存两藩司库银9435两。此项盈余银原应留贮司库，以供买补缺额谷石之用。现在江苏通省十一府州常平额谷1548000石，只动缺谷18000余石，散之各州县为数不多，统俟应行买补时酌拨。②

山东：常平仓盈余银两司库原报并据各属续解现共存银约44824两，系自乾隆四年以来，每年春粜秋买积存粜价盈余之数。因青黄不接减价出粜，较之收成价平买补本应有盈，间因分途采买、添凑脚费，稍有拨补动支，以盈补绌，仍有积存。因赈济案内动缺之谷例应动支地丁银两，每石定价五钱，秋成买补市价均在七八钱以上，于盈余项下添补购买，动支稍多，临时专案奏咨办理，均仍按年造册送部查核。山东省向办章程实与闽省现奏动用盈余之例相仿。山东额贮2945300石，现在存仓及粜借未还、

---

① 《朱批奏折》，乾隆四十五年四月二十三日直隶总督袁守侗奏，档号：04-01-35-1177-002。

② 《朱批奏折》，乾隆四十五年五月初六日江苏巡抚吴坛奏，档号：04-01-35-1177-003。

未买各数，除抵补缺额外，尚有溢额谷约 93833 石，现在并无应须添买缺额谷石。①

陕西：每年平粜、买还之外尚有余银，名为盈余。乾隆三十九年奏准捐监以来，各州县岁收监谷多寡不等，归入常平仓内，较之原额谷数有余，即将出粜粮石毋庸买还。所有粜存银两名为溢额。其盈余一项系于每年平粜后报明存贮，遇有州县采买仓粮原价不敷，由藩司查核确实，即以平粜盈余拨给，于每岁造销常平案内登明报部。溢额则每年春粜之后提解司库，遇有州县动拨额粮，将此项银两发给买还。如乾隆四十三、四十四年西安、同州等处拨运京、豫二省仓麦案内，奏动存贮司库溢额粮价银 62000 余两买补还仓，报部核销。"是陕西省买补常平缺额系动拨溢额粮价，其各属买补粮石价有不敷，系拨给平粜盈余。此陕省与别省向来办理微有不同"。陕西现在存贮溢额粮价银 36000 余两，盈余粮价银 59000 余两，均留为各属买补不敷及常平缺额之用，与福建所奏办理情形"大略相仿"。②

湖北：平粜盈余，"现需拨归借款，与闽省情形不同"。平粜谷石各有本价可动，足敷采买，唯有动缺谷石限于定价，买补维艰。乾隆三十五年赈缺未买谷积至 48 万余石。前任总督吴达善、巡抚梁国治请拨司库银 20 万两发给购买，每石不得逾六钱五分，仍以定价五钱开销正项。此外不敷银两，即以粜价盈余拨补。此与钱琦奏准将平粜盈余银拨给各属买补常平缺额，买补不敷通融酌拨之意相符。但是，此前藩库粜价盈余"积存无几"，统计采买事竣，除动用正项及以旧存粜价盈余拨补外，尚不敷银 25393 两，系借动乾隆三十六年秋拨银两支给，仍请俟积有粜价盈余，陆续归还报部。后因频年丰稔，平粜无多，买补亦少，至乾隆四十二年，有续积盈余及核减存剩银 8144 两归还借款，尚有未归原借秋拨银 17249 两。前任巡抚陈辉祖奏准，以正项不便久悬，请于乾隆四十一年耗羡银内改拨还款，以清正项，仍俟积有盈余归还耗羡。乾隆四十三年，因江夏等州县

---

① 《朱批奏折》，乾隆四十五年五月初七日山东巡抚国泰奏，档号：04 - 01 - 35 - 1177 - 004。
② 《朱批奏折》，乾隆四十五年五月十六日陕西布政使尚安奏，档号：04 - 01 - 35 - 1177 - 005。

被灾，粮价昂贵，至四十四年未能平减，各属多以价贵暂停买补，因此现今司库止有收存买补盈余银 1857 两，尚不敷归还改拨耗羡之数。总之，湖北省"平粜盈余现无存积堪以酌拨，不能遽照闽省办理"。①

江西： 从前平粜盈余银概令买谷存仓，并无留积。迨乾隆四年奉文，令各州县将余银暂行存留，买补本县将来缺额之谷，始有平粜盈余款目。乾隆七年，谕令州县买补谷价不敷，准其详明上司，以别州县谷价盈余填补采买。江西自乾隆四年至四十四年，共平粜盈余银 249566 两，其中动拨买补平粜不敷银 22087 两，各年拨运仓谷脚费银 68704 两，乾隆二十五年部拨京饷银 70671 两，各年买补灾赈谷石价银 10194 两，各年买补应付驻防闽、粤两省满兵等谷价银 2664 两，乾隆三十八年南昌等县买补豁免出借灾民谷石价银 9025 两，乾隆三十五年巡抚海明奏明收养老民借交盐商生息银 4 万两，共支借银 223348 两，现存司库银 26217 两。总之，江西省平粜盈余银两"通融拨补，酌盈济虚，本属遵旨办理，实与闽省办法相仿"。但是，江西存数不及福建，主要因为 24 万多两中除买补正支外，拨充京饷、借支生息二款，已经动用达 11 万两。现存银 2 万余两应请专留为将来拨补缺额仓谷之需，不得移充他用。俟数年后存积渐多，数至七八万两以上，再奏明酌拨充饷或别项充公。②

盛京： 乾隆三十五年承德县、辽阳州、广宁县库存买补平粜米石盈余银约 33 两。乾隆三十三年铁岭县盈余银约 5 两。乾隆四十二年海城县盈余银约 20 两。以上共银约 58 两。"因为数无多，并未拨给常平缺额州县买补米石"。③

甘肃： 甘肃省常平仓粮历年平粜买补盈余银两向系另款收贮，以备各属买补不敷及采买运脚等项。乾隆三十四年归并备贮款内，随时报明动拨。自乾隆三十四年至四十四年底，共收平粜盈余银 5500 余两，已于乾隆

---

① 《朱批奏折》，乾隆四十五年五月二十一日湖广总督富勒浑、湖北巡抚郑大进奏，档号：04 - 01 - 35 - 1177 - 006。

② 《朱批奏折》，乾隆四十五年五月二十四日江西巡抚郝硕奏，档号：04 - 01 - 35 - 1177 - 007。

③ 《朱批奏折》，乾隆四十五年五月二十四日盛京户部侍郎全魁奏，档号：04 - 01 - 35 - 1177 - 008。

四十一年、四十四年先后奏请拨补各年赈恤银两，以免邻省拨解之烦。①

四川：各属仓谷历年平粜无多，除照原额买补外，盈余银两俱经随时报部拨用，并无积存。唯有乾隆四十三年各属平粜除买补外盈余银11000余两。乾隆四十四年，因四十三年川东、川北等处收成稍歉，下游各省商贩集中贩运，市价渐昂，平粜较多，除买补外，盈余银约90968两。两项共盈余101968两。总之，四川省平粜照例于秋收后即将收存银钱照粜出谷石如数买补还仓，并无短缺。采买谷价查照买补军需案内动碾仓谷奏明每石六钱之数，又加节省核减，总较出粜之价均有余剩，是以并无常平缺额及买补不敷需要通融酌拨之处。②

广西：额贮常平仓谷1274378石，每年青黄不接，各州县遵例详报粜借、接济兵民，秋收采买还仓。除支给脚价外，所有盈余解贮司库，遇有脚价不敷详请核明拨补，造册报部。此历来办理之章程。乾隆二十四年，巡抚鄂宝奏准添贮预备广东谷石，动支盈余银两添建廒。乾隆三十一年，巡抚宋邦绥奏准将府仓归县，运费动支盈余银两。乾隆三十三年，因宣化等州仓谷不敷借粜，巡抚吴虎炳奏准酌拨永福等州县常平仓谷66000石平粜，将价解司，秋收买补还仓。所有不敷统于节年盈余银内拨补。此外，广西修仓工料银奉部覆准，在营借仓谷盈余银内动支。此为历年动支情况。广西司库自乾隆二十二年至册报乾隆四十三年，共收盈余银约31847两，除各年拨补动支各项银2406两外，实存司库盈余银约29441两，均系实贮在库。此外，广西现在并无缺额，因此无需动用盈余银两买补。③

广东：常平仓额贮谷2964538石，每年春粜秋还，买补时各处价值盈缩不齐，有余按数报解，不敷核实拨补。乾隆三年前，报存买补盈余为数不多，俱经拨补各年不敷之用。乾隆四年以后，陆续积存司库。至乾隆四十三年共盈余71140两，俱于历年报销买补平粜谷石案内先后造册咨部，

---

① 《朱批奏折》，乾隆四十五年六月初四日陕甘总督勒尔谨奏，档号：04-01-35-1177-010。

② 《朱批奏折》，乾隆四十五年六月初八日四川总督文绶奏，档号：04-01-35-1177-011。

③ 《朱批奏折》，乾隆四十五年六月十三日广西巡抚姚成烈奏，档号：04-01-35-1177-012。

现在各属并无缺额应补谷石。广东常平仓谷之外尚有备贮、粜济等项谷 20 余万石，又有广西存贮桂、平、梧、浔四府水次预备广东拨用谷 10 万石，即使将来各属间遇赈恤协拨动缺，自有额外预备等谷可以拨补，无须动支平粜盈余采买。总之，现在广东既无应补之缺额，亦无应添贮之仓粮，与闽省缺额待补情形不同，自可无需照办。所有积存平粜盈余银两俟数至 10 万两以上，除酌留 1 万两借拨买补外，余银尽数报部拨充兵饷。①

山西：常平仓谷向系借粜兼施，以资出易。历来出借多而平粜少，间有青黄不接粮价稍昂详请出粜者。所有买补盈余银两于雍正八年题准，均行增买谷石入仓，并无存留。乾隆二十九年，经部议准，两江总督尹继善条奏平粜仓谷秋后公平采买，如价有盈余全数解司充公。遇有拨缺，应动正项买者，其不敷时价奏明于所存盈余银内拨补。山西省并无拨缺之谷。各属买补平粜盈余俱系随时解司，拨充兵饷。计乾隆三十年起至今，拨过盈余银 7800 余两。常平仓历年出借秋后加息还仓，现在阳曲等 94 州县共有溢额谷 181333 石，惟有太谷、曲沃等九州县共有缺额谷 4857 石，系由历年支给孤贫、军流等犯口粮，并未出借。九县缺谷每处不过数百石，将来出借收息即可抵补足额，无须另行采买。总之，山西省平粜仓谷买补盈余银两，先则增买谷石，后则随时报拨，并无存贮，而通省仓谷亦俱有盈无绌，无需动项买补，与闽省情形不同。另有出粜溢额谷存贮银两，如有必须买补之处，尽可于溢额价银内动用。其粜价盈余银两仍应照旧例造拨充公，毋庸另行筹办。②

湖南：历年积存平粜盈余银两，除各属应修常平仓廒及买补上仓不敷脚费节年陆续动支逐案报销外，截至乾隆四十五年五月，共有盈余银约 68002 两。其中乾隆四十二年巡抚颜希深奏准建设普济堂，拨用 4 万两交典生息，以充收养老民经费，现在实存盈余银约 28002 两。湖南通省常平仓额贮谷 1516005 石，向来遵例出粜，均经买补还仓，并无缺额应补之处，应将实存银 2 万余两及以后续收盈余专款收贮，遇有常平缺额之时，即以

① 《朱批奏折》，乾隆四十五年六月十九日广东巡抚李湖奏，档号：04 - 01 - 35 - 1177 - 013。
② 《朱批奏折》，乾隆四十五年六月二十一日山西巡抚喀宁阿奏，档号：04 - 01 - 35 - 1177 - 014。

此项拨给。各属修葺仓廒仍请于此项内题明动支。[1]

河南：常平、漕、蓟等仓向年平粜买补盈余积存银两，于乾隆三十四年、三十七年、四十年等年节次奉文解部交纳。现在司、道二库止存平粜盈余银 1656 两。请求将积存平粜盈余嗣后停止解部，留贮司、道二库按年造册报查，遇有仓谷缺额，即照闽省之法办理。[2]

贵州：采买时核与原价间有节省盈余者十居八九，亦有原价不敷购买者，"因地处苗疆，仓储未便久悬，即将别属之盈余补其不足"。通省每岁以盈补绌，尚有盈余银自数百至数千两不等，从无短缺。每年采买完竣后，将实在盈余报部拨充兵饷，并不另款存贮。贵州省常平仓于乾隆二十年由粮道划归藩司经理。除乾隆十九年以前盈余数目已报部拨用外，自乾隆二十年至四十四年，共获盈余银 54067 两，除拨补不敷银 6844 两，实在盈余银 47223 两。其中，已报部拨用银 46160 两，尚未报拨约 1063 两，系陆续按年造册报部拨用。[3]

云南：乾隆三年题准存贮额谷 701500 石。乾隆六年始行筹补足额，每遇青黄不接之时循例出粜，秋收买补还仓。"就春粜之价，秋收买补合算时值，获有盈余银两，以为本邑谷价不敷拨补之用"。乾隆七年，买补谷价不敷，准其以别州县之盈余添补采买。乾隆九年奏销案内，查明粮储道库积有六、七、八、九等年各属解存盈余银 1950 两，分晰造册咨部。此后通省岁获盈余多寡不等，多则 2000 余两，或 500 余两，少则百余两，或数十两。截至乾隆四十二年，共获银 13960 两，除动放各属节年买补平粜仓谷原价不敷银 8370 两外，尚存银 5589 两，历经按年造册报部。此外，各属每年支放因粮，向系借动常平仓谷，例应将出粜捐监谷价银两照数动拨买补。后因出粜谷价不敷，又于乾隆四十三年咨部覆准，于积存前项盈余银内动给买补还仓。云南省额贮仓粮本属有限，每岁按成出易，数亦无

---

① 《朱批奏折》，乾隆四十五年六月二十四日湖南巡抚刘墉奏，档号：04 - 01 - 35 - 1177 - 015。

② 《朱批奏折》，乾隆四十五年六月二十九日河南巡抚杨魁奏，档号：04 - 01 - 35 - 1177 - 016。

③ 《朱批奏折》，乾隆四十五年七月二十四日贵州布政使李本奏，档号：04 - 01 - 35 - 1177 - 017。

多。乾隆四十四年通省并未平粜，即无盈余。经查，乾隆四十二年用存银5589两，加收乾隆四十三年盈余银268两，共存银5857两，动给各属领买乾隆四十二年、四十三年借放囚粮谷价银1381两外，尚存银4476两，照例存备拨补各属谷价不敷及买补借放囚粮之用。从前办理军需及遇灾赈缺常平额谷因平粜盈余无几，历系题请动支司库正款及军需银两买补，与福建盈余银存至十余万两之多拨给各属买补常平缺额情形各异。①

安徽：历年均遵照乾隆七年地方积谷必及时买足，如谷价不敷，准以别州县盈余添补上谕而行。自乾隆十二年至今，各属报存盈余银50020余两，除递年拨给各属采买不敷银48300两外，尚存银1627两留贮在库。经查，各地平粜仓粮价值多寡不齐，盈余银两向为协拨买补不敷之用，历经承办之员详明藩司及巡抚衙门核实批准动用，原属遵照谕旨酌盈剂虚通融办理。②

从各省奏报盈余情况看，除个别省份外，大多数省份在奏报当年都或多或少存有盈余银两，其中超过万两的为福建48571两，陕西59000两，江西26217两，直隶26066两，山东44824两，贵州47223两，广西29441两，广东71140两，湖南28002两，四川101968两，以四川为最多。不过这些盈余并非当年盈余数，而是多年平粜、买补、借贷后积累下来的实有盈余银数。对此，吴四伍研究指出，虽然乾隆前中期常平仓买补平粜整体状况保持只盈不亏，但通过数字更反映出常平仓经营利润有限。18个省份中无一省份年均盈余率达到1%，最高的江西只有0.9%，直隶、湖北等七省不足0.1%，因此"各省常平仓的买卖盈余对于维持和改善仓储经营作用十分微弱"，"事实上，这种盈余更多的是一种象征性盈利，对于一省仓储的买补影响太小。往往多年的常平仓盈余也不能填补一次采买的不敷"。③他通过对福建省的个案分析，进而确认了各省表面虽有少量盈余，但不能说明其经营状况良好或只盈不亏，相反更说明了"以仓养仓"经营

---

① 《朱批奏折》，乾隆四十五年七月二十七日云贵总督福康安、云南巡抚刘秉恬奏，档号：04-01-35-1177-018。

② 《朱批奏折》，乾隆四十五年十一月二十日安徽巡抚农起奏，档号：04-01-35-1177-041。

③ 吴四伍：《清代仓储的制度困境与救灾实践》，第53—55页。

模式的局限。

本书赞成以上对常平仓经营利润的分析及盈余作用有限的结论，同时还应进一步明确四点：其一，政府经营常平仓并不以追求利润为目的，而是要根据粮价情况，通过仓谷平粜维持市场稳定，满足民生所需。其二，盈余通融拨补定例的存在，对于缓解为数不多的仓谷春粜秋籴日常运转经费不足发挥了一定作用，但对于遇灾赈粜缺额，盈余银则捉襟见肘，如直隶、山东、湖北、甘肃、云南等省赈灾缺额较多，少量盈余之外，仍需通过动支正项钱粮、截漕等其他形式加以补贴。其三，乾隆初期各省平粜盈余拨补数量较少，且多个省份并未另案存贮。十三年之后，大多数省份根据朝廷要求，将盈余提解司库（参见第七章），报部拨用，如江西、四川、广东、山西、贵州、云南等省报部后拨解兵饷军用。此外，还有江苏用于补助地方经费，湖南建设普济堂充作收养老民经费，江西发商生息后用于收养老民，云南则有支放囚粮等用途。其四，从第八章的分析将可窥见，督抚们奏报的缺额很少或实贮无亏都值得推敲。

四　照依时价采买

为加强监管，各地常平积贮经过层层盘查，年底由巡抚详细具奏、题报，并经户部核议奏准方可报销（参见第八章）。在此过程中，户部查核后或驳或准的依据就是定例，因此各省督抚往往要求州县照定例行事，采买即按照部定例价实施，否则难以报部核销。然而，"若照原存粜价采买，则不敷甚多。若照时价给买，不但难于报销，实于国帑有损"①。这种定价与采买的矛盾严重束缚着地方采买行为，并且随着粮价不断上涨变得愈来愈突出。为此，无论是缺粮省份，还是产粮省份，不断向朝廷反映不敷采买的现实困难，请求照依时价增价买补。以下以江西、福建、湖北等省为例加以说明。

乾隆七年（1742）十月，江西布政使彭家屏对采买价格造成的累官累民问题进行了深入剖析。他指出："惟是买谷须照时价，而时价日益昂贵。

---

① 《清高宗实录》卷175，乾隆七年九月。

若听州县官因循畏难，推诿不买，则仓廪空虚，未可有备无患。若必令其照先年定价采买，则实属不足，累官必至于累民。查近日谷价之贵，良由食指日繁，采买日多。既经增贵，不可复贱，此乃渐积之势如此。夫积谷原所以养民，而官价过窄，则先已足为民病"。彭家屏继而将问题症结归纳为奏销机制存在的弊端，即"总会计者止知虑报销之部驳，而不为有司与百姓权其上下均平之道，非从本原起见者也"。也就是说，户部及督抚大吏过分注重钱粮是否有亏，各地采买是否合乎定例，对如何切实解决累官累民问题并未给予充分考虑。他指出，从前买价报部大率四五钱左右，近日市价实际已增至六七钱之间，谷价上涨的形势已是"人所共知，非可捏造，且通省约同，亦非一二州县所能支饰"。因此，今后采买应该饬令地方官"斟酌时价，据实从公与民间交易"。① 需要提及的是，此前江西巡抚陈宏谋也曾具折奏报相关情况，并提出了"惟有酌增谷价，令士民就近纳谷捐监"的应对之策。②

对于彭家屏批评的奏销体制与采买实际之间的深刻矛盾，高宗不仅没有回避，甚至表示完全赞成和支持，折中朱批"所见甚是"。即使如此，照依时价实施采买并未在更广范围内加以推行，高宗仅仅命彭家屏妥协为之。③

从彭家屏后来的陈奏可知，乾隆七年由于征得高宗同意，察访民间粮食"实在确价"，"示府县以凭公采买，不必顾虑张皇"，各属共买补还仓谷 223400 余石，其价多在六七钱之间。④ 照依时价采买取得了立竿见影的效果。然而，乾隆七年照依时价采买仍属权宜之计，乾隆八年五月彭家屏奏报江西采买事宜时，再次阐述了不按时价采买可能造成的严重后果。

彭家屏指出，本年江西需要买补的仓储额谷共计 160 余万石，而且"当此民间盖藏已罄之后，即果丰收，其价亦未必即贱"。此时如果仍旧按照从前四五钱之价，"窃恐必不能得。既明知其不能，复强之以必得，势

---

① 《朱批奏折》，乾隆七年十月十五日江西布政使彭家屏奏，档号：1121 - 004。
② 《清高宗实录》卷 175，乾隆七年九月。
③ 《清高宗实录》卷 177，乾隆七年十月。
④ 《朱批奏折》，乾隆八年五月二十七日江西布政使彭家屏奏，档号：04 - 01 - 35 - 1125 - 030。

必辗转彷徨，终究归于短价。是欲筹养民之蓄，已先有病民之弊"。对此，彭家屏认为"不可亦断不敢以施行须至秋后，或因停止外省采买，谷价得以平减，固为易于经理，不然惟有秉公示买，将来据实报销"。关于如何采买，彭家屏进一步提出，江西"凡买官谷，从不能外乎乡村与铺家。乃不深察者辄云买于民、买于铺易至为累，禁之必严。殊不思州县一官买谷动成千万，固断不能有此许多信托之亲丁、奴仆，日赴行市，三石、五石零星收买所可得者。且有一等山僻州县，客贩不通，历来民谷多系与官交易，习以为常。此又地道民俗使然，更不可一格论也。总之，能照民间之时价，则无论买于乡村、铺家，皆不至于派扰。不照时价，即官自收买，究其累民，亦犹是也"。能否照依时价采买已经成为解决累官累民问题的关键所在。与乾隆七年奏报相似，彭家屏还分析了各地无法照依时价及时购买的原因，"盖缘部中不能灼见外省时价长落参差之殊，致往往执一价以相绳，故上司每先虑报销之难准，不肯代属员稍为肩任"。作为地方高官，彭家屏反复批评着买补机制对常平积贮的制约和束缚：户部、督抚关注的是能否依照部定例价按时报销，而州县官员自身"养廉有限，力不足以捐赔"，只能是"始初则延挨观望，希冀不买，以图省事。及不能不买，随不免多方迁就。大抵难符乎市情，乃积渐使然，相习成风"。① 十月，彭家屏再次奏请买补仓谷时，仍提出命偏远地区"照时价公买"。现在新谷时价五、六、七钱不等，官买之价则以五钱为贱、六钱为中、七钱为贵。所用银两先尽平粜原价，此县有余则拨与他县，无可拨付则赴司库请领乾隆八年地丁支发。② 尽管这些年的采买经奏请后勉强推进，但如此明显的采买价格问题并未因为彭家屏等人的再三奏请而得到根本解决，州县面临的困难依然如故。

再看福建省。根据乾隆八年（1743）十二月福建巡抚周学健的奏报，经彻底盘查，通省"尚无实在亏缺之项"。但是，漳州、延平、建宁三府，龙岩一州，福清、连江、罗源、古田等二十余县，有上年秋后已报发价买

① 《朱批奏折》，乾隆八年五月二十七日江西布政使彭家屏奏，档号：04-01-35-1125-030。
② 《朱批奏折》，乾隆八年十月十五日江西布政使彭家屏奏，档号：04-01-35-1127-028。

补，而现在尚未收贮在仓谷，通计155737石。周学健恐其中有亏挪谷价、捏报买补情弊，遂严加驳查。经查，福、兴、漳、泉等府，"本地米粮不敷民食，每年青黄不接之时必须广行平粜。本地积储或遇不敷，不得不于邻近有余之府州县协拨，或于上游产米之县府各仓拨运济粜，粜出价值仍发交原拨之府州县买补。此固通融调济、权宜办理之法。惟是历来详定，无论出粜多寡，每石止发价银五钱，令原拨府州县买补。上年因谷价甚贵，亦止详准每石给银五钱五分。价值稍平之处或敷买补，价昂地方实多亏短。该府州县因系上司详定给发之价，即有不敷，岂肯赔垫？遂竟详明，将价发交本地绅衿富户，照价领买，上司亦因价银止有此数，只得批准发给，而绅衿富户领价到手，遇市价昂贵，将现谷粜给商贩，图得重价，官谷宽俟秋成再为完缴，甚至将所领价银别为营运生息。府州县官明知所发价值不敷市价，听其别为营运，且复为之转请宽限交仓，以故上年发价报买之仓谷至今岁尚有未经收仓如许之多"。周学健认为，买补仓谷例应本官差遣人役赴市集零星收买，将价银发交绅衿富户"已属不合"，"况发价之后经年悬宕，不行交仓，虽非亏那，实属违例"。福建"山重水复"，不同于他省可以随处收买，只可在本地买补，甚至有偏僻地方不能赴四乡收买，只可在近城地方买补。通省历年未买共计有64万余石之多，不得不于民间陆续收买，但是"闽省民情又最刁悍，若一经明白晓谕，不许府州县官发价绅衿富户收买，不但现在领买未交者延抗不交，即此后欲在本地买谷，有谷之家反致不肯卖给，积储大计深有未便"。无奈之下，周学健密行严谕禁止派买，同时也不回避采买的实际困难，提出买补仓谷"原应照时价核实收买，固不可一任冒滥侵渔，亦岂容画定中价，即有不敷，不准找给，致启短价勒买、捏报悬宕种种弊窦？况指定每石给价若干，遇价贱之时徒任其侵渔，遇价贵之时又何能禁止勒派？从前办理实属未善"。① 然而，即使周学健尖锐地批评定例不妥，高宗览其奏折，也只称所奏已经知悉，并没有赋予周学健日常随时定价的权力。

以下再对湖北作一个案分析。乾隆五年（1740）八月，湖北布政使严瑞龙奏称，湖北常平原额为57万石零，乾隆二年经巡抚张楷奏准添贮42

① 《朱批奏折》，乾隆八年十二月十八日福建巡抚周学健奏，档号：1128-025。

万石，"预备本省、邻封缓急拨用"。当时所定谷价每石四钱，"逾即缓买，以平市价"。原定谷价系从前谷价甚平之时酌中定数，但是湖北连年收成未稔，江浙等省"采买络绎，谷价遂昂"。三年间仅买过 21000 余石，系在四钱以内，"余因买价不敷，概照原议暂停"。乾隆四年，他曾以原议添谷尚有未买 40 余万石，请求督抚题明将武汉黄德道并武、汉二府应买添贮谷 205000 余石，赴川南、江西等省"照时采买"。此后，江西价昂，委员湖南买回 70800 余石，连水脚每石计四钱八九分不等，将来赴川省采买亦需开销。此外，尚有荆、襄二道黄安等府县未买添贮谷 195000 余石。州县官员"总以定价不敷，藉词展延。若听其再缓，年岁丰歉难必，既虑采买无期，即照例严参，各员希脱处分，更恐派累不免"。于是，严瑞龙提出，"惟有援照上年题定之例，前赴川南等省买运，犹可开销水脚，以为酌剂"。湖南有洞庭之险，川江有三峡之危，"与其增添水脚远冒江湖之险，何若将此项水脚添入原定四钱之价，本省即可购买，较为稳便"。据估计，本年谷价少则四钱二三分，多则不出四钱五六分，请求"于定价四钱之外稍为通融"，以便催令官员"按照时价，在本省上紧赶买"。高宗命严瑞龙转告督、抚二臣，令其议奏。①

十月，湖广总督班第、湖北巡抚张渠联衔覆奏。二人对严瑞龙所奏湖北仓储现状表示认可。同时指出，上年德沛奏请将原派武汉黄德道并武、汉二府应买谷 205000 余石，委员赴湖南、四川等省照依时价采买，若每石四钱之数不敷，采买即于原销银内动用。得到允准后，巡抚崔纪题明委员赴湖南买谷 70800 余石，每石水脚等项需银自四钱八九分至五钱不等，尚未买谷 134600 余石，于本年七八月才陆续前往湖南、四川二省采买，将来水脚仍需开销，而能否买足尚难确定。荆、襄二道并黄安等府州县原派未买之谷 195000 余石，"因拘于四钱定价，虽日事严催，终难买备"，是通计合省仓储虽有凑足 100 万石之数，而现在原贮并添贮之谷共计 47 万余石，"实不足以备缓急，自应急为筹画"。他们指出，除卖给江南及历年减粜之谷，只有乾隆三、四两年减粜谷价在四钱以下，其余均在四钱以上，"尚可通融，应各照案查催，陆续采买补足，核实报销"。差往四川、湖南

---

① 《朱批奏折》，乾隆五年八月初四日湖北布政使严瑞龙奏，档号：1114 - 014。

添买之谷已经奏准不拘四钱之价采买，荆、襄二道并黄安等府州县添买谷195000余石，自应趁丰收之际于本省及时买贮。但是江浙采买各商贩搬运较多，谷价仍不能减，现卖四钱五六分至五钱不等，"粮价因时消长，原难拘定"，以上情况"确有所据，似非承办之员托词推诿，势难责以拘定四钱之价买贮，即使勉强采买，亦必仍请公项拨补水脚，不特辗转开销，徒滋烦杂，且湖北公项无多，地方需用浩繁，亦难再为动拨。若再因循，缓俟价平采买，窃恐年岁丰歉难必，而江浙等省原资楚米接济，即或楚省来岁丰收，而江浙等省采买贩运仍不能免，其价谅亦未能甚减，必楚省连书大有，或江浙等省一例丰稔，方能大减"。尽管严瑞龙奏请于川、湘二省通融买补，但本省采买与隔省不同，"若不酌定价值，不无侵耗糜费，亦恐价得宽余，彼此争相采买，转致市价愈昂"。他们提出，"公项、正项同属国家经费，以前原照四钱以下定价采买之谷，既请动拨公项开销水脚，案悬莫定，似不若将定价量为变通，使承办各员得无过虑，俱各及时采买，应请酌中定议，每石俱以四钱五分为率，不拘本境、邻邑，总以得价即买，逾则详请暂停，不得另请开销水脚，似此广为采买，则得谷自多。即未能一时采买足数，而仓储日增，亦可有备无患"。①

接到奏请，高宗要求户部拿出意见。然而，户部官员会议后对以四钱五分为率提高采买价格可能引起的市场混乱表示担忧，认为照此而行"则官民争买，市价势必愈昂，民食转恐有碍"，因此将督抚所请直接予以否定。②结果，地方采买仍然无法切实推进，全省常平积贮形势也因此无法得到实质性改善。直到乾隆七年八月，时任湖北巡抚的范璨又复奏请照依湖南成案增价采买。

他指出，由于此前督抚所议之策未能实行，目前通计仓额虽有100万石，实存不过70余万石。一年来，"欲即行全数买足，实限于定价不敷。若一任因循悬缺，又恐一时缓急需用，不得已请将捐监事例酌减九折报收，冀以捐谷日久盈余，即可抵充常平本额，毋庸采买，致费周章。第捐

---

① 《朱批奏折》，乾隆五年十月十二日湖广总督班第、湖北巡抚张渠奏，档号：1114－035。

② 《朱批奏折》，乾隆五年十二月初二日协理户部事务、吏部尚书讷亲等奏，档号：1115－015。

谷必积久而后充，未可取盈于旦夕"。本年江南督抚又咨会买籴，而添贮之谷不过十余万石，只得于本省贮额通融拨应，共卖给江南 167000 余石，"通计本省仓储已十去其二三"。五、六月间，本省又被水灾，"是楚北仓储名虽一百万石，而以斯时之实存计之，不过仅十分中之二三矣，实有不得不急为筹办者也"。此外，湖北向来办赈动缺米谷均为就款开销，并不照额买补，"现在仓储之空虚如此，而动用之项又不乘时还仓，则欲其积储充盈，奚可得乎?"于是，命各府州县将未买之项乘机买补。但是，"楚米价值迩来最贱之处不过几处，山谷州县艰于运载，加以脚价，仍然昂贵。其滨江带河聚米处所，常价总在一两以外。若每谷一石限以原定四钱之价，丝毫不许盈溢，责令办员购买，势又断断不能"。经查，乾隆五年湖南题准部覆，添贮谷价每石自三钱几分至四钱七八分以上不等，"南省之米常常运赴北省粜卖，价常减于北省，而买价竟有几及五钱之数，则北省四钱之定额实属不敷，更不待言"。为此请求照湖南之案稍为变通，如果米价难以骤平，必需四钱以外至五钱，亦应乘时采买；如逾五钱，则另觅他处采买，"总在四钱以上至五钱为率，概准买籴"。此议与湖广总督孙嘉淦商酌，意见相同，因此合词具奏，请求朝廷给予支持。①

湖北仓储形势岌岌，高宗命户部速议具奏。尽管范璨的奏议有理有据，掷地有声，户部会议后仍然没有全面支持湖北提高采买价格的请求，认为所奏情形应该加以区别对待。其中，原系因灾施赈动缺仓粮，可以照五钱之数买补；至于从前题准添贮而未买谷石，自乾隆二年题准采买，迄今几至五年，"理宜于秋成谷贱之时及时赶买贮仓，乃迟滞至今复请增价，殊与原题不符"，应令范璨催令各州县照数买补，其增价之请则毋庸议。②

问题得不到妥善解决，湖北常平积贮在很大程度上仍属有名无实。乾隆八年（1743）四月，湖广总督阿尔赛再次具折陈奏湖北仓储买补事宜。他指出，此时湖北现存仓谷仅有 41 万石，"推求其故，盖因湖广向称鱼米之乡，又有川米运楚转贩，本省仓储未免视为似可少缓之图"。他不否认

---

① 《朱批奏折》，乾隆七年八月初一日湖北巡抚范璨奏，档号：1120 - 001。

② 《朱批奏折》，乾隆七年九月初五日大学士管理户部尚书事务徐本等奏，档号：1120 - 013。

前任督抚曾谋划积贮采买，"又以连年米价高昂，定价不敷，事多中阻，所以前抚臣张楷题请贮谷一百万石，至今犹未如数买足"。他委婉地陈述了户部官员与督抚意见参差的根源所在，即"在部臣持筹国计，自应慎重所议，极为允协"，但是"米价之贵贱难以逆料，而现今之备贮断难再缓。若不早为计议停妥，迨至西成之后再为陈请，势必又致迟误"。现在问题依然是慎重经费与及时采买确保积贮之间矛盾。他提出，"秋稼登场，其价即在四钱以外，若得如数采买分贮，于来岁青黄不接之际粜济民食，在原价则有盈无绌，在穷黎得减价平买，实系与国无亏、与民有益"，请求同意他在秋收时会同巡抚、藩司不论本省、邻省，"体察时值，上紧赶办"。对于湖北历任督抚的再三陈请，高宗最终表示了认可和支持，朱批"是，应如是留心办理者"，湖北省多年来遭遇的买补短价问题至此得到了初步解决。①

从江西、湖北等省办理积贮采买情形来看，州县官员每年并不愿意实施采买，而从督抚、藩司的奏报中可以体会到，州县官员此举并非无端而为，乃是事出有因，即奏销定例与采买现实之间存在着严重背离，州县官员采买即面临着赔不胜赔的风险。如要解决这一矛盾，照依时价实施采买显然是最为有效的办法，在高宗、户部与督抚的反复沟通中，这已成为一个众人皆知的话题。即使如此，湖北等省的做法也并没有被上升为定例加以推广实施。

不仅常规性平粜应尽快采买还仓，灾歉之后实行的赈粜更应及时买补，以备防灾御灾不时之需。然而，后者同样遭遇到了粮食价格上涨但恪于定例而无法顺利买补的问题。乾隆七年（1742），河南巡抚雅尔图奏称：

> 买补赈谷与买补粜谷不同，当青黄不接之时粮价倍昂，即酌减价值，尚属丰裕，秋成不难买补。若买补赈谷，则动支正项，取办民间，价值必须随时增减，原无一定。而以现今大局而论，各省粮价无不较前加增……言事者每谓粮价腾涌由采买过多，而其实各省田畴止

有此数，斯民生齿日益加繁，以食指之众多，致米粮之贵重。在收成歉薄之乡，固以谷少而见珍，即年谷履丰之地，亦不免以商民贩运增长价值。揆之时势，固有宜然。乃近日各省采买之案，当题销之时，户部每照向来折中定价，或据从前买过成案，驳令核减。在部臣慎重钱粮，不得不行确核。第当此吏治肃清之时，如地方官果有浮冒开销情弊，督抚断不敢轻率请销。若不规乎时势之宜，而止据旧案核减，则一驳再驳，已买之案悬宕不结，未买之项畏葸不前。盖以采买赈谷，动辄数十万石，设以实在价值而稍蒙核减，则地方官之赔累实属难支，孰敢轻为承办，而督抚大吏亦未免以办理周章，因循疑沮。一旦地方告歉，黎庶嗷嗷，仓谷不敷放散，虽有存贮谷价，例得兼赈，究之折中价值不敷歉年买食之用，且有因年荒乏米籴买维艰者，于此时而赴各省采买米粮，拨运仓贮，往还既需时日，运送又费舟车，繁费倍多。

他指出，采买一事屡经廷臣议覆，言官条奏，"令各督抚视地方之丰歉，审价值之贵贱，因地因时筹画酌办，持论非不周详。第谷贵之病，各省皆然。若以向来之价值律近今之采买，势难符合"，因此请求加以变通，赈济案内动用仓谷，令该督抚于收成之后察核各属粮价，虽不能如旧日之平贱，如果不甚相悬，即将应行买补原由、价值、数目预行题明，一面发帑采买，并予严密稽查，以防浮冒。①

雅尔图对采买定价与时价矛盾的论述是比较深刻的，其中将采买奏销机制对地方行政的过度制约问题表达得淋漓尽致。然而，与日常采买一样，在赈灾缺额买补问题上，全面放开采买价格、听由地方官员自主采买的请求也未得到制度上的确认。即如乾隆七年八月安徽布政使魏定国所奏，安徽省仓储原额91万余石，"积贮本不充盈，加以连年各属叠被灾荒，拨运赈济及平粜未买，仅存30余万石。现因凤、颖、泗水灾，又经动拨十五万余石运往接济，是通省仓贮几于一空。冬春赈粜需用正殷，其缺数亟宜买补"。今年江广米价亦贵，客船来者甚少，虽然长江以南数

① 《朱批奏折》，乾隆七年九月初三日河南巡抚雅尔图奏，档号：1120－011。

郡丰收，但本地出产不多，且上下两江被灾，商贩络绎不绝，市价自难平减。然而，从前及当前动缺之米必须买补，不容少缓，"惟查春粜一项，以原价核之现在时值，多属不敷。虽例准通省盈余拨补，而江省连年粜价并无盈余可拨各属，恐价重难于报销，必至观望不前。即严行督买，羽檄频仍，势难责令赔垫。此时若不急买，将来价必愈贵，购买更难，灾黎嗷嗷待哺，其何所恃？"目前最佳应对方案是将拨缺、平粜等粮"概照时价采买报销，不敷之项统于存公项下动给"。高宗则非常慎重，指示魏定国："此只可一时权宜行之，并恐如此购买反致一时民间价踊也。现有钦差在彼，可告之督抚，令伊等酌量为之，一面办理，一面奏闻。"①

十一月，直隶总督高斌、刑部侍郎周学健、两江总督德沛、安庆巡抚张楷四人公同覆奏。他们一致认同魏定国所奏仓储空虚、急需买补的实际情况，同时认为，时价在一两二钱上下，"较之各属原粜一两内外之价值，实难责其赔垫。买补倘再迟缓，将来价渐加长而购买愈难，不特本地缓急无恃，而灾属青黄不接之时，若无丰收州县采买备贮，以为续拨之用，恐粮价昂长，折赈银两不敷买食，补救之法殊费周章"。他们指出，各州县买补多非购自本处，或在邻省丰收之地，或在本省三河、运漕等商贩聚集之所，"不致一时价踊而有妨民食"。遵照高宗"权宜行之"之旨，就目前时价而言，应以一两二钱为率采办备运，"设价再昂长，逾于此数，即行停止，后不为例。如此变通储备，庶明年之平粜有资，而灾属之续拨有赖"。高宗接奏后，批准了他们的请求。② 总之，高宗并不赞成普遍按照时价购买，只能将其作为缓解采买压力的权宜之计，允许个别地方以个案形式加以处理。高斌等也明白高宗意旨，故而在奏报中不忘强调此举"后不为例"。

从总体上看，这一时期对部分省份增价采买请求，高宗往往是网开一面。如乾隆三年，云贵总督庆复奏报云南买补仓谷时称，饬令应买各属限时补足，而"实在米贵之区，照时价动项酌添，限明年正月内买足"。高宗对其抓紧买补还仓的做法甚为赞许，朱批"此见甚是。积贮为各省民命

---

① 《朱批奏折》，乾隆七年八月二十五日安徽布政使魏定国奏，档号：1120 - 008。
② 《朱批奏折》，乾隆七年十一月二十九日直隶总督高斌等奏，档号：1122 - 011。

攸关，而云南为尤要。卿其实力行之，自然于民有益也"。① 乾隆八年
（1743）二月，广西布政使唐绥祖奏称，乾隆七年"年岁虽非歉收，而
米粮市价总未平减"，平粜仓谷 27 万石，现在"竭力买补"只有 22 万
石，"俱系增价设法购买"，尚有 5 万余石未经买贮。此外，上年因广东
肇庆、惠州、潮州等处米价腾贵，经总督庆复奏明拨运西谷接济共计 21
万石。当时议请照部价，以每石四钱交存拨谷州县秋后买补。如四钱之
价不足，再行酌量添补。然而，"上年秋成之后，总无四钱之价，惟柳、
庆二府属米价稍平，每石除脚价外尚须四钱七分，其余各州县自五钱三
四分以至六七八钱不等，以时价合之部价，殊多不敷。此项运东谷石止
有柳州、平乐及兴安、昭平数处添价采买三余石，其余各府州县俱不能
赔垫买补"。唐绥祖指出，虽然所缺米谷俱应按例买补，但"生齿日蕃，
户口日众，即年登大有，而一时各府州县俱行采买至二三十万石之多，
恐民间米价仍未能平减"。通计秋季应买之谷不下数十万石，虽然秋收
丰稔，但恐不能照部价四钱采买。唐绥祖认为，"部价不敷买补，各州
县即勉力急公，其如无力赔垫，究之束手无策。虽罢参处，而于仓储终
无裨益"。"若俟秋成之日酌核时价办理，州县必临期观望。及至秋收过
后，米价日增，今年又能买足贮仓，设岁遇歉收，民食、兵糈其何以恃
用？"请求预定折中之价，每石量增一钱五分，合之部价四钱，共计五
钱五分，运脚包括在内，则可及时采买，价贱之州县将盈余拨补价贵之
州县，总不得过五钱五分。② 从后来官员奏报看，作为重要产粮省份，广
西补仓行为基本是按照市价来操作的。如乾隆二十二年署理广西巡抚鄂宝
称："粤西买补仓谷，各州县皆于本地照市价采买，从无赴邻省采买
之事。"③

乾隆九年（1744）八月，山东巡抚喀尔吉善以东省仓谷缺额较多，拟
饬令各属"计仓贮之盈绌，视收成之丰歉，察市价之低昂，以定买补之准

---

① 《清高宗实录》卷 81，乾隆三年十一月。
② 《朱批奏折》，乾隆八年二月二十七日广西布政使唐绥祖奏，档号：04 - 01 - 35 - 1123 - 017。
③ 《朱批奏折》，乾隆二十二年十月初七日署理广西巡抚鄂宝奏，档号：04 - 01 - 35 - 1153 - 028。

则"，依据实际情况实施买补。高宗表示谨慎的认可，朱批"所奏似属可行，但须实力妥协为之"。①

不过，对于四川希望在全省推广照地方时价实施采买的奏请，高宗坚决予以驳回。乾隆十二年（1747）正月，四川布政使李如兰奏称，川省向例买储仓谷每石额定价银三钱，"奉行历有年所"，以前地广人稀之时，原无不敷。近来户口已十倍于昔，各省流寓民人不下百倍，"食指浩繁"，加之云贵、江楚等省贩运川米日益加多，是以四川虽屡丰稔，新谷登场之时，成都、重庆等府产谷最多之地，市价每石即需三钱五六分不等，产谷较少之地如龙安、雅州、宁远等地市价即需五钱至六钱以外，青黄不接之时价格更加昂贵。前任督抚曾经奏准，龙安府之平武、石泉二县应买缺额谷22000余石，可以不拘粟麦"悉照时价采买"。李如兰曾请买雅州、宁远等府属仓谷，亦奉部覆，"准照时价采买"。川省州县仓储溢额者少、缺额者多，"设不亟请变通，将来一概必绳以原定三钱之价，在恂谨之州县无力赔垫，势必观望延挨，贻误仓储。即明干之有司设法急公，亦难必其不向民间勒买，致滋派累"。因此，"请嗣后川省一切应买仓谷，许照各地方秋成时价，责令该管道府委员监籴，取具各结，据实报销"。李如兰还指出，川省距离京城遥远，且"本省幅员辽阔，文檄往返亦需时日，每年秋成遇有应买谷石，若必俟咨部覆准之后始行领价采买，各属领银到手，已届冬尽春初，市价即非秋熟平减可比"，请求嗣后一到秋成，即令该管道府核明时价移司详院，一面采买，一面咨部查核，如此"得以及时买储，不致坐失贱价机会"。高宗对照时价采买的请求并不认可，训诫道："此奏所谓因噎费食也。但知姑息属员，而川省米价之日增，必由于此矣。岂可行之？"②

乾隆十八年（1753），闽浙总督喀尔吉善奏报福建采买米谷事宜，高宗严词否定了其照依内地时价采买的建议。高宗指出："台谷原定价值，设于该处现在情形实有不敷，自不妨据实声明，量为增价。今乃奏请依内

---

① 《朱批奏折》，乾隆九年八月三十日山东巡抚喀尔吉善奏，档号：1131-007。
② 《朱批奏折》，乾隆十二年正月二十五日四川布政使李如兰奏，档号：04-01-35-1138-008。

地时价酌量买补，是全无限制，徒资胥吏侵蚀，殊非调剂仓贮之道，不但部臣按例议驳，即特行陈奏，朕亦不能从也。"①

不敷采买是州县官经营常平积贮面对的最大难题。尽管督抚督促州县加紧采买是其重要职责，但督抚对州县官的窘境给予了同情和理解，为了能够继续推进常平积贮，尽力向朝廷反映并请求按照时价尽快实施采买。但是，高宗及户部等往往认为照依时价是督抚对州县官不积极采买的迁就和纵容，而且可能引起市场米价的波动，因此对地方的请求并没有全部允准，更没有将此做法制度化，特别是没有将采买与正项钱粮直接挂钩，大多仍由地方动用盈余及其他公项加以有限弥补。州县采买困难无法得到有效解决，最终害及常平积贮，即如以上督抚等大员在奏报中无不特别强调的那样，"虽例准通省盈余可拨各属，恐价重难于报销，必至观望不前，即严行督责，羽檄频仍，势难责令赔垫"，"在恂谨之州县无力赔垫，势必观望延挨，贻误仓储。即明干之有司设法急公，亦难必其不向民间勒买，致滋派累"，"承办之员不无虑及赔累，或观望延挨，或借端派买等弊"，在自身无法解决的经费难题面前，州县官选择了拖延不买或者派累民间，常平日渐空虚乃至亏空也就势所难免。

第三节　仓谷折耗与补贴脚价

在州县官员经理常平积贮过程中，仓谷损耗、运费脚价不敷等也是令其担心产生赔累的重要因素。乾隆初年，高宗君臣即开始对以上问题进行讨论，并通过政策的局部调整试图加以解决。

一　盘量折耗

常平仓谷存储与出陈易新，即有自然损耗之事；新旧官员交代之际，新任盘量仓储无亏，然后才可交割，而现实中新任官员担心赔补，往往对

---

① 《清高宗实录》卷446，乾隆十八年九月戊午。

前任买储仓谷苛刻验收，并提出折耗要求。为解决折耗累官问题，雍正三年（1725）曾有定例，仓粮每石收耗米三升，查盘时计收支年份，每年每石准开耗一升，三年之外耗粮减尽，则于正粮内递开一升，准作耗粮，但"此例虽经颁定，从未见诸施行"。①

乾隆元年（1736），官员再次提出折耗问题，其中以署理江苏巡抚顾琮和云南布政使陈弘谋所奏最具代表性。八月，顾琮具奏指出，州县对于官谷，每每视为畏途，"其故缘仓粮存贮一经湿气熏蒸，易于霉黑，而盘量鼠耗，亏折有所不免，以致棍余勒派，诸弊丛生。及新旧交代，后官辄指谷色低潮，不肯接受，甚至官易数任，时经数年，甘受参罚而未交清者"。顾琮对此试探性地提出，"弥补赔累，情实可悯"，是否可以仿照通仓加耗之例，将加耗全面公开化、制度化，除出陈易新毋庸给耗外，其实贮在仓之谷，每百石量给耗米若干，令督抚加意确查，年底汇册报部，以此消除官员赔累之虞。实施额外"加耗"，高宗心存颇多顾虑，不无谨慎地朱批"此事俟迟至二三年后汝再题奏"，并未当即允准。②

十二月，云南布政使陈弘谋提出了类似请求。他指出，雍正三年有仓谷每石收耗米三升之例。但是，现在各省征收额米，每石原收耗米三升，不知何时均已作正米报部，没有留作州县开除之用。因此，他提出额外之耗米自应留作折耗，不宜并入正额，请求通行各直省，无论捐输、常平秋米所收耗米三升，均留作该管官员按年开销，以补折耗。三年之后，耗米减尽，准于正米内每年开除一升。③ 陈弘谋所奏经部议，以各省未将量减折耗数目按年请销，命各省查明仓粮有无征收耗米及如何办理情形详悉具题。从题报办理情形看，各省常平积贮并没有征收耗米或于正项内开销耗米之事，但对于是否加征，官员之间意见并不统一。其中，福建巡抚卢焯提出：存仓谷石出陈易新，并非久贮在仓，如果开耗，"势必存仓之谷递年递减，亏短无著，未便请照粮米例开销耗谷"。④ 安徽巡抚赵国麟亦称，仓谷如果正粮开耗，"则恐岁岁相因，仓储渐至有亏"，因此主张先动盈余

---

① 《朱批奏折》，乾隆三年三月二十二日川陕总督查郎阿奏，档号：1107-010。
② 《朱批奏折》，乾隆元年八月二十九日署理江苏巡抚顾琮奏，档号：1103-011。
③ 《朱批奏折》，乾隆元年十二月初三日云南布政使陈弘谋奏，档号：1103-022。
④ 《户科题本》，乾隆三年二月二十日福建巡抚卢焯题，档号：02-01-04-13092-013。

弥补，不敷再于正项内销除。① 此外，直隶总督李卫②、云南巡抚张允随③
等部分督抚提出常平损耗难免，每年应适当开耗一升或三升不等。不过，
此后加耗之法没有在各省推行开来。

乾隆五年（1740）八月，已出任江苏按察使的陈弘谋再次以雍正三年
定例为由头，请求朝廷明确仓谷折耗之例。他指出：定例每石带耗三升，
由来已久，耗米自当留为开销折耗之用，请求"明准其每石收耗三升，以
为三年折耗之费。地方官新旧交代，按年计数开销，存留所贮米石，每年
存七易三，三年之后可以全数出易，又有新收之三升，可为接续折耗之
用，亦不必开销正米，有亏仓额"。陈弘谋的设想是将暗中折耗变为公开
加征，以防止地方官员浮收，同时避免州县官赔垫。他指出，"在原额未
编耗米者，今收带耗似乎额外加收，不知额编虽无耗米名目，而天下无不
折耗之米谷。州县于收米时稍为浮收以充折耗，上司知其必有折耗而又不
致淋尖剔斗，则亦难于苛求。与其暗地浮收以为折耗，何如明定数目，使
之官民共晓，永杜欺弊也。平粜还仓之米无三升耗米可收，而买补时价值
参差不一，比原粜之价或稍有所余，准其多买三升，同正米存贮，以备折
耗，不必另报充公，有名无实。如此，则州县仓中有一石存贮之米谷，即
有一升之折耗，州县不须赔垫，然后可以责其多贮矣"。④

高宗命户部再行议奏。很遗憾，笔者没能找到户部会议的最终结果，
但正如陈弘谋所言，公开折耗可能背负"额外加收"罪名，这将使高宗和
户部难以接受，加之此前高宗也未接受顾琮所请，可以推论，陈弘谋提出
的将盘量折耗固定化、公开化请求同样不会得到朝廷的支持。

关于交代折耗，也屡有官员具奏陈请。乾隆元年（1736）二月，署理
兵部侍郎王士俊条奏平粜事宜时提出，旧存仓谷交代时，"惟宜逐仓盘量，
实无亏缺，验春每谷一石有米五斗者即应收受，毋许苛刻筛扬，故令折

---

① 《户科题本》，乾隆三年五月二十六日安徽巡抚赵国麟题，档号：02 - 01 - 04 - 13097 -
015。

② 《户科题本》，乾隆二年十二月十九日直隶总督李卫题，档号：02 - 01 - 04 - 12995 - 006。

③ 《户科题本》，乾隆二年十二月二十日云南巡抚张允随题，档号：02 - 01 - 04 - 12995 -
009。

④ 《朱批奏折》，乾隆五年八月二十二日江苏按察使陈弘谋奏，档号：04 - 01 - 35 - 1114 -
017。

耗。如此则州县既无畏难之心，百姓实受平粜之利，而仓谷永无红朽之虞，似于民生确有裨益"。① 高宗颇为认可，经户部议奏准行。乾隆二年（1737）五月，大理寺卿汪漋提出承管积谷官员赔累，盖因"交盘时出入斛量，搬运晒扬，不无耗折，即廉干之吏莫可如何，是以府州县官视为畏途"。即使如此，又"恐叠准减折，于贮谷有妨"，因此耗折不敢随意议宽。他认为，"出陈易新，原无久贮仓廒之理，则量宽折耗似不至大损实数，而承管官员知所奖劝，自感激欢欣，乐于积贮"。高宗命户部速议具奏。② 大学士、户部尚书张廷玉等会议认为，因乾隆元年二月已经议准王士俊所请，将所存仓谷务依每年存七粜三之例，照时价大加酌减。买补时如果价有不敷，将通省贵贱不齐之处通融拨补，毋令赔累，亦不必定有余剩，因此"交盘时并无折耗"，量宽折耗一款无庸置议。③

对经营常平积贮产生损耗而累及官民，高宗自己并不回避，还组织督抚进行了两次公开讨论。在陈弘谋第二次奏请加耗之前，乾隆二年十二月，高宗命各省筹划常平平粜买补之法，指出了包括"交仓折耗、盘仓供应之费"在内的多种经营弊病。督抚们覆奏中，除川陕总督查郎阿提出开耗三升，其他督抚均将动用盈余和存公银作为解决方案，并未明确提出加耗请求。然而，在三年命各省会议本色捐监事宜时（参见第四章），高宗再次专门提及"地方有司每以岁久霉变易罹参处，折耗补数贻累身家，一见积谷稍多即为忧虑"，此时直隶总督李卫、奉天府府尹吴应枚、川陕总督查郎阿、江西巡抚岳浚等纷纷奏请加耗三升，广西巡抚杨超曾则有加耗四升之请，且各省所请均经户部议准而行。

可以看出，高宗和户部对待加耗态度发生了松动，同时仍有意见保留。他们坚持认为，办理积贮虽有照时价大加酌减，又有买补不敷通省通融拨补之例，故而不会产生赔累，不准交盘加耗；日常折耗虽有一定合理性，但是明定额外加耗不合政体、法度，因此未予全面放开，仅有捐监开耗一说。

---

① 《朱批奏折》，乾隆元年二月二十五日署理兵部侍郎王士俊奏，档号：1103-007。
② 《朱批奏折》，乾隆二年五月大理寺卿汪漋奏，档号：04-01-35-1148-035。
③ 《朱批奏折》，乾隆二年五月十七日大学士张廷玉等奏，档号：04-01-35-1103-041。

二　开报气头、廒底与议给采买脚价

因高宗君臣往往将气头、廒底和脚价问题一并加以探讨，故而本书不再分开陈述。雍正十三年（1735），内阁学士方苞具奏常平积贮事宜，提出运脚等费用可在籴买盈余项下开销，并经户部议准。① 乾隆二年（1737）七月，直隶按察使多纶对州县基层官员畏惧多贮粮食原因进行分析时，提出直隶省常平仓廒底问题。他指出："贮谷之仓底面必须板铺，板下空高尺余，四面留有气洞，俾其有风透入，始免潮湿上蒸，谷石始可久贮。"京通各仓均系按此建造，其他各省是否如此不敢妄论，仅直隶州县仓底面"并无板片，尽系就地垫草尺余，上铺芦席，即行委谷于上，则交春以后地气发动，湿热上升，近底之谷米霉变势必不免，似应改易修整，以期长贮"。此外，添建、改修仓廒工料及籴粜谷麦一切工食运费，"俱许据实开销"。② 多纶所请经总理事务王大臣商议，命各省督抚详查具题，并经户部定议遵行，没有铺垫气洞等项之处，"莫不一例添补"；仓廒遇有应行修理者，俱随时报明工部定议，并知照户部查核，动项修理；斗级人夫亦有题销之例；采买运脚系按水路道路远近难易议给，而本省采买不给运脚，赴邻省采买始给运脚，各省向例如此；仓储耗谷则于议覆陈弘谋请定米谷亏折案内各按该省题报情形查核定议。③

乾隆六年（1741），在户部尚书海望等议覆御史赵青藜请停外省收捐一折时（参见下文），高宗命户部将如何使州县从容买补、不至赔补另议具奏。谕曰：

> 地方积谷不厌其多，赈恤加恩亦所时有，正未易言仓储充盈。既系士民两便之举，将来亦不必奏请停止。朕看州县有司往往虑及霉变赔

---

① 《朱批奏折》，乾隆六年七月十二日吏部尚书、协理户部事务讷亲等奏，档号：1117-001。
② 《朱批奏折》，乾隆二年七月初二日直隶按察使多纶奏，档号：1104-019。
③ 《户科题本》，乾隆七年九月十七日大学士兼管户部尚书事务徐本等题，档号：02-01-04-13510-002。

补，以多积谷石为忧，其如何酌量定例，俾其从容不至赔补之处，交与该部另议具奏。如此则有司不以积谷为苦，而仓廪渐次可实，不致亏缺，于民食大有裨益矣。①

上谕颁行后，工科给事中朱凤英具折指出：他在京仓收储各省运到米谷时，有铺垫、气楼、斗级以及运脚、岁修等费报部查销。米石进仓又有耗折，按例报销。而州县积谷除仓廒修创外，其余一切诸费从无报部题销之例。他认为，"立法之初，不过以平粜则贵出贱纳，照价采买，不无盈余。殊不知所余俱系报司缴库，并非州县可那之项。此积谷愈多，赔累愈重，霉变、亏空往往不免，是以每当议行积储，州县辄推诿不前。及至平粜，亦必酌量与时价相等，则贫民往籴者仍复寥寥。及至采买之时，或分派里民，或勒派富户，名曰按价，其实短少扣刻，为累不浅。此积谷之弊始而累官，既而累民。而原其初，则以存储之例未善之所致耳"。因此，请敕令各省督抚确查各州县有无铺垫、气楼、斗级、岁修、耗折、运脚等各费，酌照京仓条例而行。②

总理事务王大臣认为，朱凤英所奏与议覆多纶、陈弘谋条奏结论不太协调，"似于因地制宜之道转有未便"，但为慎重起见，且现奉有定议如何使州县不致赔补谕旨，因此应令户部一并定议。次年，户部议覆认为：常平每年粜陈易新，系按地方燥湿酌量出入。现在各省额贮2700余万石，捐监增贮谷3000余万石（参见第四章），"积谷既多，未必尽能如数出易，气头、廒底势所难免。若不量为变通，诚恐州县虑及赔累，不无缓视储蓄之意"。因此，可仿照雍正十二年京通仓加耗之例量为酌定，以免赔补。至于运脚一项，从前直省常平仓粮各项买补，运费银两或动正项，或动存公，或动羡余，本境不给运费，隔省始准支给。或无论本境、邻省，俱准开销。"各省办理殊未画一，自应量为酌定，以便遵守"。因为事关通行事例，必须详细核明，确查妥议后再行奏明。③

---

① 《着重开户部捐监之例并各省捐监亦不必停止事上谕》，《历史档案》1991年4期。
② 《录副奏折》，乾隆六年三月二十三日工科给事中朱凤英奏，档号：03-0738-009。
③ 《户科题本》，乾隆七年九月十七日大学士兼管户部尚书事务徐本等题，档号：02-01-04-13510-002。

根据户部要求，各省督抚分别将本省气头、廒底开报数目具题。以下举例加以说明。乾隆七年（1742）六月，江苏巡抚陈大受题称，江苏各地"类多卑湿，仓廒积谷在廒座虽有新旧，原不甚异。南方风气大抵黄梅时候遍地发潮，溽暑炎蒸，米谷必变。年分虽有久近，亦无二致"，因此请求将各地常半均贮积谷，除秋成采买、次年春月出粜米及一年者仍无庸开办气头、廒底外，其经夏季曾历四月至八月，统算存贮一年，即照京仓之例，每谷一石准报气头、廒底二升八勺七抄零。间有存贮米麦者，将米麦各照数开报气头、廒底。谅多霉烂，照通仓霉米变价之例，每米一石作银二钱，麦亦如之，谷则减半，俱变缴存银，俟秋成凑买还仓。①

七月，湖南巡抚许容题称，常平仓气头、廒底照京通仓分别酌定固属周详，但是"京通仓米系按年存贮，挨次支放。外省积谷盘查晒晾，出纳无定，办理各有不同，难分廒座新旧。惟存积既久，谷数又多，买贮年分原有先后，应分别年分远近，酌定开报"。许容提出，如地方稍湿之湘阴等三十二府州县卫厅，贮谷三年以上未经出粜，遇盘查时按仓谷一万石准报气头四十石、廒底十石。地方最湿之龙阳等四县，按仓谷一万石准开气头六十石、廒底十二石。若存贮五年以上者，则气头、廒底必多，照前数加半开报。如果此外再有霉变之谷，即照例揭报请参。②

十月，广西巡抚杨锡绂题称，现在各府厅州额贮之谷多者五六万石，少者一二万石。广西"乃湿热之区，在在岚烟瘴雾，朝夕薰蒸，而每年春夏又雨多晴少，不特低洼之处霉变堪虞，即高亢之所潮润不免。以地方而论，通省俱非干燥，故仓贮谷石均有气头、廒底"。气头、廒底此前即有，只是未奉定例开报，以前俱系经管之员自行赔补，"似应一视同仁，毋论贮谷多寡，总以不能出易者概准开报"。先前准部咨，令查明各属实在情形，将气头、廒底作何酌减开报以及按成粜卖作何定价之处酌定成规，题明办理。杨锡绂等随之题覆，请求广西存谷每千石一概准其开报气头、廒底谷十四石，实属浮冒，因此议驳。后再经重新商议，请求仍照原议，以

① 《户科题本》，乾隆七年六月二十七日江苏巡抚陈大受题，档号：02-01-04-13506-003。
② 《户科题本》，乾隆七年七月二十三日湖南巡抚许容题，档号：02-01-04-13507-008。户部议准参见《清高宗实录》卷176，乾隆七年十月戊子。

乾隆七年为始，三年开报一次。如三年之内全数出易，并出易已及按年粜三之数者，其未易谷石为数无多，次年即可出易，均可毋庸开报。否则，未易之数准其折半开报，每千石以五百石开报气头、廒底。如果三年之内全未出易，其存谷之数准其将十分之三开报，每千石以三百石开报。其开报气头、廒底谷数仍照原议计算。各属现存谷石年份不齐，加之通省谷数繁多，难以逐一分晰，俟至三年统照前议一例办理。①

关于水陆脚价问题，七月十二日，户部将遵旨详细查议的结果回奏高宗。其中，各省买补情形确属不一，具体情况为：有因赈济缺额酌动另款买补者，如江南省赴江广采买，浙江省赴江西采买，广西省在本境产谷地方采买，每石运脚银自三分至二钱零不等，"俱系笼统开造，并不分别程途里数，其银两统于正项内动支"。广东省赴广西采买，陆路每石每里运脚银自一厘八毫至五厘五毫零，水路每石每百里四五厘零不等，系于耗羡银内动支。有春间出粜，秋成仍动本款买运者，如江南省赴江广及本境产谷地方采买，每石价银五钱，运脚在内。湖广、甘肃等省在本境产谷地方采买，河南省无论本境、邻省采买，陆路每石每里给脚价银自七毫至一厘四毫，水路每石每百里给脚价银自一分零至二分不等，河南、甘肃于粜卖羡余银两内动支，湖广于存公银内动支。收捐折色买补本色者，如江南省每谷一石折银五钱，广东省每谷一石折银五钱五分，"俱系脚价在内"。浙江省赴江南采买，运脚银每石自四分九厘至二钱一分不等，亦于本款内开销。有本地采买拨补邻境者，如江南、河南、广东等省协拨本省州县，江西省协拨邻省地方，水路每石每百里给运脚银自三厘六毫至二分，陆路每石每里给银自八毫至二厘零不等，俱于存公项下动支。湖广省拨协邻省地方每石每百里给水脚银一分，河南省拨协邻省地方每石每里给车户银一厘四毫，系动正项银两。有鉴于此，讷亲等提出此后各省采买拨运常平米谷，除收捐折色买补本色者，原议照捐折定价尽数买补，毋庸另开运费，其春间出粜秋成仍动本款买补者，此前内阁学士方苞条奏案内曾议将运脚银两于粜买盈余项下开销，应仍照其所议办理。至于赈济缺额酌动另款买

① 《户科题本》，乾隆七年十月二十九日广西巡抚杨锡绂题，档号：02－01－04－13512－009。

131

补以及本地仓粮协拨邻境者，运费银两既无本款可支，若不酌动公项，恐怕地方各员不无赔垫，应令于耗羡存公项下动支报销。如该省耗羡无多，偶有不敷，准其于正项银内奏明动用。其脚价多寡数目，乾隆二年原任江苏巡抚邵基奏请拨运赈粜米谷脚费案内酌定，凡系官塘大河及内河宽深舟运易行者，每米谷一石每百里给水脚银八厘，内河小港浅窄之处，每米谷一石每百里给水脚银一分，陆路挑运维艰，每石每里给脚价银一厘五毫。此系按照该省情形分别酌定之案。其余各省可以参照此案，依据本省情况，有需脚费之处酌定标准报部核议。① 开销水陆脚价问题最终得到了解决。②

　　经过政策的补充、修正和调整，常平积贮在粮食存储和运输环节出现的累官累民问题得到了一定程度的缓解。但是，最后有两个问题需要说明：一是，政府在粮食存储、运输方面出台了相应的补救措施，而各地存储条件较差，特别是南方地区湿热的自然环境根本不适合存储大量粮食实物，这是一个不容回避的客观事实，因此即使有开报气头、廒底之例，州县官宁愿存价不买，也不愿意冒赔累风险去积贮粮食实物；二是，乾隆朝常平积贮政治中，引起问题和争议最大且产生全局性影响的，并不在粮食存储和运输环节，而是买补和平粜两个环节。纵然气头、廒底问题有所减轻，买补、平粜问题不能很好得到解决，州县官员对常平积贮的态度也就无法发生根本性转变。

---

① 《朱批奏折》，乾隆六年七月十二日吏部尚书、协理户部事务讷亲等奏，档号：1117 - 001。

② 《朱批奏折》，乾隆二十三年太仆寺卿彭树葵奏，档号：04 - 01 - 35 - 1155 - 046。

第四章 "贮粟养民"：各省推行 常平原额之外捐监增贮

康熙、雍正两朝，各直省常平积贮均定有原额指标，名义上各地可以据此实施买补平粜，确保仓储能够正常运转。实际上，"康熙年间仓储有银无米，雍正年间虽经整饬，尚未详备"①，实施效果并不理想，特别是州县官员从自身利益出发，不仅不能很好地经营常平积贮，甚至将其视为畏途，大多敬而远之。那么，在督促州县依照原额加紧采买以足额收贮的同时，是否还有其他能够实现大规模粮食积贮的途径呢？高宗在官员的奏报中发现，以功名换取民间粮食资源存贮到政府掌握的常平仓，似乎是一个前景可期的突破口，由此本色（纳谷）捐监被一步步推到了乾隆朝政治生活的中心位置，形成了政府采买与本色捐监两条积贮路线同时推进的积贮格局。

第一节 重提本色捐监

雍正朝曾有多位官员提出过本色捐监充实常平仓储的动议，湖北按察使王柔即是其中之一。他首先将丰收之地米价未能平减的主要原因归结为"富商大户恣意囤积"。处理这种囤积行为，强迫出卖则恐不肖胥役借端滋事，而百姓亦未沾实惠。为此，王柔提出"不禁自除之法，莫善于各省府州县遍开常平仓捐谷之例，以备积储，以资转运"，"是本地之人即于本地

① 《清高宗实录》卷304，乾隆十二年十二月戊辰。

亲身上纳，既无诈骗，亦免盘费，节省稳便，凡有米谷之家无不踊跃，一遇丰收之岁，米谷必半在官而半在民矣"。如果遇有邻省差员采买，只要将价银收贮藩库，即可碾米拨发领运，邻省采买之员"不必求米谷于市，而止问米谷于官，自无市价高昂之患，而囤积者更无所容其奸"。如果有人怀疑捐多可能导致米贵，"殊不知本地收捐之谷，即可于本地随时碾米减价平粜，更不须远谋于他省，尤为捷便"。世宗感觉王柔所议颇有几分道理，但是对各地普遍开捐则持有几分犹豫，故而朱批"此奏是，但尚须待可行之时"。①

高宗登基伊始对世宗朝诸政的整顿即包括捐纳问题。雍正十三年（1735）十月，广东巡抚杨永斌再次提出"生俊纳谷捐监，分拨贮仓"，高宗则以"捐纳之事，必应禁止者"，坚决予以拒绝。② 乾隆元年（1736）正月，高宗谕令捐纳事例一概停止。同时认为，"夫议捐纳者，未尝不出于士子之口，而留生童捐纳一款，是士子首以捐资为进身之始矣"，于是命汉九卿、翰詹、科道会同议奏此款是否可行。这表明，尽管高宗对停止捐纳的基调已经确定，但并未完全堵死捐纳进身之路。这种暧昧态度，似乎向官员们暗示着什么。而最终会议的结果正是，"生童捐监，系士子一进取之路……应留户部捐监一条，各省一概停止，不令照前考职。并请以每岁捐监之银，留为各省一时岁歉赈济之用"。③ 此议很快得到了高宗的批准。这样，各省捐纳概停，纳银捐监被作为唯一的一项捐例保留在了户部。

前文提及，高宗初政伊始便对常平积贮养民表现出了特别积极的姿态。究竟如何将民间的粮食收贮到政府的常平仓中，很多官员产生了利用功名换取本地富户粮食的想法。此处先从乾隆二年（1737）五月大理寺卿汪漋奏报说起。汪漋指出："积贮为足民之良法。"各府州县积谷情况不同，"自当因时制宜，不能画一"。他将各地办理积贮划分为三类：一是，沿河地方因交通便利尚可少贮，舟楫不通之处"若遇歉岁，费既重而价又昂，商贾裹足不前，州县官难于采买"，一时呼应不灵，此积贮之地宜加

---

① 中国第一历史档案馆编：《雍正朝汉文朱批奏折汇编》第 31 册，江苏古籍出版社 1989 年版，第 138—139 页。此折无具折年月。
② 《清高宗实录》卷 5，雍正十三年十月。
③ 《清高宗实录》卷 11，乾隆元年正月丙辰。

详酌以定多寡者；二是，积贮本备赈贷，则遇水旱自应给发，但给发既完不即买补，"在目前之歉固可无虞，而善后之方尚觉未备"，应加意区画，为未雨绸缪之计，此发赈后不可不急行另买以实仓廪者；三是，霉烂亏空例应追赔，然俟发审之后始行查明，查明之后始行著追，著追之后始行买补，"文书往来，经年累月。或有捏称民欠，混行抵饰，往往延至年余不清"，如有急需，无可散给，此亏空买补之法宜酌量变通者。为此，汪漋建议行令直省督抚转行通查，凡不近水次、不通舟楫之地务令加倍积贮，以备不时之需。因发赈后仓谷无存者，应如数速行另买补足。官吏亏空者，令接任官报明上司，先动支别项银两照数买足，而于亏空本人名下照价勒追补还。高宗命户部速议具奏。① 户部尚书张廷玉等会议后，对其所请表示支持，要求各地积贮酌量地方大小、户口多寡加以推进。

同年九月，已调任湖北巡抚的杨永斌奏报办理积贮事宜时，强调了湖北作为产粮省份，在供给江浙、陕西等省粮食需求中的重要作用，提出办理湖北积贮，应"以多为善，便于临时拨用"。如果照汪漋所请，只令不近水次、不通舟楫的州县加倍积贮，"在仓谷本多之省似属允宜，惟于湖北犹为未善"。他建议湖北通水次各属应该增贮100万石，连同旧存及未买谷仅1577600余石，"尚不为多"。但是，湖北增贮所需经费无项可动，因此请求按照总理事务王等议覆直隶按察使多纶奏请动帑籴贮一案②，于丰收价贱之年即行题请动帑籴贮，"不必拘定年限，总以民之所余官为采籴，俟各仓贮备之谷买足之日，然后停止"，不仅本省可以有备无患，而且邻省亦可接济。在表明自己的增贮计划后，杨永斌进一步提出了另外一个设想。湖北原有请广积贮事例，原议收捐贡、监本色谷120万石，实际仅收过92000余石，尚有110余万石未能收贮，后于雍正十二年十月由湖广总督迈柱题请停止。其中，捐贡自应停止，而捐监一项"乃士子进身之

---

① 《朱批奏折》，乾隆二年五月大理寺卿汪漋奏，档号：04-01-35-1148-035。

② 《清高宗实录》载："总理事务王大臣等议覆，直隶按察使多纶奏豫筹积贮事宜，直隶统辖一百四十五州县卫，积谷仅一百四十余万石，遇荒不敷粜济，请动帑籴麦籴谷，并声明麦不耐久，请陆续以麦易谷，贮仓备用。应如所奏，准其动帑籴贮。但州县大小、收成丰歉不同，若一概定以应籴成数，计以年限，似未尽善。应令直督李卫酌量情形，确查详议，题明存案，俟丰年价贱，即行动帑采籴。"（卷47，乾隆二年七月癸丑）

阶，所收谷石原备地方赈恤之用"，如果能恢复湖北捐监，将110余万石照数收足，再请停止，则无须多费帑项，况且本年湖北丰收，素封之家以余谷捐监，更当踊跃乐输。① 杨永斌的积贮设想对高宗产生了一定触动，因此命户部速议具奏。

户部对鄂省恢复捐监的请求表示支持。而就在户部会议结果出台之前，掌山东道事、协理河南道监察御史常禄的一席奏报进一步引起了朝廷对增贮问题的关注。常禄首先提出了各省常平仓应该大量积贮粮食实物的观点，强调政府养民、足民应该从平时多加积贮开始，即"天地有不尽之藏，而盈虚有相济之理。与其谋补救于临时，莫如商积贮于平日"。他认为高宗御极以来，"贷赋蠲租，为数几千万计，犹且宵旰勤劬，专务足民为道，特以承平日久，户口殷繁，民鲜盖藏，一遇歉收，专望赈财发粟以为生活。而仓储所蓄有限，欲尽出以平粜，恐将来无以为赈济之资；欲尽出以赈济，又恐目前不能继平粜之用。是则今日之大势，家鲜数年可恃之资，农无耕九余三之蓄，必赖朝廷代为盖藏，其理灼然可见也"。在历朝历代所行积贮之法中，"求其官民两利，经久不敝者"，唯有汉代耿寿昌的常平法。尽管现在仍行常平之法，但是"犹以其数为尚少"。他详细论述了为何必须大量增加常平积贮的理由。具体而言，直隶、山西、江西、福建等省约有仓谷150万石，实际只有70万石，山东省最多约有350万石，实际只有170万石。这些储粮"聚之固为不少，散之则不为多；丰收无用之时初不见少，而水旱拨用之际殊不见多。若歉收之地愈多，则拨用之粮愈少，宜其平粜、赈济两不足用"。雍正十三年以内，一省所属偶尔歉收，拨借邻省米谷接济，"运送脚价动以千亿为计"，而动用之后，又得设法补还，"种种劳费，所用不赀"。乾隆二年，直隶、山东发生旱情，蠲免正赋170余万两，又行平粜赈济、截漕拨运，"凡米谷以及脚价亦动以千亿为计"。加之以往类似情形，"一省浒饥，襟肘见于数省。盖一石之粟，恒以半石之价加为运费，而未足千里馈粮。恒以枵腹之民引领望救而犹迟，非救难之难，抑亦粟少之故必也"。为此，常禄大胆提出了"统算天下十五

---

① 《朱批奏折》，乾隆二年九月二十六日湖北巡抚杨永斌奏，档号：04 - 01 - 35 - 1104 - 044。

省之积贮而倍广其数，斯为当今第一要务"的重大命题。他的设计是，将各省州县视其土地之广狭、人口之多少，分为大、中、小三等，酌量县分大小定以常平额数，大约大县贮谷 6 万石、中县 5 万石、小县 4 万石。丰稔之年照例存七粜三，遇有水旱则不拘成例，或减价平粜，或按口赈济，收成之后买补还仓。但是，本年直隶按察使多纶奏准酌增购买，湖北巡抚杨永斌奏请动帑籴贮加增，并请复湖北捐监，尚未议覆。二省所费已多，如果将其推行到十五省，"其费十数倍于此，一时安得有如许金钱，亦安得有如许谷石？"他提出，"必使帑项无妨，民食攸赖，乃为可行可久之法"。现在各项捐例已停，惟留捐监一条，"与其使天下之人改折轻赍，聚于京师一处，不如即土地之所出，纳交本色，以自实其仓储"，请将户部折银捐监之例暂停，悉归天下各府州县照价输交谷石，以益常平仓贮。①

庄亲王允禄等会议认为，积贮一事前已议准多纶、杨永斌所奏，命直隶酌量县之大小、需谷多寡分别题明，于丰收价贱之年动帑籴贮，不必拘定十年之限、买贮四五百万之数，"总以民之所余，官为采籴，俟各仓买足之日停止"。至于所请湖北开捐一条，"恐将来各省效尤"，未予准行。现在常禄再提开捐，"生俊功名念切，岂能待至年丰价贱之时始行买谷交仓？一时争先籴买，势必米价高昂，转致有妨民食"，况且南北各地情形不同，"倘过为区别，条款纷烦，易滋弊窦"，故"其言似属有理，但行之却有未便"，应毋庸议。高宗对以上所议表示支持，命"依议"而行。② 尽管恢复地方本色捐监的请求被否定，但从多位官员的奏报看，谋划增贮可行之策是当前政府行政的重要议题，其中常禄在杨永斌等人基础上对本色捐监增贮的表达最属逻辑清晰、分析入理，特别是通过本色捐监解决"统算天下十五省之积贮而倍广其数，斯为当今第一要务"的时代命题，更是直接为高宗推行大规模常平积贮提供了具有重大参考价值的行政思路和实施方案。

就在常禄所奏定议不久，乾隆二年（1737）十二月，兵部左侍郎孙国玺提出了将山西捐监事例移归本省，交纳本色，以实仓储的请求。孙国玺指出：山西"地窄民稠，土之所出常不足供民之食。幸遇丰年，仅足自

① 《录副奏折》，乾隆二年十月二十一日庄亲王允禄等奏，档号：03－0635－002。
② 《录副奏折》，乾隆二年十月二十一日庄亲王允禄等奏，档号：03－0635－002。

支。一值歉岁，嗷嗷者莫不仰赖于赈借，是晋省之积贮较他省而倍急也"。而且山西除平阳府至蒲州府外，大多崇山峻岭，舟楫不通，辇运艰难，脚费"子常倍母"，积贮较他省倍难。尽管此前常禄所请未予准行，但是捐监积贮"在晋省宜行"。山西各州县积贮多者不过一二万石，少者仅八九千石到万余石不等，"但遇一隅偶歉，即倾仓赈借而不足。倘四境被荒，虽量砂唱筹而何补？"且倾仓借赈，自必按时买补，本地所出有限，必致价昂。购于邻境则驴驮肩负，"脚费不易，虽以累官，仍必累民"。如果将捐监移归本省，交纳本色，"所谓以民济民则有余，取资于本土则流通甚易者也"。①

对此，户部却再次议驳："晋省所产之米，既不足供民间日用之需，而外省粮石又复艰于辇运。今若将捐监事例移本省交纳本色，以通省之生俊争买该省之谷石，米价必致一时涌贵，贫民更觉艰难。"山西常平、社仓贮谷不足，已议令各该督抚，俟丰收价贱之年动帑买谷贮仓。② 对高宗来说，户部以捐监可能造米价上涨先后否定常禄、孙国玺的奏请不能说有失合理，但他似乎又意识到，孙国玺的建议具体到山西一省未尝不可行，因此试探性地作出了决定：

> 该部所议固是，但晋省民人素善蓄积，或本地有米之家不肯轻易粜卖，而愿交官以为捐监之资，亦可以补仓储之不足，于民生似有裨益。若照孙国玺所奏，将山西捐监事例移回本省，令交本色，暂行一二年，此乃为晋省积贮起见，事属权宜，他省亦不得援以为例也。③

与此前相比，高宗对捐监的看法发生了明显转变。同时，在未知本色捐监下放各省效果的情况下，仍保持谨慎态度，强调了"暂行一二年"和"事属权宜，他省亦不得援以为例"两个基本原则。随着本色捐监权归地方呼声越来越高，以及官员们对政府采买的不断批评，经过反复权衡利弊，高宗对通过本色捐监实现积贮养民的态度很快明朗起来。

---

① 《录副奏折》，乾隆二年十二月初八日兵部左侍郎孙国玺奏，档号：03-0487-018。
② 《清高宗实录》卷59，乾隆二年十二月辛丑。
③ 《清高宗实录》卷59，乾隆二年十二月辛丑。

第二节　督抚汇奏捐监增贮计划

在山西试行本色捐监不久，乾隆三年（1738）正月，高宗发布了命各省督抚酌议常平捐监事例的上谕。谕旨首先交代了以往办理常平积贮的困惑，即"国家昇平休养，户口繁滋，生聚日多，盖藏未裕，储蓄之方不可不豫为筹划"，也就是为了养育日益繁多的人口，需要提前加以筹划，以防不时之需。但是，地方官员并未认真经理常平积贮，"从来积贮以常平为善，但地方有司每以岁久霉变易罹参处，折耗补数贻累身家，一见积谷稍多即为忧虑，而无识之上司亦遂被其谣惑，而不为缓急可恃之计。独不思民间既鲜盖藏，而仓庾又无储备，天时旱潦，岂能保其必无？一旦年谷不登，其何赖以无恐乎？"当前，如果能将原来户部折色报捐改归各省直接收纳本色，似乎是一个可以推广的解决方案。上谕提出："向有常平捐监之例，后因浮费太多，捐者甚少，遂渐次停止，归于户部。乾隆元年，朕将捐款尽停，而独留捐监一条者，盖以士子读书向上者日多，留此以为进身之路。而所捐之费，仍为各省买谷散赈之用，所降谕旨甚明。今再四思维，积谷原以备赈，与其折银交部，至需用之时动辄采办，展转后期，不能应时给发，曷若在各省捐纳本色，就近贮仓，为先事之备，足济小民之缓急乎？去冬侍郎孙国玺从晋省回京，请将捐监事例移回本省。朕降旨询问该抚，并谕他省不得援以为例。今思贮粟养民乃国家第一要务，果于民生有益，则当因时变通，不必固执前议。著各该督抚确查所属现存仓谷若干，足敷本地之用与否，若将捐监之例移于本省，令捐本色，于地方有无裨益，各据本省情形，悉心妥议。若事属应行，即将如何定例定数之处，详议具奏。"① 上谕意旨非常明确，实施本色捐监是深思熟虑（"再四思维"）后找到的积贮养民良策，现在没有必要像上年对待山西那样过于谨慎，本着"贮粟养民乃国家第一要务"（大量增加粮食储备）的方针，可以随时加以变通，所以要求各省督抚解决制定本省捐监

---

① 《清高宗实录》卷61，乾隆三年正月庚午。

条例（"定例"）和确定本省增储指标（"定数"）等技术性问题。

高宗初政以来，为实现养民目的一再要求各省加紧采买，足额积贮，督抚们对此也颇为烦恼，上谕提出将捐监划归各地收捐本色因此得到了各省督抚的积极响应，他们无不认为这是一个可以解决积贮不足问题的有效办法。云贵总督庆复覆奏称，"积贮一事更宜未雨绸缪，方可有备无患。臣于到任后查察，滇省仓储甚少，欲筹积贮之法正无可施，兹准奉部咨，钦奉上谕"，要求各省会议如何实施捐监增贮。① 湖广总督德沛回奏：原来各直省就有常平事例，允许生俊人等采办本色就近交仓，准予入监。然而自此例改归户部后，"各该生俊离京遥远，托人代捐既多未便，且以银两折交部库，而各省仍须动帑买粮，辗转运筹，殊多周折"。湖北仅积谷 57 万余石，湖南仅积谷 80 余万石，"买粮运贮，何如就地捐粮"，因此拟以捐监形式在湖北增加收捐谷 120 万石，湖南收捐谷 1565000 石，"俟一年之后酌收多寡，再请加增，总期广为备贮，不特本地水旱无虞，而于邻省更多便利"。② 两江总督那苏图会同安庆巡抚赵国麟、苏州巡抚杨永斌合词具奏指出：江苏虽定有额贮谷 150 余万石，因每年赈粜，"率多缺额"。后经奏明动项采买、盐义仓米谷易价拨补，并于江宁、上元两县各添贮谷一万石，"将来购补齐全，虽可即符原额，但下江地广人稠，一遇赈粜，需谷甚多，动见缺乏，且系沿海重地，贮积更宜充盈，原额谷石殊属不敷。臣正在多方筹画，必须再行添贮，方为有备无虞"。安徽应贮米 916000 石，缺额米 483060 石，且各属不通舟楫之处较多，采买实属不易，"尤宜令生俊人等各于本地捐输本色，方于备贮有益"。"此上、下两江情形，必应将捐监之例移回本省，收捐本色，因时变通，于国计民生均为有裨"。③ 福建巡抚卢焯题称，本省山多田少，丰年产谷仅敷民食，"如遇歉收，全赖开仓平粜，以济民食"，且兵粮有时亦靠仓谷碾给，"兹钦奉上谕，将捐例移回本省收纳本色，实足国裕民要务"。④ 广东巡抚王謩题称：广东额

---

① 《朱批奏折》，乾隆三年五月初七日云贵总督庆复奏，档号：04 - 01 - 35 - 0618 - 009。
② 《朱批奏折》，乾隆三年五月初四日湖广总督德沛奏，档号：1107 - 031。
③ 《朱批奏折》，乾隆三年五月十一日两江总督那苏图等奏，档号：1107 - 033。按：此折具折人仅列那苏图一人，但折内声明为三人合词具奏。
④ 《户科题本》，乾隆三年五月初十日福建巡抚卢焯题，档号：02 - 01 - 04 - 13096 - 017。

贮谷 190 余万石，分贮监谷 50 余万石，广益仓贮谷 10 余万石，"各属仓
廪原非空虚"。考虑到广东幅员辽阔，户口繁滋，山多田少，家鲜盖藏，
偶遇偏灾歉收米价即贵，而广西、湖南等省转运为艰，"若将捐监之例
移于本省交纳本色，则人知重粟，民益勤农，而富民源源捐纳，广为储
蓄，仓廪日充，缓急即可动拨，虽有水旱不能为患，实于海疆大有裨
益"。① 督抚大吏的奏报，向高宗清楚地表明了地方对本色捐监及其背后的
大规模常平积贮养民计划的认同和支持。换言之，高宗和各省督抚在推行
本色捐监增加常平积贮问题上已经达成高度共识，为此各省督抚分别遵旨
将包括积贮指标和报捐标准在内的捐监增贮事例具奏或具题（增贮数据参
见表 4 - 1）。

表 4 - 1　　　　　　　乾隆三年各省捐监增贮指标统计情况

省份	原额指标（石）	增贮指标（石）	增贮后总指标（石）	增贮后总指标与原额指标比（%）
直隶	1996216	2373784	4370000	219
奉天	1095000	—	1135000	—
山东	2959386	1100000	3806386	129
河南	2310999	1992400	4303399	186
陕西	2061741	3292000	5353741	260
广东	1925685	3500000	5425685	282
福建	1690167	1203633	2893800	171
安徽	1884000	966130	2850130	151
浙江	2800000	1200000	4000000	143
江苏	1528000	569000	2097000	137
山西	1315837	1724163	3040000	231
广西	1274378	1413040	2687418	211
江西	1370713	2098021	3290000	240
甘肃	860000	2420000	3280000	381
湖南	702133	2065000	2767133	394

---

① 《户科题本》，乾隆三年八月初二日户部尚书海望等题，档号：02 - 01 - 04 - 13102 - 008。

续表

省份	原额指标（石）	增贮指标（石）	增贮后总指标（石）	增贮后总指标与原额指标比（%）
四川	1029800	1844800	2874600	279
湖北	520935	1749065	2270000	436
云南	—	—	701500	—
贵州	—	—	642200	—

注：1. 原额指标中甘肃省为康熙原额，雍正年间未经另议，陕西、广东、云南、贵州四省康熙、雍正年间未设原额，陕西、广东通常以雍正十三年实贮量为依据，其他各省均为雍正原额。陕西省原额数据来自《朱批奏折》，乾隆十三年九月二十日陕西巡抚陈弘谋奏，档号1144－046；广东省原额数据来自《朱批奏折》，乾隆十三年九月十三日广东巡抚岳浚奏，档号：1144－038；云南省乾隆三年定额数为701500石，数据来自《朱批奏折》，乾隆十三年九月二十三日云南巡抚图尔炳阿奏，档号：1144－047。直隶、浙江二省增贮指标为增贮后总指标减去原额指标后所得。浙江省增贮后总指标数据参见《户科题本》，乾隆三年七月初六日户部尚书海望等题，档号：02－01－04－13100－007，原额谷2800000石系由1400000石米按一米二谷折算所得。安徽省原额谷1884000石系由942000石米按一米二谷折算所得，增贮后总指标系由原额与增贮两项合并计算所得。江苏省增贮后总指标系原额指标与增贮指标合计所得，增贮数据来自《朱批奏折》，乾隆三年五月十一日两江总督那苏图奏，档号：04－01－35－1107－033。其他原额数据主要来自《朱批奏折》，乾隆十三年奏（原档残缺，无具折人姓名；具折时间应为乾隆十三年，整理者误作乾隆九年，兹予改正），档号：04－01－35－1132－016；增贮后总指标数据来自 Helen Dunstan, *State or Merchant?*: *Political Economy and Political Process in* 1740s *China*, p. 158，pp. 200－201。

2. 奉天雍正年间额贮米 547500 石，此次推行本色捐监，请求弥补缺额 233560 石，原未题定义州、宁海县此次各收捐 1 万石。（《户科题本》，乾隆三年八月二十五日奉天府府尹吴应枚题，档号：02－01－04－13103－005）表中数据均系按一米二谷折算所得。

3. 福建省数据有一个不断增加的过程。乾隆四年，福建巡抚王士任奏准 100 万石，另"请于不通水次州县，俟原定足额之后，按大中小治增捐监谷，以五千、四千、三千石为定"（《清高宗实录》卷95，乾隆四年六月辛卯）。乾隆八年，闽浙总督那苏图奏报，"从前议定各府厅州县收捐监谷"共 1064000 石。（《著减少福建捐监每名收谷额数等事上谕》，《历史档案》1991 年第 4 期）乾隆十年，福建巡抚周学健称，原定收捐 100 万石，其后闽省官员又将不通水次各县增收 4.4 万石，新设福鼎县请收谷 2 万石，台湾生俊在厦防厅收捐 5 万石，通计捐谷应为 111.4 万石（《福建巡抚周学健为请增加闽省捐监谷额数事奏折》，《历史档案》1992 年第 1 期）。乾隆十四年，福建巡抚潘思榘奏称，原定收捐 100 万石，不通水路各州续请增收 4.4 万石，新设福鼎县请收 2 万石，台湾生俊在厦防厅收捐增收 5 万石，捐数将足，又请增收 886000 石。以上共计 200 万石，自乾隆四年改归福建本省收捐本色（《朱批奏折》，乾隆十四年六月初三日福建巡抚潘思榘奏，档号：04－01－35－1147－026）。

4. 乾隆三年甘肃巡抚元展成题请通省捐谷 3380000 石。（《户科题本》，乾隆三年八月初九日户部尚书海望等题，档号：02－01－04－13102－013）据乾隆十三年甘肃巡抚黄廷桂奏，乾隆三年、八年甘肃定额均为 3280000 石。（《朱批奏折》，乾隆十三年九月二十日甘肃巡抚黄廷桂奏，档号：1144－043）

首先看捐监增贮指标。各省增贮指标较之常平原额都有大幅度提升，全国积贮在原额 2800 万石的基础上，捐监增贮 3200 万石，总量已高达

6000 多万石，增加后的常平积贮总额约为原额的 2.14 倍。① 具体到各州县增贮指标，仅举两例加以说明。河南省议定大州县贮谷 5 万石、中州县贮谷 4 万石，小州县贮谷 3 万石，首府 6 万石、外府 3 万石，系"因地之大小以定谷之多寡"。② 江苏省根据雍正年间均贮指标继续添贮，其中上元等 17 个大州县额贮谷 3 万石者添贮 1 万石，溧水等 48 个中州县额贮 2 万石者添贮 8000 石，江浦等 3 个小州县额贮谷 16000 石者添贮谷 5000 石。统共 68 州县，共应捐贮谷 569000 石。③ 至此，各地除了需要采买足额收贮的常平原额外，又增加了高出原额指标的捐监新指标，州县积贮压力明显加重。

再看具体报捐标准。户部原例俊秀捐银 108 两、附生 90 两、增生 80 两、廪生 60 两、武生 100 两、青衣生 150 两，准作监生。④ 各省督抚依据各地粮食差价大小等因素确立了三种报捐标准：一种是区别级差报捐。如直隶总督李卫提出，捐监应照州县大小，酌定每处收捐米谷几万石，约计地方情形，贱价捐谷 200 石，中价捐谷 180 石，贵价捐谷 160 石，米各减半。⑤ 浙江总督嵇曾筠议奏，各属照"谷值贵贱，分别捐谷多少之数，定为三则收捐"。⑥ 另一种是照时价酌中定价后划一报捐。如，河南巡抚尹会一疏奏：豫属生监纳谷，"请照户部现行捐例银数，视各该府、州、县市谷时价，酌中裁定"⑦；江西巡抚岳浚认为："江西各属，米价相仿，请酌中折定，画一捐收"⑧；陕西巡抚张楷奏称："陕省各州县米麦豆，折中定价"⑨。还有一种是严格依照户部原例折算报捐。如云贵总督庆复提出，云

---

① 需特殊说明的是，增贮后总指标原则上系原额指标与增贮指标的总和。因个别省份数据前后奏报不一致，一些省份此后还有调整，故表格中所列数据相加后与全国总额稍有出入。此处原额 2800 万石、增贮 3200 万石均为约数，参见《著各省将采买补仓及纳谷捐监一概暂停事上谕》，《历史档案》1992 年第 1 期。

② 《朱批奏折》，乾隆十年十月十六日河南布政使赵城奏，档号：04－01－35－1134－017。

③ 《朱批奏折》，乾隆三年五月十一日两江总督那苏图奏，档号：04－01－35－1107－033。

④ 《朱批奏折》，乾隆三年五月初七日云贵总督庆复奏，档号：04－01－35－0618－009。

⑤ 《清高宗实录》卷 62，乾隆三年二月甲午。

⑥ 《清高宗实录》卷 72，乾隆三年七月戊午。

⑦ 《清高宗实录》卷 69，乾隆三年五月丁丑。

⑧ 《清高宗实录》卷 82，乾隆三年十二月壬辰。

⑨ 《清高宗实录》卷 96，乾隆四年七月辛亥。

南省定例每石作价五钱，为存价备买稍为宽裕，每石作价六钱，以此计算，俊秀应捐谷 180 石折银 108 两，附生 150 石折银 90 两，增生 133 石 3 斗 3 升折银 80 两，廪生 100 石折银 60 两，武生 166 石 6 斗 6 升零折银 100 两，青衣生 250 石折银 150 两，俱准作监生。[①]

经过督抚筹议核定，各省最终确定了户部捐监事例划归本省收捐本色，同时核定了报捐标准和具体到各县的增贮指标，从此本色捐监开始进入常平积贮养民政治范畴，成为常平采买之外实现大规模增加粮食储备的又一重要途径，并在定议之初就被高宗和各省督抚寄予厚望。同时应注意到，各省表态及其大幅提高积贮指标，竟然声音和步调如此一致，其中显然蕴含着皇权——官僚政治的基本元素，即官员对皇权决策的揣摩和迎合。也就是说，大规模常平积贮养民走向国家治理中心位置，是高宗君臣双方相互作用产生的政治运作，特别是皇权意志之下督抚们不约而同采取的"有意识的集体行动"。而这种被掺入更多主观因素的国家政治（或言国家治理决策）实践，在某种程度上已经预示着它未来的发展轨迹和最终命运。这些将在此后发生的历史中得到证实。

第三节 "报捐者寥寥无几"

各省报捐事例经朝廷批准，很快进入了落地实施阶段。然而，一段时间以后各省发现，原本美好的政策设计却在州县到处碰壁。于是，督抚、布政使等官员纷纷具折，向高宗反映本色捐监的"痛苦"遭遇。先看各地情况奏报：

四川："腹内产谷之区，民多富饶，捐谷上仓，争先从事，若极边州县，土瘠民贫，捐者甚属无几。臣于本年七八月间署理藩篆，屡檄频催，虽收成十分丰稔，而保宁、宁远、雅州、龙安等府及直隶茂州、达州未据

---

① 《朱批奏折》，乾隆三年五月初七日云贵总督庆复奏，档号：04 - 01 - 35 - 0618 - 009。

开报有人"①；

福建：原定收谷 100 万石，自报捐以来至乾隆四年，所收之谷不足 3 万石②；

江西："十三府属自奉文开捐以来，报捐并无几人"③；

云南：自四年开捐，"截至（四）年底，捐过生俊七十一名，内除现任官员子弟二十九名，本省之人报捐者仅四十二名，收过谷石无几，合之应贮之数，仅百分之一。上年滇省收成颇丰，捐纳寥寥，歉岁更可知。虽捐数十年之久，未必能足应捐收之数，诚恐有名无实"④；

山东：自乾隆三年至七年前后止共报捐 61 名，共收谷 13000 余石。"按额而计，所收才有百分之一，各省收捐之少，惟山东为最甚"⑤；

奉天：自开例捐监积谷以来至乾隆五年，"报捐者寥寥无几"⑥；

贵州："地瘠民贫，捐监甚少。若每百两加三两公费外，又每谷一石收银四分，恐更望而色沮"⑦；

山西：各属到乾隆六年，"开捐多年而收谷有限，填补无期，莫若并事采买，易见充盈"⑧；

广西："自四年至今将及一年，而各府州县报捐者不过寥寥数名，计入仓谷石不过三千余石"⑨；

两湖："自乾隆三年至乾隆八年，赴捐者殊属无几，且有一县并无一人者"⑩。其中，湖北自开捐以来至乾隆五年，仅监利县具报俊秀捐监两名，"其余州县虽不次饬催，俱无报捐之人"⑪。湖南自奉文开捐一年有余，

---

① 《四川按察使李如兰为请准外省客商在四川边远府州报捐事奏折》，《历史档案》1991 年第 4 期。
② 《清高宗实录》卷 104，乾隆四年十一月戊午。
③ 《江西巡抚岳浚为请照福建例许外籍民人报捐事奏折》，《历史档案》1991 年第 4 期。
④ 《云南总督庆复等为请准外籍民人于云南报捐事奏折》，《历史档案》1991 年第 4 期。
⑤ 《山东布政使包括为请将山东捐纳一麦抵收二谷事奏折》，《历史档案》1991 年第 4 期。
⑥ 《清高宗实录》卷 114，乾隆五年四月庚辰。
⑦ 《清高宗实录》卷 136，乾隆六年二月戊申。
⑧ 《清高宗实录》卷 148，乾隆六年八月丁酉。
⑨ 杨锡绂：《四知堂文集》卷 1，《四库未收书辑刊》本。
⑩ 《署湖广总督鄂弥达为请改各省捐监交纳本色为交纳折色事奏折》，《历史档案》1992 年第 1 期。
⑪ 《朱批奏折》，乾隆五年九月十一日湖广总督班第奏，档号：04-01-30-0473-020。

谷价昂贵，"殷实之家率皆观望不前"。至乾隆四年至七年底捐谷仅有92000 余石，较原定捐监谷 1565000 石计算，"四年之间才踰约二十分之一，率此以往，积五六十年之久，犹恐不满应贮之额，是徒有开捐之名，而无收捐之实"。①

乾隆六年（1741），高宗也指出甘肃报捐情况堪忧，而且明确表示所办已经背离了国家积贮养民的初衷。上谕称，甘肃为"极边要地，民贫土瘠，非他省可比，讲求积贮更为急切之务"。该省应捐贮仓之谷共计 380 万石，"而年来本地报捐者甚属寥寥，倘遇一时歉收，则民食无所资藉，甚为棘手。是以部议暂准外省之人在甘报捐，俟谷石充裕，再行停止，此不得已改例之意。近朕闻得该省报捐并无行商过客，惟有各州县有司以及伊等之子弟、亲戚、幕客辈，希图渔利，广为包揽，折收银数，以饱私囊。及至买谷交仓，则低定价值，高收斛面，或抑勒富户，奔走交官。种种弊端，大为民累。是以国家豫筹养民之政，而奉行不善，重为闾阎之扰矣"。② 此外，据乾隆六年户部尚书海望所奏，各省自开捐到乾隆五年底，报部仅有 250 余万石，很多省份报捐不及定额的十分之一。③

那么究竟是什么原因造成各处报捐几乎落空呢？其中的缘故大致可以归纳为两个方面：

一是银谷比价失调，原定报捐标准被抬高，在本地纳谷报捐并不合算。尽管各省声称报捐标准考虑到了本省实际，力争有差别地加以实施，但是已经划定的报捐标准无法适应粮食价格变动形势，随着各地米价不断上涨，报捐标准被实质性抬高成为影响投捐积极性的关键因素。

乾隆五年（1740），湖广总督班第指出，湖北系产米省份，由于历年各省采买及商贩络绎不断，丰收之年谷价总不能减，"捐谷原议亦每石定以四钱。即如俊秀捐监一项，部例每名捐银一百零八两，每百两又加捐费三两，共应捐费三两二钱四分，是每名止需银一百一十一两二钱四分。今就江夏等州县而论，每名捐谷二百七十石，以四钱一石计算，即该银一百

---

① 《朱批奏折》，乾隆八年三月二十二日湖南巡抚许容奏，档号：04-01-35-1123-034。
② 《清高宗实录》卷 136，乾隆六年二月壬寅。
③ 《户部尚书海望为请将各省捐监停止仍归户部办理事奏折》，《历史档案》1991 年第 4 期。

八两。又每石共收仓费等银五分，该银十三两五钱，共该银一百二十一两五钱，较之部例已属浮多。乃今江夏等处谷价每石实须四钱五六分不等，加以搬运交仓，每名非费一百四十余两不能报捐。崇阳等州县产谷稀少，原议俊秀每名捐谷二百五十七石。按照部例，以银合谷，每石四钱二分零。远安等州县不产稻谷，鹤峰等州县系新改土归流，原议俊秀每名捐谷二百四十石，按照部例以银合谷，每石四钱五分。各该地谷价每石往往卖至四钱八九分至五钱零不等。以此计算，捐价俱属过昂，而附、增等捐款皆可类推。且陕、甘等省先后定有行商过客报捐之条，乡试之年复有在部报捐之例，在官吏抑勒苛索可以法绳，而人情避重就轻难以饬禁。故湖北生俊屡有在外省报捐移咨过楚者，而本省报捐则不多觏，皆缘原定谷价太少而浮费太多故也"。① 广东省的情况也是如此。原定每名监生捐谷 200 石，廪生、增生依次递减。但是乾隆七年谷价腾贵，各地中有较从前几乎加倍之处。"若照原定之数收捐，民力实为拮据，未能踊跃乐从"。②

乾隆七年（1742），江西巡抚陈弘谋在提出修改捐监报捐标准时明确表示，"捐监谷一项原定谷价太贱，需谷太多，生俊远赴捐银，不肯纳谷，无裨积贮"，是以本年六月奏请将江西捐监谷石酌中定价五钱，并请户部停收江西之捐，令其就本省捐监补仓，"以省买补之扰累"，结果户部以所请与原题不符议驳。为此，陈弘谋再次具折请求变通，指出本省米价昂贵，如照原价采买势必派累民间，当前各地多需赈济，很快又要面临平粜，惟有酌增谷价，令士民就近纳谷捐监陆续补仓，所请得到了高宗的允准。③

乾隆八年（1743），湖南巡抚许容针对捐监有名无实分析认为，"谷常贵，价常昂，合之部例捐银之数，或多十之三四，或多十之五六，甚且倍焉而未已，如之何其望人之踊跃而趋也"。他详细列举了湖南 74 个州县办

---

① 《朱批奏折》，乾隆五年九月十一日湖广总督班第奏，档号：04 - 01 - 30 - 0473 - 020。

② 《朱批奏折》，乾隆七年六月二十二日署理两广总督庆复、广东巡抚王安国奏，档号：04 - 01 - 35 - 0544 - 015。

③ 《朱批奏折》，乾隆七年九月二十八日江西巡抚陈弘谋奏，档号：04 - 01 - 35 - 1120 - 023。

理捐监的五类具体情况：一是原定谷贱之永州府、郴州、桂阳州。永州府宁远县报捐1名，其余七州县无一名报捐；郴州本州及所属五县无一名报捐；桂阳州本州及所属三县仅蓝山县有报捐3名，其余无一名报捐。二是原定次贱之长沙府、衡州府。长沙府十二州县内只有益阳县报捐30余名，湘乡县报捐60余名，湘潭县报捐数名，浏阳县1名，其余八州县无一名报捐；衡州府六县仅酃县报捐10余名，其余五县无一名报捐。三是价中之宝庆府、岳州府、常德府、澧州。宝庆府五县中仅新化县报捐10余名，其余四县无一名报捐；岳州府四县一卫仅平江县报捐2名，其余四县卫无一名报捐；常德府四县仅桃源县报捐1名，其余三县无一名报捐；澧州本州及所属五县仅慈利、永定二县各报捐数名，其余一州三县无一名报捐。四是次贵之辰州府、永顺府、乾州厅、凤凰厅。辰州府四县中溆浦县报捐50余名，辰溪县10余名，沅陵县2名，泸溪县1名；乾州、凤凰二厅无一名报捐；永顺府四县无一名报捐。五是最贵之沅州府、靖州、永绥厅。沅州府三县中黔阳县报捐60余名，芷江县报捐30余名，麻阳县报捐10余名；靖州报捐4名，会同县报捐10余名，其余通道、绥宁二县无一名报捐；永绥厅无一名报捐。以上74个州县中有50余州县无一名报捐，"岂非因前定谷价太轻、谷数太多之故乎？"他认为，"与其轻其价、多其谷，俾无一人上纳，何如增其价、减其谷而冀可捐输？是名为减捐谷之数，而实可增仓谷之数"。因此请求根据各地不同情况，每石加增五分、八分、一钱，如增银一钱者以四钱五分一石计算，俊秀捐谷240石，附生200石，增生177石7斗7升，廪生133石3斗3升等。[①] 同年，两江总督德沛、苏州巡抚陈大受也有一番陈述。他们合词奏称，江苏捐监一名原定捐谷220石，以现在户部报捐108两计算，谷一石银五钱，江苏谷价昂贵，每石已经达到七、八、九钱不等，且有仓费、耗谷等项，俊秀上仓核计价银竟达200两以上，"较之户部捐数几逾一倍，故皆乐于赴部捐银，而本籍投捐本色者竟至无人"。[②]

福建省的官员反映，"从前议定各府厅州县收捐监谷共一百六万四千

---

① 《朱批奏折》，乾隆八年三月二十二日湖南巡抚许容奏，档号：04-01-35-1123-034。
② 《朱批奏折》，乾隆八年四月十七日大学士鄂尔泰等奏，档号：04-01-35-1124-007。

石，每石价银六钱及五钱四分。监生一名，捐谷二百石及一百八十石不等，与户部收银一百八两之例相符。计开捐已逾三载，而报捐之谷仅三十九万石零。盖因谷价昂贵，与原定银数大相悬殊，是以从事者甚少。查康熙五十二年闽省捐监，每名止收谷一百二十石，未及三年，捐谷至百余万石，至今尚受其益"，因此请将闽省捐监一名收谷 120 石，每石定价 9 钱，以符户部 108 两之数。① 按上涨后米价每石 9 钱计算，达到部例 108 两标准，只需捐谷 120 石即可，但如果仍令原定数额纳谷则需 180 石到 200 石，投捐者显然多付出了 60 石到 80 石的粮食。反过来计算，若照当前米价折银，则已达到了 162 两到 180 两，超出部例标准 54 两到 72 两。这自然为投捐者所难以接受。

显然，在本色捐监全面铺开之时，各地报捐也曾参考了当地米价实际，但却并未预见到米价的持续上涨。报捐标准的僵化造成"本色重于折色"②，并随着时间的推移愈发严重，生俊报捐的积极性因此大受影响，原本希望通过捐监形式将富户等手中粮食报出的设想在各地难以推行。

不过，在各省之中，四川可谓是一个特例。乾隆六年（1741），户部尚书海望指出，四川执行的结果远较他省有效，截至乾隆五年底，捐监入仓谷石已达常平原额的"十分之六"。③ 个中缘由，就在于四川最初确定捐监事例时银谷比价定位为政策推行预留了空间。据《中丞公硕色蜀政记》记载："乾隆四年，上念积贮，令民入谷，肄业太学。旧例在户部捐银一百八两，是时各督抚议谷数率值二三百金，公（按：指四川巡抚硕色）议蜀值不过百，人皆不悟所以。既而，他省皆缺额，或减或停，惟蜀入最多，缺者不产谷数邑，十之二三而已，乃知公有先见，相与叹服。"④ 加之连年丰稔等因素，所以时至乾隆七年，川省常平捐监、社仓已贮谷 260 余万石，而"未经敷额之监粮，又现在陆续收捐"。⑤ 与他省原定报捐谷价较低，即所议捐谷数量价值二三百两但仍按 108 两报捐相

---

① 《清高宗实录》卷 185，乾隆八年二月丙午。
② 《清高宗实录》卷 160，乾隆七年二月甲辰。
③ 《户部尚书海望为请将各省捐监停止仍归户部办理事奏折》，《历史档案》1991 年第 4 期。
④ 《碑传集》卷 70，上海古籍出版社 1987 年版，第 361 页。
⑤ 《清高宗实录》卷 180，乾隆七年十二月乙未。

比，四川利用了原定谷值较高（约为他省两倍左右），在捐银 108 两标准未发生变动的情况下，即使粮价浮动，也可为投捐者所能接受，所以捐谷自然为多，这正反衬出其他省份未能较好地把握住银谷价值变动趋势，结果造成严重失策。

其间，官员们也逐渐意识到了问题的症结所在，并试图加以解决。乾隆十年（1745）五月十三日，湖广总督鄂弥达上奏指出，乾隆三年至乾隆八年"赴捐者殊属无几，且有一县并无一人者"。自乾隆九年议减一五成以来，"纳谷者竟属寥寥。彼且宁投捐于三四千里之外而不肯于本地者，盖银有定数，谷无定价也。从前各省所定谷价，止酌量筹算，不能按地按时确核，且岁岁丰凶无定，地之盈歉不齐。今年之价，异于去年，后月之价，异于前月。一府而各县有贵贱，一县各乡有上下，而又水陆之輓运不同，输纳之远近不一。是（部例捐监标准）百八两之数，有必不能准照无差者。兼之州县官畏惧霉烂，额贮之谷尚且日抱隐忧，故不特生俊不肯踊跃从事，而州县官亦实难望其实力奉行也"。为此，他提出了"就地捐谷实不如就地捐银之便"的建议。① 二十三日，广东道监察御史李清芳就鄂弥达所奏提出自己的见解。尽管他不同意鄂弥达关于仓谷赈粜的意见，但对"银有定数，谷无定价"，各省不能按地、按时确核米价，造成捐监举步维艰的观点表示认可。他认为，"当时部臣定价，不过总天下之大概，未能详悉各省之情形也。如江西、福建准督抚所请定价，则此两省捐者最多。② 若令各省督抚按各省之时价斟酌得中，奏准办理，则捐者必不至寥寥矣"。③

二是州县官对捐监的抵制。乾隆三年（1738），刑科掌印给事中黄祐在请求停止户部报捐的奏折中就曾指出，州县官"动以谷多为忧，即有愿在本处捐谷之人，彼必加意留难，使之尽赴部捐"，而上级官员们对此也借口"部例未停，应听民便，难于分外催逼"，地方如此办理捐监"因循

---

① 《署湖广总督鄂弥达为请改各省捐监交纳本色为交纳折色事奏折》，《历史档案》1992 年第 1 期。

② 如前所述，江西省因各地米价相近，取酌中而定，福建省则中间经过一定修正。较之他省，二省所定标准相对合理一些。

③ 《广东道监察御史李清芳为条陈积贮必不可少事奏折》，《历史档案》1992 年第 1 期。

辗转，年复一年，终无实效"。①

乾隆五年（1740），署理四川巡抚方显声称，检查旧案，四川省自雍正八年奏准实施捐监以实仓贮，到雍正十年三年间，通省仅捐监 17 名。经过仔细体访，发现问题在于州县官"畏谷繁多，难于照料交盘，遇有俊秀捐纳，不惟不加鼓舞，而且多方阻抑"。为此，他在办理本省捐监时，逢各官进见，即面加开导，"宣明圣意"，"断不可仍前刁难阻抑"，同时刊布告示告诫州县官"毋得阳奉阴违"，此后将按照收捐多寡予以考评。结果成效比较明显，自乾隆四年至五年六月左右已经捐监 5971 名，贮谷1071400 余石。方显指出，最近阅读邸抄，见各省捐监事例有歉收而捐数寥寥者，亦有年岁丰登而捐者亦少者，"以此类推，或亦各州县畏受谷累故意延展，亦未可定"，因此请求密饬督抚趁秋收之时转饬各州县实力奉行，则"皇上有备无患、利济苍生之德永垂不朽矣"。②

高宗接到奏报，对方显反映的问题颇为重视，随即要求各省督抚本着履行"父母斯民"之责，劝谕州县官鼓励报捐：

> 地方积谷备用，乃惠济穷民第一要务，而州县有司惟恐贮谷过多，平时难于照料，离任难于交盘，瞻顾迁延，实为通病，朕知之甚悉，已屡降谕旨矣。今年直隶、山东、河南、江南等省俱获丰收，而各省奏报年谷顺成者颇多，况江西、湖广原系产米之地，皆当乘时料理积贮之事。如捐监一项，固宜极力劝导，多方鼓舞，将勒抑阻挠、胥吏苛索等弊悉行革除，弗致纳粟之人裹足不前。其他凡可以积之于官、藏之于民者，皆当于此时悉心筹画……庶不有虚上天之恩赐。夫丰年不知积贮，一至歉年，束手无策，是谁之咎耶？各督抚有司均有父母斯民之责，应视民事如己事，毋得徒奉具文，仍蹈苟且便安之习。③

乾隆六年（1741）二月，户部尚书海望条请停止各省捐谷时也指出：

---

① 《录副奏折》，乾隆三年刑科给事中黄祐奏，档号：03-0635-007。

② 《朱批奏折》，乾隆五年闰六月十七日署理四川巡抚方显奏，档号：04-01-35-0618-032。

③ 《清高宗实录》卷 122，乾隆五年七月癸未。

各省原议捐贮谷 3000 余万石，乾隆五年底报部只有 250 余万石。其中较之原额，四川有十分之六，甘肃十分之一，其余各省均不及十分之一。究其原因在于，户部捐银"按日交银，即可刻期领照，事既便捷，人乐输纳"，而外省"不肖有司虑及霉变赔补，有意刁难，以及额外浮收、多方勒索等弊实所不免"，所以建议立即将收捐权力收归户部。①

此外，一些基层官员收受投捐人规礼，无形中导致报捐标准被大大抬高，也成为捐监推行的一大障碍。乾隆八年（1743）十二月，福建巡抚周学健反映闽省官吏收取投捐者规礼。高宗命闽浙总督那苏图与周学健一起查明确数奏闻。② 而最终查办结果是，通省经收各员共收过规礼 15936 两零。③ 对此，江南道御史李清芳参奏指出，福建捐监经收各员于部定仓费饭食之外，每名索取规礼二三十两至四五十两不等。每名监生，统计捐费不过百十金，今公家收其二，官吏取其一，"虽曰减价，其实加价，欲望实政得行，不亦难乎？"李清芳更指出，"此等弊窦，不惟闽省为然，他省亦必不能免此。若不加以振饬，则良法美意究无实际，他日又复藉口行之无效"，请饬各省督抚实力稽查，如有留难勒掯及私收规礼者严加参处。④ 吏部等官员在会议李清芳所请时表示，"养民以积贮为先，而善政恐奉行不力"。此前（参见下文）已经奉有谕旨，酌减报捐标准，并行令各省督抚严禁需索勒掯等弊。福建官员索要规礼，"以朝廷惠养之实政，饱官吏无厌之溪壑，一省如此，各省恐亦不免"，应如李清芳所奏，行令直省督抚实心稽查，实力奉行，严饬各州县经收捐纳仓谷于部定仓费饭食之外，"毋得丝毫染指"，否则严参究处。⑤

综上所述，被高宗君臣寄予厚望的本色捐监，之所以推行后步履维艰，大多数省份收效甚微，一是由于政策设计存在缺陷，无法适应各地具体情况，特别是米价上涨趋势，结果造成银谷比价失衡，投捐者裹足不

① 《户部尚书海望为请将各省捐监停止仍归户部办理事奏折》，《历史档案》1991 年第 4 期。
② 《清高宗实录》卷 207，乾隆八年十二月。
③ 《清高宗实录》卷 229，乾隆九年十一月丙申。
④ 《清高宗实录》卷 229，乾隆九年十一月癸巳。
⑤ 《户科题本》，乾隆九年十一月十三日吏部尚书、协理户部事务讷亲等题，档号：02－01－04－13780－006。

前；二是由于与州县官员利益发生了错位，前者关注的是通过本色捐监增加常平仓贮，以期实现养民、足民之宏愿，后者则本能地趋利避害，从根本上就不愿意大量积贮粮食，不论采买还是捐监，只要是要求多多积贮的地方，州县官们甚至采取了干扰或抵制的手段。需要强调的是，以上影响本色捐监推行的两大因素，并不仅限于乾隆八年之前，即使到乾隆九年二月高宗命各省减价收捐时，这两个方面的问题也并未真正解决，而是一直与本色捐监的历史相始终。

第四节　变通事例鼓励报捐

面对捐谷数量过少的尴尬，各省督抚纷纷具折陈明原因，并请求对原定捐监事例加以修正和调整。归纳各省的变通请求，大致可以分为四个方面：

一是本色、折色兼收。本色捐监本意是政府以功名换取本地有粮富户等捐输手中余粮，以充实本地常平积贮，而直隶、江南、甘肃、陕西等省督抚则认为，必须交纳本色一时无法实现常平有效积贮，应银谷兼收。其中，乾隆四年（1739）江苏巡抚张渠奏请，"银米谷兼收，将捐输折色赴邻省采买，俾仓储充裕，以为一时之权宜"。高宗表示支持，同时命直隶总督孙嘉淦考虑直隶可否照江省之例酌量办理上年被灾仓储空虚问题。①

还有一些州县官员在收捐时私收折色，以避赔累之苦。如遇上级查验，即以银易谷储仓。乾隆五年（1740），两广总督马尔泰就查办了潮州府海阳、潮阳二县官员私收折色案。其中海阳县报捐43800石，实储仓31300余石，潮阳县则实储"不过十之二三"。马尔泰进一步指出，"其余别县大概相同，多有先收折色为将采买补地步，以避霉变，以冀余平之意"，同时令二知县将缺额限期买足储仓。高宗接报后，认为马尔泰"办

---

① 《清高宗实录》卷92，乾隆四年五月丁巳。

理甚属错谬"①，谕曰：

> 各省纳粟准作监生，原为豫筹积贮，以裕民食起见。若地方有司私收折色，是巧开捐纳之例矣。在州县之私意，不过目前希得余平，将来又可免了折耗。不知年岁丰歉难以豫定，一有缓急，仓廪空虚，何所倚赖？彼时若欲购买，价值必致昂贵，其弊不可胜言。然此犹其善者。若遇不肖州县，收银在库，易致侵那。从前亏空之弊大率由此，岂可又蹈前辙？②

为此，海阳知县张纶炳，潮阳知县吴廷翰俱著革职，所缺本色仓谷，分别于二人名下勒令赔补，马尔泰等亦交部议处。

从上谕内容看，马尔泰办理此事有两个方面让高宗感到不满：其一，本色捐监本意是通过捐监充实常平积贮，州县官竟然私行折色收捐，捐监增贮实际变成了"巧开捐纳"，这与高宗在乾隆元年停止捐纳，以及他一直认为的"纳赀受官，本非善政"③ 的基本看法是相违背的，所以出现这种苗头必须严加禁止。其二，更令高宗担心的是，州县私收折色，不仅使仓储空虚，无以应对不时之需，而且存银容易被官员挪移，造成仓储亏空，背离积贮养民的初衷。因此，马尔泰和两个知县遭到了严厉惩处。即使如此，州县官员收受折色代买者仍相当普遍，乾隆八年据河南道监察御史陈其凝反映，这种情况高达"十分之八九"。④ 此话虽有夸大之嫌，但私收折色问题多发应不为虚。

二是降低报捐标准。请求减额个案中，江苏可谓典型。乾隆三年（1738），署理江苏巡抚许容曾以江、常、镇、淮、扬五府及海、通二州岁歉谷贵，奏准照原款减三成收捐，苏、松、徐三府灾轻或未被灾之处不变。此后，苏、松、徐三府粮价昂贵，报捐无人，布政司孔传焕亦请减

---

① 《两广总督马尔泰等为处理潮州府属办理捐监私收折色一案事奏折》，《历史档案》1991年第4期。
② 《清高宗实录》卷116，乾隆五年五月癸卯。
③ 《清高宗实录》卷1498，嘉庆三年三月壬辰。
④ 《朱批奏折》，乾隆八年四月二十三日河南道监察御史陈其凝奏，档号：04－01－35－1124－012。

三，但户部以"事关奏定成案，不便准减"。两江总督那苏图复于乾隆四年五月内，以"米价均未平贱，将来或需动拨，仓贮宜先充裕"，再请将两江各州县无论上年被灾与否，均准暂行减三收捐，结果仍遭部驳。面对压力的地方官员们，只得再行报部，恳请覆准，同时自作主张，开始私行减额收捐。令他们失望的是，不但部覆未准，减额收捐也被叫停。骑虎难下的那苏图将事情原委直接上奏高宗："苏、松、徐三府虽不在原议减三之内，但究属灾区，自咨部后，报捐者已有成数。既未便将入仓米复令运回，又未便照原数令其补捐，且徐属现又被水，急需米谷，可否将徐州府属俯准减三收捐，统俟八月底与江、常各属概行停止。其苏、松二府亦准其填截仓收，汇册季报，既准部覆以后，仍照原议办理。"此奏终于得到了高宗的允准。①

乾隆四年（1739）七月，继江苏部分地区因灾减三收捐后，河南巡抚尹会一亦奏，"豫省歉收，谷价腾贵，生俊畏缩，捐监无人，请照江省之例减三收捐"。高宗有些犹豫地朱批："此事尚宜熟筹，有旨向大学士等颁发。"② 他随后通谕各省督抚，为确保积谷实效，不应偶遇偏灾即思变通捐监事例，当加意谋划，以尽"父母斯民"之责：

> 至尹会一奏称比照江南之例减价收捐，亦觉未协。缘江南通省上年被旱，今年麦复歉收，是以如此办理。夫捐监一事，原为积谷而设。今以偶尔偏灾，而辄思变通权宜之计，恐将来积谷之举，仍属有名无实。其所请谷麦兼收及不拘原额，并许外省来豫贸易之人一体报捐之处似属可行，著大学士会同该部另行定议具奏。总之膺封疆之寄者，为小民久长之计，当豫筹于平日，不应拮据于临时；当加意于丰年，不应猝办于歉岁。凡所以裕民饔飧、耗民菽粟者，恳切劝谕，多方董率，俾闾阎共知仰事俯育根本之所在，中心乐从，斯可以易俗移风，渐臻康阜，不愧父母斯民之任。若必待朕每次降旨，然后奉行于一时，则平日之视为具文可知。倘一经奉旨，即严行查禁，则又徒滋

---

① 《清高宗实录》卷99，乾隆四年八月壬辰。
② 《清高宗实录》卷97，乾隆四年七月。

扰累，于事何益？将此通谕各省督抚知之。①

再如乾隆七年（1742），署两广总督庆复等提出广东米价昂贵，纳捐之人甚少，甘肃、江苏等省均有被灾米贵减三收捐之例，现在广东虽未成灾，但是"米价大贵"，因此请求除高、雷、廉三府及连州米价不太昂贵仍照原定数目收捐外，其余米贵府州援照他省之例暂予减三收捐，米谷价平之日奏明停减。②

暂时降低报捐标准在一定时期内产生了一些积极影响。江苏减三收捐之后，自乾隆三年冬季收捐至乾隆四年秋季停止，共收捐谷207200余石。安徽自乾隆四年春季减三收捐到乾隆四年秋季停止减三，共收捐谷180789石。③ 然而，减三收捐并不是长期的，而是面临水旱灾害粮价昂贵，为解决报捐过少无济于事问题采取的权宜之计。因此，一旦恢复原定标准，其结果可想而知。

三是准许外省人等和官员子弟投捐。乾隆三年前后奏报捐监事例时，各省所议主要集中在是否准许生俊越籍投捐和本省商贾、官宦子弟投捐方面。高宗针对各省粮食的生产、分布等具体情况，或准或否，亦属妥善，而除陕、甘二省外，对外省行商过客随处纳捐基本未曾涉及。当前，各省报捐缺口逐年增大，允许外省商贾人等投捐的要求也愈来愈强烈，往往一省因特殊原因奏准，他省即群起仿效。高宗逐渐认识到了这种"不良倾向"，并力图加以纠正。

乾隆五年（1740），奉天府尹吴应枚因奉天报捐寥寥，请照江西、安徽二省之例，行商流寓、官宦子弟准在奉天投捐的奏请，引起了高宗的关注。他感到一个时期以来官员们正在通过种种借口，诱导自己不得不批准所奏，而对他们越是迁就纵容，其惰性就表现得越充分。对此，高宗做了深刻的检讨：

> 先据福建巡抚王士任以本省捐谷无多，请准行商过客及暂时流寓

---

① 《清高宗实录》卷97，乾隆四年七月壬申。

② 《朱批奏折》，乾隆七年六月二十二日署理两广总督庆复、广东巡抚王安国奏，档号：04-01-35-0544-015。

③ 《朱批奏折》，乾隆八年四月十七日大学士鄂尔泰等奏，档号：04-01-35-1124-007。

之辈一体报捐，以资积贮，朕降旨允行。续据江西巡抚岳浚援例以请，朕亦允行。又据安徽巡抚陈大受援例奏请，并添入作宦之生俊字样。朕因安徽等属连岁歉收，从广储米谷起见，且有福建、江西为例，故亦批照所请行。是朕一时疏略处，乃吴应枚遂援以为例，具折陈奏。今细思之，作宦之生俊，在该地方一体报捐，其中大有弊窦。或多收民人谷石，以填补子弟捐监之数，或少交入仓谷石，以致有亏捐款之额，或那移常平、社仓官谷，以充捐项之用，或碍上官情面，代为腾那而开亏空之端。此皆事之所不免者。此事若准行，将来何省不援此例请行乎？况奉天地方非江南等省可比，行商过客亦属无多，有何益处？且朕从前为闽省所降谕旨①，原限一年期满，将外籍报捐之人停止。今吴应枚折内并未定有年限，但称俟缺额谷石捐足之日奏请停止，是停捐遥遥无期矣。从前之收谷，原欲济民之食。今如此办理，是又巧开一捐纳之途矣。吴应枚奏称有谷之家贪图贵粜，此彼地情形也。今又准作宦之生俊一体报捐，则交官之谷愈多，谷价岂不愈贵乎？所奏甚属错谬。其作宦生俊报捐之处，不但奉天不可行，即安徽亦不可行，著该部即行文停止。至于奉天地方应否准行商过客报捐，著该部定议具奏。②

由于高宗意在集中本地多余粮食资源，以济当地赈粜之用，如果征收折色，外籍人等任意投捐，则与一般捐纳别无二致。从处理广东潮阳、海阳二知县私收折色，到反对行商过客等随处报捐，高宗一直在阻止着官员们本色捐监之外"巧开"捐纳一途的趋势。不仅高宗如此，一些官员也发现了其中的弊窦，甚至提出了停止地方捐监的奏请。乾隆五年十月，户部议覆太常寺卿朱必堦所奏，认为外省人等投捐"亦因地方歉收，或本籍人少起见，本年五月，豫省业经奏停。今该寺卿以此项捐输，皆系官员之子弟、戚友等包揽代纳，亦应如所奏，照河南之例概行停止。惟甘肃一省，本籍人捐监者少，仍请暂准收捐，并令该抚等严查包纳等弊"。③ 此议自然

---

① 《清高宗实录》卷104，乾隆四年十一月戊午。
② 《清高宗实录》卷114，乾隆五年四月庚辰。
③ 《清高宗实录》卷129，乾隆五年十月丁巳。

得到了高宗的认可。

四是停止部捐，只在本地报捐。此举目的是将其他报捐途径堵塞，以便更有效地推进本地本色捐监，否则其他途径标准较低而且非常方便，直接影响到本地捐监的积极性和执行效果。

乾隆三年（1738），翰林李锦关于在部折色报捐毋庸停止的奏请，在官员中间引起了一些争议。[①] 刑科掌印给事中黄祐具折陈奏，力请停止户部捐监。他认为，"户部之捐例若不暂停，则直省捐谷之例终为虚设"。其中除州县官对愿在本地捐谷之人"加意留难"外，交谷不如交银便捷也是一个重要因素。黄祐指出，"交谷之事较之交银更为繁琐，未交则有籴买之经营，临交则有量抗之守候。及其既交，则由县府而司院，具文报册，赴部换照，均需时日。其真系读应试者，可以计日预图，若系藉作护符者，竟至急不及待。至于赴部交银，则有一种包揽之人，往来甚捷，携带甚便，又交银五日之后即得部照。此即捐谷之例稍轻于捐银，而捐银者必多，捐谷者必少，况彼此多寡之数又适相等乎？"黄祐列举了乾隆二年办理赈灾形势，其中直隶偏灾先后截漕备赈已逾数十万石。"通仓储积，关系重大"，虽然高宗"无所靳惜"，但是"先事筹画，使州县无患其不足，则天庾常留其有余，亦事之不可不计者"。上年福建歉收，截留浙漕接济，总督又请运江西、湖南谷石协济，"苟地方仓廪充裕，何至如此周章？益见未雨之绸缪不容稍缓"。总之，应该遵奉谕旨，俟直省仓谷足数之后再归部捐，"则现在俊秀别无可捐之例，而捐谷亦易于足额"。如有仓谷足用省份，毋庸再捐本色，可命督抚妥议具奏，仍赴部捐。[②] 黄祐的意见得到了户部的支持，经议覆准予实行。[③]

乾隆三年十二月，刑部广西司郎中王效通从区分丰年、歉岁并兼顾常平积贮和士子投捐进身的角度对黄祐等人的观点予以了反驳。他指出，黄

① 笔者未能找到李锦原奏，但是根据黄祐、王效通等人的奏报可以推测，李锦的观点大意是各省本色捐监与户部折色捐监并行，遇有灾歉可以银谷兼赈。此外，《清高宗实录》卷71（乾隆三年六月戊申）简要记载："大学士鄂尔泰等遵旨议覆，翰林院编修李锦条奏直省捐监银谷事宜一疏，内称捐监所以备赈，请遇有歉岁，银谷兼施……俱应如所请。从之。"
② 《录副奏折》，乾隆三年刑科给事中黄祐奏，档号：03-0635-007。
③ 《朱批奏折》，乾隆四年二月初五日大学士鄂尔泰等奏，档号：1110-025。

祐所请已经户部议覆，"停止部捐原为各省仓储起见，但年岁丰稔，民食充裕，士子捐纳本色固易为力。设或收成歉薄，地方之仰食维艰，且散赈之不遑，焉有余谷收入官仓，以济士子功名之输纳？则积贮之宜于丰岁而不宜于歉岁明甚，不如赴部交纳折色之为便捷也。今若停止部捐，则各省士子在部既不得援例入监，在外又无捐银之例。若捐本色，一遇岁歉报捐，则民食有妨，不捐则进身途塞，势必迟回观望，而于积贮本计仍无裨益"。因此，各省捐监之例可以稍为变通，丰稔之年照例捐收本色，歉岁价昂则准其各就本地情形酌中定价，兼收折色。各州县应将收银若干、应买谷若干造册报部，俟年岁顺成，或于邻境丰收之处照数采买。如果一时未及买补完仓而适遇歉收，待赈仓谷不敷散给，则援照本年六月议准编修李锦条奏银谷兼赈之例，即将所收折色酌量兼赈，毋庸动支地丁银两。如此则积贮充盈、缓急有备，士子报捐踊跃，不停部捐而有济。总之，"积贮所以为民，捐纳无分彼此，在京、在外一视同仁，捐谷、捐银并行不悖。广开进身之路，士子既得仰沐皇仁，而内外仓庾充积，更可有备无虞"。高宗命大学士会同用户部议奏。[1]

随后，工部都水司郎中吴炜又以本地报捐"贫者无力而富者又倍其价，以致谷价日增，捐者寥寥"，请求暂停各省捐监，仍于户部报捐，俟本地丰收，再照原议报捐。如有地方备赈积贮不足，不妨酌量以银代米。对于吴炜的建议，经办理军机大臣酌商覆奏，以积贮事宜及捐项改归户部，屡经诸臣条奏，俱经九卿及户部议覆在案。本月王效通奏请各省捐项银谷兼收及户部捐例不必议停，吴炜与其所奏"大概相同"，应交大学士会同户部一并议奏。[2]

根据高宗的要求，大学士鄂尔泰等会同户部官员会议认为，最初捐监事例移归本省，"原系储积于平时，赈施于歉岁"，"今若准其兼收折色，在米谷价值既有低昂之不同，而挑运盘量又不比折银之轻便，人情莫不趋输银之便，势必俱交折色，究于本省积贮仍无裨益。且各省捐谷事例原听各生自愿报捐，并未绳以法令，如遇年岁荒歉，士子虽有志功名，亦未必

---

① 《录副奏折》，乾隆三年十二月初十日刑部广西司郎中王效通奏，档号：03-0635-010。
② 《朱批奏折》，乾隆四年二月初五日大学士鄂尔泰等奏，档号：1110-025。

肯于价贵之时争先买谷赴捐，以图旦夕之速。若系家有盖藏，能于歉岁输将，正可以富室之有余济民间之不足，似亦两便"。关于士子任游学教授、依亲贸易者仍听在部就近报捐，乾隆三年给事中黄祐曾经条奏，户部捐银之例不停，则各省捐谷之例必为虚设，请各省仓谷足敷之后再归部捐，经户部议覆准行。现在如准其赴部报捐，则各省士子"势必避难趋易，假借名色在部投捐，各省虽有捐谷之名，究无积贮之实"，王效通所奏均毋庸议。关于吴炜提所奏，各省若遇歉岁价昂，不愿赴捐，亦可听其自便，并无扰累之处，而且现据各省督抚陆续拟制捐监事例题请举行，未便遽事更改，吴炜所请亦毋庸议。①

尽管高宗君臣围绕如何更有效推进本色捐监增贮进行了探索和政策调整，事情却并未因此得到解决，各地捐监仍难以打开局面的奏报不断送达高宗案前。如山东布政使魏定国上疏称，山东以一年为限，令外省在东贸易者纳捐，然而"自奉文以来，并未报捐一人"，于是再请展限一年。② 山西甚至提出"今开捐多年，而收谷有限，填补无期，莫若并事采买，易见充盈，请动公项银，分属买补"③，俨然等于宣布了本色捐监在山西的失败。在各省本色捐监磕磕绊绊地推进过程中，请求捐监权力收归户部的呼声又逐渐高涨起来。

乾隆六年（1741）初，江西道监察御史赵青藜上奏，请求停止各省本色捐监。他声称，阅读邸抄时曾目睹太常寺卿朱必堦条奏捐监事宜，此事"于图治大体犹当有进"，最初所谓保留本色捐监以为士子进身阶梯，留此一项于人才造就不无裨益的做法"过矣"。在他看来，"若捐监一途，读书明理，藉以为进身之阶者十之一，市井豪猾藉以为护符之具者十之九，不特无以大搜罗之举，而且有以沮寒士之心，其为人材之患尤显而易见者也"。乾隆四年特命停止京捐，以便于本地输纳，"依然为积贮至计，而捐监之不必有裨造就，亦已在圣明洞鉴中矣"。随后各省督抚陆续奏定章程并经覆准在案。但是，"旋以年岁偶歉，谷价昂贵，纷纷请减。至援在京

---

① 《朱批奏折》，乾隆四年二月初五日大学士鄂尔泰等奏，档号：1110 - 025。
② 《清高宗实录》卷120，乾隆五年闰六月辛丑。
③ 《清高宗实录》卷148，乾隆六年八月丁酉。

一百八两之数谓不无浮多，名器所关，有何分数可计？"何况捐额不足，并非捐价浮多之故，"皇上试敕部臣按查旧籍，其今日已足额之府州县，必从前在京之投捐最多者也。其今日未足额之府州县，必从前在京之投捐最少，或竟不投捐者也。盖地方之贫富不同，则捐数之多寡互异。若必俟各属俱行报足始议停捐，则虽迟之又久，而额之不足者犹多，其不可以无变通明甚"。乾隆元年至四年京中捐额已属充裕，既以此项为积贮之计，不难酌盈剂虚，哀多益寡，因此请将各属捐监事例概行停止。"除已足额之府州县外，其未足额者许动正项买补，即将数年在京捐项移抵正赋，免其额解。一转移间，而州县无缺额之累，地方有盖藏之益，解运无水脚之糜，且使天下至愚亦晓然于圣天子为生民至计，原非以捐项为正帑"。高宗命将赵青藜所请交大学士、九卿议奏。①

大学士、九卿会议认为，所奏事属难行，应仍其旧，高宗对此结果表示支持②，毕竟停止本色捐监是从总体上对捐监增贮养民的否定，这当然是高宗所不愿意看到的。但是，其后的二月份，曾经参与议覆赵青藜奏请的户部尚书海望关于捐监收归户部的一纸陈奏，使高宗感到本色捐监政策走到现在所面临的形势已经非常严峻。

海望从四个方面揭示了当前本色捐监的问题和困难：其一，同意赵青藜所奏，已经足额州县即从前户部投捐最多者，反之亦然。"若必俟各属报足始议停捐，即迟之又久而额之不足者仍多"。各省原议捐贮谷3000余万石，乾隆五年底报部只有250余万石。其中，较之原额，四川有十分之六，甘肃十分之一，其余各省均不及十分之一。从前部捐银每年一百二三十万两不等，移归各省捐谷后，以银计算，每年仅三四十万两，"直省报捐寥寥情形已可概见"。其二，同意赵青藜查明缺额州县，动帑买补仓谷，所需银两即将从前之银照数抵补的主张。自乾隆元年开捐以来，所收银两却只有350余万两，原议留为岁歉赈济之用，其后直隶、江南、河南、宁夏等地用银，以及各地大小偏灾无不发帑赈济，已经不下1000余万两。现在直隶等省报捐既属无多，则应将缺额州县应贮之数题明动项买补。除四

① 《朱批奏折》，乾隆六年江西道监察御史赵青藜奏，档号：04-01-35-0623-011。
② 《着重开户部捐监之例并各省捐监亦不必停止事上谕》，《历史档案》1991年第4期。

161

川捐谷较多可稍宽期限外，以本年五月为始，将各省捐例停止，仍照乾隆元年九卿原议，令各省生俊在部投捐，户部将以捐收之银扣抵各省买谷银款。其三，不同意在部交银不如在省银谷兼收的说法。"直省地方辽阔，上司耳目难周，捐银捐谷名色虽异，刁蹬则同。且州县收银在库，万一侵挪亏空，一遇缓急，仓廪仍属虚悬"。以广东省查办潮州府私收折色一案为例，高宗所谕"切中情弊"，不敢遽议纷更。其四，对于各省再宽限半载的说法，乾隆三年初议各省投捐本色，王效通、吴炜等人即陈奏事属无益，户部以甫经定议，不便更改议驳。然而，迄今各省已经试行将近三年，结果仍然是"额数多亏，仓储未裕，即再宽限半载，讵有裨益？"因此，建议立即将捐监收归户部。① 就在海望具折的当日，高宗即宣布对捐监政策进行变更，准予在部收捐折色，同时外省本色捐监仍旧保留，意欲两种办法双管齐下。

以上看来，由于推行多年后效果不佳，很多官员已经对本色捐监增贮计划失去信心并多有非议之词，特别是以赵青藜、海望为代表，基本上是将本色捐监全面否定。这显然与高宗推行常平积贮养民的设想相抵触。尽管高宗也清楚本色捐监目前的境况，但他并不打算彻底放弃，而是采取了折中之策：

> 从前停止各项捐纳之时，在廷诸大臣及翰詹、科道等官议留捐监一条，俾各处积谷以备民间荒歉之需，且使士子广其应试之路，洵为两便，并非捐官可比，朕已允行。昨据御史赵青藜复请停止捐监，又经大学士、九卿会议，以为事属难行，应仍其旧，朕已降依议之旨矣。今据海望奏称，外省收捐繁难，赴捐之人甚少，原议各省捐贮谷数共应三千余万石，今报部者仅二百五十余万石，合计尚不足十分之一，不若停止各省之捐谷，仍照九卿原议在部交银，将所收之银扣抵各省买谷银款，俟仓储充盈之后，将应否停止之处再行请旨，等语。朕思纳粟贮仓，原为备荒发赈、预为筹画之计。外省捐谷繁难，且有弊窦，不若在部投捐之易，诚如海望所奏，朕亦知之，嗣后仍准在部

---

① 《户部尚书海望为请将各省捐监停止仍归户部办理事奏折》，《历史档案》1991 年第 4 期。

收捐折色。至于外省收捐本色之例，亦不必停，在内在外，悉听士民之便。地方积谷不厌其多，赈恤加恩亦所时有，正未易言仓储充盈。既系士民两便之举，将来亦不必奏请停止。朕看州县有司往往虑及霉变赔补，以多积谷石为忧，其如何酌量定例，俾其从容不至赔补之处，交与该部另议具奏。如此则有司不以积谷为苦，而仓廪渐次可实，不致亏缺，于民食大有裨益矣。①

乾隆三年（1738），高宗要求各省酌议捐监事例时声称，与其交部折色，"曷若在各省捐纳本色"，支持捐监权限下放地方。而运作一段时间以后，又公开提出在外捐谷，"不若在部投捐之易"，并明确表示认同海望所奏，且知晓其中情弊。这可能是高宗对待本色捐监态度的微妙变化，一定意义上也反映出他对捐监政策部分失败现实的承认。但是，"地方积谷不厌其多，赈恤加恩亦所时有，正未易言仓储充盈"的话语中，依旧透露着高宗对常平增贮的留恋。在他心里，本色捐监充实常平仓储仍不失为强化积贮养民的一剂良方，尽管官员们提出了种种非难，亦不可轻言放弃，故有户部折色与外省本色捐监并行之旨颁行各省。

_____

① 《清高宗实录》卷136，乾隆六年二月癸卯。

第五章 "诸臣奉行不善"：重新核定贮额与暂停邻省采买及本色捐监

高宗初政，加紧推行常平积贮养民，要求各省督抚督促州县官员及时买补足额，乾隆三年（1738）又在政府采买之外实施大规模捐监增贮。乾隆六、七年前后，随着一些地区米价的不断上涨，很多官员直接将批评矛头对准了政府集中采买，停止采买的意见甚嚣尘上。多年来推行的大规模常平积贮究竟存在哪些问题？采买、捐监与粮价上涨之间究竟有无必然联系？官员之间就此展开了激烈讨论。高宗听取奏报的同时，回应官员质疑，命各省督抚根据实际情况重新核定积贮指标，随后又决定暂停邻省采买和本色捐监。

第一节 对政府采买的持续批评

对政府采买的批评历来有之，自高宗践祚伊始即有彻底废止官方采买的呼声。乾隆元年（1736），顺天府府丞周绍龙具奏，请求停止直隶买麦籴谷之举。他指出，雍正十一年总督李卫曾经题准，各州县按地方大小酌定仓储数量自 14000 石至 25000 石不等，"各已实贮在仓，足以有备无患"。雍正十三年五月，因麦田丰收，恐贱伤农，于是动用藩库存公银 10 余万两分发各属广行买贮，俟价长之时出粜易谷，所得盈余留作备荒之用。尽管李卫的买贮行为或为平粜，或为备荒，但是周绍龙仍将政府在买卖粮食中取得差价盈余视为一种与民争利的"经营行为"，并指责这种做法必然产生苟且害民之弊。他言称："国家生财自有大道，正不必贩贱枭贵，权其子母之利。况买麦之文一下，市上之麦价即昂；收谷之令一行，民间之谷值遂长。及开仓出枭，图获盈余，势必不能减价，人亦孰肯仆仆道途，持百十文钱向官仓求售升斗为哉？在州县刑名、钱谷力难兼顾，不得不寄耳目于吏胥、乡保。此种人役蒙蔽侵欺，势所不免，一出一入，尤易作奸。至于假官之威，欺压百姓，勒买勒卖，情弊更难稽察。昨岁偶一行之民间已为不便，若每年循例举行，诚恐畿甸千里，虽值大有之年，民间粮食究不能平。"①

户部并不认同将政府采买、平枭视为与民争利，而是肯定了李卫实施采买的合理性和正当性，认为"采买米石收民食之有余，枭麦籴谷亦以平市价而济民食，并非与民争利，原为便民起见"。当然，"其中奉行不善，似难定其必无"，可能各地存在执行不力的具体问题。究竟如何评价政府采买？政府采买究竟是否应该停止？户部没有立即作出表态，即请命直隶总督李卫对此秉公确查，具题说明。

李卫对周绍龙的批评反应比较强烈，并未将此事具题，而是直接具折奏闻，以犀利的语言痛加批驳。他认为周绍龙此举乃"任意指摘"，特别强调"我朝列圣相承，蠲租赐复，史不胜书，损上益下，从不屑于言利"，他本人对"掊克聚敛之计，亦深耻而不肯为"。关于买麦籴谷，"原为小民慎出纳、禁囤积、平粮价起见，毋论照时值而收、减昂价而枭，原无利之可图。即转输得宜，稍有余剩，亦贮以备赈，丝毫不入于官，原题甚明，皆因民之利以利之，实非如周绍龙所称与小民权子母之利也。自行此法，止收民间卖剩所余，并未限数夺买，通省粮食之值大减于往时，穷民方受平价之益。而周绍龙独以为买麦之文一下，市上之麦价即昂；收谷之令一行，民间之谷价即长。试问麦谷之价昂贵若干系何地方，并无指实，而以无据之虚词谓足骇人听闻。若果有害，直隶在辇毂之下，岂能掩万民道路之口乎？"对于周绍龙提出的采买不可每年举行之语，李卫批驳其"殊不思买麦籴谷，原系因时制宜，暂动公项银两。枭出之后，即归原款解司，

---

① 《朱批奏折》，乾隆元年五月十七日顺天府府丞周绍龙奏，档号：04 - 01 - 01 - 0012 - 028。

止将余剩者备赈，并未以此银年年收买。续因谷麦之价内有较买时更平，存仓者尚多未粜，并未勉强，则所为累民者又何所指，而可于君父之前任意妄言乎？"李卫认为周绍龙"公然欺谩"，"其意以为皇上爱民胝切，深恶言利之人，是以将权子母之利，长市值之价，图获赢余，不便于民之说加之于臣，暗为中伤，使外边督抚题请准行之案尚然掣肘，则办理地方应行之事更有为难。其处心积虑，圣明自有洞鉴"。①

周、李二人的争论，触及了政府采买的定性问题。在李卫看来，采买的出发点和归宿均是为民谋利。政府从事粮食的买补、积贮、平粜以养民即使存在一定的盈利也是合理的，这部分盈利并未入官，而是"因民之利以利之"，被政府用以备赈备荒，绝不是周绍龙所谓的与民争利。一番辩论之后，高宗对李卫表示了肯定和支持，认为"此一条原不合宜，部议即欲准行，经朕谕令改为发交督议者。卿所奏是"②。在此过程中，相对于户部比较中和的态度，高宗明确否定了对政府采买积贮的指责，从根本上认定了政府采买为民的公益性特点。以周绍龙、李卫以及户部官员参与其中的辩论，可以视为乾隆朝有关常平积贮的第一场交锋，在一定意义上为以后推行大规模常平积贮提供了"理论支撑"。

乾隆三年（1738），随着捐监事例移回各省收捐本色，并信心满满地在常平原额基础上拟定了高额增贮指标，大规模常平积贮养民全面铺开。然而，各地对此反应非常冷淡，报捐者寥寥无几，面对高额的积贮压力，缺粮省份不得不继续组织人力、财力前往产粮省份集中采买。与此同时，各地米价出现了不断上涨的情况，于是人们开始将政府采买与米价上涨直接关联起来，认为是政府采买造成了米价腾贵，一些官员奏报朝廷，请求限制政府采买，鼓励商贩流通。

乾隆三年，工部都水司郎中吴炜具折奏请尽力减价平粜时，对官买与商买的利弊进行了分析。他指出，听闻本年江浙两省偏灾，赖有江广通商惠民，"以两省有尽之储蓄，供各省无穷之积贮，不但米价腾贵，官受其累，而本地丰收之贫民出而谋诸市者，亦且价值日增"，因此"无论有年、

---

① 《朱批奏折》，乾隆元年九月十七日直隶总督李卫奏，档号：1103 – 015。
② 《朱批奏折》，乾隆元年九月十七日直隶总督李卫奏，档号：1103 – 015。

无年，两地之民皆交困"。他认为，商买"以一方之积而散之于四方，故米谷日见其流通"，官买则"以四方之粟而积之于一方，故米谷日见其不足"。现在米价腾贵，为积贮之计，"将徒积之仓廒，是以一时贵价而置之长久空虚无用之地。将需此以平粜，恐贵入者未必贱出，必因时价之高下而不肯少减其值。而商贾之垄断者，以官米尚如此其贵也，又从而甚之，是因积贮而为商贾藉口居奇之地，民何赖焉？"为此，各州县有积贮者应尽量减价平粜，"不必随时价之高下"。积贮未满者则暂停止采买，以待本地丰收再行补足。[①]

乾隆四年六月（1739），署理马兰口总兵布兰泰具折陈奏弥盗、安民、养民等事，其中包括他对如何消除州县买补之弊的一些思考。与周绍龙的批评类似，布兰泰首先表达了对李卫在直隶实施采买、平粜活动的不满，认为"其意似善，其策大非，其弊乃不可穷诘"。他指出，"一岁所出之谷止有此数，丰歉只可随时。谷始登之日，其价必平，穷民可得平价之食"。青黄不接之时价昂，"是其困止在一时"，"惟争起而囤积之，则其价骤长，此民间之囤积所以有严禁也"。布兰泰进而将政府集中动帑采买与民间囤积等量齐观，认为"今乃囤积自官，买多则其价愈昂，终岁必无平价之日。穷民所仰望者始收成得望享贱谷之食，而今已不可得矣。一日而罄两日之费，民奈何不穷且盗也？"他具体分析了买补、存贮、平粜等各个环节的弊病所在，并对常平积贮直接予以了否定：关于买补，"其间有迎合上司意旨者，每石必少报几分，上司便喜为能员，即在卓异之列。然所少报者亦非捐己以偿之也。即以其价责之富户办买，经手衙役又有陋规。富户知不可辞，如买谷五百石，即买一千石以图利息，囤积之名又不得而加之。其价愈昂，贫民愈病矣"。关于存贮，"有谷则必有仓，此桩费耗出于何项？有谷则必需人，其人之工食生于何处？况麦易生蛀，非十日一晒、半月一晒必不能保全。而所谓能员者统而责之富户收领，是又富民之累也"。关于平粜，"及价大昂，上司饬令发卖，名为减价，而胥役、斗级视为利薮矣。轻重其手，大小其斗，浮浅其量，迟速其时，都有讲究。其在远乡急欲归家，非嘱托不行费，不至浮于所减之价不止。在富民以借色多

---

① 《朱批奏折》，乾隆四年二月初五日大学士鄂尔泰等奏，档号：1110-025。

买之故，除赔垫之外，获利尚有余饶。在穷民以道路之劳、嘱托之费，困且益困，若听转移于民间，其弊宁至此哉?"据此，"若谓盈余归公，可以充国帑，则所获有限；若谓储备不虞，足以裕民食，而病民益甚。直隶行之数年而民转瘠亦可鉴矣"。布兰泰还指出，直隶为三辅之地，尚可监督官员办理，如果其他各省纷纷仿效，则其害不可胜言。"盈缩之数听之民则无事，司之官则滋多事"。自始买至发卖，未受减价之利，则先受贵价之害。他将李卫所办与青苗法作了比拟，认为青苗法"其意谓利民，乃行之一邑而利，行之天下而不利。虽奉行之过，亦立法之不善"。青苗法"取息于民，抑勒之病显而易见"，而买谷之弊"伏于无形，隐而难知"。乾隆二年，顺天府府丞周绍龙陈奏此事，李卫即议覆"不以实在民情顺办，且反驳为迂儒之见"，所以此弊一直未能革除。①

随后，大学士、九卿等诸大臣会商酌议布兰泰所奏，提出"以从前题定分贮省分，行文各该督抚，视民有余粟，官为收买。如市价增长，官即停籴"②，此奏得到了高宗的批准。从会议结果看，与官员们强调限制政府采买、鼓励商贩流通不同，大学士等更认为是地方官员采买行为不当导致了米价上涨而非采买本身，因此应该对其不当行为加以纠偏，主张赋予各省督抚更多自主权，特别要以不妨碍民食为准实施灵活采买。

六月间，浙江巡抚卢焯针对各省纷纷前赴湖广、江西等产米省份采买导致米价上涨，又提出了官三商七采买方案。他指出，"湖广、江西皆产米之区，商贾云集，天下仰赖。自各省仓储待补，争赴江广采买，少者一二万石，多者五六万石。而江广督抚恐干遏籴之愆，先尽官米，此省未完，彼省踵至。客商怀挟重资，远涉江湖，守候日久，未买颗粒，于是富商大贾裹足不前。江浙等省虽遇丰年，仍然缺米，所以近年来每石一两五六钱成为常事，再贵则至二两，民力愈难支矣。而且江广奸牙囤户见买官米，高抬市价。江广岂无歉收之年，更视为奇货可居，故江广之米较从前已为大昂，是江广之民未尝不受采买之累。既可以贵卖于官，岂肯贱卖于

① 《朱批奏折》，乾隆四年六月二十三日署理马兰口总兵布兰泰奏，档号：04-01-01-0035-022。
② 《清高宗实录》卷111，乾隆五年二月庚寅。

商客？用本既多，取利更重，是天下之民无不共受采买之累"。卢焯认为，应该通过行政干预的手段平衡官、商采买比例，听各省赴买，但是不可有妨民食，而"商贾务在疏通，倘立有章程，亦不致耽延公事"。为此，他设计了一种有些令人匪夷所思的方案，即命江西、湖广两省督抚饬令地方官"定官三商七之法"。具体而言，"凡官买、商买，报明地方官派定给照，牙行凭照卖米，一次买完，再派一次，周而复始，于官米三分之中匀派采买省分，以免偏枯。即为数甚多，作两运、三运，亦无贻误。其商米七分之内，不必匀派省分，以从民便，须于照内填定往某省发卖，杜其别往，仍报明该省稽查。如此则官商不争而江广之价值自平，官商两便而江广之米谷得遍。商贾既通，米价必减，小民得以食贱"。① 高宗接到卢焯的奏报，立即命大学士会同户部密议具奏。

大学士鄂尔泰等会议后基本否定了卢焯提出的建议。他们明确，官方积贮与商贾流通具有不同作用，即"仓储备而赈粜有资，商贾通而市价可平"，无论官运还是商贩，"总为民食计"。产米地方米价平减，各省官运、商贩势所共趋。"在官买补仓储，自宜相其缓急，而商贩辐辏鳞集，买米多寡不齐。且粜籴米谷，原属民间贸易，听其自便，非可限之以额，使不得过多、不得过少也"。鄂尔泰等认为，卢焯所奏将官买、商贩比例硬性划分的做法不切实际，"无论市集，米数增减无常，断难逐日分派，无少参差。且即十分计算，若官买其二已无不敷，而商贩其七仍然不足，固不得使官必满买三之数，而使商不踰买七之数。或有时商贩无需于七，官买不止于三，亦岂能使商必满贩七之数，而又何必限官以买三之例乎？且定以官三商七，势必使卖米者未满官之数即不得售于商，未满商之数即不得售于官，更多掣肘，实属难行"。鄂尔泰等指出，"仓储不便虚悬，民食急宜接济，官运、商贩必须并行不悖，方于国储、民食两有裨益"。卢焯所议"是官运有妨商贩，殊非尽善。其如何权其轻重，筹其缓急，俾官商无累而允合舆情者，自必身任地方大员因地因时，酌量办理，方为妥协"。② 就以上而论，官商限额分籴的动议显然失之简单、狭隘，但是

---

① 《朱批奏折》，乾隆四年六月十二日浙江巡抚卢焯奏，档号：1111-023。
② 《朱批奏折》，乾隆四年七月十六日大学士鄂尔泰等奏，档号：04-01-35-1111-036。

大学士等承认卢焯所奏争籴情况的存在，而且认为既不是官运有妨商贩，也不是商贩有妨官买，而是要求各省督抚兼顾官商双方利益，"因地因时，酌量办理"，才能实现官商无累。要之，与议覆布兰泰的意见一致，此时大学士等仍然看重各省督抚在办理积贮采买中的统筹协调作用，以及实施采买的机动性和灵活性。

十二月，贵州道监察御史徐以升具奏时亦提出米价昂贵系由连年采买所致，并在分析官买、商贩利弊基础上主张限制官买行为。他指出，"转移天下之货，莫过于商"，"商人争利恐后，见闻最速，一知某处缺米，即辐辏而至。兼之民与民相交易，无簿书期会之烦，无吏胥舞弊之患。卖者悬货待售，行情自有定价；买者持银易米，转手即副所需。交易既便，则兴贩自多，米价不期贱而自贱"。自有官米之买，则商贩始多瞻顾。"产米之地，其价先贵，一省所出之米，止有此数，而官买之，商亦买之，安得不贵？且商未买，必先尽官买，邻省之督抚委官采办，则本省之督抚安得不责成州县？州县奉上司之意，惟恐误公，安得不先尽邻省之官买？至官买已足，而商人之续买者价已昂矣，价昂则安肯贱粜？必□于居奇长价者□也。且官米平粜之价必贱于市值，商人将执市价以求售乎？则其势不行。将随官价以发卖乎？则其利又薄。所以商人闻有官米平粜，往往未来者裹足不前，已到者闭门观望，直至平粜之米已尽，然后邀其急而徐卖之。人情一日不再食则饿，能不出重价以求升斗之需乎？朝廷虽有平粜之殊恩，而民间仍□昂贵之隐患，往□然也"。地方大吏"虽年谷顺成，率以采买米谷为请，不知此特一时权宜之计，非经久无弊之道，亦仅可行于舟楫不通、商贾稀少之处，而非可概行于通江濒水、商贾云集之所"，"各省连年频经采买，米谷价值之昂未必不因乎此"。徐以升提出，应该严格限制官买，大兴商贩，除发生饥荒无法接济者允许酌量邻省暂行采买外，"其有地方荒歉未形，借此为未雨绸缪之计，及因他省年丰米贱，乘贱购买米谷积贮者，概行停止，悉归商贩"。此外，江广虽称产米之乡，然而每年丰歉不一，一省之米何堪数省共买，因此嗣后江广米贱之处，"必荒歉最甚之省分方许告籴，其余不得滥买"。其积贮缺额必须向邻省买补者，"亦须咨商该省督抚，通融打算作何陆续买补之法，庶产米之地、贩米之商交受其惠"。①

大学士鄂尔泰等在会议徐以升所奏时，再次肯定官运、商贩均关民食，是以于马兰口总兵布兰泰条奏停止采买案内，议定由各省督抚灵活掌握，"视民有余粟，官为收买。如市价增长，官即停籴"，又于浙江巡抚卢焯条奏官商采买米石案内，议令江广督抚将官运、商贩并行不悖，妥协办理。对于徐以升所奏，同样应该坚持灵活采买，兼顾官、商双方，并请再次通行各该督抚，如果确需购买，即"因地因时，设法陆续采买，务使仓贮不致虚悬，商贾亦无壅滞，国储、民食两有裨益"。此议得到了高宗的允准。②

不同于乾隆元年周绍龙、李卫争论政府采买是否与民争利，吴炜、布兰泰、卢焯、徐以升等人关注的则是官买与商买关系问题，这些倾向性意见显然针对的是乾隆初年以来因常平积贮而实施的政府采买行为。对于商贩流通的正当性和重要性，大学士、户部官员等并不否认，但是他们更认为"仓储备而赈粜有资，商贾通而市价可平"，因此既不允许政府采买有碍米价，又不能因为采买行为不当而废止政府采买，"官运、商贩必须并行不悖，方于国储、民食两有裨益"。针对当前米价上涨，他们从政府行为角度反复强调了各省督抚应该承担的重要角色，一再要求"因地因时，酌量办理"，"视民有余粟，官为收买。如市价增长，官即停籴"，赋予督抚和州县官员相机行事的权力，为各地采买提供比较宽松的政策环境。换言之，在大学士等朝廷官员思维中，只要地方督抚能够把握采买时机，操作得当，米价上涨和政府采买之间的矛盾可以得到解决。而大学士等所议结论总能得到高宗支持，则又表明朝廷在采买问题上的认识是高度统一的。

---

① 《录副奏折》，乾隆四年十二月十二日贵州道监察御史徐以升奏，档号：03–0736–045。
② 《清高宗实录》卷111，乾隆五年二月庚寅。

第二节 "捐监谷石增入常平额"

乾隆六、七年间，许多地区特别是长江中下游和东南沿海地区的米价出现明显上涨趋势。一些官员再次以积贮采买导致米价上涨为由对地方政府采买提出批评，并试图解开积贮采买与粮价上涨之间的矛盾和纠结，其中以嵇璜、杨二酉、陈大玠、孙灏为代表。

乾隆六年（1741）七月，候补左春坊左谕德嵇璜上奏高宗，历数江浙等地采买病民、病国、病商之弊，主张停止额外增贮，并降低报捐标准，鼓励本色捐监。他指出，江浙等省采买官米之弊，屡经诸臣调奏，廷议未准停止，"良以采买为有备无患之举，虽有病于贩米之商，而终有济于待食之民故也。不知采买之弊病商即以病民，不特受病于丰年，而并无益于歉岁"。关于采买"病民"：第一，丰年江广等省产米之处，"一闻邻省采买，米价必昂，是不能使江浙之米即贱，而先使江广之米顿贵"。第二，官方采买满足后，才开始商人籴买。商人"守候日久，贵价以籴，安肯减价以粜"，"小民升斗之需，既不能尽仰给于官之平粜，而官米终有粜完之时，正商人藉以长价之日，本地囤户益复居奇，遂使富者愈富，贫者愈贫"。第三，歉收之年平粜，"旧例不过照依时价略为折减，小民沾润已属无多，而吏胥出纳之际，升合之浅满任意侵渔，米色之高低不容争执，几与市价无异"。第四，即使官米价贱，也有奸民串通吏役零星分买，收归店铺后再贵卖于民。"乡愚无知，不能争买于前，势必受累于后。"关于"病国"，主要在于江浙等省前往江广产米之处采买，"路隔千里，期踰数月，运脚之费、官役之费俱动公项，以有用为无益，辗转相寻，莫知纪极"。"病官"则是指仓谷粜三存七，折耗霉变，"在在俱有赔累之苦、处分之严，有司难免"。基于以上认识，嵇璜直言不讳地批评了当前推行的高额常平积贮，提出"各省仓储俱有定额，额外而谋另积固宜急停，即额中间有少亏不妨渐补"。现在各省常平捐监之例未停，通过随时陆续收捐自可足额。由于"本地捐谷之价浮于部中捐银之数，是以报捐者尚少"，可以要求各省督抚量为酌减报捐标准，则士民踊跃，输纳日多，仓贮既可有余，赈济不患无备。因此，请求勅部定议嗣后江浙等省采买概行停止。①

同年十一月，工科给事中杨二酉就政府采买病民一事具奏。他声称，官买动至数千百石，导致米价昂贵。待到官额买足，"民间之谷已半入于官，而谷不复贱矣，必至之势也"。丰年积谷原以备凶岁赈济，"乃穷民尚未邀凶岁之恩而先受丰年之累，俾丰岁一如歉岁，非徒无益也"。此前，布兰泰、徐以升、嵇璜等条奏都已提及此事，但是部议"仰体皇上惠养元元之至意，责成在督抚，俱未见准行，而督抚亦特虑备荒无术，不虑谷贵病民，现请买谷者尚不一而足"，也就是寄希望于督抚在办理常平积贮中解决问题是无济于事的。他认为，"博施济众，尧舜犹难；解衣推食，欢虞小补。以官养民不若民之自养为至便"。加之现在兴修水利、推行垦荒、禁酒禁曲，开源节流，即使一邑偶歉，邻邑即可接济。"商贩有利必趋，不招自至，而谷亦不至大昂，无他，其本贱也。若官买则四方谷价一时皆贵。商贩以贵本而转运于歉收之邑，其利必相倍蓰，如是而以穷乡僻壤之民携男负女枵腹待哺于官府之升合，尚堪兮哉？"至于如何备荒，杨二酉建议以常平之谷行社仓之法。② 高宗命九卿详议具奏。

乾隆七年（1742）四月，杨二酉再次具折批评政府采买、平粜，并将其等同于囤户所为。他指出，向来州县中，除地方实在灾荒不敢讳匿外，每每虚报收成，"以示该属年谷顺成，可无烦上司焦虑。此痼习也"。而督抚"职任通省事务，精神既不能遍及，亦只据报陈奏，以期仰慰圣怀"，并没有发挥实质性督率作用。动项发州县采买之时，"藩司吏胥则有领费名色，未能全数给发。州县既无可赔垫，又不能亲买，势必延本地有力绅士，或派斗级、里胥等分办，甚至折色短发，层层剥削，赔累之苦不可胜言"，且委员赴邻省采买，"该省督抚仍必分给各州县承办，弊亦如之。是以采买，而贵谷之弊犹在后，赔累之弊已在先，不可不亟为禁绝者也"。"嗣是采买行而谷价顿长，延至春夏之交，谷愈少价益

---

① 《朱批奏折》，乾隆六年七月十六日候补左春坊左谕德嵇璜奏，档号：04-01-35-1117-004。

② 《录副奏折》，乾隆六年十一月十八日工科给事中杨二酉奏，档号：03-9981-025。

昂，向值八九钱一石者，竟值至一两六七钱，众口嗷嗷，势难终日。该管州县乃议暂停采买，请示平粜"。关于平粜，例仅减时价一钱或五分不等，"视采买原价，其数已相倍蓰。商贩缘该地平粜有谷，亦遂裹足不前，以致谷愈贵而民益病"。官员们未能妥善办理采买、平粜，结果造成"向因采买而贵民之粟，继以平粜而争民之利，朝廷之德意竟等于富户之囤积，又何怪乎民不见德而且以为怨耶？"为此，他建议平粜不得依时价为平减，只可于采买原价外每石量加盘耗、运脚之费，则与原价不甚悬殊。① 与此前历次所议结论基本一致，大学士等在遵旨题覆杨二酉的批评和建议时，仍然强调需要各省督抚查明现在存仓谷石何处可以暂停采买、何处未便停止采买，确查妥议报部，进一步加强对各地采买的约束和监督，以规避因争籴推动米价上涨。②

四月二十九日，浙江道试监察御史陈大玠具折对"积贮不厌其多"的观点进行了驳斥，主张适当通过本色捐监弥补额贮不足。他认为，"多积而久贮，患在红朽，故积多必粜多，而买补亦多"。各省有常平仓、社仓、义仓等仓，有漕米易谷，有监生捐谷，"为数且倍于昔"。即以一县五万石论，存七粜三则有一万五千石，"积数十县而论，其数多矣。合数省而论，其数尤多矣"。而且，政府集中采买，"本县、本省采买维艰，合数省之数十县悉采买于产米之乡，安能源源而济之乎？"他反对大量积贮，希望通过实施本色捐监解决问题，认为捐监各州县均有定额，"足额者停捐，毋曰多多益善"。未足额者再限三年，如仍未足则即行停止，"督抚衷多益寡，于别州县谷多者，将其平粜之银提拨买谷补额"。如果无可协拨，则奏请拨出户部捐监之银买补，即于该省应行解部之项中扣拨。他特别强调外省捐监"尤宜实谷交仓，毋许折银"，这样就可避开采买，"买谷之数稍减而价不至日昂"。③

嵇璜、杨二酉、陈大玠等人针对常平积贮发表的意见，代表了这一阶

---

① 《朱批奏折》，乾隆七年四月十八日工科给事中杨二酉奏，档号：04 - 01 - 35 - 1118 - 032。

② 《户科题本》，乾隆七年五月初九日大学士鄂尔泰等题，档号：02 - 01 - 04 - 13504 - 007。

③ 《朱批奏折》，乾隆七年四月二十九日浙江道试监察御史陈大玠奏，档号：04 - 01 - 35 - 1118 - 037。

段官员们对常平积贮的认识水平和基本态度，特别是嵇璜、陈大玠开始将问题的焦点转向高额积贮及其带动的地方政府采买行为，而且他们均看好正在推行的本色捐监，希望以此绕开采买，满足各地的积贮需求。杨二酉虽然没有明确提及"额贮"问题，但其所谓的"以官养民不若民之自养为至便"的观点，以及开源节流、邻邑接济、商贩流通等一系列备灾赈济应对思路，则具有了全局性特点，不再仅限于对官买、商贩的调剂或限制。他们的意见在一些督抚中间引起了共鸣，江西巡抚陈弘谋即向高宗表示，嵇璜、徐以升、杨二酉三位官员所奏，"实俱切中外省买补之弊累"①。就在三位官员具奏之后，贵州道监察御史孙灝的一番陈奏，引起了朝廷的深度关注，直接推动了高额常平积贮指标的重新核算。

孙灝在乾隆七年、八年先后两次具奏，阐述对当前粮政的思考和应对建议。在乾隆七年四月初的第一份奏折中（第二份奏折见下文），孙灝重点围绕东南地区米价昂贵之局以及削减常平额贮指标等问题进行了陈述。他指出，此前政府采买多次遭到批评，去年御史朱伦瀚奏准截留江浙漕米80万石，"特以积贮重大，赈粜频仍，官运繁多，势诚不得已于此"。面对这种矛盾，"采买之方，停之不能则宜稍减其程，而毋至于取之太尽；仓储之数缺之不可，则宜切定其额，而毋使其行之太难"。具体而言，一方面，限制政府采买规模。前往江广等省买补者"稍立限制"，买谷不得过若干石，米不得过若干石，"多者概行禁绝"；另一方面，重新核定各省仓储额数。"新增捐贮谷数合之常平旧额为数太多，将来万难补足者通盘计算，奏请再议酌减，厘定实在可行之数饬买存仓"。如此，则"采办不致滋累，仓贮不致久悬，于官、于商、于民皆有裨益"。

以上两点建议，从采买和贮额两个方面对政府行为进行约束，特别是以旧额合之增贮为数太多而提出重新核定"实在可行"之积贮指标，更是触及了问题的根本，与高宗初政以来的积贮理念和积贮政策已背道而驰。为了进一步论证自己的主张，孙灝对办理常平积贮的两种代表性观点予以了反驳：一是此前部议多次提出的由地方官员因地因时自行灵活采买，"市价增长，官即暂停"，只要遵守原议善为经理则可不必议减。孙灝认

---

① 《朱批奏折》，乾隆七年五月二十九日江西巡抚陈弘谋奏，档号：1119-008。

为，此议"未深长思也"。缺粮省份赴江广等省采买，"皆缘本地、邻封势难取给，思及江广，志在速成，于是聚江、浙、闽、广数大省之力，多者数十万，少乃数万，动辄有数，购米有额。既已奉文至彼，未闻中道而还。若非原价太悬，亦不尽敛手而退。故谓善为经理无损商民者直空言耳"。各省常平仓粮原议按照州县大小应额贮谷 2700 余万石（按：官员奏报偶有出入），又议捐贮谷共 3000 余万石，然而报部者仅 250 余万石，"此其势万不能以遽足甚明"。对于地方办理积贮的实际问题和困难，督抚和州县官员已经达成了某种默契。"督抚大吏于所属情形最悉，急之实不能，则姑缓之外，虽严督之，而中亦曲谅之矣。假若今年谷贵，则请至明年。迨明年复贵，则又明年。幸而三年得补一年之缺，而两年之粜者、赈者又积也，则补者又积也。日复一日，其弊固不至于是不止"。高额积贮指标与地方行政之间的张力，已经决定了大规模常平积贮名不副实。"为今之计，与其设额过多而空存甚美之名，孰若令其收功稍易而严核有用之实哉？总之，积贮本以备荒，而多采适贻弊累"。二是如果停止大量增贮，此后如何解决各地可能出现的不时之需。对此，孙灏更侧重于多方协济的备赈之道。他认为，"夫一省之大，未必全灾，临事转移，固亦多术。若措置有方，则稍扩旧额而足，必多多益善，宁不愿之？而天地所生，实止此数，食之众，藏之广，如之何其能给也？"

孙灏最后总结指出："方今天下之势，惟民贫之足忧，而米价之昂实目前之切患。采买盛则米价必不可得而平，仓额多则采买亦必不可得而减。困廪充盈，固令荒岁蒙仁，而所利在一隅之补救；官商杂沓，先令丰年受困，而所忧在数省之损亏。审时宜度物力、察人情，采买虽不敢议停也，而实不妨议减也；仓额虽不宜过少也，而实不能过多也。治粟之道，贵使之流通；足民之经，在固其根本。盖赈粜至大惠也，而有被、有不被，若采买减、米价平、民力裕，则东南亿万赤子皆在皇恩浩荡中矣。"[1]

五月初，大学士等会议后对孙灏所奏一一作出回应。其一，关于限制赴江广采买。大学士等再次重复着他们的一贯立场。几年来布兰泰、徐以升、嵇璜、杨二酉等人"皆以为采买妨民，奏请停罢"，俱经大学士、九

---

[1] 《朱批奏折》，乾隆七年贵州道监察御史孙灏奏，档号：04 - 01 - 25 - 0326 - 004。

卿等"议以未便遽停，请行令各该督抚，总视民有余粟，官为收买。如或市价争长及民间一时购买者众，官即暂行停籴，因地因时，筹画酌办"，并且于杨二酉案内，议令查明现在存仓谷石何处可以暂停采买、何处未便停止采买，确查妥议报部。此前湖南巡抚许容奏称，产米之乡未便议停各州县采办，然而必须江广等省米价果贱而后可以衰多益寡，奏请以乾隆七年为始，令江广等省于秋后将本地附近水次各属米价每月咨报安徽、江苏、浙闽、两广等省。如果价昂，只可备咨知会，通融筹酌，在现有仓储内酌拨买运，并经议准遵行。因此，各省采买原准价贵暂停。势在必买，又准咨商酌拨，"各省督抚大吏果皆和衷熟筹，妥善经理，自无采办累民之弊"。但是，由于采买系由缺额买补，有上年动用次年买补者，有本年动用秋后买补者，"采办数目在各尚难预筹，则买运限制自不便先行酌定"。针对以上矛盾，大学士等提出，今后江广等省将秋后米谷价值咨报安徽等省后价昂，且各省势需必买者，则仍将江广存仓米谷酌量拨买。如果价贱，安徽等省则应临时酌定采买数目，预先咨明江广等省，以便照数采买。如果购额过多，奉文到境之日，不得概行照额采买。如果价值过昂，则准江广督抚临时酌量，妥协办理。尽管孙灏毫无顾忌地声称"善为经理无损商民者直空言耳"，但大学士等仍然坚持认为，解决采买问题的关键在于督抚能否因时因地，妥善办理，只要缺粮省份和产粮省份督抚做好信息沟通，产粮省份督抚视当地米价实际分别施策，则采买并不会累及百姓。

其二，关于重新核定贮额。这是关系常平积贮全局的核心问题。大学士等首先梳理了各地办理采买和捐监的实际情况。其中，常平额贮2800余万石，据仓粮奏销册报，现存谷2400余万石，尚有未经买补谷400余万石。乾隆三年命各省捐监增贮，原议应捐贮谷3200余万石。此后据户部尚书海望奏请停止各省捐谷，仍请在部交银，将所收之银抵扣各省买谷银款，谕令嗣后仍准在部收捐折色，外省收捐本色之例亦不必停。正如上谕所言"地方积谷不厌其多，赈恤加恩亦所时有，正未易言仓贮充盈。既系士民两便之举，将来亦不必奏请停之"。现在各省报部投捐共谷600余万石，尚缺额谷2600余万石。其中，因江苏连遇歉岁，奏准减三收捐，并准银、米、谷三项兼收，因此较原定还有溢额。安徽省捐及十分之六，四川

177

十分之七，福建、甘肃十分之三四，广东、云南、陕西仅捐及十分之一二，其余直隶、山西、山东、河南、江西、浙江等十省均未捐及十分之一。

基于以上事实，大学士等对孙灏重新核定贮额的建议表示支持，认为以前所定积贮指标不切实际，难以足额收贮。即使如此，遵循臣工向皇帝提出诉求的一般行为逻辑，他们首先还是表达了对大规模常平积贮养民道义责任及其合理性的支持，声称"民为邦本，食为民天。各省设立常平，贮米有额，以资赈粜。近恐常平不敷，又复议增捐额。凡皆以在官之有余，济小民之不足，自宜预为筹画，以期仓廪充盈，诚有如圣谕所云地方积谷不厌其多者"。但是，在国家政策不进行根本调整的前提下，应对其中的不合理因素加以改进，即"事贵因时制宜，变通尽善，现在各省常平、捐谷二项，实有难以足额情形，又不可不通盘酌核，以裕仓庾而收实效"。向来凡有赈粜动用，均需按数购买还仓，且"捐谷一项即与常平一体办理"。现在各省常平缺额 400 余万石，需照额买补。捐额缺谷 2600 万石，"此内之缺额过多者，大率定额本多省分，斯即陆续报捐，谅难一时遽足，未免有名无实"。即使报捐较多的江苏省，原议捐谷 56 万余石，后因银谷兼收，合计溢额谷 16 万余石，此内报捐米谷仅有 20 余万石，"其余皆属折色"，"此项折色原系题明官买还项，则捐额虽足，仍与缺额无异"，加上朝廷对被灾州县格外多赈，仓粮半多缺额，将来赈谷、捐收折色均需买补，"买额日多，采买日难，势必辗转迁延，年复一年"，而后亦复如此。江苏一省难以足额，"其他各省已可概见"。出现这种现象的根源，"非额之难足，以定额过多，而买补匪易，故常见其不足"。况且各省田畴止有此数，所产米谷即使丰收也止有此数，"米谷不积于上则流于下"，"即如江苏报捐银多谷少，外省捐谷均属寥寥，亦可知谷贵之病各省皆然。故积于官者，惟当约计其地足以稍资备贮，并使乘时购粜，易于弥补则官办不难，而民间米谷有余，流通无滞，粮价自见均平，始于仓储、民食两有裨益"。再者，积谷一项"备荒为要，平粜次之"。然而，"天时丰歉原自难齐，而大荒连歉究非常有之事。向来未议增捐贮谷以前，各省适值偏灾，俱于常平额谷内分拨散赈，未见不敷接济。若偶遇非常灾沴，加恩赈恤，亦时见各省督抚以四乡遥僻，拨谷繁重，奏准银谷兼赈。盖因其时待赈孔亟，运谷维艰，不若分给以银，正可令其随便买食，以资日计，则赈银与赈谷，其为利济灾民无异"。大学士等陈奏，表面上看是对大规模积贮养民的肯定，实际却是委婉地批评积谷不厌其多的思想，以及以"赈济之道在于发粟"和反对银米兼赈的观点。同时，他们也对各省督抚办理不善，并未提出合乎实际的积贮指标表示了不满。

如何解决以上问题，大学士等认为应该对以前的失误加以纠正。各省常平额谷定例、定数遵行已久，"自不便任其缺少原额"。对于捐监增贮，在缺额过多省份"与其定一难足之额以存虚名，不若议一可足之额以归实用"，在报捐稍多省份"与其常需采办而时悬一万难补足之额以亏仓贮，不若酌量厘减而确核一易于买补之额以实国储"。经查，各省督抚议覆捐谷案内，各府州县多者议增十万、八万石至一二万石不等，少者八九千石至二三千石不等。现在"如遽行酌减更定，诚恐各省情势不同，或有未能确当"，应该命各省督抚查明各属常平分贮旧额，并议定增贮捐谷新额，"务须各按地方大小，分别户口繁简及水次远近情形，再行逐一较核，通盘筹算。如常平旧额谷数酌量可敷该处备贮者，即仍以常平旧额为额。如常平旧额之外有必须议增捐谷者，即于原议捐数内另行酌定，并入常平旧额内为额，统将详细核明实在应贮仓谷数目分晰造册，具题报部，永著为额"。将重新核定的捐监增贮指标"并入"常平旧额加以统算，这是此次政策调整的最关键环节。而此项谷石既经酌减厘定，自不便再有缺额，"请令定额之后，即将各府州县卫所现存常平谷石，合之各该处现存报捐谷石一并计算。如该处现存谷石尚不敷所定之额，若系赈粜动用之项，俱动存贮应行买谷银两，照数采买贮仓。若该处本无应行买补谷数，其不敷在捐谷者，仍俟陆续报捐谷内抵补。至合计该处现存谷石已敷所定之额，仍有额外捐贮谷石，设遇赈恤，即行动用，毋庸买补"。其余粜价及应贮买谷之项查明报部，解交司库作为赈恤之用。足额后凡有按年平粜及散赈动用俱令报部，于应行买补时查明该处续捐，尽数抵补。[①]

大学士、九卿等会议常平积贮，直接回应了多年来人们对常平积贮特

---

① 《户科题本》，乾隆七年五月初九日大学士鄂尔泰等题，档号：02-01-04-13504-007。

别是政府采买的批评，公开提出了对以往政策进行大幅度调整的意见，可以说是对乾隆初年常平积贮养民的一次全面总结和反思。此议经过具题，最终得到了高宗的允准，命依议而行。

从字面上看，高宗接受讨论结果似乎表明他对各地办理常平积贮实际、大学士等对常平积贮养民政治及其相关理念的批评已经完全认同。然而，事实并非如此。尽管积贮采买屡受指责，尽管以高额指标推动的大规模常平积贮频遭质疑，但高宗秉持的"积贮不厌其多"思想及以"赈济之道在于发粟"反对银米兼赈的理念并没有因此而动摇。即如前文介绍高宗"父母斯民"理念时所提到的，乾隆九年（1744）三月江西巡抚塞楞额奏报买补事务，高宗明确指示塞楞额"岂惟足额，多多益善耳"①，此后仍要求江西官员"若少之额亦不为多，应趁丰收买足也，速为之"②。乾隆十年（1745）护理苏州巡抚安宁奏报办赈情形称，地方被灾，米价必贵，"终不若放给本色，于贫民更为有益"。高宗充分肯定"此系朕本意。向来亦曾谕各督抚，而彼等总以银米兼施为便，此朕所不解，汝奏正合朕意"。③可见，即使此时常平积贮养民遭遇了挫折，高宗也接受了大学士等提出的重新核定积贮指标的请求，但是其依然坚持认为各地应该积极采买足额甚至多多益善，确保常平仓拥有足够的粮食实物储备以应对不时之需，而不是在百姓遭遇灾歉之时以银代赈。而且，这在此后督促各省督抚办理积贮采买的上谕、朱批中多有表露，督抚们不敢掉以轻心。

我们也注意到，常平积贮养民走到今天，一些根本性问题摆在面前始终难以解决，其中最主要的就是官员们一再批评的政府采买造成米价上涨。尽管大学士、九卿等再三强调督抚们要相机而行，实施灵活采买，不以采买抬高市场米价，这种软性指导并不能对地方采买行为形成实质性约束，即使他们要求地方将该买、该停之处报部备案，情况仍然无法得到改观。采买如此，那么有没有其他替代形式可选呢？他们也在不断思考，依

---

① 《朱批奏折》，乾隆九年三月二十五日江西巡抚塞楞额奏，档号：04-01-35-1129-024。
② 《朱批奏折》，乾隆十年九月二十七日江西巡抚塞楞额奏，档号：1134-010。
③ 《清高宗实录》卷253，乾隆十年十一月。

旧感觉到束手无策。即如工科给事中杨二酉声称的，九卿议覆他在乾隆六年陈奏采买贵谷病民一折所得结论是，"以备荒乏术，采买未可遽停，而谷贵伤民之处几至无法调剂"①，河南道监察御史陈其凝也称，"顾筹画积贮之道，舍采买一法似别无善策，而采买之害，议者纷纷，谓采买一行，谷价腾贵，民间未受平赈之益，先受米贵之累"②。这似乎已经成了目前粮政大局中一个难解的死结。

为从根本上结束各地争籴行为，高宗和大学士等接受了孙灏的意见，认为应该降低积贮指标，缓解地方采买压力，这给各省办理常平积贮提供了释放紧张、减轻负担的机会。他们认为，缺额过多省份"与其定一难足之额以存虚名，不若议一可足之额以归实用"，报捐稍多省份"与其常需采办而时悬一万难补足之额以亏仓贮，不若酌量厘减而确核一易于买补之额以实国储"，以及提出重新核定积贮指标务须各按地方大小、分别户口繁简及水次远近情形通盘筹算，并没有对指标高低做出硬性规定，甚至旧额谷数酌量足敷备贮还可以旧额为额，表明朝廷确实决心调整政策，希望督抚能够抓住机会，量力而行，根据本地实际重新核定切实可以操作的积贮指标，并且能够兼顾常平积贮和日常民食两方面要求，更好地将大规模常平积贮养民推行下去。

根据高宗旨意，从乾隆八年到九年（后文统一标注为乾隆九年），各省督抚陆续将额贮指标具题。然而由下表可见，经过各省督抚重新核定，除个别省份有所削减外，大多省份额贮指标仍然保持在了较高水平；全国常平积贮总额由此前的 6000 多万石下调至 48110630 石，减少近 1200 万石，而相对于原额 2800 多万石而言，还是增加了 2000 多万石。特别需要指出的是，这次调整积贮指标，改变了乾隆三年以来采买（原额）与捐监（增额）并行的积贮模式，明确如果仍然需要捐监增贮的省份，将捐谷"并入常平旧额内为额"（"增入"），造册具题后永著为额，即增贮部分不再另立原额之外，最终合并后的定额统归为常平原额。可以说，常平积贮

①《朱批奏折》，乾隆七年四月十八日工科给事中杨二酉奏，档号：04 - 01 - 35 - 1118 - 032。

②《录副奏折》，乾隆七年十二月初六日河南道监察御史陈其凝奏，档号：03 - 0740 - 023。

仍被设定在高位运行，这也意味着各省的常平积贮任务依然艰巨，特别是寄希望于捐监完成的积贮指标难以实现之时，地方采买压力反而大大增加。①

表5-1　　　　乾隆九年以前不同时期各省常平积贮指标统计表　　　　单位：石

省份	雍正旧额	乾隆三年	乾隆九年
直隶	1996216	4370000	4370000
江苏	1528000	2097000	2111000
江西	1370713	3290000	1606000
湖北	520935	2270000	1017844
湖南	702133	2767133	1757354
山西	1315837	3040000	2736000
广西	1274378	2687418	1413398
安徽	1884000	2850130	1000000
浙江	2800000	4000000	3480000
河南	2310999	4303399	5010000
奉天	1095000	1135000	—
山东	2959386	3806386	3970000
四川	1029800	2874600	2929459
云南	未定	701500	—
甘肃	未定	3280000	3280000
广东	未定	5425685	3359000
陕西	未定	5353741	—
贵州	未定	642200	—
福建	1690167	2893800	2810902

　　资料来源：《朱批奏折》附清单，乾隆十三年，无具折人，档号：04-01-35-1132-016，参见第七章第二节；乾隆三年数据参见第四章第二节。此外，广东省数据来源于《朱批奏折》，乾隆九年九月十五日署理广东巡抚策楞奏，档号：1131-013。

———————

　　① 《清高宗实录》卷330，乾隆十三年十二月壬辰。

第三节　暂停采买与捐监

　　乾隆七、八年前后，全国很多地区米价上涨趋势日益明显，各省督抚纷纷奏报米价腾贵，或请求增价买补，或请求暂缓采买，或请求减价平粜。令人不解的是，即使各地不断采买并招致了众多非议，"各省仓储多属亏缺"，积贮状况依然令人担忧。乾隆七年被水省份平粜赈济，"动用尤多，处处空虚"。① 更让人忧虑的是，米价的持续上涨不仅使政府采买受到了影响，还引发了诸多社会问题，暴力抢米、强行遏粜、勒借谷石、冲击官府等事件愈演愈烈。② 如江西袁州府一带，由于地方官拘泥平粜或办理劝谕富户平粜不善，导致米价陡增，"甚且持钱无可购觅"，地方社会出现动荡，乾隆八年二、三月间就发生抢劫案件 160 余起。南昌、吉安、抚州、上饶等地"闻风效尤，旋拏旋息，此息彼起，抢案不一而足"。③ 与此同时，被寄予厚望的本色捐监仍不见起色。至乾隆八年时全国也才仅仅收到 600 余万石。而且这 600 余万石粮食的收纳，州县官们也没有按照高宗设想的路线加以运作，"由于本生之运谷上仓者十分之一二，由于各州县之收受折色代买者十分之八九，更有借出陈易新之名将存仓之谷作为监谷，而以收捐之银作粜谷之价申报采买者，是捐谷仍归于采买，而常平仓谷之额虽定议增添，而有名无实"④，甚至还有"捐谷几等空名"⑤ 之说。常平积贮养民此时遭遇了更为严峻的挑战。

　　面对日益窘迫的积贮形势，乾隆八年（1743）四月十五日，江西道监察御史卫廷璞具折陈奏，明确提出应将采买暂停一年。他指出，当前各地

　　① 《录副奏折》，乾隆七年十二月初六日河南道监察御史陈其凝奏，档号：03 - 0740 - 023。

　　② 《乾隆初粤闽湘赣抢米遏粜史料（上）》，《历史档案》1996 年第 4 期。关于米价上涨的社会影响，参见常建华《清代的国家与社会研究》，第 175—178 页。

　　③ 《朱批奏折》，乾隆八年八月初四日署理两江总督尹继善奏，档号：04 - 01 - 01 - 0103 - 028。

　　④ 《朱批奏折》，乾隆八年四月二十三日河南道监察御史陈其凝奏，档号：04 - 01 - 35 - 1124 - 012。

　　⑤ 《朱批奏折》，乾隆八年五月贵州道监察御史孙灏奏，档号：04 - 01 - 35 - 1125 - 032。

人口增加，米价持续上涨，"封疆大吏既明知民情之维艰，更知采买之匪易，故有逾期尚未采买足额者，有因原价不敷题请加增者"，负有督促州县积贮采买的督抚大多采取了容忍态度，甚至代其奏请缓买。然而，地方诉求却往往遭到户部的否定，因为户部官员遵循定例和制度行事，"以原例未便变更，不敢概为议允"。这种结果直接挫伤了地方官员的积极性并害及常平积贮和百姓生计，"有司观望挺延，究于国贮、民生均无裨益。官事既已无济，民命其何以堪？将以责之有司，令其赔价采买，既难作无米之炊，然有司之赔累其害犹小，窃恐不肖有司不甘赔累，或派之富家，或责之商贩，抑价缴官，势所必至，在富家、商贩敢不凛遵？然失于此者必取偿于彼，迫与平民交易，辄高抬时价，故其害仍在贫民，致令小民之家一日之粮竟耗数日之费，一年之食竟竭数年之财，生计日蹙，未有逾于此时者"。卫廷璞指出，今日之情形，"一方之水旱犹不足忧，而各省之米价处处高昂，不被灾之区亦如荒岁，此乃深足忧也"。为此，朝廷应敕谕各省督抚将采买仓谷暂行停止一年。如遇水旱需谷赈济，即量其远近暂为拨运，俟元气稍复再行照例采买，其原定价值"似亦应酌量因时变通"。①

被高宗视为推行积贮养民两项重大举措的本色捐监与政府采买，一个捐谷寥寥，举步维艰，一个弊病百出，备受指责，且米价仍在不断上涨。此时卫廷璞的陈奏对本已洞悉积贮情势的高宗产生了触动，就在具折次日，暂停实施邻省采买及本色捐监的谕旨即行颁布天下。

高宗首先自我肯定了履行养民道义的种种努力，认为"重农贵粟，薄赋轻徭，诸如筹积贮、蠲米税，凡所以为民食计者既周且悉"。令其困惑的是，现在本应是"糇粱充裕，价值平减，闾阎无艰食之虑"的时候，多年来养民苦心和行动却并未产生令人满意的效果。米价非惟不减，而且日渐昂贵；不独是歉收省份如此，米谷丰收及产谷之地无不倍增于前。高宗对可能引起粮价上涨的因素进行了分析，"以为生齿日繁耶，则十数年之间，岂遂众多至此？若以为年岁不登，则康熙、雍正年间何尝无歉收之岁？"看来人口增加、年岁荒歉都不是引起米价上涨的直接原因。究竟问

---

① 《朱批奏折》，乾隆八年四月十五日江西道监察御史卫廷璞奏，档号：04－01－35－1124－006。

题出在何处？高宗明确表示，"细求其故，实系各省添补仓储、争先籴买之所致"。他认为，从前议于各省额设常平 2800 余万石之外，令各省举行纳粟入监之例，增定谷数 3200 余万石，"原期实仓庚以备缓急。乃诸臣奉行不善，经数年之久，所收捐谷仅六百余万石，而米价无处不昂，是未收积储备用之益，而先贻谷贵病民之扰，岂朝廷立法之本意哉？"为此，高宗决定将引起各地争买的邻省采买以及表现不佳且有妨民食的本色捐监一概予以暂停。谕曰：

> 盖买谷贮仓，原恐民有余粟，不知撙节，以致糜费，是以令官广为收买，以为储蓄之计。若民间需用之际而急于购买，商贾悉皆裹足，此赢彼绌，其理显然。况一省所出应足供一省之用，今因一省产米独多，而各省群趋而籴之，则多米之省亦必至缺乏而后已。再，捐监之人即系本地百姓，纳捐之谷并非运自外省。在田间所收止有此数，积谷之家既已纳之于官，无谷之户又必买之于市，将不能盖藏于家，又不能流通于外，谷愈少而价愈昂，亦何怪其然也。朕思天下米价频增，乃民食不足之渐大有关系，当令各省督抚从长妥计。其常平原额固不可缺，至于邻省采买及捐监收米之例，俱应一概暂停，俟丰稔之后，米价如常，再徐徐办理。其如何酌定之处，著大学士会同九卿详议速奏。①

多年来，高宗和大学士等朝廷大臣一直向地方官员强调，采买要根据市场米价情况便宜从事，妥协办理，反对盲目集中采买。现在出现米价上涨，他们仍然坚持以往的认知，将问题直接归结为地方官员办事不力（"诸臣奉行不善"）。特别是在高宗的思维逻辑中，现在米价上涨，"实系各省添补仓储、争先籴买之所致"，也就是由于地方官员"急于购买"导致"民食不足"，从而引起了米价上涨。"实系"二字鲜明地表达了高宗的立场和态度。对此，广东道监察御史李清芳也认为，"诚有如圣谕所云，诸臣奉行不善，非朝廷立法之本意者，无怪乎米价日昂而诸臣鳃鳃过计，

---

① 《清高宗实录》卷 189，乾隆八年四月己亥。

因以买补为病民也"①。一言以蔽之，错就错在官员们没有把好事办好，是地方行政行为造成了"未收积储备用之益而先贻谷贵病民之扰"。进一步结合前文更可看出，此时各省督抚正在根据本省实际重新核定积贮指标，高宗并没有去怀疑高额积贮及其正常采买，更没有彻底叫停邻省采买和本色捐监，只是通过"暂停"，要求各省督抚"从长妥计"，以期纠正地方官员的失当行为，将各省争籴形势缓释下来，破解当前米价上涨之局。

此外，为何"暂停"而非永久废止邻省采买及本色捐监，似乎还隐藏着另一层逻辑：既然以言官为主的官员们大多指责是政府采买造成了米价上涨，现在索性将政府采买连同本色捐监一并叫停，然后观察米价上涨究竟是否与政府采买直接相关，再行决定今后如何办理。不仅高宗如此关注，官员们也都在静待暂停的结果。这一点可以从乾隆九年（1744）官员们的奏报中得到验证。时年四月署理兵部侍郎雅尔图明言："今停买已及一年，而谷价仍未稍减，则停买之无益于谷价可知矣。"② 五月，四川道监察御史马燝更明确指出："近年米麦价值是处昂贵，即丰熟之区亦复如是。向疑各省委员买补仓贮以致价昂，今已奉旨暂停采买，而粮价仍未平减。再四思维，不得其故。"③ 从此角度而论，与其说是高宗暂时叫停采买、捐监，毋宁说实质上是高宗就常平积贮进行了一场"政治实验"。结果是在停止采买、捐监后，朝野上下发现采买、捐监并不是米价上涨的罪魁祸首。这对多年来以批评采买、捐监将矛头指向常平积贮养民政治的论调无疑是一种最直接的回击，也正因为如此，言官们对政府采买的批评从此沉寂了下来。那么，究竟是何缘故导致了米价上涨，包括高宗在内，大家仍然是一脸茫然，百思不得其解，难怪乾隆十二年高宗还在纠结此事，"朕反复思之，不能深悉其故，亦未得善处之方"④。

根据高宗要求，大学士、九卿等对如何处理暂停采买、捐监善后事宜

---

① 《朱批奏折》，乾隆八年四月二十六日广东道监察御史李清芳奏，档号：04 - 01 - 35 - 1124 - 016.

② 《朱批奏折》，乾隆九年四月十二日署理兵部右侍郎雅尔图奏，档号：04 - 01 - 35 - 1129 - 034.

③ 《朱批奏折》，乾隆九年五月二十七日四川道监察御史马燝奏，档号：04 - 01 - 35 - 1381 - 028。

④ 《清高宗实录》卷304，乾隆十二年十二月戊辰。

进行会商。他们支持暂时停止，同时对已定议被合并在一起的增贮指标与原额指标做出了区别对待，即暂时停止的仅是超出原额之外的采买和捐监增贮部分，如果常平原额不足，仍要照常买补，以确保常平仓的基本粮食储备。①

关于是否保留采买、捐监，他们提出，各省常平原额 2800 余万石，据册报现在实存 2400 余万石；各省增定捐监谷 3200 余万石，据册报已捐谷 670 余万石。两项"并入合算"，各省现有谷已达 3100 余万石，"虽加贮之新额尚有未足，而通盘合计，较之从前常平原额之数，已属有溢无缺，即一时地方有动用赈粜之需，谅敷接济。况各省偶遇偏灾，或令邻省有米之处拨用赈恤，或将就近漕粮之米预为截留，临时通融筹办，既无彼此之分，原未尝专藉采买之谷以为应用。若当民间需用之际而急于购买，则本省之买补方殷，邻封之采办踵至。至商贾一闻官买之信，又必高抬时价，故意居奇，不特产米素少之地价必涌贵，即产米独多之省趋籴者众，势亦至于缺乏。且捐监之谷皆系本地所产，纳于官者既多，则流通于市者必少，而市价因以益昂"。在大学士等看来，当前原额实贮合并捐监增贮得谷后的常平积贮总量已经处于较高水平，加之截漕、通融等办法，足以应对赈恤之需，无需政府大规模采买。如果现在与民争买，势必抬高米谷价格，因此应该遵照上谕要求将采买、捐监之例一概暂停。

关于具体如何实施，鄂尔泰等回溯了此前会议御史孙灝奏请的情形，且各省已经按照实际情况重新核定积贮指标。既然邻省采买、捐监收米之例暂停，则常平原额"自不可缺"。各省现存谷石，原额之外仍有贮捐谷石者，遇有赈恤及常年平粜之用，于原额数内无需动用者，止令将粜价银解交司库，与动支数目一并报部查核，毋庸买补。如该处原额敷用而贮捐谷石无多，适有赈恤平粜，势不得不于原额谷石内动用，并有将原额全行动用者，除临时通融酌济之外，应将动用额数先行报部，其粜价银两暂贮司库，仍令各省督抚从长妥议，因时筹画。如有前项额谷未买，而本地年岁丰稔，米价平减，农有余粟，再将前项粜价存贮银两"不拘谷石定数陆续买补"。至于本色捐监，如遇丰年捐米无妨民食，则照原定应纳数目奏

---

① 《清高宗实录》卷 189，乾隆八年四月己亥。

闻收捐。如此徐徐办理，则米价既平，民食不致艰难，而原额无缺，仓储仍属有备。①

由于各地一直没有实现足额收贮，此后多个省份依据政策精神继续请求买补因粜卖、赈恤等造成的大量缺额米谷。他们同时也注意不再集中实施采买，以免引起粮食市场的动荡，有碍民食民生。

乾隆八年（1743）闰四月，河南巡抚雅尔图奏称，尽管已经奉旨将邻省采买及捐监暂停，"惟是有常平原额仓粮动用过多几无存剩者，仍应恪遵谕旨，从长妥计，因时筹画"。上年开封、归德、陈州等府遭遇水灾，借给籽种，继而赈济灾民，及至青黄不接之时又减价平粜，酌借口粮，结果造成被灾各府属县"储蓄皆空"，其中陈州府常平原额谷"业已全用"。不被灾州县动拨仓谷 38 万余石协济江南，"至今空缺，亦须急为补贮"。本年河南收成丰稔，百姓颇有余粮，"若不乘时补额，则不知撙节之民糜费在所不免，而富商大贾又尽数囤积，将来市价任其低昂，尤为不便。且此时不买，设再遇有急需，必致束手无策，关系匪轻"。雅尔图指出，"从来买补一节，官绅士庶皆不乐从"，"盖筹画总在因时，而计议必求妥协。方今国家根本首重仓储，即就河南现在大局而论，为之从长通算，有不得不请买补之势。如常平原额无亏，捐积有备者，即有动用，存贮尚多，不足为虑，自应遵旨暂行停买。其原额存贮无几及全行动用无存者，仍应及时买补，但不得刻限月日，预定数目，且不拘豆麦杂粮，悉照市价收买"。所请与朝廷的要求非常吻合，自然得到了高宗的认可，朱批"原应因时制宜，岂可胶柱鼓瑟?"②

五月，署湖南巡抚蒋溥奏称，湖南地方"甘霖迭沛，秋成可望，米价势必日减"。他认为，"积贮为政治之要务，而停买乃一时之权宜。且湖南素称产米之乡，丰收之岁若不乘时采买，又未免有谷贱伤农之虑"。同时，各省不应有此疆彼界之分，如果此盈彼缩，自应即为接济，因此除将本省缺额仓谷先行买补足额外，并移知邻省，遇有欲行买补者即赴湘采办。对

---

① 《朱批奏折》，乾隆八年闰四月初六日大学士鄂尔泰等奏，档号：04 - 01 - 35 - 1124 - 020。

② 《朱批奏折》，乾隆八年闰四月二十五日河南巡抚雅尔图奏，档号：04 - 01 - 35 - 1125 - 007。

于弥补湖南本省缺额仓粮，高宗表示认同，于折中随文朱批"若果有收，此系应行者"。但对于移知外省前往湖南采买，则认为"此可不必。何则？邻省若果需米，彼自然求之湖南。若再开其端，恐今年一年之收不足供数省之求，而又为目下米贵之弊矣。此等识见，尚宜扩充"。①

八月，湖北巡抚晏斯盛提出，湖北常平仓谷麦等项共 756000 余石，内除节年粜给江南、福建等省未经买谷 112900 余石、本地粜借未买 209500 余石、赈济用去 114400 余石，以及房县参革知县案内未清谷 3730 余石外，现存谷 315800 余石，分贮各仓，"不惟无以备缓急之需，抑且明岁青黄不接之时尤不敷接济平粜"。湖北素称产米之乡，今年米谷有收，民食充裕，"若不乘时买补，则常平仓额不特终无补足之期，更且地方缓急将何资借"。以上各项中，粜给江南、福建二省，本地粜用各项，以及添贮案内未经买足之谷 255000 余石除已抵还外，尚应买谷 7500 余石，均应乘此秋成之时，在本地产米价平民有余粮之所及各市镇米谷聚集之地"分途购买，毋许齐集一处竞相收籴，亦不得与民争买，致使市价涌贵"。晏斯盛乘时买补额贮且不与民间争籴的做法，得到了高宗的高度肯定，朱批称其"所见甚是"，命妥协为之。②

同月，山东巡抚喀尔吉善具奏指出，山东省历年赈粜、运送直隶以及春夏减粜各案内未经买补谷约计 60 万石，"皆取给于常平等仓额贮"，而议捐案内新增之谷不过 3 万余石，"则亏额甚多，设有急需，乏粮支应，殊有关系"。喀尔吉善认为，上谕明确规定一概暂停邻省采买及捐监等项，但是本地买补并未叫停，"是本省买补额贮，原不在一例暂停之内"（按：此处朱批："是"）。"买补既不可缓，而议买之先后多寡诚如部议，又当视年岁之丰歉、市价之低昂、存仓之盈绌以为定准"。为此，除被旱歉收之州县以及本仓尚属有备不须急买者均请暂停买还外，其丰收价平处所应令道府州县卫动用原粜价银及时买补，照例造报，买还赈济运直谷石亦应分

① 《朱批奏折》，乾隆八年五月十八日署理湖南巡抚蒋溥奏，档号：04 - 01 - 24 - 0029 - 059。

② 《朱批奏折》，乾隆八年八月初三日湖北巡抚晏斯盛奏，档号：04 - 01 - 35 - 1126 - 029。

别采办。高宗亦朱批"所见甚是"①，明确表示支持。

从河南、湖北、山东等省的奏请看出，此前各地经营常平积贮的实际情况并不乐观，不仅捐监增贮没有实现，确保底线的各地额贮也很难得到满足，缺额几乎比比皆是，因此高宗对继续实施采买弥补额贮不足的陈请均予肯定，同时也向督抚们传达着强烈的信号：邻省采买和本色捐监虽然暂停，照常平原额足额积贮仍旧是各地官员的重要行政任务，而且各省督抚要视具体情况灵活实施采买，用乾隆九年高宗的一句话说，"从前所降谕旨，总在督抚大吏奉行之时，将实在情形筹酌妥办，其间因时制宜，原不可执一定之见"②。

第四节　采买与捐监存废之争

乾隆八年四月谕旨颁行后，在督抚们奏请继续买补原额仓谷的同时，以监察御史为代表的一批官员仍就米价上涨究竟与高额积贮是否有关、究竟是否需要废除采买和捐监展开了讨论。就在大学士、九卿等遵旨详议暂停采买、捐监具体实施方案期间，高宗相继收到协理河南道监察御史陈其凝、广东道监察御史李清芳两份折奏。尽管两位具折人身份相同，他们表达的观点却截然相反，为此高宗命大学士、九卿等一并详议具奏。

首先看四月二十三日陈其凝就捐监有名无实、采买有累民生、常平原额不可亏缺三个方面提出的一番主张。他将米价上涨的原因归结为"生齿繁而食口众""岁收歉而粮石少""采买多而存积寡"。由此，少米之省不足于供本地之用，产米之地更受搬运之累，米价日贵一日，而议者皆将米价上涨归咎于采买，"是采买之宜暂停"。本色捐监也没有发挥应有的作用，"各省生俊俱不愿在本省捐纳本色"。初定捐监增贮3200余万石，数年之久仅捐出600余万石，"可见人情之不乐于本省上捐"。即使此600余

---

① 《朱批奏折》，乾隆八年八月十九日山东巡抚喀尔吉善奏，档号：04 – 01 – 35 – 1127 – 002。

② 《清高宗实录》卷209，乾隆九年正月壬寅。

万石也仅有十之一二系由本生运谷上仓，其余大多仍是州县收捐折色后代为购买。因此，虽定捐监增贮，实际有名无实。原额共计 2800 余万石，"诚能各处之原额皆无亏缺，亦足以有备无患，正无取于减价、劝捐之虚文而究无济于实用"。为此，各省捐监之例应该"永行停止，虽丰稔之后亦不必议行"。全盘否定捐监增贮的同时，政府应该将关注的重点置于保证常平原额的有效、足额积贮上。"常平原额所关匪轻，旱干水溢何岁无之，而所以恃以平粜赈恤者专赖于此。今监谷既有名而无实，采买又实有累于民生，现在各省赈恤之州县甚多，则常平之原额亏缺者不少，亦不可任其亏缺，而当急谋所以补之"。陈其凝明确表示处理此事"实无善法"。他曾于乾隆七年十二月提出可以稍为变通，命地丁钱粮部分暂收本色以实仓储①，此时再提此法以供解决当前困局，否则"采买一停，积贮顿缺，亦非筹国之善经"。关于将地丁银两酌输本色是否有背高宗所虑米价昂贵本意，他辩解道，"停采买以平米价而不计仓储之虚实，则采买之法未可停，而停于一时者，终复行于异日。采买一旦复行，则米价之昂于歉岁者更将昂于丰年矣。今若变通银米以实仓储，则常平原额不致过于亏缺，将来丰裕之后稍稍买补，不过就本地之谷添本地之仓，而无庸邻省采买，以致产米之地亦受缺乏之累"。总之，"开源节流不可计之旦夕，非停采买不可以急救，而积贮之法不稍为变通，则采买终不可停"。②

四月二十六日，御史李清芳在分析古今办理常平积贮的差异后，认为米价上涨乃系官员奉行不善所致，反对停止捐监、采买，主张对买补、平粜及捐监办法加以改进。他指出，现在虽有常平之设，但其运作"与古大异"。具体而言，"其颁之也，并不减价，无异富人之粜卖；其敛之也，价值甫及时价一半，所与交易者非富人即商贾。富人、商贾利析秋毫，输官者既绌其值以亏本，卖民者必高其价以取盈。诚有如圣谕所云，诸臣奉行不善，非朝廷立法之本意者，无怪乎米价日昂而诸臣鳃鳃过计，因以买补

---

① 他的设计是，除仓储足额州县毋庸变通外，缺少之州县酌量地丁银数内除去畸零小户，自交纳一二两以上者为始，令其暂纳本色二三分，以作常平积谷，一二年间仓储足额，仍照旧条编交银。(《录副奏折》，乾隆七年十二月初六日河南道监察御史陈其凝奏，档号：03-0740-023)
② 《朱批奏折》，乾隆八年四月二十三日河南道监察御史陈其凝奏，档号：04-01-35-1124-012。

为病民也"。但是，如果"以奉行不善而欲将捐监、买补两停，似乎未可"。他认为，官仓积贮的主要目的是救灾和平价。如去年江南被灾，"若非素有积蓄，何以能支？天时难必，补救必筹十全，未可轻言停止"。国家设立常平制度，"在古者则为防伤农、杜糜费，在于今则为持权衡而益贫寡"，而现在有田者不耕，耕者多无田，故而"调剂在于积贮，积贮不容姑待。今年不积，留待来年，来年取用后将若之何？"李清芳指出，百姓贫富悬殊，"哀多益寡，父母斯民之责"，"治民无任其自然之理，立法有补偏救弊之方法"，应该"斟酌常平出纳之法，令其尽善，不惟不能长价，抑且可以平价"。为此，今后平粜可以分三种情况加以实施：被灾年份每石谷照时价酌减三钱，歉岁平粜照时价酌减二钱，平时存七粜三则照时价酌减一钱。另外，买补定例如系成灾及歉岁年份准其展限，"则是应买补之时，大概顺成年岁，谷价不至高昂也。贱粜贵买，其粜也在青黄不接之时，其买也在收成之候，其于原额必无亏缺。此所以买补必照时价而无庸豫定价值也"。至于本地纳谷捐监，系"取有余补不足，无关米价"，各省中四川捐谷最多，但未闻米价昂贵，此其明验。因此，可以仿照江西、福建二省之例减价收捐，或可"以监谷抵补常平缺额，停其买补"，他省准捐之时均可照此办理，则仓储不至空虚。①

鄂尔泰等大学士、九卿遵旨将暂停采买、捐监和两位御史所奏一起酌商。除坚持照此前上谕要求暂停采买而非永久停止，以及乾隆四年议准苏州巡抚张渠奏请，丰年平粜减价五分，歉岁减价一钱，七年关于平粜减价与买补谕旨（参见下文）实施平粜、买补外，关于陈其凝所请地丁兼征本色，"事属纷更，官民多有未便，且输谷有夫脚挑运之劳、仓胥勒索之弊，自不若交银之易，小民必不乐从"，而且民间所收止有此数，完纳正供之外必使民有余粟，则市贩流通，米价平减。如果漕粮之外再征本色，恐有妨民食，亦应毋庸议。关于李清芳所奏减价收捐问题，因各地年岁丰歉不一，地方情形各异，"势必不无更张，难以援引为

---

① 《朱批奏折》，乾隆八年四月二十六日广东道监察御史李清芳奏，档号：04-01-35-1124-016.

例"，且现在暂停捐监，如果恢复，恐有妨民食，亦毋庸置议。①

尽管暂停邻省采买和本色捐监已有定论，但是围绕采买和捐监的讨论一直没有停息，此后又有多位官员具折陈奏。五月，詹事府少詹事李清植对当前所行常平有违本意提出批评。他认为，现在所行，"其籴也，不问市价之上下，惟以满额为主。苟额未满，虽贵犹籴也，贵而籴则州县不无赔贴之累，商民或受勒派之扰。况地方所产止有此数，收于官者既多，留于民者必短，此处处以米贵告，而各省且纷然以原价不敷籴本为请"。李清植通过与以往对比，分析了当前买补、平籴问题频出的原因，在于对州县官员办理约束过严。关于买补，"康熙年间州县仓谷虽不及额，倘谷价现存，即不以亏空论，盖虑尽价收籴或致米贵"。后因不职州县"不恤民艰，只图自便，念以本色存仓既有晾晒之烦，又有霉烂之患，辄将仓谷过半易银，存价抵项，以致地方一时需谷无从措办"，一概要求实贮本色，否则严予处分，是以造成近来州县"奉檄买补，无不一意收籴，务期足数，虽赤子粃糠不给不顾"。关于平籴，康熙年间平籴价值、额数俱听州县随时酌量，有私弊者督抚访参，"未尝为之定价限额"，"盖市价朝夕长落，平籴之法当与为低昂，固难限以一定之价。且市价未平，即官籴未容中止，亦难限以一定之额故也"。此后为防止不职州县减报籴价以肥私囊，"或多卖谷石以苴别项"，设立了详请上司定价、限额之法，结果造成"虽市价已落，所籴不敢减分文之价；即市价尚昂，所籴不敢增担石之额"。

李清植认为，"立法惟提其纲，为政务存大体。州县之官皆朝廷所识拔而寄以百里之民命者也。其仓谷之敛散，敢于见小作弊枉法欺公者不过间有一二。此等如经督抚府道查发之时，自可重加处分，以蔽其罪。若因此而概预设疑心，羁以文法，则虽有慈惠之师、恺悌之长，亦皆动辄掣肘，不得展其四体，以布明廷之德政，臣恐所得者少而所伤于政体者良多也"。因此，"似宜修复本法"，将办理主动权下放给州县官员。"假如该处谷价每石以六钱为平，幸遇丰熟，石止四钱，准州县官以四

_____

① 《朱批奏折》，乾隆八年闰四月初六日大学士鄂尔泰等奏，档号：04 – 01 – 35 – 1124 – 020。

钱有半籴之。若市价渐长，则籴价与之俱长，至每石六钱即止不籴。倘遇歉薄，石直八钱，准州县官以七钱有半粜之，俟市价渐落则粜价与之俱落，亦至每石六钱即止不粜。凡价有长落，皆着随时申报，以便上司查访，事竣之后，册报粜籴确额，以凭上司察核。万一该处价贱而州县官挟自便之私多留谷价，少籴本色，与凡籴贱报贵、籴多报少、籴贵报贱、粜多报少者，责令该府道确行查揭，该督抚即行指参"。至于捐监，州县既买补常平，又收纳监谷，"则官谷益多，民谷益少，市价必致骤长，似当以折纳为便"。此外，李清植还对此前周学健就省折色收捐的建议表示支持，提出折纳银两各归本省藩司管理，偶遇灾荒，以银代赈。①

遵旨会议的大学士鄂尔泰等并未认可李清植所奏。关于买补，鄂尔泰等认为，九卿等曾经议覆多位官员奏请，令岁稔价平时酌量收买，"如民间购买者众，官即暂行停籴，不必如数取盈"。关于所请丰收准增价以籴，鄂尔泰等认可"乘贱召买，增价和籴，固为积谷之方，亦属恤民之事"，但是各地谷价情形不同，如果该处以每石六钱为平价，每石止四钱，准以四钱半之，"市价渐长，籴价与之俱长"。偏僻之地谷难销售，逼近水次则价易腾长，即一乡一邑之中，州县分头购买，"亦多迸出不齐之数"，"是平价既非一律，则酌增亦易致混淆，且既于平价之中因谷贱议增，又于增价之中随市价递长，恐有未甚减落而虚报减落者，亦有市价未长而捏称加长者。在州县耳目难周，胥吏滋奸，而逐地访查，逐日议增，亦殊非政体"。况且，各省额设常平2800万石，增定捐额3200万石，直省粮价昂贵，尚有未经足额之处，加以频年赈贷，均应买补，以后官为动项收买，自然不致伤农。如果陆续补额后岁丰价贱，小民迫欲出售，有应量行增值收买，督抚临时酌量奏闻办理，"亦未便先时请增"。总之，"法衷诸古而道贵因时，自应随时就事熟筹酌办"，因此李清植所请毋庸议。

关于捐监一项，此前高宗已多次训谕，经鄂尔泰等议覆。如果该处

---

① 《朱批奏折》，乾隆八年五月初三日詹事府少詹事李清植奏，档号：04-01-35-1125-016。

遇有赈恤动用捐谷，而于常平原额无亏，则毋庸买补。或有将常平原额全行动用者，令各督抚从长妥计，适当本地年丰价平，不拘定数陆续买补。捐监则遇丰岁捐米无碍民食，照原定应纳数目奏闻收捐。至于地方偶遇偏灾，除动给本地仓贮并拨动别属粮石外，如仍有不敷，准其银米兼赈，"原属一时权宜，是以定例内并无以银代赈之条"。各省办理赈务如需用银，库贮原可以部捐之项通融拨抵，不必将捐项改折移归各省。况且，现在已经奉谕暂停捐监，一遇丰收即可仍捐本色，不便轻议纷更，李清植所请应毋庸议。①

五月间，贵州道监察御史孙灏具奏，对暂停邻省采买和本色捐监谕旨提出了不同意见，并针对如何破解当前停采买和实仓储两种截然对立的难题，提出了银米兼赈和暂宽州县处分督促买补足额相结合的建议。针对谕旨提出的办理积贮原则，他从两个方面予以批评：一是"监例罢而常平仍不可急"。"如谕旨在罢捐监、存常平，则必有益锐于常平者，以为监例既停、增额既减，常平奈何弗急？不知捐谷几等空名，固未尝为谷病也，病谷独在常平耳。且常平但求足额，亦岂即为谷病政？惟其非一足而即止，一买而即止，日积月累，是以官民交困"。二是"邻省停买而本省尤不可急"。"如谕旨在停买邻省，是举尤甚者而言，则必有以本省为无伤者。不知本省谷多，惟江西、湖广、四川为然。江南、浙江谷虽多，犹藉邻省，如福建、广东、山西等省，则甚不足者也。今以邻省停买之故，尽返而趋于本省，而州县之采之多谷之家也，弊至无穷。若零收市贩则不敷，封截商船则愈扰也。争买邻省足以贵谷，争买本省亦足以贵谷"。

关于"停采买"与"实仓储"两种矛盾观点，"议救弊者曰必停采买，议积贮者曰必实仓储"。持"停采买之说"者认为，"夫米之自贱而贵也，以渐而长，则其自贵而贱也，亦必以渐而平，断未有二两一石之米不旬月而竟减为一两者，则亦断未有乍而停之、不移时而又买之，而米价即平于旦夕间者"。持"实仓储之说"者认为，"常平之法有粜有

---

① 《户科题本》，乾隆八年六月十五日大学士鄂尔泰等题，档号：02 - 01 - 04 - 13632 - 003。

赈，然后有买，赈即非常有之事，粜则每岁必有之事。假若一万石之米岁粜其什之三，今年停买，明年复然，是两岁而已缺其什之六也，又明年复然，是三岁而仓几空矣。如是而复买之，而尽买之害岂有极哉？"他进一步指出，"为今之计，欲使暂停之速效，势既有所不能，欲令采买之久停，事又有所不可，是非有术以通其变，而议采买则虑其多，议仓储复虑其少，议采买则惟恐其行之太骤，议仓储又恐其补之太迟，是两困之道也"。

如何解决当前的"两困之道"，孙灏表达了对李清植以银代赈之议的支持，认为"惟将仓储合算，而无偏于用银，即调剂采买之法"。他指出，"常平之设，赈粜兼需。粜必资乎谷者也，赈不必定资乎谷者也"。上年江南遭遇大灾，即是实行银米兼赈之法，其他均可照此办理。本地不足而他处可协济拨运。如仓储不敷散赈，则可先尽谷再用银，或将银谷分配凑给。甚不得已，全以银代，"亦非权宜之必不可通者"。关于李清植提出的康熙年间解决仓谷不足问题的做法，他认为，"今惟岁歉价贵，例得展至次年，而连荒则匮于本地，远购则困在邻封，聚谷适以贵谷耳。且如一州县之中，谷存至什之六七，则谷不为少；银存但什之三四，则银不为多。仓储诚不容缺额，而当此积困之际，参酌旧例，暂宽处分，仍督令陆续购足，纵非蓄积之完全，亦或补救之一术。况充类而言，银可代赈，原非无用。即粜不满数，犹无大妨，何者？持钱而籴，究非无钱，而升斗之为利尚小；藏谷于民，终非无谷，而困廪之在官则偏也"。他指出，直省所存3000多万石之谷，"固未至于无备"，即使偶有动缺，"犹有法以相济"。因此，"今日至切至要之务，惟力守一概暂停之圣谕，为米谷流通计，为委谷予民计，为使民自养计，而天下已受其福矣。若舍此别求他法，断无奇策可言，而纷纷之论愈讲求，而为术愈左者也。或又以为常平敛散得人，谷必不贵，故曰有治人，无治法。此亦徒托空言耳。天下州县千百，安得良有司如许，矧拘执文法不自为政也"。总之，常平积贮出现问题系奉行不善所致，"常平法之良也，采买之弊其人失也，暂停则救弊者也。法不可以不存，而无惑乎因噎废食之见；弊不可以不救，而弗泥于胶柱鼓瑟之谈。是则暂停采买，必责之奉行之人，宽以岁月，略予变通，而后积弊可转、实效可收也"。①

六月，福建道试监察御史胡宝琪具折陈奏，认为当前虽然暂停采买，但是"一时之累，采买可以暂停，而百世之利，仓谷不可以渐废"。他回顾了康熙朝以来对常平积贮的日益重视，反对用银赈济。康熙年间，"各处仓储有名无实，饬查则有银可抵，核实则颗粒无存，甚至以之交结上司，私权子母"。世宗"深知其弊，屡命大臣盘查，天下始知有仓谷"。乾隆初年以来，"加意整顿，益知常平等仓为要务"。然而，"今一闻停止采买，而诸臣又纷纷以赈银为便，恐不肖有司不知为一时权宜之计，遂误认为此后仓谷非国家所急，倘日渐废弛，旧习复生，关系甚大"。同时，胡宝琪对各省奏报的常平实在贮量表示了怀疑，直言各省岁底奏报存仓谷数共计3440万石有奇，"亦可谓有备无患"，"然每遇支拨，或无以应，臣窃疑之"，请求以后岁底奏报谷数，将管、收、除、在一一据实开明，有挂银挪借、拨动未补之项，"不得混入存仓实数"。此外，胡宝琪亦主张商贩自由流通、劝谕有粮之家粜卖等。②

同月，山东道监察御史沈廷芳提醒高宗应该保证常平积贮，请求将江浙地区的漕粮适当截留以充实缺粮地区仓储。他认为，尽管已经暂停采买，但"仓廪不可久虚，而救患所当预备"，现在地方"价值徒存于库，米谷不贮于仓，猝遇水旱，纵有汲黯之臣，势难徒手拯救"。去年江南水灾元气未苏，江西至今米贵，福建、贵州等地多有水旱灾害，最近江浙等地又遭水灾，"此数省仓廪赈济恐竭，顷既奉旨停止采买及捐监收米之例，其为空虚更不待言"。为此，他建议"于此而思仓廪之早备，莫如截漕之为上策"。③ 七月，工科给事中吴炜再次提出遇有灾歉应以银赈。他奏称，目前最急之患莫如米贵，"盖以各省米贵，人心皇皇，官民无措，而督抚束缚于定例之中，目击情形，不能展布"，"非大破其拘牵之见而有以权宜变通之，欲起沟中之瘠而登之衽席之安甚难"。他

---

① 《朱批奏折》，乾隆八年五月贵州道监察御史孙灝奏，档号：04-01-35-1125-032。
② 《朱批奏折》，乾隆八年六月二十八日福建道试监察御史胡宝琪奏，档号：04-01-35-1126-006。
③ 《录副奏折》，乾隆八年六月山东道监察御史沈廷芳奏，档号：03-0742-006。

将矛头直接对准了政府的采买行为，认为"数年来采买之仓储，即民生受病之由也。当日储蓄之意原以卫民之生，不期仓储未足而民病顿起。今民间之米谷已空，商贾之懋迁亦缺"。为今急计，"不必拘存七粜三之例，尽出而市诸民间"，如有灾赈，以银易米，酌给以一月两月，"不但免其仆仆道涂（途），且与以谋生之策"。他认同李清植赈济发银的主张，而且访之州县来京者，都以此为最便民，"盖以此官不扰而吏不侵，民不劳而治生之需胥得也。民既有钱，便可售米，则远近商贾俱于于焉而来矣。如此而来，价不平未之有也。"①

十一月，掌京畿道监察御史刘方霭针对采买病民提出，采买仅为维持原额积贮，额外增贮应永停买补。在他看来，常平原额2800多万石，"在康熙、雍正年间所资以备各省赈粜之用者，多历年所，从未闻有不给之虞，是常平原额之足以有备无患也审矣。自各省添补仓储，争先籴买，至使天下谷价处处昂贵，是采买过多之大不便于民生，其弊之显见者已若此矣"。暂停采买、捐监乃一时权宜之计，此后新增之600余万石亦归原额数内采买，难保天下谷价不昂贵病民。况且暂停捐收，自应仍照原定应纳数目奏闻收捐，将来收捐之数即系各处常平新增额数。增额愈多则粜赈之后买补有加无已，"谷贵病民之扰竟至无所底止，是奉行不善之又不免于将来"。与此同时，"产谷最多之省，每不足以给应买之数，且采买既多，谷价即昂，则所存有定额之价银，必不敷涌贵之价值，而采买不得不为中止，则亦徒使谷贵病民，而于常平增添之额终不免有名而无实也"。既然"从前原额之数实足以有备无患"，"常平原额固不可缺，允当奉为经制，以为不易之典"。直省督抚嗣后买补常平仓谷，其原额缺少者应照原额于丰稔之年买补足数，新增捐谷600余万石，"系在原额之外，似宜永停买补，以杜谷贵病民之扰于将来"。各省可照户部收银之例，不拘额数，听从民便。此项捐谷如果粜赈或协济动用，无庸买补。"如此则积贮可以增多，而买补则有定额，缺额之仓储不难以采买而充，平减之谷价不至以买多而贵，以谷贱妨农者收有余于官，即以谷贵病民者留有余于民"，天下

---

① 《朱批奏折》，乾隆八年七月初二日工科给事中吴炜奏，档号：04-01-35-1126-009。

咸受积贮备用之益。①

对于乾隆八年官员们的争论，邓海伦曾有积极评价，认为尽管李清植、吴炜等人并未使用诸如"市场力量""市场需求""有效需求"等抽象的概念，但是他们以最初步的方式表达了一个基本原则：本地百姓与商业谷物竞争的一种能力，依赖于它的购买力。② 而且，一种有意识地从粮食储存到发放货币赈济的转变，意味着对更加单纯地以市场为中心的救助政策的接受。③ 本书并不否认邓海伦研究的合理性，其中的确涉及了政府与市场关系的处理，而其更多以现代眼光和理念审视古人的所思所想，特别是拔高清人对市场作用的认识似乎是可打折扣的。对此还得回到常平积贮养民政治大背景下加以考察。

正如孙灏所言，一直以来围绕常平积贮，形成了停采买和实仓储两种截然对立的观点，"议救弊者曰必停采买，议积贮者曰必实仓储"，"欲使暂停之速效，势既有所不能，欲令采买之久停，事又有所不可"。经过乾隆八年暂停邻省采买和本色捐监，加之陈其凝与李清芳就是否停止采买和捐监进行争论，以及大学士、九卿等集体会议，最终得出的结论是，常平原额和增贮指标合并后的新额贮指标是经过各省督抚重新核实而且可行的，各地应该按照这一积贮目标加以推进，采买不能彻底废止，应该相机而行，捐监可以弥补采买的不足，同样应该予以合理保留。而这与乾隆七年以来高宗和大学士等针对布兰泰、徐以升、嵇璜、杨二酉等人"以为采买妨民，奏请停罢"而均未允准，并要求地方官员"因地因时，筹画酌办"，给予他们更多操作空间的思维逻辑和处理方式显然一脉相承。也就是说，尽管高宗一再要求各省督抚实力推进常平积贮，究竟如何有效办理，仍对地方行政的适应性和地方治理的灵活性予以了充分尊重和支持。遗憾的是，多年来地方官员并未照此而行，急于籴买成为了他们应对积贮压力的一种集体选择。为此，高宗和大学士等才一致认为，当前米价上

---

① 《朱批奏折》，乾隆八年十一月二十六日掌京畿道监察御史刘方蔼奏，档号：1128 - 004。

② Helen Dunstan, *State or Merchant？：Political Economy and Political Process in 1740s China*, p. 239.

③ Helen Dunstan, *State or Merchant？：Political Economy and Political Process in 1740s China*, p. 467.

涨，实际上是由于官员奉行不善、纷纷争籴所致，应该暂时停止，以放缓地方采买步伐，缓解米价上涨趋势。这被作为了此后一段时间内高宗君臣办理常平积贮的基本原则。

另外，邓海伦还认为，参与讨论的官员之间存在着千丝万缕的联系，如卫廷璞与徐以升系同年，吴炜与孙灏系同乡加同年等等。他们在以同样的方式去努力捍卫从事粮食贸易的商人们的利益。因为，他们的市场份额遭到了来自扩大政府拥有量的活动的威胁。[1] 虽然不可否认他们之间存在着某些联系，而从整体看，这一时期以言官为主角的讨论，在较为一致地批评额外增贮和争籴行为之外，官员们的观点也存在明显差异，如李清芳、胡宝瑔等多位监察御史即赞成积极实施采买，陈其凝、孙灏、刘方霭等虽指责采买病民，但仍坚持原额采买应该继续进行，故而仅就一些官员存在某种联系就断定他们的意见代表着一种共同的利益倾向，不免有以偏概全之嫌。

第五节　明确"应买则买，应停则停"

高宗暂停邻省采买和本色捐监的上谕一经颁行，在地方引起了巨大反响。一方面，采买压力减轻，地方官员感到如释重负。正如多位官员所声称的，"嗣奉上谕停止采买，深合州县之愿"[2]，"诏下两月，万口欢呼，颂圣鉴之至明"[3]，甚至有的声称"近年谏臣亦陈请纷纷，幸赖圣断直下停止之诏，万姓胥庆更生，而受病之由可以顿除"[4]，认为停止采买、捐监就可以马上解决米贵问题。高宗阅完臣工们的奏章，似乎应该明白近些年自己苦心经营的大规模常平积贮在地方推行过程中的真实境况。当前政策进行

---

① Helen Dunstan, *State or Merchant?: Political Economy and Political Process in 1740s China*, p. 470.

② 《朱批奏折》，乾隆九年四月十二日署理兵部右侍郎雅尔图奏，档号：04 - 01 - 35 - 1129 - 034。

③ 《朱批奏折》，乾隆八年五月贵州道监察御史孙灏奏，档号：04 - 01 - 35 - 1125 - 032。

④ 《朱批奏折》，乾隆八年七月初二日工科给事中吴炜奏，档号：04 - 01 - 35 - 1126 - 009。

一些临时性调整，就在朝廷和地方产生了如此大的反应，竟然被称颂为皇帝的"圣明"所在，足见常平积贮给州县行政带来的问题之多和压力之大，也足见地方官员对常平积贮的反感和抵制如此强烈。

另一方面，本来为缓解粮价上涨压力而采取的暂时停止邻省采买和本色捐监的政策，在各地执行过程中再次因地方不实力奉行而走入歧途，一些多年来疲于应付的督抚和州县官员，竟然有意曲解谕旨之意，乃至将应行买补之项全部搁置了下来，地方常平积贮因此面临着空虚无粮的危险。这种带有倾向性的现象，已经触及常平积贮养民政策的根本，引起了高宗的密切关注，乾隆九年（1744）正月即通谕各省督抚督促州县官员仍要根据本地情形相机买补。

谕旨再次强调了朝廷办理常平积贮的道义所在，即"积贮民食所关，从前各省仓储务令足额，原为地方偶有水旱，得资接济，是以常平之外复许捐贮，多方储蓄，无非为百姓计。后因籴买太多，市价日昂，诚恐有妨民食，因降旨暂停采买，俾民间米谷自相流通，价值平减，亦无非为百姓计也"。也就是说，推行积贮的本意与暂停采买的初衷是完全一致的，均是为了百姓生计着想。令高宗担忧的是，这种被他视为出于养民道义而推行的重大举措，在地方行政实践中却得不到督抚以及州县官员的充分理解和响应，甚至公然轻慢、懈怠。上谕严厉训斥了地方官员的懒政和不作为："乃近闻各省大吏竟以停止采买为省事，州县等官又多素畏积谷之累，因而仓贮缺少。不思常平之设，不特以备荒歉，即丰稔之年，当青黄不接之时亦得藉以平粜，于民食甚有关系。从前所降谕旨，总在督抚大吏奉行之时，将实在情形筹酌妥办，其间因时制宜，原不可执一定之见。今因有停止采买之令，遂任仓谷缺少，置而不理，一处如此，各处效尤，将来必致粜借无资，又似昔年仓谷有名无实。如此因循固非设立常平本旨，又讵朕停止采买之本意乎?"针对地方行政中存在的惰性和错谬，高宗再次强调了灵活采买原则："务须斟酌地方情形，留心办理，应买则买，应停则停，总在相机筹画，不可胶执定见，希图省事，以副朕轸念民食之至意。"①

上谕的意旨，在于催促各省督抚继续积贮采买，同时也担心各地争相

---

① 《清高宗实录》卷 209，乾隆九年正月壬寅。

籴买造成米价上涨，因此希望各省督抚经营常平积贮时能够兼顾积贮和民生双重利益，特别是要把握好分寸和火候，相机筹划，斟酌办理，依据实际情况灵活买补，确保仓储有备和米价平稳二者的协调与平衡。这种办理积贮采买的逻辑，同此前高宗和朝廷大臣讨论得出的结论亦是完全统一的。

那么，此后各地执行情况如何呢？诚如乾隆九年（1744）四月署理兵部右侍郎雅尔图所言，"地方有司视仓谷皆为畏途，往往有虚报实贮折银交代者。自有谷贵缓买之例，州县已多推卸。嗣奉上谕停止采买，深合州县之愿，后奉谕旨，各按地方情形，应买应缓，相机筹画，仍恐讬故延挨，终无裨益，现在仓谷业已大半空虚"。① 八月，山东巡抚喀尔吉善奏称："查东省仓谷频年动用，缺额不少，即常平项下籴价贮库缓买者颇多。"② 乾隆十年（1745），广东巡抚策楞向高宗反映，一些州县官员，"图一时之便安，谷不实贮在仓，惟留价银贮库，偶遇升迁事故离任，为亲属侵分，致成亏空，而年来以此参追者亦在在有之。此皆道府平日盘查视同故事，而上司并无废口册籍，遂致散漫无稽耳"。③ 对于策楞反映的问题，高宗随即命各省督抚照策楞所奏各款查明据实回奏。

大部分督抚对此给出了否定的结论。据他们陈述，各省作法大致是，应存仓谷实贮在仓，籴价贮库则出结具报，或提解司道府库，并无亏空。如苏州巡抚陈大受奏报，江苏"存价之弊，各处所不能免，惟在上司不时督察，遇应买之时，即勒限饬令买补。倘或价昂停止，必将银两存库。节年以来，凡值麦秋收成之后，臣俱通饬所属，将所存籴价随时买补，并经节次奏明在案。上年淮、扬、徐、海等属买存麦十余万石，秋间通省又买谷二十余万石，其余存价应俟本年再为酌量买补。至州县存贮谷石，与所存籴价俱系分晰通报上司，可以按册查核，并无存价而捏报贮谷者"。④ 河南巡抚硕色称，河南出籴仓粮"俱系先将应减价值详明，仍按五日一次，

---

① 《朱批奏折》，乾隆九年四月十二日署理兵部右侍郎雅尔图奏，档号：04 - 01 - 35 - 1129 - 034。

② 《朱批奏折》，乾隆九年八月三十日山东巡抚喀尔吉善奏，档号：1131 - 007。

③ 《朱批奏折》，乾隆十年二月二十七日署理广东巡抚策楞奏，档号：1132 - 033。

④ 《朱批奏折》，乾隆十年五月初十日苏州巡抚陈大受奏，档号：04 - 01 - 35 - 1133 - 001。

将籴价各数目开折具报。停籴之日又将所籴总数及封仓日期报明，价银暂存库内，待至秋成买补。倘遇歉薄价贵之年，亦必详明访确，准其暂停采买，仍将价银提解府库存贮，俟价平应买之时交发采买，而各州县既不得存留谷价，即偶遇升迁事故离任，自不致有亲属侵分之弊"①。两江总督尹继善等奏报，安徽省"如有以籴价贮库者，非因岁歉停买，即系未届秋成，各将籴价弹兑接收，出结具报"，并无广东省之移新作旧、私相折价侵亏等情弊②。闽浙总督马尔泰等奏报，福建省"应存仓之谷则皆实贮在仓，并无存价之事"，"至于积存谷价，节经提解司道府库收贮，各属员无从侵那，致成亏空"。③

　　然而，督抚奏折文本对各地积贮形势的反映是有水分的。乾隆十一年（1746），高宗在命督抚留心积贮的上谕中即指出："各省积贮原以备地方荒歉之用，赈恤、平籴俱仰资于此，而地方官每以仓贮足额为畏途，惟以年来米价昂贵恐增时价为词，是以各省有未即购买者。即如江南淮、徐、海三属贮价甚多，平时并不买补。朕念此三属乃时常被水之区，积贮尤关紧要，已谕令在所属丰收之地采买。其他贮价未买者，自不独江南一省。"④ 高宗非常明白，各地根本就不愿意将大量粮食储存在仓，或仅存价银待买，或请求增加采买价格，仓储空虚仍是一个比较普遍的现象。

　　不过，即使不断要求各地相机采买，高宗推动常平积贮关注的重点仍发生了微妙变化，即在政府采买与本色捐监二者之间，更青睐于与市场直接关系较少的本色捐监。正如乾隆九年复开各省本色捐监之例（参见本章第六节）时所言，"盖米价之贵，贵于官买，不贵于捐监。官买则商民闻风增长，或吏胥作奸舞弊，往往至于累民。若捐监则各出其有余以输之官，于市价原无关碍。是外省多收监谷，采买即可以久停，于仓储、民食两有裨益"。⑤ 也就是说，如果本色捐监执行得比较理想，甚至可以将采买

---

① 《朱批奏折》，乾隆十年五月十五日河南巡抚硕色奏，档号：1133－005。
② 《录副奏折》，乾隆十一年二月两江总督尹继善、安徽巡抚魏定国奏，档号：03－0746－004。
③ 《录副奏折》，乾隆十年六月十五日闽浙总督马尔泰、福建巡抚周学健奏，档号：03－0745－032。
④ 《清高宗实录》卷270，乾隆十一年七月丙午。
⑤ 《清高宗实录》卷211，乾隆九年二月癸酉。

彻底叫停。而到乾隆十年，在官员们围绕各省是否继续实施本色捐监进行激烈讨论之时（参见本章第六节），七、八月间各省收到了一份户部咨文。文中声称，户部已经向高宗奏准，各省平粜米谷例系秋成买补还仓，但各省因价值低昂不一，是以有全行买补贮仓者，亦有买补不足咨请展限者。"今捐监已归各省收捐本色，弥补仓储，渐次充裕，即有缓急，谅足敷用，则各省存贮平粜价银即可停其采买"，随机行文各省查明未买实存银两数目，"务于今岁造报，冬拨之前另册详细造报，以便酌筹办理"①。户部之意在于，恢复本色捐监能够有效弥补仓储不足，则采买可以全面停止，甚至将粜价全部解交户部另作他用。看来户部官员明白了高宗对待采买和捐监的不同态度，即采买可停，依靠本色捐监弥补缺额。但是，户部所为又有失之简单之处，因为他们并未顾及到地方实际，特别是并没有重新合理预估本色捐监的实施效果，便一刀切式地要求各地彻底停止采买。

户部咨文发出，很快遭到了一些言官和督抚的反对。御史万年茂即认为，"再四紬绎，虽未深晓部臣之意，但据称停其采买，将实存银数于冬拨之前报部，臣愚鳃鳃过虑，窃恐即以此项银两为拨充兵饷之用，将来仓廪空虚，所关非小"。他主要考虑到停止买补，则按存七粜三，每年平粜，则两三年即粜尽无谷，加之现在江南、山东很多省份仓储亏缺甚多，半属存银，以及"州县不乐积贮，希图省事，部文一到，即实行贮仓者亦必尽数粜卖，以备拨给之用"，恐怕不到三年则常平已废。户部声称各省捐例收捐本色，即可弥补仓储，然而"收捐本色所以补仓储之缺数，非可借以抵仓储之现数"。现在收捐本色无多，即使按照折色收捐核算，亦续十余年方可补足常平原额。况米价日增，收捐难以弥补。因此，如果拨用之事果真存在，请求高宗命原议大臣"别求款项，以资筹酌，常平原款仍行买补还仓，无令丝毫轻动，以备直省缓急之用"。高宗遂命大学士等会议此事。②

随即多位督抚亦具折上奏，反映各地办理积贮养民困难情况，请求将

---

① 《朱批奏折》，乾隆十年八月十六日苏州巡抚陈大受奏，档号：04-01-35-1133-038。
② 《录副奏折》，乾隆十年监察御史万年茂奏，档号：03-0339-046。另参见《朱批奏折》，档号：04-01-35-1186-042，此为残档。

粜价仍旧留存本省以供采买之用。苏州巡抚陈大受指出，各地因价昂暂停买补及本年平粜价银，"俱系仓储原额，并非逾溢之数"。而收捐自上年秋至今，所收不过 20 余万石。本年夏受灾之邳州等州县 "需用米谷之处甚繁"。如果将价银停止采买，"仓储颇多悬缺"。江苏各地除淮、徐、海三属收捐较多，然均被水灾，投捐之人必少，来岁收成难料，而其余各处本年有望秋收丰稔，应仍饬令地方官将平粜价银相机陆续采买，不必停止。高宗表示认可，朱批 "是。应因时办理者"。① 奉天府府尹霍备直言，"仓粮国储所关，民食攸系，定额不可有缺，则采买不便遽停"。他认为，奉天和其他各省情形不同，各省停止采买，捐监谷石存贮在仓，"已于原额有盈无绌"。奉天自乾隆三年开捐本色，到乾隆八年停止，"仅有捐监二十二名"。乾隆九年开捐本色一年有余，"尚无一名报捐"，"是欲收捐本色弥补仓储，势难望其充裕"，而且从前因各州县地方大小以定额贮多寡，自十万至二万不等，而每年额征地粮无几，加之水灾赈济、频年平粜，"每多缺额"，"惟俟年丰价平，逐渐买补还仓"。如果一旦停止买补，且 "捐谷之弥补无期，征收之积贮有限"，如须平粜、赈济，"仓储无多，何能接济"。经过与属员酌商，现在仓粮足额毋庸买补者将粮价造报户部，原额数目尚属亏短应行买补者，即乘丰年动用粮价陆续购买，不敷之处可通融拨补，务期有备无患。接奏后高宗命户部议奏。② 两广总督策楞奏称：广东各属从前积贮本属丰盈，后因连年歉收，米价昂贵，"地方官乐于省事，亦或借此延捱，遂致有粜卖而无买补"，造成通省缺额谷积累至 62 万余石。上年曾经奏请督促买补 246500 余石，尚有 378000 余石，原拟本年筹补足额。虽然奉文后应遵例办理，但是琼州府产米不敷，青黄不接米价倍昂，"惟藉官仓积贮充盈，始为有备无患"，且本地开常平事例以来，"报捐之人甚少"，有些地方甚至 "有全未收捐者"。如果将采买停止，则 "本地仓储空虚，缓急无以接济"，酌拨他处也特别困难，因此仍应继续采买贮仓。高宗朱批则称："此事又经人条奏矣。若缺谷多

---

① 《朱批奏折》，乾隆十年八月十六日苏州巡抚陈大受奏，档号：04－01－35－1133－038。
② 《录副奏折》，乾隆十年九月二十二日奉天府府尹霍备奏，档号：03－0745－045。

而价又平，则仍宜补额，不必拘于部议也。"① 安徽巡抚魏定国奏称：安徽通省额贮米 100 万石，除旧存数目外，请捐米 552000 余石，"各属平粜价银即在原额旧存数内，并非逾溢之项"。而且题请捐米又赈缺续请捐补 77000 余石，两项合计捐米 629000 余石。然而乾隆九年奉文开捐一载以来，捐米仅 6 万余石，"即就应捐之数缺额已多"，"若再将粜价造拨议捐，窃恐仓贮虚悬，缓急莫恃"，兼之本年多个州县被灾，已经题明银米兼收，不仅今冬动赈尚须预备，来年春粜即应采买，"更难以坐待投捐"。因此，与两江总督尹继善会商一致，请求平粜价银仍留本省乘时买补。对其所奏，高宗明确表示认可，朱批"是。自应如是办理者。"②

至于大学士、户部等如何会议万年茂等所奏，笔者未能找到相关档案资料。但是，通过以上朱批文字提出的办理原则，加之此后颁行的要求各地继续实施采买的相关上谕可以看出，高宗也认为应该依据各地实际，将粜价留在地方先就各地买补缺额之用，而非将其解交户部。即如乾隆十一年七月所谕："今岁丰收之处尚多，正宜趁此时留心筹画，豫为仓贮民食之计，俾不至谷贱伤农。但必以本地之谷补本地之仓，恐收成分数不齐，产米多寡不一，或因一时采买，米价又致昂贵，有妨民食。著各该督抚酌量所属地方情形，有二麦既丰而秋成又稔者，动拨历年所存谷价分路采买，亦不必迫期足额，务须妥协办理，使仓储可以渐充，而米价不至增长。"③ 显然，遇到地方年丰价贱之时，高宗仍在要求各地动用历年存价积极实施采买，同时还不厌其烦地强调要把握时机，不可急于采买，有碍民食。

综上所述，乾隆八年四月以来的暂停政策被再次调整，其中乾隆九年二月决定恢复并要求各省大力推行本色捐监（参见本章第六节），此时又明确了地方官员仍应实施灵活采买，可以说作为推行常平积贮养民的两种最重要方式，采买和捐监在几经挫折之后已经全面恢复。当然，

---

① 《朱批奏折》，乾隆十年九月二十八日两广总督策楞奏，档号：03-0745-053。
② 《朱批奏折》，乾隆十年十月初八日安徽巡抚魏定国奏，档号：1134-013。
③ 《清高宗实录》卷 270，乾隆十一年七月丙午。

二者之间，高宗更希望以本色捐监作为首选积贮足额之法，从而可以绕开政府采买，避免各地争籴病民。然而，事情似乎没有高宗想象的那么简单，地方办理积贮的很多问题并未得到全面纠正和解决，本色捐监恢复后依然没有实质推进，争相籴买继续在地方上演，各地米价仍在不断上涨，日积月累形成的矛盾和问题，成为乾隆十三年关于米价上涨问题大讨论及其政策全面调整的重要前提。

第六节　捐监 "半属有名无实"

前文有述，暂停采买、捐监谕旨颁布后，大学士、九卿对捐监事宜进行了会议。他们提出，各省捐监收米，应酌量地方情形，"遇丰岁捐米，无害于民"，仍可照原定应纳数目收捐。同时，对御史李清芳所奏各省俱照福建、江西例，每名以 200 两收捐，而且此二省业已通行，不可中罢等请求，认为仍应执行 108 两的报捐标准，更何况 "各省捐例俱已暂停，未便于此二省不行停止"①。最后，高宗决定江西、福建继续试行一年，其他省份照会议结果而行，地方本色捐监被暂时叫停，户部折色报捐同时恢复。②

由于高宗君臣日渐注重积贮必须兼顾民生所需，故而采买、捐监被置于确保粮价平稳、"无害于民"的前提之下，已不再作为各省确保仓储丰盈而无论丰歉必须执行的硬性任务，停止捐监和采买也主要限制在了米贵地区。如乾隆八年（1743）七月，江西巡抚陈弘谋疏奏变通采买捐监事宜，高宗认为："捐监之例，江西未停，且停止采买原指米贵之处而言。江西今岁有收，原可补足仓额。若照所奏，恐滋纷扰，不必。"③ 同月，四

① 《清高宗实录》卷 189，乾隆八年四月己亥。
② 此时还有一种意见，以为地方赴部报捐路途遥远，"实多未便"，大多委托 "惯走京师之人" 代为报捐，往往被人包揽，"辗转剥削"，以至于有力之人 "虽有观光上进之心，每以所费不赀观望中止"，于备荒和造就人才两无裨益，因此可以将折色捐监之例通行各省，即在本州县照部定 108 两之数上捐，但是并未得到允准。（《朱批奏折》，乾隆八年五月初三日浙江道监察御史薛澍奏，档号：04-01-35-0619-015）
③ 《清高宗实录》卷 197，乾隆八年七月。

川巡抚硕色因川省年岁丰稔，粮价平贱，奏请捐监收米补足前项缺额。高宗同样批示："停止采买，原恐米贵。川省有米，自应如是办理。"① 而对乾隆九年两江总督尹继善所称，江西捐监收谷一年限满，"现在报捐者尚源源而至，至年底约可得谷二十万石，则本地收捐之有益仓储、有济民食已有明验"，高宗也予以了支持："该抚既称有益仓储，有济民食，著再行一年请旨。"②

江西办理捐监收谷行之有效给高宗留下了深刻印象，加之乾隆八年暂停采买、捐监并没有使米价腾贵形势得到缓解，粮食价格依旧逐年递增③，为继续推进常平积贮，防止出现仓储入不敷出，高宗决定全面重启各省本色捐监。乾隆九年（1744）二月谕曰：

> 从前因采买过多，市价昂贵，是以降旨停止。今停止已及一年，各处米价总未能平减如常，揆厥所由，米价之贵原非一岁骤长，自不能一时骤平，盖奸商狡猾之故智犹存，而百姓图获厚利之积习未改也。夫采买既有妨于市价，而仓储又不可以虚悬，虽令各督抚按地方情形应买则买，应停则停，相机筹画，不得胶执定见，但年丰岁歉不齐，即随时零买，恐所入不抵所出，终非经久之计。朕思欲停采买而使廪积仍不至有亏，惟有复开外省本色捐监之例。盖米价之贵，贵于官买，不贵于捐监。官买则商民闻风增长，或吏胥作奸舞弊，往往至于累民。若捐监则各出其有余以输之官，于市价原无关碍。是外省多收监谷，采买即可以久停，于仓储、民食两有裨益。若在户部收捐，发银各省籴谷，仍是未停采买也。著将户部捐银之例停止，其各省捐监生俊，俱令于本地交纳本色。至捐监谷数，从前所定不无过多之处，今照各省时值酌定其谷数。如江南每监生一名捐谷二百二十石，

---

① 《清高宗实录》卷197，乾隆八年七月。

② 《清高宗实录》卷209，乾隆九年正月己亥。按：乾隆十年五月户部议准"江省现在捐监常平仓谷足以备赈，捐例于本年十月已届限期，应如该御史（按：指葛德润）所奏，照原议停止。"（《清高宗实录》卷241，乾隆十年五月辛卯）

③ Helen Dunstan, *State or Merchant?: Political Economy and Political Process in 1740s China*, p. 264. 邓海伦对尹继善、陈弘谋在江西办理捐监情况及其思想内涵的具体研究，参见该书第262—268页。

今江南米价时值一两七八钱不等，若照例收谷二百二十石，则值银一百六七十两，捐者仍必观望不前。今应照数减二，每谷一石酌以六钱计算，每名收谷一百八十石。如将来谷价平减，该督抚具奏到日，仍照旧例收捐。其各省如何照此酌减，并官吏需索勒掯等弊如何严行查禁之处，著该部即速妥议具奏。①

此时捐监似乎又回到了乾隆三年开捐时的轨道上来。不同的是，现在并非将捐监与各省大规模采买同时进行。从上谕"若捐监则各出其有余以输之官，于市价原无关碍。是外省多收监谷，采买即可以久停"的表述来看，高宗明确了再次恢复本色捐监的真实用意在于绕过政府采买，以本色捐监代偿政府采买以实现增加常平积贮，因为动用政府力量公开运作米谷交易，将会导致奸商作梗，哄抬米价，影响市场的稳定，且多年来已饱受非议，而本色捐监原旨是"以本地富户之有余，济本地贫民之不足"②，政府并不直接与市场环节发生关系，从而避免政府行为妨碍民生所需。

根据上谕精神，江苏、直隶等各省督抚纷纷具折请求变通捐监标准。江苏巡抚陈大受奏请减二收捐且米谷、粟麦一并兼收。③ 直隶总督高斌指出，"从前捐监事例，原定纳谷之数，今宜酌为变通，但总不出通省减二之例"，且请改米麦兼收为专收粟谷。④ 户部议准署理两江总督尹继善、署安徽巡抚准泰所奏，徽、宁二府歙县、休宁等六县，"地处山僻，米价较昂，须照减定之数再行减二"，且粟谷、米麦兼收。⑤ 湖南巡抚蒋溥提出，"各省捐监谷额，业经奉旨酌减，请将湖南省各项捐监谷石悉减一五收纳"。⑥ 时至乾隆十年七月，户部依据上谕要求对各省酌减标准会议后，普遍下调了各省报捐条件，其中江南减二收捐，江西、福建前已酌减毋庸再议，四川减一收捐，奉天等省酌减一五收捐，直隶、山东减二收捐，仍俟

①《清高宗实录》卷211，乾隆九年二月癸酉。
②《山东布政使乔学尹为请准山东捐监本折兼收一年事奏折》，《历史档案》1992年第1期。
③《清高宗实录》卷216，乾隆九年五月辛卯。
④《清高宗实录》卷219，乾隆九年六月辛未。
⑤《清高宗实录》卷225，乾隆九年九月丙申。
⑥《清高宗实录》卷237，乾隆十年三月辛丑。

米价平减即照旧例交纳。①

此外，山东省还提出了暂行本折兼收的请求。乾隆九年五月，山东布政使乔学尹奏报，东省虽经特旨减二收捐，然而自乾隆三年开捐以后，仅报捐谷 13900 余石，"不特歉收之地无人报捐，即年丰之处亦属寥寥"。究其原因，"或因年来水旱不齐，产谷无多，或因毗连灾属，粮价昂贵，又或以陆路辇运维艰，以故功名念切，终于裹足不前，即令减二收捐，恐亦观望如故"。乔学尹指出，山东省捐监一名需谷 180 石，照现在谷价计算，约需银一百七八十两不等，较之部定 108 两之数大相悬殊，是以山东生俊"不惮千里跋涉，赴部投捐者接踵而去，本省报捐者竟无其人。此中多寡之数、难易之分，彼盖筹之审矣"。既然本色捐监"旷日持久，有名无实，孰若改收折色，可以应时接济之为愈也"，如此则荒歉之年"市集不乏米粮，而穷饿之民有银即可谋食。凡遇赈恤之条，如其仓储不敷，类多银谷兼赈，民甚称便。是收银与收谷缓急实可通融，藏之在库，贮之在仓，其效一也"。江南被水地区办理捐监，也有折色之谕。现在山东被旱、被雹已有三十余州县，"若尽仰给于公家，恐亦不能常继，似须早为筹画，方免临时周章"，为此请将山东捐监谷石 725380 石，照户部捐银之例，每石折银六钱，每名折收银 108 两，作谷 180 石，每石仍收建仓、铺垫、饭食银五分，廪生等依次办理，一体改收折色，只许本省生俊报捐，一年期满停止，仍收本色。②山东巡抚喀尔吉善亦称，"自开捐以来，仅捐谷一万三千余石，计算不及百分之一，虚额甚多，报足无期"，特别是经过七、八等年偏灾之后，"报捐仍属寥寥"，③因此提出山东应该本色、折色兼收。让山东官员感到兴奋的是，乔学尹的奏请最终得到了朝廷的支持，同意暂行本折兼收，限满即行停收折色，仍照本色收捐。④

与此同时，随着全国粮价日渐腾贵，从根本上变革捐监制度的议论也越来越多，其中以署理湖广总督鄂弥达为代表，批评最为尖锐。乾隆十年

---

① 《户科题本》，乾隆十年七月二十五日大学士讷亲等题，档号：02 - 01 - 04 - 13938 - 014。
② 《山东布政使乔学尹为请准山东捐监本折兼收一年事奏折》，《历史档案》1992 年第 1 期。
③ 《山东巡抚喀尔吉善为议复全省捐监谷石现定总额应否加增事奏折》，《历史档案》1992年第 1 期。
④ 《户科题本》，乾隆十年七月二十五日大学士讷亲等题，档号：02 - 01 - 04 - 13938 - 014。

（1745）五月，鄂弥达具奏，提出了"就地捐谷，实不如就地捐银之便"的主张，并对大量增加仓储的思想表示质疑。首先，"仓贮之丰裕，莫盛于我朝，我朝之仓贮，莫广于今日"，即有赈粜之需，足以接济，偶遇偏灾，邻省皆可协运，又可截留漕粮，"国家之积储，洵属有备无患"。通计天下漕粮起征耗米 400 余万石，常平额储 2800 余万石，若再增贮 3000 余万石，"诚恐买贮日多，谷价日腾，未获贮谷之利，已滋谷贵之累。若谓民有余粟，不知撙节，或致糜费，但今日谷价之利，倍于百货，民之藏谷，比于藏金，万无弃为壤砾之事。贮之于官，贮之于民，一也；不粜于官，则粜于民，理也"。其次，自乾隆三年至乾隆八年，各省"赴捐者殊属无几，且有一县并无一人者"。湖北自上年议减一五以来，"纳谷者竟属寥寥"。各省捐监的失败在于"银有定数，谷无定价"，部例捐监标准 108 两的标准，"有必不能准照无差者"，加之"州县官畏惧霉烂，额贮之谷尚且日抱隐忧"，故而生俊不肯踊跃，州县官亦难实力奉行。再次，"捐谷、捐银皆以为民。新贮之需谷既多，则额贮之买补愈难"。"今天下之民，豪右田连阡陌，编氓几无立锥，富者日富而贫者日贫，乃太平时节之所必至，而亦别无裒多益寡之法"，唯有捐监可以以羡补乏。捐银还可以解决自耗羡归公以来地方议修城工、拯恤灾伤、赡给孤贫、兴修水利等无银可用的难题。所捐之银，可分贮各州县库内，按季逐级上报，所收之谷则留为各处平粜，粜银贮库，毋庸买补。高宗命大学士及户部议奏。①

　　紧随其后，广东道监察御史李清芳对鄂弥达的奏请表达了不同意见。他认为，"采买之例既停，监谷者所以通其变也。监谷与常平虽属两事，其实相成也"。如果监谷纳银且粜出者不用买补，行之数年，常平制度将会废弛。如果积贮空虚，一任富人居奇，恐青黄不接之时，穷民将无所倚赖。关于歉岁赈银，他认为，富户抬高米价，"是小民受朝廷十钱之惠，而不得有二三钱之用也。设或荒歉不止一处，购买无门，又将何以处之乎？"李清芳不同意"天下之谷只有此数，在官多则在民少"的说法，并以福建为例予以驳斥。福建没有捐监时米价腾贵，而此两年既

---

　　① 《署湖广总督鄂弥达为请改各省捐监交纳本色为交纳折色事奏折》，《历史档案》1992 年第 1 期。

有捐谷之例，纳谷者甚多，米价却大为平减。至于鄂弥达所谓州县视储谷为畏途等语，他认为此事在于"督抚加意体察，若因是而废积贮，是惩热羹而吹齑也"。不过，他同意鄂弥达"银有定数，谷无定价"，各省不能按地按时确核米价的观点，认为如各省能照时价斟酌办理，则"捐者必不至寥寥"。对于官员之间产生的明显分歧，高宗命大学士等一并议奏。①

大学士等对鄂弥达折色收捐和李清芳按照时价收捐的意见分别予以议驳，并得到了高宗的认可。关于折色收捐，大学士等支持李清芳的反对意见，认为"采买既妨市价，而仓储不可虚悬，是以停户部捐银之例，令生俊于本地出余粟以报捐，庶仓储渐充而市价不昂。署湖督陈请更易，殊与停止在部捐银之原议不符。且一概准收折色，不特仓储难期足额，一遇歉岁，必致赈粜无赀。纵动支库银购买，在本地市价既腾，在邻封亦转运不易，均于民食有碍。况捐监已收之谷，皆属额贮之项。若粜后不行买补，仓廪既空，小民何所倚赖？应如该御史李清芳所奏，将署湖督鄂弥达陈请易银之处毋庸议"。关于按照时价收捐，大学士等以捐监政策已有调整，不便轻易更张为由予以否决。他们认为，"各省生俊应捐谷数，俱系督抚按各地时价之贵贱，定应捐谷数之多寡，题覆准行。嗣因各省谷价渐昂，复于原捐数内酌中核议，减一以至减二，较原定谷数已轻。若因报捐人少遽改，倘将来复有贵贱不齐，势必又议更张，殊多未便。所有该御史李清芳奏请令督抚斟酌时价得中奏准办理之处，亦毋庸议"②。

七月初六，江苏布政使安宁亦就捐监事宜密奏。他首先分析了州县官员对常平积贮的畏惧和抵制，认为"大约州县之中，急公者少而自顾者多。在米谷收贮年久，若非设法调剂，难免折耗赔累。积贮一事，本非州县乐从，再兼近日一切收捐公费严行禁革，上司稽查甚严，彼硁硁自守之州县，又恐胥吏家人从中染指，一时耳目未周，即干例议，是以益复视为畏途。凡遇投捐之人，不无刁难掯勒，甚且闻有创为日后霉变缺耗，仍于

---

① 《广东道监察御史李清芳为条陈积贮必不可少事奏折》，《历史档案》1992 年第 1 期。
② 《清高宗实录》卷 242，乾隆十年六月辛亥。

原捐生俊名下著赔之说，以恐吓报捐之人，遂致生俊畏葸不前，竟有无处投捐之叹"。不仅州县官如此，各省大吏"亦未尝认真督率"。他批评鄂弥达的"州县畏惧霉烂，实难望其实力奉行"论调是"明知州县有留难之弊，不为查禁，反迁就其说，请改捐谷为捐银，临时购买济用"。对于州县赔累问题，应对设法筹办解决，"今不思查禁其刁蹬之弊于未收之前，调剂其存贮之方于已收之后，而惟以难望州县奉行，遽请废积贮之本计，殊为失算。湖广产谷之乡尚不肯实力积贮，他省之有名无实更可知矣"。他继而以自己在外为官多年的经验，提出在办理积贮问题上应强化督抚的督促作用，声称"深知州县办事习气，全看督抚意指。督抚倘于此事留心查办，则州县自必奉行恐后；若督抚意之所注不在于此，则州县便因循玩视。况此本非州县乐从之事，而督抚复明露姑息之意，宜其肆无忌惮，任意掯收，不便于生俊，上无益于仓储也"。因此，请求高宗降旨严敕督抚督率属员实力奉行。①

高宗对安宁所奏深表赞同，随即于七月二十日传谕各省督抚务必革除积习，实力办理本色捐监事务：

> 各省捐收监谷，原欲广为储积，以济民生，使仓储日渐充裕，且出有余以备不足，亦不似一时采买，致有谷贵之患。乃州县或恐折耗赔垫，或恐有干例议，往往视为畏途，每遇投捐之人，故为刁难恐吓，是以生俊畏葸不前。又复多布浮议，以摇惑上司之听闻。地方大吏，不思善于督率，转为其所愚。即如湖广总督鄂弥达，奏请监谷收银，并称州县畏惧霉烂，难望其实力奉行。是明知州县有留难之弊，不行查禁，而为之迁就其说。楚省为产米之乡，尚且如此，又何怪他省之有名无实也。夫捐谷乃利民之善举，但非州县之所乐从，即欲顾惜赔累，亦当设法筹办，使不至于霉变，岂可听其腾口阻格而明露姑息之意！著各该督抚实心整理，严行申饬，务将从前积习涤除，使生俊乐从，仓庾充实，庶于民生实有裨益。②

---

① 《江苏布政使安宁为密陈各省捐监督抚应认真督率事奏折》，《历史档案》1992 年第 1 期。
② 《著各督抚实心整理各省捐监事上谕》，《历史档案》1992 年第 1 期。

高宗对安宁的支持也进一步表明，将本色捐监和公开采买区分开来，将富户余粮报出，出有余而补不足，既不影响粮价，又可满足充实仓储的思路，在高宗心目中是根深蒂固的。

然而，鄂弥达对李清芳的观点并不认同，遂于八月初六再次具折申辩。他在重申前次所奏主张的同时仍强调指出，"直省仓谷，实属充盈，无庸增贮，非但以生俊之退缩，州县之畏避也"。何况自己"身膺地方重寄，似此关系兵民之事，既已深悉情形，岂敢缄嘿不言"。李清芳"未能细会其意，有常平恐亦渐废之奏，廷臣遂据此定议，不知新贮之需谷既多，则额贮之买补愈难，惟请停捐谷之新例，乃可以足常平之旧额"①。在鄂弥达看来，李清芳及大学士等乃是误解其意，自己并非要荒废仓储，而是停止捐监增贮，以之补足常平旧额，其着眼点在于保证旧额的收贮。对鄂弥达所奏，高宗并没有立即表态，而是在折子上朱批"待朕酌量"②。

与减额收捐、赴部报捐相伴随的还有一种折中意见，即希望各省能够银谷兼收以解救困局。乾隆九年（1744）七月，左佥都御史嵇璜提出了"似不若将本折兼收之例推行各省之为利大而惠溥"的建议。嵇璜对朝廷允准山东布政使乔学尹暂收折色之请表示赞同，认为"积贮捐谷本属正理，捐输实际，道贵通融。盖地方产谷有多寡之殊，小民生业有本末之异，地势之燥湿不一，年岁之丰歉不齐，公私出纳，利病攸关，自难概以一法"。其中，四川、湖广、江西产米素多，福建、广东产米素少，南北直省大概可知，且一省之内情形也不尽同，"产米之地务本者众，宜于收本色；米少之处逐末者多，宜于收折色"。北方便于久贮而转运维艰，南方便于输将而湮烂时有，因此仓储不能画一。"若夫歉岁专收本色，则以银易谷，而谷价日增，捐者必寡，既属有名无实，即令富户出其羡谷以交官，而在官愈多在民愈少，官多则积于无用，民少则患在目前"。至于民间收买交纳，一二日间价值即有低昂，百余里辇运不无难易。"若使随时定数，未免朝令夕更。一例以行，又此赢彼绌"。如果令其银谷兼收，捐

① 《署湖广总督鄂弥达为再陈各省捐监应改缴折色事奏折》，《历史档案》1992 年第 1 期。
② 《署湖广总督鄂弥达为再陈各省捐监应改缴折色事奏折》，《历史档案》1992 年第 1 期。

谷者照各省核定之数不致多寡悬殊，捐银者仍遵户部 108 两之数加解部饭食、官吏册费一体收捐，"谷数未足，因时制宜，固可济其不及。谷数既足，不拘年限，亦可听民乐输。如此则丰腴之地收谷既属有余，瘠薄之区收银亦无不足"。嵇璜具体分析了银谷兼收四个方面的便利，即"遇丰年买补正额，原可无亏"；"人各出其所有而不强以所无，省辗转粜籴之烦，有踊跃输将之乐"；"谷有盈虚，银无匮乏，既可久积，亦可分赈穷民。有银入手，市集立可谋生。本地米即不敷，商贾连樯而至"；"丰年收谷则谷不至甚贱以伤农，歉岁收银则谷不至甚贵以病民，贵贱权衡，兼备常平之良法"；"行之日久，仓储裕而库项充，地方公事缓急有济，一切有利于民生者俱可酌量兴举"①。

乾隆十年（1745）六月，礼部右侍郎秦蕙田详细陈述了专收本色和银谷兼收的便与不便，也主张银谷兼收。他首先指出，"今日之民，非特贫之为患，而贫富不均之为患；非乏财之为患，而财用不流通之为患"。他认为，"欲求一通融补救之道，则莫若衷多益寡、以民养民之为惠大而利溥"。解决问题的办法就在于对当前所行本色捐监加以变通，"专收谷石不如银谷兼收之为尽善"，而且银谷兼收之例，上年山东省已经议准暂行，"若更推之各省，则其效必可立觐"。在他看来，专收本色的好处只有一个，即"利于兴发而不失足食之本意"，但不便却有四个：第一，"五谷之与金钱，其为利一，而为用不同。夫谷有丰歉而金无盈绌，银有定数而谷无定价。民间所出之谷止有此数，若果系丰稔，谷粟有余，乘时收贮，以备水旱，诚为尽善。若值谷少之时，急公者购买上捐，不惟价值腾贵，有损贫民，而在仓多一石之储，在民即少一石之食。况时价先后不齐，虽经议减之后，捐者仍属寥寥"。第二，"米谷不可久贮，直省燥湿不同，若陈陈相因，霉烂可虑，有用化为无用"。第三，"仓谷交代，盘量折耗，不无赔累，官吏视为畏途，隐致抑勒挠阻，捐者裹足不前"。第四，"直省之田土不一，江浙、川广为产谷最多之乡，闽粤、云贵有食米不敷之处，必欲一例征收，恐多此赢彼绌"。因为有此四种不便之处，所以本色捐监并不

① 《朱批奏折》，乾隆九年七月二十三日左金都御史嵇璜奏，档号：04－01－35－1130－044。

踊跃，仓廪未即充盈。

至于银谷兼收，则有五个方便之处：第一，捐谷有时价高下，捐银则贵贱多寡能够划一。第二，避免谷贱伤农，价贵伤民，"银谷任便，输纳争先，仓廪必致充裕"。第三，如果捐项允足，银米兼赈，"饼饵立能果腹，挟赀兼可谋生。且赈一半之银，即留一半之谷，仓贮不致大亏"。第四，水旱告急，例应一面奏闻，一面动帑。但是动支正项地丁，关系重大，恐缓不济急。如果银米充足，"施展宽裕，长吏不屯其膏，穷民隐受其惠"。第五，银谷两收，谷少银多则可买他处余谷，"以歉岁有余之银，买丰年有余之谷，贱籴贵粜，仓谷必丰，并可济常平之不及"。此外，若办理有效，所得赢余还可资各省农田水利、养济育婴、鳏寡孤独、学书院之诸务，"以本省富户之有余，济本省贫民之不足，盈虚相济，财用流通"。

与嵇璜所请一致，秦蕙田主张应将现在山东办理捐监的银谷兼收之例永远通行各省。除赴捐之人有谷上仓仍照旧收谷外，其情愿捐银者即照部价 108 两之额一体收捐，按季造册，连同捐银解交藩库。他同时强调了所请与此前户部议驳鄂弥达所奏的不同之处，即鄂弥达主张一概准收折色，他则主张银米兼收；鄂弥达提出谷粜毋庸买补，他则主张"银多正便收籴"①。

大学士讷亲及户部官员等遵照高宗旨意会议此事，认为"捐谷与捐银原属银便于谷，而需银与需谷又系谷重于银。盖收谷所以实仓储而民食有备，收银则仍需采买而市价难平"，因此前奉谕旨"采买既有妨于市价，而仓储又不可以虚悬"。署理湖广总督鄂弥达所奏已经议驳，而秦蕙田所请与其"微有不同"。即使如此，收捐监谷原期积贮充盈，足以接济民食，如果因为报捐者便于捐银遽令银谷兼收，"恐生俊人等皆以捐银为便，不复交谷，是名虽本折兼收，其实即系停止本色。倘遇岁歉米少之时，必致赈粜不敷，小民何所倚赖？"关于此前议准山东布政使乔学尹奏请，暂行在山东本折兼收，原因该省连年被灾，米少价昂，是以酌议变通，暂准一

---

① 《朱批奏折》，乾隆十年六月二十五日礼部右侍郎秦蕙田奏，档号：04 - 01 - 35 - 1133 - 017。

年限满即行停止。各省收成与山东不同，"自不便以一省权宜之举援以为例，永远通行"。至于秦蕙田所称专令收谷虽经议减，报捐者仍属寥寥，讷亲等的意见是，减数收捐之例"议行未久，原难骤期告足。若从此宽以岁月，自能渐次充盈，亦不便因一时捐者寥寥，将甫经酌定之案遽议更张"，秦蕙田所请毋庸议。①

前文提及，乾隆十年七、八月间，户部曾向各省行文，既然本色捐监复归各省弥补仓储，因此存贮粜价可以停止采买。然而，各省督抚一致反映本色捐监收效甚微，采买不可停止，并得到了高宗的支持。至当年十月，大学士议奏时也认同了各省捐监的实际处境，因此便明确提出，"各省捐监收纳本色行之既久，半属有名无实，应请停止，仍归部收捐折色"②。

即使各省捐监推行如此艰难，官员们很多已倾向于将其废止，高宗却另有谋划，认为各省收捐本色与在部折色收捐可以并行不废。十月初十日又谕：

> 朕从前本欲将各项捐纳尽行停止，后经廷议请酌留捐监一条，以为士子进身之阶，尚属可行，是以允其所请。嗣因仓储为民食攸关，复谕令本省捐收本色，以备粜赈之用。今鄂弥达等又请捐收折色，经该部将捐监之例分别议复，盖因各省生监以捐谷为难，观望不前者多，于积贮之数无甚裨补，究非便民之策，不得不因地变通。但朕意究以积贮为图，各省收捐本色之例亦不必停，其有愿在部捐折色者亦听，如是则既无州县吏胥之滋弊，亦不阻士子上进之阶矣。③

至此上谕颁布，我们似乎又发现，乾隆八年到十年以来的这段历史，俨然就是乾隆四年到六年那段历史的重演。这两个阶段都发生着本色捐监难以推进，或请折色收捐，或请停捐，收归户部征收折色，高宗不得不部分承认捐监政策的失败，但又始终不愿放弃捐监增贮的理想，于是在两者之间

---

① 《户科题本》，乾隆十年七月二十五日大学士讷亲等题，档号：02 - 01 - 04 - 13938 - 014。
② 《清高宗实录》卷250，乾隆十年十月戊申。
③ 《著仍准户部收捐折色并各省收捐本色亦不必停止事上谕》，《历史档案》，1992 年第 1 期。

努力作出平衡，希望地方本色与户部折色同时并举以挽救捐监的尴尬命运。

经过一番反复后，高宗的态度则有了更大的灵活性，对推行本色捐监有所进展的省份予以明确支持，对地方本色与户部折色并行的方针也注意加以维护。乾隆十一年（1746）五月四川布政使李如兰奏：川省军需耗谷较多，"本年收成丰稔，捐监民人亦甚踊跃，请将前项谷仍收捐监谷补额，毋庸动项买补"。高宗要求他与巡抚一起商议而行。① 乾隆十二年（1747）三月，大学士会同户部议准署理江苏巡抚安宁所奏，灾后"江省仓储亏缺甚多，米价昂贵，难以采买，请将江省捐监之例仍停部捐，于本省交纳本色"，高宗要求"依议速行"。② 而对于一般性变更并捐方针的要求，高宗却并不赞成。湖广总督塞楞额、湖北巡抚陈弘谋曾奏："楚省积储未足，请将本省人民停止在部捐监，专收本色，以实仓储。"高宗则认为，"楚省不似江省灾伤之余艰于储蓄也。总之，部臣利于在内，督抚利于在外，朕惟酌中行之。至汝等此奏，实在不可行之列也。"③

尽管高宗、大学士和地方督抚不断调整捐监政策，但据不断反馈上来的情况，本色捐监在各省仍旧是收效甚微。如前所述，乾隆十年署理湖广总督鄂弥达奏称，两湖自乾隆三年至乾隆八年，"赴捐者殊属无几，且有一县并无一人者。即楚省自上年议减一五以来，而纳谷者竟属寥寥"。乃至乾隆二十二年（1757）时仍未得到任何改善。当年署理湖南巡抚蒋炳声称，湖南"因原定谷数太多，赴捐甚少"，乾隆十年改议减一五收捐，"报捐者仍属无几"。自乾隆四年至今乾隆二十二年的十八年间，仅只收谷180600余石。其原因在于，乾隆十年减定捐数，谷贱之处纳谷286石多，如果按捐银108两之例核算，每谷止作价银三钱七分有零。湖南粮价"今昔迥异，近年以来，虽平贱之时亦在六钱上下，从无卖至四钱以下者。即如长沙府乃原定谷贱之处，当本年秋收丰稔、粮价平减之时，现在市价每谷一石价银六钱二分。若照原定谷数依现今时价捐监一名，计需银一百七

---

① 《清高宗实录》卷267，乾隆十一年五月。
② 《清高宗实录》卷286，乾隆十二年三月癸卯。
③ 《清高宗实录》卷289，乾隆十二年四月。

十二两有零。以故楚民赴内部捐监岁不乏人，而在本省捐纳本色者仍属寥寥"。① 湖北省同样如此，自乾隆十年起至乾隆二十六年（1761），共捐监生仅 285 名，纳谷只有 58311 石。原因则在于，"湖广虽称产米充裕，其实产米之多在于湖南。若湖北一省，则全赖四川、湖南之米接济。近来生齿日繁，且江浙等省民食亦由楚贩运，以致谷价增昂，民间利悉锱铢，是以行之年久，捐数寥寥"。② 再如，广西自乾隆九年至十三年共收捐谷 19050 余石，尚有 690050 余石未能收贮，为此乾隆十四年（1749）护理广西巡抚李锡秦奏请，广西仓谷已有定额，多余及额外之谷尚须以次出粜，则收捐似可停止，加之广西挽运维艰，在本省捐谷不如赴部捐银方便，是以不仅米贵之年报捐寥寥，即十四年各地米价平贱，收捐谷也仅有 700 余石。计自开捐以来至乾隆十四年，所收捐谷尚不及捐额的十分之一，"即仍旧收捐，亦不过徒有收捐之名，而无收捐之实"，因此广西本色捐监应于乾隆十五年开始即行停止。③

乾隆三年以来，本色捐监的运作一波三折。高宗本着积贮养民的道义追求全面推行本色捐监，出有余而济不足，希图弱化政府直接采买，大规模充实常平仓储。从最初高宗雄心勃勃和督抚全力配合，到不得不一次次地变通既定方针，其中既有地方官员的抵制，也有报捐标准的僵化，更有因捐监、米价、仓储关系引起的高宗对政府角色和捐监目标的反思与调整。尽管四川等部分省份的捐监取得了一定成效，但终究无法改变大多数省份几乎无人报捐的难堪局面。捐监政策的现实遭遇，包含着高宗及督抚们的苦涩和无奈，特别是后来高宗将大量收贮粮食实物的希望寄托在捐监一途，结果在不断显示出疲弱之态并遭到一些官员批评时，深陷困境的本色捐监与政府采买一起，共同碾碎了高宗践祚之初即已立下的养民宏愿，多年来孜孜以求的"父母斯民"道义理想和责任在自己倾力推动的政治实践中却化为了无尽的遗憾和失望。直到乾隆十三年，高宗断然终止了大规

---

① 《朱批奏折》，乾隆二十二年三月二十二日署理湖南巡抚蒋炳奏，档号：1152 - 020。

② 《朱批奏折》，乾隆三十一年十二月初六日湖广总督定长、湖北巡抚鄂宁奏，档号：04 - 01 - 35 - 1164 - 013。

③ 《朱批奏折》，乾隆十四年十月初七日护理广西巡抚李锡秦奏，档号：04 - 01 - 35 - 1148 - 014。

模常平积贮养民，将积贮指标回调到康熙、雍正年间旧额水平，捐监增贮也随之失去了其本来的意义和价值。

第七节　打击囤积居奇

政府出面实施采买，时常会遭到商贩、富户、铺户等势力的干扰。他们囤积居奇，贱买贵卖，高抬粮价，不仅影响政府采买效果，更造成市场粮价不稳，直接危害到民食安全。在乾隆初期常平积贮政治格局中，这些行为因妨碍积贮养民的地方实践而被政府作为了严厉打击对象。正如上谕所言，"奸民当歉收之年图利囤积，将官谷贱籴贵粜，则惟在州县官严行查拏"，此与政府实施减价平粜"是亦并行而不悖也"①，即严行查拿囤积居奇，保障市场稳定，成为政府实施买补、平粜的重要辅助手段。邓海伦曾经对囤户居奇行为及其作用、政府的立场及措施等，有过比较深入的研究。② 本书则仅以乾隆八、九年左右几位官员就富户囤积和商贩居奇行为的讨论为引，简要说明乾隆前期政府的立场与作为。

乾隆九年（1744）五月，四川道监察御史马燝向高宗反映，听闻江浙等地有贪利之民，携带重资，伙同典铺，在禾麦登场之际争先籴买，然后质当于典铺，取其当价又行籴买，"如是再三，愈积愈多，直至市价腾涌，得饱欲壑之时，始行赎出粜卖，千金赀本可以坐收四五千金赀本之利，名曰'盘当'。转相效尤，一州一县之中多至数十百人，其籴买之数盈千累万。籴买既多，则鬻于市者日少，而价值日昂，是以各省年岁虽丰歉不齐，而粮价则有增无减。此种弊端官府不得而知，禁令不得而及，擅利妨民，莫此为甚……此风不可不除"。因此，请求敕下江浙督抚通行密访严

---

① 《清高宗实录》卷169，乾隆七年六月戊申。

② Helen Dunstan, *State or Merchant?*: *Political Economy and Political Process in 1740s China*, pp. 55 – 90. 另参见邓海伦：《囤户与饥荒——18 世纪高级官僚奏折中所反映囤户的角色》，收入复旦大学历史地理研究中心主编《自然灾害与中国社会历史结构》，复旦大学出版社 2001 年版。

加禁止，以期粮价可平。① 冯爆的建议得到了户部和高宗的支持。同年十一月，山东道监察御史陈高翔则以"农民之储蓄有数，商贩之囤积难稽"，请求饬令州县官悉心访察，果系囤积，严行查究，对于田多储粮充裕者，则劝谕其酌留食用外陆续出粜，接济民食，亦经户部议准。②

此后，打击囤积居奇、维护米粮市场稳定的奏请时而有之。乾隆十一年（1746）十二月，河南道监察御史孙宗溥奏请敕令各省督抚相机买补仓谷，并设法禁止囤户囤积行为。高宗认为，"奏内买补米谷及禁止居奇，皆各督抚现今办理之事"③；同月，署理山东巡抚方观承就山东本年收成歉薄、市价昂贵的情形，提出应加大对囤积居奇行为的查禁力度。④ 乾隆十二年（1747）三月，陕西道监察御史汤聘专折请求高宗敕令各省打击囤积米谷行为。他指出，最近听闻民间典铺收当米谷，囤积甚多。"在典商不过从中射利，而奸商刁贩恃有典铺通融，无不乘贱收买，随收随典，辗转翻腾，约计一分本银，非买至四五分银数之米谷不止。至米价昂贵时，陆续取赎出粜，小民一岁之收，始则贱价归商，终仍贵价归民，此弊江浙尤甚"，请敕谕直省督抚严饬州县有司，如有囤积米谷尚未粜卖者谕令首出，照值官为收买，免其惩治。⑤ 高宗对其反映的情况及建议措施表示认可，随后谕令各省督抚照其所请实力清理干扰米价稳定的各种行为。

打击商贩、囤户囤积居奇之外，对于有粮富户的各种表现则予以区别对待。乾隆八年（1743）五月，高宗专门颁谕，希望地方官在米价上涨之时劝谕富户平粜。但是，如果出示晓谕，勒令蠲粜，"则奸民视为官法所宜然，稍不如意，即存攘夺之心，其风断不可长"。近闻湖北、湖南、江西、福建、广东等省多有此类案件。"夫拥仓庾以自利，固属为富不仁，

---

① 《朱批奏折》，乾隆九年五月二十七日四川道监察御史马爆奏，档号：04 - 01 - 35 - 1381 - 028。

② 《朱批奏折》，乾隆九年十一月三十日吏部尚书、协理户部事务讷亲等奏，档号：1131 - 040。

③ 《朱批奏折》，乾隆十一年十二月初七日河南道监察御史孙宗溥奏，档号：04 - 01 - 35 - 1137 - 016。

④ 《朱批奏折》，乾隆十一年十二月初八日署理山东巡抚方观承奏，档号：04 - 01 - 35 - 1137 - 017。

⑤ 《清高宗实录》卷286，乾隆十二年三月甲辰。

而借䞐恤以行强，尤属刁恶不法"。于是命寄信各省督抚，令其密饬各属，"善为化导，多方劝谕，令富户欣然乐从，不可守余粮以勒重价。若有强暴之徒罔知法纪，肆行抢夺者，则宜尽法严惩，以戢刁风"。①

乾隆九年（1744）十一月，河南按察使王丕烈奏请严禁富户囤积居奇。他认为，当时土地占有不均导致富户、穷民粮食拥有量相差悬殊，从而造成了米价不能平减。"今天下之田大半归于富户，而富户收谷入仓，不即售卖，必俟价之极贵，而后陆续出粜"。小民之家岁需口食少者不过数石，多不过十余石，而富户储粮至千余石，"则百余家之口食无出产"。若积至万余石，"则千余家之口食无出产"，"以是类推，自一邑以至一省，自一省以至天下，富户之所积益多，则穷民之口食益少，而欲价之平减其可得乎？"因此，"民非乏食，实掣肘于富户待价取盈之故而坐受其困"。王丕烈指出，高宗御极以来，从前有司勒索之习、地棍讹诈之风俱已肃清，今日富户"乃犹渔利以剥民，揆诸情理，亦不得其平"。为此，建议让最熟悉本地情形的州县官们严加监管，在富户收仓之后陆续粜卖，不许闭籴以长市价。如果有积至千万石而不即售卖者，查出后罚修地方工程。如果有人指责这样会导致扰累富户，则是不清楚"贫民不安其生，则富户且不可保，今令其早售以惠贫民，亦未始非保全富户之道"。他同时提醒，商贩贩卖在于流通，其中有一批射利之徒，"往往多其寄顿，不俟价之极昂，断不轻售"，因此贫民两受其困。虽然经过御史马熳条奏通行禁止，如不设法创惩，恐将来无以约束。因此，请求嗣后商贩只许随买随卖，不得多方囤积，如有违反以致涨价病民者，一经查出即照时价减去十分之三粜卖。

根据高宗要求，户部官员对王丕烈所请各款进行酌商。他们认为，"米谷贵乎流通，而不宜于壅滞，流通则时值自平，壅滞则市价必贵"，故而商贩囤积居奇等行为多次被御史奏请严禁。但是，对于王丕烈提出的两条机械而又强硬的应对之策则不予支持。关于富户储粮，州县官应该多加劝谕，酌留食用外陆续粜卖以济民食，"不必绳之以法"。应请敕下各省督抚转饬地方官先行出示晓谕，务使富户恪遵禁令，陆续出粜以平市价。如

---

① 《清高宗实录》卷193，乾隆八年五月己酉。

实有富户积谷数多且闭籴贵粜，有妨民食，则"酌量情形，勒令出粜"，王丕烈奏请罚修地方工程应毋庸议。至于商贩携资贸易，"自必计权什一"。如果不即售卖而勒令减价出粜，"恐有亏商本"，如果听其囤积居奇，又妨民食，对此地方官应"因时因地设法稽查，无纵无扰，妥协办理"，王丕烈所请照时价减三粜卖也毋庸议。①

在乾隆八年（1743）时，身为安庆巡抚的范璨曾具奏反映，安徽有富户家有粮令，"富户实系勤俭良民"，"此等百姓正宜爱护而培植之"，此外还有"居奇待价、罔恤乡里"之人，为此密札各府面谕州县，"密行劝谕富户出粜藏粟，以济贫民，有愿减价者，量其多寡，或赍花红，或给匾额"。"其好善最多之处，总作一碑志以为乡党劝"。现在各属米价渐平，亦为因时调剂之一法。高宗在折中朱批"好"，并指示范璨这是"应常行者"。②乾隆九年十二月，身为都察院左副都御史的范璨从邸报上得知王丕烈所请和户部等会议结果，再次具折请求朝廷饬令地方官员劝谕富户适时平粜。

他对户部的意见表示认可，以为登谷收仓正值米价平减，"国家犹恐谷贱伤农，发帑籴买，原不必促令粜卖，以致有用弃于无用"，户部所议改在青黄不接之时"善矣"。积米数多者酌量勒令出粜而不准用罚，"亦可谓适中而无偏重之虞"。范璨提出，原奏中所云贫民不能向买，势必归于富有之商贩，贫民两困于富户和商贾，则外来之商与本地无涉。富家平日必有亲熟之牙行，"既不许其闭籴，自群趋于便捷。其深山穷谷之中驼运尚艰，若滨水州县舟楫可通，何难朝呼夕至，搬运一空。夫向日所患民之贫者无担石之储，空虚犹居半也。迨富者一无留余，此日之空虚乃真空虚也"。然而，富户称"功令宜遵"，商贩称"遏籴有禁"，故而地方官员无可奈何。范璨指出，国家虽然设有常平仓，"安得有如许之谷米为之补苴于大地空虚之日乎？"歉收之年，市价腾贵，"急宜密劝富户惇睦乡里"。如果是数百石之家，令其自家门首零星出粜，亲自经理。如果是盈千累万之户，令其在附近村落分设粜局，或零星出粜，务使本地穷民均沾实惠，

---

① 《朱批奏折》，乾隆九年十一月三十日吏部尚书、协理户部事务讷亲等奏，档号：1131－040。

② 《朱批奏折》，乾隆八年七月初五日安庆巡抚范璨奏，档号：04－01－01－0092－008。

而商贩不致"远运一空"。为此，范璨再次提及自己在安徽任内试行有效的办法，"此即使民相养，非全仰给于公家之大义"。至于为何必须密而行之，"盖有余之家，众所觊觎，未形之患，法所豫防"。乾隆七年冬、八年春，湖广、江西、江南等处抢粮之案俱未能免，江西尤甚。如果大张告示，不许久贮，容易使奸顽之辈煽惑良善，纠党成众，私相勒诈，或肆意抢夺。因此，富户平粜一事"宜密为劝导，不特贫者无挟制之缘，而富者且更有乐善之举"。高宗接到陈请，朱批"这所奏是"，命户部密议速奏。①

户部会议认为，户口贫富不均，渔利之辈多属素封，家有余粮，一遇歉岁，价必取盈，利唯图厚。此前议覆王丕烈条奏时，因此有酌量情形勒令出粜之议。然而，"其时曰歉岁，非谓行于丰稔之年也；其数曰累万盈千，非谓积三五百石之家也；先行晓谕，非不令而禁也；酌量情形，非漫无区别也；既已酌留其食用，又非有亏其原值。朝廷无所利于其间，而恤灾救困皆得相济，以有无政之，所谓变通以行之者此也"。户部认为范璨所提方案是可行的，既可以杜绝富户囤积，又可以断绝外来商贩远运，则本地积米自多，贫民得以均沾实济，应该准其所请，嗣后遇有歉岁，米价腾涌，即令富户陆续出粜，有囤积图利贵谷病民者照旧例办理。如能周济乡里者，照范璨所请酌加旌奖。高宗对户部议覆结论完全赞同，命依议速行。②

在常平积贮政治格局中，打击囤积居奇、鼓励富户平粜等作为采买、平粜之外的政府保障民生行为，对于维持粮食供给和维护市场稳定都具有积极意义，也为更好地推进常平积贮养民提供了一定的支撑。当然，关于这一话题的讨论及其行政实践是持久的，此处我们专文介绍高宗君臣的言行，主要看重的是它与常平积贮养民政治的关系，特别是乾隆十二年御史汤聘、陕西巡抚徐杞等再议此事，甚至激发了高宗君臣对积贮养民政治的彻底反思。

---

① 《朱批奏折》，乾隆九年十二月十五日都察院左副都御史范璨奏，档号：04 – 01 – 35 – 1132 – 010。

② 《朱批奏折》，乾隆九年十二月二十五日吏部尚书、协理户部事务讷亲等奏，档号：04 – 01 – 35 – 1132 – 013。

第六章 "不过循其名而已"：州县经理 仓谷平粜及其行政实效

在常平积贮制度设计中，平粜和买补是常平仓运转"链条"上不可分割的两个基本环节。对于平粜的基本功能，清人王庆云划分为三种：一是赈济功能，即所谓的"歉收之后发粜以济民食"；二是平抑粮价功能，即所谓的"青黄不接减粜以平市价"；三是积谷循环功能，即所谓的"谷难久贮出粜以易新"。① 可见，平粜既要满足积贮养民目的，同时还要确保常平仓的正常循环。为此，具体负责平粜的州县官员，必须在掌握本地粮食供求的前提下，妥善处理好两个核心问题，一个是平粜仓谷比例，一个是平粜仓谷价格。特别是确定平粜价格，"粜价不减，何取乎平粜，无益于民；粜价大减，又难于买补，有累于官。官畏买补，但求少粜，此亦理之自然"②，能否合理把握，更成了对地方官员行政能力的一种考验。

第一节 平粜仓谷比例问题

自康熙朝以来，"存七粜三"已经被确定为政府经营平粜的基本定例。最初设定每年平粜比例，目的在于"令各州县知有界限，不至漫无节制，

---

① 王庆云：《石渠余纪》卷4，北京古籍出版社1985年版，第183页。
② 《朱批奏折》，乾隆三年二月初九日福建巡抚卢焯奏，档号：1106－020。

以致仓廪空虚，并非令其每岁必拘定出粜三分"①，且"以为可以推陈易新，兼平时价，立意非不甚善"②。但是法久弊生，由朝廷统一确定平粜比例，并不能适用于不同地区的办理实际。

一 部分官员反对"存七粜三"

雍正十三年（1735）高宗初政之始，内阁学士方苞具折陈奏，对康熙、雍正以来各项大政多发议论，其中即包括减价平粜中的仓谷比例和粜价标准等问题。

关于平粜仓谷比例，方苞认为，南北各地风气差别很大，"河北五省风气高燥，仓谷数年不坏，存七粜三之法尚可遵行。若江淮以南地气卑湿，若通行存七粜三，则南方诸省每至数年必有数百万石霉烂发变之谷。有司惧罪，往往以既坏之谷抑派乡户，强受富民"。因此，存粜比例应该区别对待，南方各省存仓之谷，三年不变则岁存其半，两年不变粜七存三，一年即有霉烂则春粜秋籴。具体如何实施，应令各督抚"各按地方风土"妥议具题。③ 户部对方苞提出的因地制宜实施平粜的建议表示支持，经奏准命各省详悉议定每年的平粜比例。④

根据朝廷要求，南方各省督抚陆续具题。与方苞所请一致，大部分省份不主张严格限定存七粜三比例范围，希望根据本省丰歉实际量力而行，各省的意见均得到了高宗和户部的认可与支持。其中，云南省认为存七粜三之例，"行之滇省已属相宜，毋庸更易以粜七粜半与夫全粜之法。至若岁遇歉收，平粜三分不足以济民食，自应粜借并行，动项赈恤，又当因时制宜，酌量多粜，未可拘以成例者也"⑤。广西省"常平仓谷实贮无亏，亦无霉烂，除应存七粜三之时仍照旧例遵行外，尚须因地因时，以备缓急。

① 《宫中档乾隆朝奏折》第 21 辑，第 179—180 页。

② 《朱批奏折》，乾隆元年四月二十八日太常寺卿王溶奏，档号：04 - 01 - 35 - 1102 - 040。

③ 《户科题本》，乾隆二年二月十九日大学士管户部尚书事张廷玉等题，档号：02 - 01 - 04 - 12990 - 016。

④ 《清高宗实录》卷 8，雍正十三年十二月丁丑。

⑤ 《户科题本》，乾隆二年云南巡抚张允随题，档号：02 - 01 - 04 - 12995 - 010。

如谷色坚好，时价不昂，民食不缺，即可经年全贮不粜；如谷色将变，时价骤昂，民食缺乏，即量为出粜，不必拘定粜七粜半"。户部基本同意巡抚金鉷所请，同时提出平粜应有限制，"不得出粜过半，以致仓储空虚"。①

此外，太常寺卿王澍对存七粜三定例的批评颇具代表性。他先后乾隆元年、四年两次具折陈奏。乾隆元年（1736）四月，首先从确保仓储充实的角度及对拘泥定例。具体而言，"救荒之政，首重积贮，而所贮之谷必全数存仓，然后可以应不时之需"。如果执行存七粜三，"以谷易银，复以银买谷，官与百姓相交易，弊窦易滋。且水旱无定时，粜出之后，一旦需用，未免缺少三分，不足分赈之数。方其粜也，以平时价，有司不能躬亲，势必假手吏胥。若辈唯利是视，勾引市侩，暗中囤积侔利，虚报减价之数，而民不能沾平粜之惠。及至秋成年丰，尚易买补。如系歉收之年，入市之谷本少，加以采买官谷，价值愈至昂贵。原价不敷，州县官不能赔补，虽干严禁，不得不派之民间。迩来直省绅民、铺户受累者比比，率皆粜三之流弊也"。王澍根据自己在四川等地的任职经历，提出潮湿之地仓谷可支三四年，北方地势高燥可支七八年，"果其仓廒坚固，墙垣谨密，虽陈若新，似不必拘定三分每年出入一次"。②

与前次提出不必拘泥定例每年平粜不同，乾隆四年（1739）四月，王澍再次请求高宗敕令各地依据现在水旱情形，不必限定粜三之例，以真正惠及百姓。他指出，常平平粜原本是秋籴春粜，以平减时价，但是"不肖有司率皆玩视民瘼，竟不开粜。即间有举行之处，亦不过视时值略减些微，加以吏役需索，守候无期，以故百姓深知其弊，观望不前。虽有平粜之名，而市价增长仍然如旧，欲民无饥不可得也"。而且，这种现象并非少数，缺雨省份"现在情形大率类此"。目前距离夏至不及一月，因此应敕下督抚谕令缺雨州县迅速酌适中之价，一面详报，一面开粜，"不必定拘粜三之例，但以价平为期，早一日则民沾一日之恩，多一分则民受一分之福"。在各地遭遇水旱灾害急需救济之时，不肖官吏并不能体察民情实施平粜，这对于追求养民道义的高宗来说是难以接受的，因此命户部速议

---

① 《清高宗实录》卷39，乾隆二年三月戊申。
② 《朱批奏折》，乾隆元年四月二十八日太常寺卿王澍奏，档号：04－01－35－1102－040。

具奏。① 尽管户部遵旨会议认为，各地未能真正实施平粜不一定属实，但也不回避州县平粜存在的各种问题，同意饬令督抚查明后督率属员实力奉行。高宗朱批"依议速行"，要求督抚严查州县官并不实心经理平粜的行为。②

然而，官员中主张严格按照定例而行的也不乏其人。前文提及，乾隆元年二月署理兵部侍郎王士俊曾经对州县官员"视积谷为畏途，等平粜若具文，不肯实力奉行"的原因进行过具体分析。其中，为防止不敷采买、霉烂折耗或交代出结之弊，"狡猾之员辄详称市价甚平，无庸出粜，以图免累"。王士俊提到其在担任河东总督时，"所属州县仓谷俱令照例平粜"，并通过买补时通融拨补解决州县官员的后顾之忧，办理颇有成效，因此请求高宗敕令各督抚通饬所属州县，"将所存仓谷务依每年存七粜三之例，照时价大加酌减，使贫民克沾实惠"。出乎意料的是，王士俊的意见得到了户部的支持。③ 五月，经过会议，"务依每年存七粜三之例，照时价大加酌减"仍旧作为各地办理平粜的基本原则要求各地加以执行。④

朝廷要求各地继续照定例办理平粜，而明确限定平粜比例造成"有司拘于成例，不敢溢额出粜，以致民间不能接济。更因久贮仓廒，薰蒸霉变，州县亦多赔累"⑤，弊端显而易见且无法回避。因此，即使王士俊所请得到了朝廷支持，遵例而行的做法还是不断招致官员们的质疑和批评。

乾隆二年（1737）八月，内阁学士吴家骐具折上奏，反对各地办理平粜拘泥存七粜三定例。他认为州县官员"往往观望不前，则以粜后还仓必须买补，贱粜贵籴，价值或不相符，近卖远买，转运又多繁费，势必至于赔累。是以引存七粜三之例，而间阎不能遍及。又或虚应平粜之名，而实惠未曾下逮也"。可见，在州县官员为规避风险而不愿实施平粜的情况下，各地平粜效果并不理想。为此，吴家骐提出，各州县应该不拘存七粜三之

① 《朱批奏折》，乾隆四年四月二十三日太常寺卿王湝奏，档号：04-01-24-0009-041。
② 《朱批奏折》，乾隆四年四月二十九日协办户部事务讷亲等奏，档号：04-01-35-1111-008。
③ 《朱批奏折》，乾隆元年二月二十五日署理兵部侍郎王士俊奏，档号：1103-007。
④ 《朱批奏折》，乾隆二年五月十七日户部尚书张廷玉等奏，档号：04-01-35-1103-041。
⑤ 《朱批奏折》，乾隆元年八月二十九日署理江苏巡抚顾琮等奏，档号：1103-012。

例，粜卖之后即于本地或邻封速买存仓，也不得拘年丰谷贱之期。如果实在粜价不符，可以报请动支存公银两予以拨补。①

以上可见，在平粜比例问题上，一直存在着两种不当行为：一种是应多粜而不多粜、拘泥定例只粜其中之三或更少的"惜粜"，一种是应留存不该多粜反而按照定例照样出粜的"多粜"。不过，在官员中间，除个别坚持认为应该执行存七粜三比例外，大多数官员或从防止谷仓发生霉烂的角度，或从平粜过多可能造成无法满足赈济之需的角度，或从买补困难可能造成州县官员赔累的角度，主张根据各地水旱灾害和粮价实际确定如何实施平粜，以满足接济百姓和保持常平积贮的双重需要。

二　拘泥定例几成顽疾

各地实施平粜时，督抚一般要将具体办理情形具折奏报。从奏报内容看，他们都在强调本地办理比较灵活，并未拘泥于存七粜三定例，但还是有一种倾向被不断揭露出来：在一些地方，现实并非如督抚奏报的那样完美高效，充满道义原则的常平积贮平粜和买补一样，在与地方行政结合过程中被异化，使得百姓难以感受到来自皇权的恩泽。

乾隆七年（1742）三月，高宗再次强调应该灵活实施平粜，特别是遇有灾歉米贵之时不应拘泥于存七粜三定例。谕曰：

> 各省常平仓谷，每年存七粜三，原为出陈易新，亦使青黄不接之时民间得以接济，当寻常无事之际，自然循例办理。若遭值荒歉，谷价昂贵，小民难于谋食，而仍复存七粜三，则间阎得谷几何？大非国家发粟平粜之本意矣。嗣后凡遇岁歉米贵之年，著该督抚即饬地方官多出仓储，减价平粜，务期有济民食，毋得拘泥成例。著该部即行文各省督抚知之。②

显然，高宗对待地方平粜保持了一种较为务实、开放的姿态。一方面，明

---

① 《录副奏折》，乾隆二年八月二十二日内阁学士吴家骐奏，档号：03-0734-016。
② 《清高宗实录》卷163，乾隆七年三月辛巳。

确存七粜三只是适用于常平仓日常的出陈易新；另一方面，"大非国家发粟平粜之本意""务期有济民食，毋得拘泥成例"确定了岁歉谷贵之年平粜应坚持民生优先、多粜济民的原则。

然而，一纸上谕不可能真正祛除地方办理平粜的"痼疾"，原则性要求并不能有效解决政策与现实之间的矛盾冲突，地方官员的担忧和顾忌也未因此而消解，所以即使高宗和户部再三告诫地方官员不要拘泥定例，各地问题依然如故。上谕颁布两个月后，湖南巡抚许容的言行遭到高宗的严厉训斥即是一例明证。

五月，湖南巡抚许容奏报办理平粜情况，声称五月初江水涨发，常德府所属武陵、龙阳、沅江三县堤垸间被漫决，"惟各州县平粜仓谷已符额数，今令于常额外酌量增粜，以济民食"。高宗对许容平粜仓谷已符额数的言论特别气愤。他未曾料到，作为一省巡抚的许容，竟然置屡次训谕于不顾，拘泥定例而行，乃至将存七粜三确定的平粜比例作为一种"额"来对待。为此，他在折中严词训诫道：许容所奏"甚属不经。是岂保赤之心哉？且国家设常平、社仓，所为何事？汝为抚臣，尚不知此乎？"① 随后，高宗以许容办理错谬之处为例，再次就平粜不应拘泥成例，训谕各省督抚要真正发挥常平仓平粜济民的作用：

> 各省常平仓谷，原以备民间缓急之需。旧例存七粜三者，乃出陈易新，以防霉变，指寻常无事时而言也。若遇地方米少价贵之时，则当多粜以济民食，毋得拘泥成例，从前已屡经降旨，本年（二）[三]月间又复申谕各督抚等矣。今许容奏称，目今青黄不接，粮价增长，各州县详报市米稀少，平粜仓谷已符额数，等语。此言甚属不经，是湖南有司并未领会朕旨也。国家储蓄仓粮，专为接济百姓而设。若民间米谷充裕，即三七之数亦可不需。如粟少价昂，则安得以存七粜三目为额数？今许容所辖一省如此错误，或他省有似此者亦未可定，可即通行传谕知之。②

---

① 《清高宗实录》卷167，乾隆七年五月。
② 《清高宗实录》卷169，乾隆七年六月辛亥。

此谕实际是对三月上谕精神的重申。而高宗批评许容等"并未领会朕旨"，正反映出地方官员对待平粜的消极、刻板，封疆大吏尚且如此，直接操作积贮事务的州县官员的所作所为更是可想而知。因此，尽管来自皇权的道义要求及其办理之法不断通过督抚传递到各州县官员中间，但这往往是一厢情愿，很多地方官员为确保自身利益，并不愿意照此行事。

至于州县官拘泥于定例，乾隆中前期南丰县知县张九钺开仓赈灾一案颇能说明问题。时南丰县遭灾，九钺请求开仓平粜。按照部例，大县应该存七粜三，但是九钺"骤半之"。对于他的行为，上司和自己的幕僚都不认可，"上官严檄切责，幕僚以为病"。而九钺则不为所动，他的辩解是："积贮，民命也。吾能墨守旧制，坐视民饿死耶？"在仓米用尽后，他又劝谕本邑士绅捐助，并"牒买邻境"，因此"全活者多"。① 张九钺的壮举，固然使得南丰百姓身处大灾之时获得了特殊救济，但也折射出地方官员在平粜比例问题上"谨小慎微的态度和过分关注服从本身"② 的情况非常普遍，即使在百姓命悬一线之时，也会限于成规不敢轻易越限，因为他们明白，违规操作的结果极有可能招致上级的惩罚。

与许容的"惜粜"行为相对应，不顾收成丰歉、价格变动而一味追求遵例出粜甚至多粜的情况也不在少数。乾隆十年（1745），山东道监察御史徐以升批评各地不应粜而多粜时指出，各直省地方官员"恃有买补之例，于是往往轻易举行。或因一方年岁小歉，或因一时商贩偶稀，米价稍稍昂贵，州县有司则以急请平粜为能恤民瘼，督抚大吏亦以急饬平粜为实心经理。殊不知一省所积之谷，一经分贮于各府州县即属无多，而籴米之穷民，合城合乡不可胜计。当米贵之时，穷民日买升斗者，每升较常或多数文，每斗较常或多数十文，拮据之苦固所不免，然逐日措置，为期不久，尚可支吾。而此一方合计各仓所粜谷数，多则数十万石，少则数万石，将来补足，大费周章。且分粜既已为数有限，须籴日逐为数无穷。是仰籴于官者，未必能源源不竭，仍赖囤户、商贩等接济"。加之"买补还仓不能刻期定限，而邻境或争相采买，产米之地价必日昂，买补既有定

---

① 徐珂编：《清稗类钞》"吏治类"，中华书局1984年版，第1257—1258页。
② 瞿同祖：《清代地方政府》，范忠信、晏锋译，第332页。

价，又无余力赔偿，势必因循观望，补足无期。年来各省仓储每有空虚之患，率由于此也"。为此，徐以升提出以后各省仓谷专备散赈之用，除非万不得已或偏远地区商贩不通，"不得轻议平粜"。高宗对其所奏表示了认可，朱批称其"或有所见"。①

乾隆二十九年（1764）四月，两江总督尹继善反映了各省普遍存在的地方平粜行为与国家积贮平粜本意相违背的问题。他指出，最初议定存七粜三定例，目的是"令各州县知有界限，不至漫无节制，以致仓廪空虚，并非令其每岁必拘定出粜三分"。然而，州县官员未能灵活把握定例，"每多拘泥定例，一届青黄不接，毋论年岁丰歉、价值低昂，纷纷详请粜三"。即使州县官如此而行，这种行为却并不存在制度上的障碍，"上司衙门亦因与例相符，多有批准"。尹继善进一步揭示了州县官不据丰歉实际只循例出粜存在的后续风险。"就一省计之，存谷不下一百五六十万石，若拘粜三之例，每岁必须粜出四五十万石，一届秋成，设遇岁有不登，粜价不敷采买，即不能归还原额，纵使丰收，而民间生谷止有此数，各属因时采买至数十万之多，亦恐米价踊腾，致妨民食，有不得不量为变通之势"。"既欲防范于今日，使买补不致累民，更宜慎重于先时，使仓谷不轻出粜"，嗣后各省州县存仓米谷，"除实遇歉收之年米价过昂，非粜三不可济民食者，不妨额外多粜，准其据实具详，酌量办理。其寻常岁稔价平之年，不必拘定粜三之例，或竟可全数停粜，或止须酌粜十之一二，总看各处情形，临时酌办，庶春间少卖一石，则仓内多一石之积储，秋成少买一石，则民间多一石之米谷，似于民食、仓庾两有裨益"。

高宗对尹继善提出的处理方法表示支持，朱批"所奏是"，要求户部官员速议具奏。②户部会议后依然强调着以前办理平粜的原则标准，认为乾隆七年六月上谕已有明确规定，"是存七粜三相沿旧例，原不得过为拘泥"。各省大员如果能够"仰体圣主利济之怀，实力遵循，随时妥办，自可使民食、仓庾交相裨益"，因此应令仍旧遵照乾隆七年上谕而行。③

---

① 《朱批奏折》，乾隆十年山东道监察御史徐以升奏，档号：04-01-02-0065-006。
② 《宫中档乾隆朝奏折》第21辑，第179—180页。
③ 杨受廷等修，马汝舟等纂：（嘉庆）《如皋县志》卷3，嘉庆十三年刻本。

在平粜比例问题上，一方面是高宗和户部等对不应拘泥定例平粜原则不厌其烦的强调、告诫，另一方面却是州县官员依然故我，平日不该多粜时按例出粜，灾歉时应该多粜却限于定例不肯出粜，督抚们对此也多姑息、纵容，听之任之，被赋予养民道义的常平积贮承担的平粜济民功能并没有充分发挥出来。这种上下之间、定例与实政之间的矛盾表明，与买补时出现的种种问题一样，积贮养民政策的道义空间在平粜环节也被地方官员的行政行为严重侵蚀。

第二节　初步确定减价平粜标准

相对于确定平粜比例，操作难度更大、问题更为复杂的当属平粜仓谷价格标准的核定。围绕如何使常平平粜真正惠及百姓，高宗君臣展开了反复探讨，先后确定了州县官掌握定价权、照依时价大加酌减及盈余通融拨补三个基本原则。此后又鉴于州县官不能很好地执行三个定例，并为杜奸民贱籴贵粜之弊，再次划定了统一的减价标准以作约束。即使如此，为了真正发挥常平积贮的养民功能，高宗仍赋予了各省督抚以充分的平粜自主权，要求他们临时酌量情形，将应减若干之处预行奏闻请旨。

一　三则重要定例出台

雍正十三年（1735）十一月内阁学士方苞具奏常平买补、平粜事宜时，除提出不应拘泥存七粜三之例外，还重点批评了上司决定平粜价格的做法。他认为："有司奉行失宜，必待谷价既贵，各州县始得申详府道、藩、臬、督、抚，请定官价，并示开粜之期；一处文未批发，不敢开粜。不知平粜本以利民，而谷贵早晚无常；若商贩众至，则旬月之间，价复大减，是以胥吏得借此要索。苟或上官失察，批发后时，谷贵之期既过，不独穷民不得邀平粜之恩，而官定之价且不得充。有司当此，欲不粜，则红腐可忧；欲贱粜，则秋籴难补。投足两陷，罚无所逃，诚可矜悯。"为此，督抚、司道等只需年终核定入仓之数，"一至开春，一任各州县照所定存粜分数，随时发粜，永杜详请定价示期之弊窦"。① 大学士等对方苞的建议表示了支持，并进而提出，"凡遇价值偶贵，各该州县酌定卖价，一面开粜，一面详报"。② 由此，州县被赋予了充分的平粜自主权，州县自行决定平粜成为常平仓管理中的一项重要定例。③

乾隆元年（1736）七月，以养民为己任的高宗颁布谕旨，要求督抚尽心筹划籴粜便民之策。④ 同月，署理兵部侍郎王士俊具折陈奏，反映州县官员并不愿意减价平粜。他认为，问题的根源在于两个方面：一是粜价不敷买补。"谷价新旧悬殊，如每谷一石新收时价值三钱者，当青黄不接之际，市价增至四、五、六钱不等。夫平粜之实利民生，正宜于市价增长时减价籴买。乃各州县恐秋收丰歉不常，贱价平粜，不敷买补。每石不过减价数分，贫民升斗所需，沾惠无几，反多守候之烦"。二是买补受制于上司。粜价例应提解司库，待买补新谷时赴司请领。然而，"辗转出入，胥吏因缘为奸，每多暗损。迨至买补，上司定价惟照时值，余价或扣存司库，或添买积储"。对于州县官的忧虑，王士俊指出自己担任河东总督时，曾命各州县仓谷照例平粜，卖谷照时价大略每石酌减一钱。如遇谷价不敷，即将邻近价贱州县谷价通融拨补，"各处仓谷俱按年出易，实贮无虞"。王士俊同时声称，此前听闻各直省"办理各有不同，颇有如前所指诸弊"。为此，请求高宗敕令各督抚通饬所属州县，"务依每年存七粜三之例，照时价大加酌减，使贫民克沾实惠"。⑤

王士俊所奏在对州县行为深入分析的基础上，显然是在试图兼顾州县官员和百姓双方利益，以期实现平粜功能的最大化：一方面，照依时价大加酌减，惠及贫民百姓；另一方面，通过全省盈余通融拨补，经费统筹，缓解平粜与买补之间的矛盾，在一定程度上有利于解决州县官员的后顾之

---

① 方苞著，刘季高校点：《方苞集》，上海古籍出版社 1983 年版，第 539—540 页。
② 《户科题本》，乾隆二年二月十九日大学士管户部尚书事张廷玉等题，档号：02 - 01 - 04 - 12990 - 016。
③ 《清高宗实录》卷 8，雍正十三年十二月丁丑。
④ 《清高宗实录》卷 22，乾隆元年七月己亥。
⑤ 《朱批奏折》，乾隆元年二月二十五日署理兵部侍郎王士俊奏，档号：1103 - 007。参见《清高宗实录》卷 11，乾隆元年正月乙卯。

忧,为州县行政预留了运作空间。对此,不仅高宗颇为认可,户部会议后也表示了支持,其中"以平粜仓粮,如连岁丰收之时,时价较常价略有增长,即照常价减粜,以为出陈易新之计。如遇歉收之岁,时价高昂,民食维艰,即将平粜价值大加酌减"。① 平粜政策在确定州县官掌握定价权力之后,又增加了照依时价大加酌减及盈余通融拨补两条重要原则。

不过,寄希望于通融拨补来解决平粜与买补矛盾的设想并不现实。如前所述,由于从内心对常平积贮的抵制,酌拨盈余之例公布后,州县官员"见有银贮府库之行而存价不买矣,见有拨补之文而任意多粜、借词妄冒矣"②。而谷价不敷地区在谷价缺少的情况下,又往往形成一种对外地盈余的依赖心理,将弥补本地不足的希望寄托于外地盈余的拨补上面。因此,各地出现了每届买补之时,州县"申报盈余者甚属寥寥,详请拨补者比比皆是"③、"通融拨补之例行,而处处觊觎观望"④ 的普遍性问题。至于大加酌减也无法真实落实下去,有些州县官员借大加酌减之名随意出粜,后文将有具体说明,兹不详述。

二 划定统一减价标准

高宗初政,意欲在常平积贮养民方面有所作为的姿态非常明显。但是,以往常平积弊已深,必须加以厘剔整治才能行之有效。乾隆二年(1737)十二月,再谕各省督抚酌筹常平仓出粜、买补之法,确保养民德政能够惠及天下子民。⑤ 根据高宗的要求,督抚纷纷具折覆奏。在涉及平粜价格的讨论中,乾隆三年(1738)两江总督那苏图的意见最具代表性。那苏图根据地方丰歉情况,建议将平粜明确划分为三种类型加以实施:一是歉收之后,城乡均无盖藏。平粜价格应大加酌减,并不拘存七粜三之

---

① 《朱批奏折》,乾隆五年十二月二十一日大学士鄂尔泰等奏,档号:04 – 01 – 35 – 1115 – 018。

② 《朱批奏折》,乾隆二年九月二十六日浙江布政使张若震奏,档号:1104 –043。

③ 《朱批奏折》,乾隆二年九月二十六日浙江布政使张若震奏,档号:1104 –043。

④ 《朱批奏折》,乾隆四年八月十五日江苏巡抚张渠奏,档号:1111 –041。

⑤ 《清高宗实录》卷58,乾隆二年十二月丁酉。

数。二是收成丰稔，乡间颇有盖藏，只是青黄不接，米价昂贵，城市居民需要依靠平粜。"此非歉岁缺米可比"，粜价只须比市价酌减一二分即可。即使到买补时，也可"免至徒耗公项"。三是循例出陈易新。听由州县自行决定如何粜卖，或可稍微减价即可。他的意见不是一味地追求减价，而是视具体情形而定，因此更具有针对性和可操作性，人称"平粜之法，此疏盖略尽之"①。

乾隆三年左右的集中讨论，使得高宗和督抚在办理常平积贮养民问题上进一步明确了政策执行的灵活性，特别强调了"有治人，无治法"理念的重要性。这是讨论取得的最主要成果，然而对于包括平粜在内的常平积贮政策本身并没有做出实质性调整。

时至乾隆四年（1739），江苏巡抚张渠在对以往各地办理平粜进行反思的基础上，提出了与乾隆三年讨论达成的共识相左的观点，即平粜应该设立具体的减价标准。八月十五日，张渠缮具两份奏折呈报高宗。第一份奏折肯定方苞、王士俊等人所奏"总在损上益下，无丝毫有累于官"之后指出，以往政策已经导致各地平粜弊端丛生，"米贵减粜，几于无时无地不可借词。且粜价不敷既有请拨盈余之例，而存价未买又有转交新任之条。谁肯实贮在仓，致多折耗，并贻他日交代之累？故州县自行酌办之例行，而官仓之谷益少矣；米贵大加酌减之例行，而价值在在不敷矣；通融拨补之例行，而处处觊觎观望矣；新任代买之例行，而交代之案混淆不清矣"。具体到江苏当时办理情形，该年四五月间各属已有明显干旱之象，而所存仅有留漕米石及新捐监谷等项，于是屡次申饬各属节省开粜，以备不时急需。"无如州县恃有定例，粜者仍属纷纷。幸此后甘霖大沛，通省获以有秋。倘仍有如上年之旱，采买之项未到，官仓接济已无，民食嗷嗷，又将何以措手乎？"张渠对此现象表达了严重关切，称"目击心怖，所以亟请将各例停止，无非为通省积贮因时制宜起见，非敢有意纷更，亦非从事苛刻也"。高宗览奏，朱批称"此奏甚是"，并将折子交户部再行议奏。②

---

① 王庆云：《石渠余纪》卷4，第185页。
② 《朱批奏折》，乾隆四年八月十五日江苏巡抚张渠奏，档号：1111-041。

第二份奏折集中针对州县自行酌办及粜价大加酌减等定例提出了批评。其中，州县自行酌办平粜，一面开粜，一面详报，该管道府原不难就近查核。但是，"自经定有自行酌办之例，州县皆得缘以为奸"。具体表现在，"凡遇应粜之谷，非曰谷色本陈，难于出卖，即曰因灾酌减，接济贫民。甚或名虽开粜，实则分发店户及贩往米贵地方，以图射利，而开粜日期又多故意迟报。及至上司接文之日，仓谷已将卖完，纵使严行饬查，大概皆因并无切实证据而止"。因此，州县自行酌办之例在地方很难得到有效执行。对于遇灾之时粜价大加酌减，江苏人口稠密，官仓均贮之谷多者不过三万石，即使全数粜完，"原不足供通县民人数日之食"。只有依赖政府减价平粜发挥引导作用，"开粜之时，查照时价，徐为酌减，始官米不致缺乏，商米逐渐流通，价值自平，民亦均沾实惠"。然而，自从定有大加酌减之例，加之州县又得自行定价，"每石或减至二三钱之多，并或将一二万米谷不逾月而粜竣，无论不敷买补，必致帑项有亏。并恐一经粜完，转致无以接济"。大加酌减之例同样无法在地方很好地推行。张渠认为，尽管仓谷出易"不可刻意苛求，以致州县难于办理，亦不可从事姑息，转致贻误仓储"。为此，以后州县办理平粜，除应详细出具甘结以备查核外，"其粜卖价银合算市值，每米一石成熟年分以核减五分为率，歉收米贵之年以核减一钱为率。所粜价银照例留贮县库，秋收责令经手之员各自照数买补，不许留银交代"①。

从张渠的两份奏折看，内容是相互关联的，无不是对乾隆初年以来平粜定价权、大加酌减乃至通融拨补等问题的纠偏之举。其目的更倾向于约束州县任意减价粜卖行为，以防止可能出现的州县常平仓储空虚，从而确保常平积贮安全。张渠的奏请，最终得到了朝廷的允准，划一的平粜减价标准通行全国，并成为乾隆朝平粜一直遵循的主要定例。

① 《朱批奏折》，乾隆四年八月十五日江苏巡抚张渠奏，档号：1111-042。此奏被准，参见乾隆十年八月初十日山西巡抚阿里衮奏。

三 赋予地方更多减价平粜自主权

围绕平粜减价，政府在大加酌减和固定减价标准两种方式之间进行了调整。不过，无论选择何者，其利弊都非常明显。就后者而言，与前者一样存在着政策固定性与行政实践多样性的矛盾，特别是灾情较重之时，减价一分根本无法满足百姓急需，此正所谓"立法綦严，意在除弊，而不尽在利民"①。因此，虽然定例得以确定，张渠的奏请还是遭到了官员们的批评，平粜政策仍不断地被调整和修正。

首先说，当时官员中间与张渠所奏类似，主张平粜不应减价过多、过快者不在少数。两广总督鄂弥达即有"平粜之价，不宜顿减"之论。他认为，官方平粜米价与市价相差悬殊，市场并不会随从官价而行，"市侩唯有藏积以待价，岂能抑价以就官？"百姓完全依赖官仓米谷，仓储储量有限，很快粮食就会用尽，这样"商贩转得居奇于其后"，反而成就了商贩囤积居奇导致米价上涨之局。如果减价有限，则铺户"亦必少低其价，以冀流通"。因此，办理平粜应该照市价十分之一的比例依次递减，至价平即行停止，以此引导商贩，稳定市场米价。②

乾隆五年（1740）八月，江苏按察使陈弘谋详细分析了遇灾粜价不宜过贱的理由。他的出发点主要在三个方面：首先，粜价过贱可能造成买补不敷。地方官员"虑及买补，或惮于出粜，或粜后而一时难买，仓储仍多空虚"。其次，粜价过贱可能干扰市场。歉收米贵时需米甚多，"官米过贱则外贩不至，囤米不出，为日甚长，官仓之米虽多，岂能常常买给？万一官米不继，客米不来，反贻艰食之虞"。再次，粜价过贱可能引来包买、囤积等弊端。平粜不同于赈济，难以逐户稽查，分别给买。如果官价与市价相差悬殊，"则人人可买，其中争买包买、希图囤积贵卖又所不免"。陈弘谋还试图纠正人们对平粜存在的误解，认为平粜"止能以官米稍平市

---

① 《朱批奏折》，乾隆八年六月初八日直隶布政使沈起元奏，档号：04－01－35－1125－033。

② 王庆云：《石渠余纪》卷4，第185页。

价，毋使囤户昂价居奇，不能全恃官仓之米，遍食通邑之民"。为此，嗣后遇有平粜，按照市米价格，"除去米谷腥色之外，每石量减一钱或一钱五分，不过二钱。迨至市米再贱，然后再减。总比市米稍贱，而又不甚相悬"。徐徐减价的结果则是，"官米、市米源源相济，地方无缺米之虞，穷民受平粜之益。而存价稍宽，则脚价有出，随时随地皆可采买，无买补不足之患，亦无派买累民之弊。旋粜旋买，仓储亦可多贮矣"。①

然而，关于是否应该大加酌减，与陈弘谋同在江苏为官的江苏巡抚徐士林则另有一番见解。他提出，因灾减粜，即照张渠条奏定例核减一钱，不致买补价值相差悬殊，且无庸拨补盈余。如灾情严重、米价腾长，必须大减粜卖，则"一面据实奏闻，一面定价发粜"。届时买补不敷，可以通融拨补；没有盈余，动支司库公项买补。② 大学士等遵旨会议认为，乾隆元年曾经议覆兵部侍郎王士俊条奏，此后又覆准张渠所请，"既属利济群黎，亦便官为买补"。如果灾情过重必欲大加减粜，"窃恐灾民之赴买无多，适足以滋富户奸民之囤积。且米价过昂之地，正米贩毕集之区，米多则价平，则民食自足。倘闻风减粜过多，商贩将裹足不前，则米价日见高昂，甚非所以惠济灾黎、酌筹民食之至意"。因此，应该仍照议覆张渠原奏办理，不必再行更张。③ 显然，大学士等对大加酌减不仅无法满足民间所需，反而可能造成外贩裹足或奸民囤积是心存疑虑的。这与前文所述鄂弥达、陈弘谋的意见其实并无二致。

尽管大加酌减的奏请遭到了否定，但是追求常平积贮养民的高宗，仍在对平粜政策，特别是灾歉之后如何减价平粜，不断做出自己的思考。乾隆七年（1742）二月，平粜政策再次被调整。高宗肯定张渠所请"盖欲杜奸民贱籴贵粜之弊"的同时，指出"寻常出陈易新之际，自应遵此例行"。荒歉之岁谷价甚昂，仅仅照例减价一钱，"则穷民得米仍属艰难，不能大沾恩泽"。因此，嗣后各省督抚要"临时酌量情形，将应减若干之处豫行

---

① 《朱批奏折》，乾隆五年八月二十二日江苏按察使陈弘谋奏，档号：04 - 01 - 35 - 1114 - 017。

② 《朱批奏折》，乾隆五年十一月二十日江苏巡抚徐士林奏，档号：1115 - 009。

③ 《朱批奏折》，乾隆五年十二月二十一日大学士鄂尔泰等奏，档号：04 - 01 - 35 - 1115 - 018。

奏闻请旨"。①

上谕的颁布，已经突破了张渠奏定的严格标准，强调了特殊年份政府平粜的养民目的，同时也进一步赋予了督抚更多的平粜自主权，平粜政策对于行政实践的适应性因此大为增加。当然，在给予地方更多自主权的同时，对地方行为严加约束的意图也很清晰，即张渠奏定的具体标准并未废止，多减价值主要限于灾歉较重之时，而且必须将所减分数奏明请旨才能实行。

同年六月，高宗训谕地方官实心经理平粜时，重申了灾歉之年减价平粜的办理原则。上谕首先仍在强调平粜养民的意义所在，即"各省地方每遇歉收，米价昂贵，国家动发仓储，减价平粜，乃养民之切务"。然而地方官员"经理不善，即滋弊端"，是以乾隆四年（1739）江苏巡抚张渠奏请确定减价标准，"盖欲杜奸民贱籴贵粜、囤积网利之弊"。② 对于灾歉之后如何应对米价昂贵，使朝廷的德政泽被黎民百姓，谕曰：

> 朕思寻常出陈易新之际，自应照此例行。若遇荒歉之岁，谷价高昂，非减价一钱可以济贫民之困者。是以本年二月间特降谕旨，令该督抚等于地方歉收平粜之时，酌量情形，应减若干之处，豫行奏闻请旨。今朕再四思维，地方当饥馑之时，黎民乏食，朝廷百计区画，方且开仓发粟，急图救济，一赈再赈，以安全之。岂有于平粜一节，豫防奸民之贱籴贵粜，不为多减价值，而使嗷嗷待哺之穷民仍复艰于糊口乎？况赴仓籴买官米，与赴店籴买市米，其难易判然，又可历数。银色有高低之不等，戥头有轻重之不同，道里有远近之各殊，守候有久暂之莫定。此在平时且然，何况年荒乏米之日？若官价照市价略为减少，则所差几何？是国家徒有平粜之恩，而闾阎未受平粜之益也。朕痌瘝在抱，言念及此，再行明白宣谕：凡各省大小官员，皆朕设立以牧养斯民者。倘于此等要紧政事视为具文，苟且塞责，则罪不可逭。嗣后务将该地方实在情形，必须减价若干方于百姓有益之处，确切奏闻请旨。③

---

① 《清高宗实录》卷 161，乾隆七年二月戊午。
② 《清高宗实录》卷 169，乾隆七年六月戊申。
③ 《清高宗实录》卷 169，乾隆七年六月戊申。

至此，常平减价平粜原则基本稳定下来。遇有年岁歉收，督抚即可遵照以上原则对粜价做出临时性调整。此处仅举两例说明。乾隆七年（1742）三月，两江总督那苏图等合词具奏，提出粜卖价值应该适中定价："查被灾之处固须官米接济，尤赖商贩流通，庶米粮充裕，价值得平。但商贩惟利是图，若闻官米减价太贱，必致裹足不前，是减粜之价尤贵适中定议，方于民食有济。"江苏被灾各属现在米粮时价大约一两四五钱不等，现在应每石酌减二钱，"仍按时价长落不时增损"，并饬地方官员照例平粜，"以杜奸民贱籴贵粜之弊"。高宗认为那苏图等"所办甚妥"。① 再如，乾隆十年（1745），山西巡抚阿里衮以米价昂贵，"非将仓谷大加减粜，不足以平市价而惠贫民"，奏准忻州、定襄等处每米一石酌减市价银三钱，阳曲、太原、榆次等七县酌减二钱，行令各州县遵照出粜。②

此外，乾隆七年原则确定之后，仍有一些官员就减价平粜提出了不同意见。在高宗君臣的书面对话中，进一步透露出了清朝政府办理减价平粜的思维轨迹。

一种意见认为，应该给予督抚更大的平粜减价决定权。乾隆七年七月，河南巡抚雅尔图请求免去平粜预行奏闻请旨环节。他认为，减粜有裨民生、无亏仓储，"即属公私交赖"，而"价值之准则、出粜之数目，平时固有限制，而临事当有变通"。张渠所请"系照米数计算平粜，例系谷石以一米二谷计之。则成熟之年，每石止照市价减银二分五厘；米贵之年，每石止照市价减银五分。为数甚少，小民赴仓籴买官谷，与赴店籴买市谷，其难易之相判，已在圣明洞鉴之中。苟非多省价值，岂肯轻易赴买？若拘泥成例，非但年荒乏米之时事在难行，即平常年岁，或地当冲要，邻境之贩运过多，或地处偏隅，外米之接济不易，一值青黄不接，粮价每至高昂，均应酌量核减，并于存七粜三之外多为出粜，以济民艰"。雅尔图同时指出，"年岁之丰歉虽有一定，而米粮之价值早晚不同。平粜谷石，必视伊时之市价方可酌减，未能预定于一二月之前。在各州县拟定数目，

---

① 《朱批奏折》，乾隆七年三月二十日两江总督那苏图、刑部侍郎周学健、苏州巡抚陈大受奏，档号：04-01-35-1118-024。

② 《朱批奏折》，乾隆十年八月初十日山西巡抚阿里衮奏，档号：04-01-35-1133-030。

呈请督抚批准饬行，往返已隔十有余日。若更待督抚奏闻请旨，微特边远之处缓不及济，即附近省分，亦有难以姑待之势。况市集粮价随时消长，则平粜官谷亦应相时低昂，难拘一律"。因此，以后遇年荒乏米之时，或米少价昂之处，应令该督抚"就地方实在情形，斟酌减价。总期有益于民，而秋收之后粜多益寡，足敷采买，一面办理，一面将确实情形奏请圣鉴，免其预行请旨"。鉴于取消奏请环节而给予督抚完全决策权事关重大，高宗遂命大学士会同户部密议具奏。①

大学士鄂尔泰等会议后，对地方官员未奏先办可能引起的混乱表示了担心，提出督抚"身任地方，自当先事绸缪，而粮价之高下，亦应预行熟悉，故令据情入告，按现在情形斟酌减价"。如果不先行奏请，"既恐价值多寡办理失宜，且恐地方官恃有先行办理之例，将价值混行开报，致启浮冒侵蚀之端"，因此仍应遵照此前所定各条办理。会议的结果得到了高宗的批准。② 完全放开对督抚实施平粜的控制以期提升平粜效果的意见，在清朝政府的高层并未得到认可。不过，乾隆七年所定减价平粜原则的权威性反而由此得到了进一步确认。

另一种意见认为，即使丰收之年，粜价亦不必拘定五分。乾隆十二年（1747），江西布政使彭家屏奏称：

> 再以州县官粜、买之情形而论，从来皆乐于粜而不乐于买。盖窃畏久贮之贻累，惟欲图自利之念切耳。查州县内砥廉奉公者固不乏人，而巧营肥己者亦正不少。其办理仓谷于临粜之先，则减报时价，以为再减扣留张本。及其发粜时，斛面之平亏、戥头之浮多，以至钱银收换之出息，层层皆有取益，而吏役、贩户之乘机舞弄，不可枚举。若必令其再减五分，其实市情不需如此多减，徒以饱其私囊。迨至秋成买补，则高报时价，以为不可买。绝不思禾稼登场之后，断无转贵于青黄不接时之理。经上司严催频提，必不得已，始买一二以塞其责，仍浮开价值，希冀拨补。甚有不买而捏报已买，且以原价不

---

① 《朱批奏折》，乾隆七年七月十九日河南巡抚雅尔图奏，档号：1119-026。
② 《朱批奏折》，乾隆七年八月十一日大学士鄂尔泰等奏，档号：1120-004。

足，求为补给。延至次春，复捏称又粜更减价开报者，往往有之。臣于查参永新县知县王瀚案内，大概不越此等作为。是州县粜、买两事，实有无数诈伪，而粜时之欺弊尤不易除……臣愚以为，歉岁平粜办法，早蒙圣主烛照，备极允协，而屡丰谷贱之年，本无须拘例多粜，应留为歉岁急需之用。即使出陈易新，适遇市价稍长，并寓平价，似亦不必定减五分，容随时准量，或减二分、三分，但还其常价为止，俾民食常足而官储无损，庶为公便。

彭家屏的顾虑在于，如果收成多年丰稔仍然遵照张渠所奏平粜，可能造成官员、胥吏等从中渔利，同时还会影响到买补还仓。高宗对此表示赞成，朱批"汝所见亦是"[1]，并随即颁谕训诫督抚要加意整顿，"痛除私弊，务使实惠及民"[2]。

尽管取消减价请旨程序与丰年平粜不拘定例两种观点具体内容不同，但是从其对问题的认识来看，其中贯穿的深层理念却是基本一致的，那就是如果要充分发挥政府平粜的应有功用，都不应拘泥于成例，必须视各地灾歉及市场米价情况来确定如何减价平粜。

第三节 减价标准中的本价与时价之争

乾隆八年（1743）前后，很多地方并不宁谧。由于粮价持续上涨，暴力抢米、强行遏籴、冲击官府等事件愈演愈烈。即如江西袁州府一带，由于地方官拘泥平粜定例不敢多粜，或办理劝谕富户平粜不善，导致米价增至每石三两内外，"甚且持钱无可购觅"，仅乾隆八年二、三月间就发生抢劫案件 160 余起。[3] 推行常平积贮已经多年，米价之局却日趋严峻。紧迫形势面前，官员们开始集中加以反思，针对包括减价平粜在内的常平积贮

---

① 《朱批奏折》，乾隆十二年三月初七日江西布政使彭家屏奏，档号：1138-028。

② 《清高宗实录》卷287，乾隆十二年三月戊午。

③ 《朱批奏折》，乾隆八年八月初四日署理两江总督尹继善奏，档号：04-01-01-0103-028。

之争再起。

乾隆八年闰四月，江西道监察御史赵青藜率先具折，奏请各省常平仓谷于米贵之年大幅减价粜卖，以破当前米贵之局。他认为，目前米价上涨并非偶然现象，"实由渐积使然"，则"日贵一日，年贵一年，习以成常，谁肯率先以减者？"各地遵照各种定例而行，却致百弊丛生，胥役需索，库平诛求，"造册给票，照票给米，民不胜其守候"。而粜米时每人不得过五斗，"即以极减之钱计之，为银不过五分。此五分者，其足敌其诛求乎？其足偿其守候乎？"因此，"民无所利，观望不前，而官欲速其售，商乃得通胥役以巧行。其屯谷之昂贵，愈成一牢不可破之局"。鉴于此，当前急需酌改定例，"不妨多减以创率先之路，破积贵之局"。他同时对反对大减价值的两种意见予以了反驳：其一，对于减价徒利奸民之说，认为如果减价既多，则趋买必众，稽察必严，"受国家浩荡之泽者，莫非待哺之民"。其二，对于减多粜多可能引发仓额亏缺之论，认为减粜可以价平，价平则粜谷之项即可就本地秋收时足数买补。① 赵青藜所请使高宗更加感到当前推动州县合理平粜的紧迫性，于是命大学士、九卿速议具奏。然而，大学士等对赵青藜全面放开平粜价格的意见未予支持，坚持认为乾隆七年确定的减价平粜原则不可轻易变动。荒歉之岁，"穷民待哺孔殷"，督抚可以确切查明，一面奏闻，一面办理。②

大学士等最终否决了赵青藜的请求，但是与议官员的意见其实并不统一，刑部尚书张照即另有一番见解。张照单独具奏指出，常平本意在于"谷贱妨农，则贵粜入官以惠农；谷贵妨民，则贱粜与民以惠民。汉耿寿昌之意，盖寓赈恤于化居之中，而非权子母于丰荒之际"。因此，平粜"必以本价为权衡，而不得依时价为上下"。他进而分别对照依本价与照依时价的不同影响进行了估测。如以本价为权衡，"假如今癸亥年米价一两可粜米一石，官以银万两粜米万石。至甲子年米价不增，则存七粜三以免陈腐，两无损也。若甲子年时价减于癸亥年，银一两之数可得米一石一二斗，则又当采买而不当粜也。若甲子年时价增于癸亥年，一石米值银一两

① 《录副奏折》，乾隆八年闰四月十六日江西道监察御史赵青藜奏，档号：03 - 0741 - 038。
② 《户科题本》，乾隆八年六月十五日大学士鄂尔泰等题，档号：02 - 01 - 04 - 13632 - 003。

三四钱以上，则官照原价一两之数出粜，在官原银一两无损，而在民已得官三四钱之赈恤矣。不特得此三四钱银之赈恤已也。米多必贱，官粜既多，市价自平，是以谓之常平。此正以朝廷之富平民间之不平也"。如果照依时价而行则相反："谷贱之时官以银籴取贮仓，至谷贵而卖之。虽比市价稍减，而官民之势不敌五分、一钱之减，犹之乎不减耳，且利已在官而不在民。假如今癸亥年一两一石，至甲子年时价仍旧，则存七粜三，虽有三分之出陈，实有七分之囤积。谷熟价平犹不见害，若甲子年时价至二两上下，则酌减五分或一钱，其名曰减，其实已收七八钱之利矣。其与囤户何以异哉？"据此，他严厉批评了政府在平粜中可能存在的渔利行为，认为天下之大，"亦不至有如此周遍广阔之大囤户也。是则常平者乃囤积之别名，岂惠民之实政？圣主视民如伤，若两淮赈恤，动以一千万两计，岂与小民争此升斗之利耶？"

然而匪夷所思的是，一直以来户部官员与督抚对"时价"概念的理解相当混乱。张照曾举历来酌减之例，向户部官员提出疑问："所谓时价者，买谷入仓之时价耶？抑卖谷与民之时价耶？"如果是买谷入仓之时价，即是"朝廷买谷之本价"，"则所为酌减五分之例，丰年则何必行？若凶年价贵，则虽于本价少加一二，犹与市价大相悬绝，又何得于平时减五分者转减一钱，而该御史者省请多减耶？"如果是卖谷之时价，"则岂有朝廷积贮米谷以平市价，而转以市价为低昂，以一两一石之米，而取贫民一两七八钱之值？顾名思义，实与本意大相乖谬，不可不急解而更张之也。然则该御史所请大减价值之说，虽未得肯綮，岂容更驳为非耶？"对于以上质疑，户部官员们的意见并不一致。其中，"户部堂官则对以本价，非时价也；户部司官则对以时价，非本价也。问之曾为督抚之史贻直等，则与司官之言同；问之曾为户部堂官之陈惪华等，则与堂官之言同"。因此，会议时自己"未敢附和同奏"。他表示，如果依卖谷与民之时价量行酌减，"则愈积贮而民生愈病，以囤户之计为国计，所谓名实俱丧。必大破从前之积谬，而后可副圣主宵旰为民筹食之至意，亦非只准该御史大减价值之奏所能妥协者也"。因此，尽管主张照依本价平粜，为慎重起见，张照仍请求高宗敕下大学士会同户部再行尽心详查，务悉各省之通病而行其补救，无失常平之本意。①

五月初三日，詹事府少詹事李清植具奏，指责督抚确定粜价有违常平本法，主张应该由州县掌握平粜定价权，根据各地具体情形办理平粜。他认为，常平乃为防止谷贱伤农、谷贵伤民而设。所籴、所粜均不设限额，至价平而止。"籴于贱而粜于贵，故以所增抵所减，下以利民而上亦不亏官"。但现在各地办理情形却与此相悖，平粜之时"州县必先详请，经上司核定粜价，勒限粜额，檄下而后行之。在上司所定之价，每与时直相仿，而所限之额又为数无多，故常平之粜，常不足以抑市价而使之平也"。李清植还将此情形与康熙、雍正时期做了一番对比。康熙年间，平粜价格、额数俱听州县随时酌量，未尝定价限额，"盖市价朝夕长落，平粜之法当与为低昂，固难限以一定之价。且市价未平，即官粜未容中止，亦难限以一定之额故也"。雍正时"因虑不职州县容有减报粜价以肥私橐，或多卖谷石以苴别项者，故又设为详请上司定价限额之法，以杜其弊。然自是州县之平粜虽市价已落，所粜不敢减分文之价。即市价尚昂，所粜不敢增担石之额矣"。为此，应该恢复常平本意，准许地方州县官员依照各地当前价格办理平粜、买补，"假如该处谷价每石以六钱为平，幸遇丰熟，石止四钱，准州县官以四钱有半籴之。若市价渐长，则籴价与之俱长，至每石六钱即止不籴。倘遇歉薄，石直八钱，准州县官以七钱有半粜之，俟市价渐落，则粜价与之俱落，亦至每石六钱即止不粜。凡价有长落，皆着随时申报，以便上司查访"。②

与乾隆七年议驳河南巡抚雅尔图关于督抚定价权力的奏请类似，李清植的意见同样没有得到大学士等官员的认同和支持。鄂尔泰等认为，各直省建立常平仓，"谷贱照时价以籴，不使伤农；谷贵则减价以粜，不致病民。其转移出纳、酌盈剂虚，凡所以持万物之权衡，使市价得其平而止"。户部先前议定以开粜仓谷各州县酌定价值，一面出粜，一面详报，"俱系按照市价核算，亦无预请定价出粜之案"。乾隆七年又奉谕旨，于寻常出

①《录副奏折》，乾隆八年闰四月二十七日刑部尚书张照奏，档号：03-0741-045。
②《朱批奏折》，乾隆八年五月初三日詹事府少詹事李清植奏，档号：04-01-35-1125-016。

易之际，每石照市价减五分、一钱不等。如果谷价高昂非寻常酌减所能济者，准其将地方情形据实奏闻。此外，此前议覆御史赵青藜条奏案内也已再次明确荒歉之岁应由督抚确切查明，一面奏闻，一面办理。当前，仍应遵旨并查照通行事宜而行。如果再令仿市价酌减，则"彼此瞻顾，更多拘牵，于民食殊属未便"。① 据此可以说，大学士等对乾隆七年上谕确定的减价平粜原则所具有的灵活度还是比较满意的，故而既没有设置过多的限制，也没有将定价权完全交给地方。

五月初十日，湖广道监察御史黄元铎具奏，批评户部会议张照所奏，反复辩论，"竟以平粜之事，成困廪囤积之举"论调的同时，强调减价平粜应该视情况而定，不应在本价与时价之间纠缠不休。黄元铎指出："春粜秋籴，既赖以平一时之市价，并可以裕常平不匮之仓储。是在为政者贵设法使仓有余粟以备赈粜，总不在原价、时价拘执较量以示德于民也。盖朝廷举利除弊，动为小民以千百万计，曷尝计及升斗之微？即叨被一命者，非甚无良，亦岂忍以待拯望恤之民剥之以自益？只缘内外诸臣泥于张渠请减五分、一钱之奏，遂使良法美意格而不行，胶柱之讥有所不免。"为此，请求以后不必援张渠所奏以为定例。黄元铎也认为乾隆七年上谕乃是"久已洞悉张渠之说不可行于荒歉之年也，且逆料时价、本价总不可拘，惟当就临时、现在情形酌量办理也"。他从发挥政府减价主动性和实现买补还仓两方面分析认为，平粜不必顾及本价之多少：其一，若米价须二两一石，官仓出粜定价一两四钱；须一两八钱，则定价以一两二钱。"民有五六钱之便宜，有不欣然乐从者乎？民既乐从，则官粜多而市价有不减者乎？固不必计及于本价止一两而行同囤贩也"。其二，目前粜价将来仍须用以买补，因此不宜照本价一减再减。"设照一两之本价再减，势必不敷买补之数。微论州县不能赔，督抚不敢请，即户部持筹亦所必驳。国家积贮之盛举，殊碍难措办也。且天时难必，一遇水旱，买补之价倍昂，又将何恃乎？"②

---

① 《户科题本》，乾隆八年六月十五日大学士鄂尔泰等题，档号：02 - 01 - 04 - 13632 - 003。
② 《朱批奏折》，乾隆八年五月初十日湖广道监察御史黄元铎奏，档号：04 - 01 - 35 - 1125 - 018。

黄元铎上书的次日，刑部右侍郎钱陈群具折请求平粜价格应在张渠奏定标准基础上再行酌减。钱陈群对当前降低米价表现出了几分急躁，认为生齿日繁，米价上涨，"惟当详求减价而粜，以平米价，使无甚贵，诚急务也"。他表示支持乾隆七年上谕，同时认为赵青藜、张照、李清植等人所议"立论虽不一，而为歉岁计，便民使米不腾贵，其意则同"。而张渠奏准成定例"实多未便之处"，不得不再为陈请酌改。钱陈群指出，年岁顺成，出陈易新时"米价尚平，原可无须大减，但求陈谷所碾，成色自不及市中行铺所售之米"。此外，"交官之银成色及平，又非市中交易之银可比。又经胥吏之手稍为高下。又米局离乡窎远，小民往返需时，守候需时。权衡总计，如米每石市价一两，官价九钱五分，以官价所得之米即入市转售，原价必亏，民亦何所利而买之乎？"因此，张渠所奏"防囤户则有余，便小民则不足"。每当州县出陈易新开设米局，"买者寥寥"，而"绅士便家仰承意旨，分领谷石，照数交价者有之，铺家行户抑勒分买者有之，蠹胥黠吏因缘借领者有之。其畏葸牧令明知民不愿买，仅守管钥，坐视红腐者亦有之。是岂设立常平便民之遗意哉？"为此，平粜应在灾歉之年每米一石酌减一钱二分，"使小民核算比市价稍贱"，且"不拘城市开设米局，使小民得沾实惠，而米价自无腾贵之虑"。[①] 钱陈群一番陈奏表明，他把思考重点放在了如何降低当前米价之上。即使其视野不免偏狭，但是对张渠所奏定例的批评以及对乾隆七年上谕精神的支持仍表明，根据实际实施减价平粜的原则是官员们所一致认可的。

五月十三日，工部尚书韩光基也参与到讨论中来。他同样表示赞成乾隆七年上谕确定的减价平粜原则，称其"明知所谓减五分、一钱之说无济于事，而欲临时制宜，沛汪湛之隆施，以苏民困也"。与前述雅尔图、李清植等人所议相似，他认为米价"呼吸转移，起落倏忽，斯时全恃官价权衡其间，方不至于翔贵"。各省距离京城远近不一，如果必须等候请旨而后才得平粜，"旷日持久，呼应不灵，地方有司坐视市价之高抬而计无所出。比及得请施行，而囤积已获居奇之利"。因此，办理平粜仍应该遵照乾隆七年谕旨精神，赋予督抚充分的主动权，需要平粜之时令其一面酌量

---

① 《录副奏折》，乾隆八年五月十一日刑部右侍郎钱陈群奏，档号：03-0741-050。

办理，一面奏闻。同时，韩光基反对政府的盈利行为，认为出粜"在官唯无所利而已"。他指出，粜与赈同为救民，立法则大不相同。"赈则出所有以救民之灾，皇上所以发千百万之帑而不之惜；粜则储所备以图民之便，上制所以制三十年之通而不可亏"。因此，日常平粜应该考虑到保本及买补困难。如果一定要按照本价酌减平粜，也应该"先计官粜所入"，将粮食本价及所有舟车、仓夫、斗级、鼠耗、折耗等种种繁费核算在内，否则势必出现亏缺，"不出十年，官本荡尽。设遇旱干水溢之虞，米价沸腾，而国无积贮，其将何以策之？"更何况市价本无一定，"今日之价极昂因官价之成，而明日亦稍减，则官价更当再减以抑之……是平粜之价原不可预定"。乾隆七年之上谕正是久已深悉其弊，"独握其肯綮"，因此应该继续坚持实行。①

与韩光基同日具奏的还有河南按察使王丕烈。他在肯定此前官员所议出发点的同时也指出，"善政多端，尤当权其缓急"。从大减价值难以买补的角度而论，应注重常平仓备荒功能，不宜减价过多。王丕烈也对平粜的功能进行了区分："仓储原以备赈，荒则关系民命；若平粜则民非乏食，不过减价以节省民之银钱而已。此备荒急而平粜犹缓也"。而办理急务又当权衡其难易，"减价粜卖可以不问时价之多少，而买补还仓必须与时价相准。此减价易而买补难也"。大减价值可能导致州县无法买补，进而造成仓储空虚。王丕烈还有更深层的担忧，即现在各省米谷皆贵，如果大减其价以粜卖，穷民自然可以受惠。然幸而米价顿减则可，"万一时价不平，势必粜尽仓谷而后已。及当买补之时，如官价既以一两卖出，而时价犹需一两三四钱，或一两五六钱始可买补，则此三四钱、五六钱者，将官为之赔乎？则不胜其赔矣。将动正项钱粮以添补之乎？则国家经费有限，岂能每岁添补，而有盈此缺彼之虑也。二者既不足恃，必致观望因循，不即买补。倘遇地方偶有水旱，而仓廪已尽，虽有智者，必不能为此无米之炊。又何以救此嗷嗷待哺之众黎乎？"为此，他强调乾隆七年所定减价平粜原则更应注重其务实性，若遇灾歉之年，务将实在情形、必须减价若干之处确切奏闻请旨，乃荒歉时"权宜以救时，未可援以为常例"。

---

① 《录副奏折》，乾隆八年五月十三日工部尚书韩光基奏，档号：03-0741-052。

现在各省米价昂贵，且奉旨暂停买补，诸臣所议但知计其出，未计及所入，不可为之经久。总之，"仓谷原以为备荒，非可宽于平粜以致耗。平粜宜思买补，非可徒计目前而贻误，则自应与时价稍为上下，而不得大减其价明矣"。①

五月十八日，河南巡抚雅尔图通过邸报得知张照参与会议赵青藜条奏，与其他大臣意见相左，于是具折上奏。他认为，张渠所奏"惟恐买补不敷，慎重帑项，且杜奸民囤积网利之弊，立法过详，意非不善"。但是，"平粜原为便民、利民而设，至谷价之盈亏、买补之难易，原非所计。况出粜于青黄不接、米价昂贵之时，而买补于秋熟丰收、市值平落之候。不问盈余，只求符额，似亦尚非难事。是详后开仓、额定减价之议未免过拘"。正是鉴于此弊，才有乾隆七年六月上谕的颁行。现在赵青藜所奏"原系推广圣意，反复陈明，以见平粜之核定减价无利有弊，而固请大加酌减以惠民生"，张照所奏"亦扩充其说，极意言之。总非仰恳圣恩，亟更旧例，以子惠元元之意"，而"善平粜者，谨视岁之丰歉以为定衡，取有余补不足，不过贮民谷于官仓，借官仓以平市价，常平之义，名与实符"。

作为一省巡抚，雅尔图介绍了河南办理的成功经验，说明各地不应拘于张渠所奏，需要根据实际情形，随时确定平粜价格，以惠及百姓。他声称，豫省平粜"从不瞻顾依徊，拘泥成法，粜三存七固不可拘，而五分、一钱尤不可定"。特别是给予州县官员更多的自主定价权，甚至"不必先详道府，呈送谷样，致稽时日。有应多减价值之年分及应多减价值之地方，即饬府州县酌看民情随时粜济，总期小民得沾实惠，囤户不致侵分"，秋后丰收再"依时买补"，如此则"原价既无不敷，帑项更无亏损"。因此随时随地减价平粜，不必拘定五分、一钱之例，"似属可行"。且豫省既已可行，"直省似亦无不可行之者"。不过，在没有修订定例之前，"必须临粜奏闻。或既奏以后，价复低昂，又不便源源渎奏，瞻顾之督抚未免因循。一有因循，则上下相承，乏食贫民未必均沾实惠，殊非平粜济民之本意"。以后州县平粜则可"一面详报，一面即行开仓，不必先呈谷样，预

①《录副奏折》，乾隆八年五月十三日河南按察使王丕烈奏，档号：03 - 0741 - 051。

详道府，以致辗转稽迟，担误民食。且谷之好丑，原应平日稽查，何用临期呈样？廒口虚实，自有档案，何用临时具详，往复批查，徒多周折？"而张渠原奏先详后粜之处，"应请一并停止"，"地方政务有治人无治法，要在大吏督察严明，守令奉公惟谨"。对其所请，高宗命大学士会同户部密议具奏。①

对于大学士等会议结果，笔者未能找到原档。从雅尔图的陈奏看，他主张"谨视岁之丰歉以为定衡"，这是没有问题的，也符合乾隆七年上谕的基本精神。但是，废止张渠奏定标准，全面放开州县的平粜自主权，不仅与其在乾隆七年七月提出的主张完全一致，且与李清植等人的请求也基本相同，而以往类似奏请均被大学士等明确否定，加之乾隆七年确定的减价平粜原则已经得到普遍认同，因此可以推论，雅尔图关于全面放开减价平粜权力的奏请，同样不会得到朝廷的支持。

乾隆八年的集中讨论，不仅对乾隆四年张渠奏定标准做出了反思和批评，而且对乾隆七年上谕精神反复进行了阐释和确认。经过讨论，减价平粜的四个主体原则最终确定下来：第一，张渠奏准平粜减价标准是办理日常平粜的原则性规定，更多为了限制囤积和官员随意多粜行为，尽管不能废除，但并不具有绝对约束力。第二，减价平粜应遵循乾隆七年上谕精神，视各地具体情况而定，不应拘泥于本价与时价。第三，地方官员可以据实奏请多减，但不可完全放开地方的减价平粜权，而是要一面奏闻，一面办理。② 第四，单纯追求减价不应得到支持，平粜应充分考虑到能否足敷买补等问题。至此，减价平粜原则最终确定下来，并一直被沿用下去，成为了乾隆朝平粜政策的中心内容。至于乾隆四十四年（1779）户部再次奏准各省平粜"至多不得减过三钱"，而遇有必须

---

① 《朱批奏折》，乾隆八年五月十八日河南巡抚雅尔图奏，档号：04－01－35－1125－023。

② 乾隆九年七月直隶总督高斌奏请酌减价格平粜一折称：除乾隆七年奉有谕旨外，"乾隆八年五月内定例，嗣后如遇荒歉之岁，该督抚确切查明实在情形，将必须减价若干始于民食有益之处，一面奏闻，一面办理"。（《朱批奏折》，乾隆九年七月初十日直隶总督高斌奏，档号：04－01－01－0107－028）。另参见《朱批奏折》乾隆十六年六月二十七日山东布政使李渭奏，档号：04－01－35－1151－026。

大加酌减情形，督抚仍可临时确切奏闻，"出自圣恩裁夺"①，平粜政策实质并未发生改变。

此外，乾隆八年（1743）六月直隶布政使沈起元再次提出应照采买本价平粜，结果遭到了高宗的断然拒绝，进一步验证了以上讨论的主要成果。沈起元指出，尽管高宗谕令各地平粜不得拘于五分、一钱之例，应随时酌量缓急办理，而"章程未定，实有难于办理之处"。具体而言，"一省之内，水旱异其时，肥硗异其地，户口之贫富异其情，商贩之有无异其势。故即一郡而论，各州县之时价不等。即一州县而论，早晚之时价亦不能尽同。一一而酌之，既患其繁，今日奏闻未几而情形又变，琐琐陈奏，复嫌于渎。况越在远省，尤有不及奏闻者乎。是以朝廷虽明示通融，而外吏终不无观望，仍循五分、一钱之旧例，以免部诘，亦地方办理不得已之实情也。故曰：徒善不足以为政，徒法不能以自行"。他建议，制定详细的平粜章程，"莫若悉照米谷之本价为准"。理由在于，"时价有不齐，而本价则早定。当采买之时，米价、谷价督抚、户部无不有册可稽。及平粜之时，不必照时价酌减，止照本价粜卖，则所平实多。如本价一两，而时价一两一二钱，照本价则已减一二钱矣。时价至一两八九钱，照本价则减至八九钱矣。时价之贵贱，准乎年岁。岁小歉则小昂，大歉则大昂。惟悉照本价，小昂则小减，而非俭也；大昂则大减，而非过也。盖平粜之义，固不得于本价之内更有所减以亏国帑，自不得于本价之外稍有所浮以贵盈余。至本价不亏，自可源源采买。时价既平，则囤户亦无从射利。如此则法立而易遵，事径而善备"。然而，照依采买本价平粜的建议遭到了高宗的严厉批驳，朱批训斥说："本价少于时价固可如此平粜，设时价反少于（本）价，又将如何？若谓时价断无少于本价之理，则年复一年，秋成之际仍买米存贮否乎？不通之极，与督臣看。"② 朱批非常明确地表达出，在高宗的思维中，一味强调单纯依据本价平粜是根本站不住脚的，因为它直接关系到了常平仓的正常运转问题。当然，如果结合上文来完整地阐释高

---

① 《朱批奏折》，乾隆五十一年正月十二日安徽巡抚书麟奏，档号：04 - 01 - 35 - 1181 - 042。

② 《朱批奏折》，乾隆八年六月初八日直隶布政使沈起元奏，档号：04 - 01 - 35 - 1125 - 033。

宗的立场，应当说，他并不赞成确定具体的减价依据，而是主张平粜要视各地的具体情况来加以办理。

第四节 利害关系支配下的地方平粜行为

自雍正十三年（1735）以来，清朝政府围绕如何实施减价平粜不断进行探索，政府政策也随之做出了相应调适。其间，单纯追求平抑米价惠及百姓而大加酌减，以及为防止官员舞弊和富户囤积由朝廷确定全国统一减价标准的线性思路和做法，逐步被淡化或放弃。与此同时，在区分日常平粜和赈灾平粜基础上，政府政策的实施更加倾向于应对特殊灾歉之需，而且在发挥常平积贮养民功能和保证常平仓正常运转这一悖论上，也在努力兼顾双方的需要。正是基于这种思维逻辑，最终形成了日常平粜遵循统一定例，特殊时期不拘定例，可以根据各地实际决定如何实施平粜，并由督抚奏闻请旨的平粜政策格局。要之，寓灵活于原则之中，政策的不断调整更趋务实，实施空间得到了充分延展，从而有助于提升地方行政实践的有效性，发挥平粜应有的社会保障功能。

然而，政治运行往往具有多面性。现实中，朝廷政策的出台并不等于事情的全部，此后还面临着更大的挑战，即如何与复杂多变的地方行政相对接，从而将政策的精神和意志转化为具体的政府行为去作用于现实。减价平粜概莫能外。州县官员为了避免因平粜造成的赔补乃至仓储空虚，以及无法正常题销等，很多情况下并未按照政策设计的路线去实施平粜。一方面，对于减价之后如何解决粜价不敷买补的问题，高宗等未能提出有效的解决方案，因此平粜养民的意义虽然不断被强调，"及至平粜，地方官恐不敷买补，名为贱价，实则所减无几"[1]，"今之平粜者，州县非不举行，不过循其名而已，何尝使荒郊僻壤遍受皇恩"[2]。另一方面，地方减价平粜定价权得到了一定程度的尊重，可是没有具体标准和做法可以遵循和参考

---

[1] 《朱批奏折》，乾隆十三年三月云贵总督张允随奏，档号：04 - 01 - 35 - 1142 - 024。

[2] 《朱批奏折》，乾隆八年七月初二日工科给事中吴炜奏，档号：04 - 01 - 35 - 1126 - 009。

又给各地官员带来了困惑。虽然乾隆八年（1743）沈起元请求照依本价减粜之论显得不合时宜，他的陈奏却揭露出"地方办理不得已之实情"：即使地方被赋予了充分的定价权力，由于各州县情况纷繁复杂，又无可以遵循之成例，为免往返陈奏及"部诘"，各地只有仍循旧例而行。①

至于所谓的"部诘"，乾隆二十八年（1763）山西布政使文绶也反映了因户部并不掌握各地粮价变动情况而对平粜形成掣肘的问题。他指出，近年督抚按月将市粮时价奏报，山西省各州县粮价细款"向来并无报部之例，则其余省分之报部与不报部并不画一可知"。而各州县平粜、采买出入粮价，"向来俱令随时办理，直至事竣造报"。户部"每遇各属报销之案与奏报时价不符者，查出即行驳正"，原因就在于"部中并无各省州县平日粮价案据，止得就现案开报之价核销，而各省粮价增减之弊难以稽查"。当时山西省已由巡抚和其衷申请造具细册按月报部，其他各省似乎也应照此办理，报部存案。如果粜买粮食在报销册内声明某月出粜、某月收买，以便按册稽查，各州县则知有粮价细数按月送部，自然不敢增减虚捏，部臣核销也有案可据。② 可见，尽管各省督抚每月定期向高宗奏报粮价，但是很多省份平日粮价细册并未报部备案，导致户部处理平粜奏销时所依粮价指标系当前开报粮价，而非平粜粮价，奏销经常遭到议驳也就不足为怪了。这对地方临机平粜行为来说无疑是一种阻碍。

此外，与不肯减价平粜并存，任意减价平粜现象亦屡见不鲜。不仅前文有张渠指出的此类问题的存在，乾隆九年（1744）安庆巡抚范璨等也反映，"价值不大加核减，则贫民不能沾惠；设或减价太过，与市值高下相悬，则贪利之徒干犯法纪而不顾，其弊有不可胜言者。每见一州一邑之仓储本足敷数月平粜者，往往减价过多，一时竞籴，即报粜竣无存，以致贫民正需买食而无米可粜，转不得邀丝粟之惠"。高宗也认为其所奏"尚属留心"，并叮嘱范璨实力督率地方官员妥善加以处理。③

综上所述，在平粜问题上，道义和地方行政实践的博弈，深刻地影响

① 《朱批奏折》，乾隆八年六月初八日直隶布政使沈起元奏，档号：04 - 01 - 35 - 1125 - 033。

② 《宫中档乾隆朝奏折》第 19 辑，第 758—759 页。

③ 《朱批奏折》，乾隆九年二月二十五日安庆巡抚范璨奏，档号：04 - 01 - 35 - 1129 - 009。

着常平积贮养民政策的实际效果。尽管朝廷根据各地情况，赋予了地方充分的办理自主权，体现出政策制定的务实与灵活，然而为避免因平粜造成仓储空虚或赔补，或因减价过低无法正常题销等问题，州县官员并不能很好地按照朝廷本意实施平粜，结果引起政府政策与地方行政实践之间的错位，甚至有些官员行为已与政策设计初衷背道而驰。此时如果再与州县官员应付采买问题结合起来考察，可以更加明确的是，高宗推行的大规模常平积贮养民计划，在地方行政实践中远未达到其理想的效果。

第七章 "朕既知初意之失"：常平积贮养民政治全面回调

高宗初政，为实现养民道义目标，大规模提高常平积贮水平。然而，肩负道义责任的养民大政一路走来备受非议。乾隆八年（1743），高宗以米价上涨实系争相籴买所致，将邻省采买和本色捐监予以叫停，随后又复要求各省督抚相机筹划，"应买则买，应停则停"①，进一步赋予地方官员更多的自由操作空间，同时试图继续将本色捐监作为政府采买的代偿形式加以推行。可是，粮价上涨趋势并没有因此得到改善，各省督抚请求减价平粜的奏章接二连三地呈报到高宗案前，米价上涨源于政府采买的观点也被持续上涨的事实所否定。那么，米价究竟为何仍在上涨而无法得到遏制？大规模常平积贮推行到现在为何让人感到如此迷茫和困惑？乾隆十三年左右，高宗感到长期积累的问题已经到了必须痛下决心加以解决的时候了。

第一节 重新解读乾隆十三年米贵问题大讨论

一个时期以来，学术界对乾隆十三年（1748）左右高宗君臣围绕粮价上涨原因的讨论给予了充分关注。其中，邓海伦认为，乾隆十三年大

---

① 《清高宗实录》卷209，乾隆九年正月壬寅。

讨论"是研究清代官员经济意识的一个极好个案"①。对此，陈春声、刘志伟等做出了另一番思考。他们不再将米贵现象仅仅视为一种经济问题，而认为是"清代行政体制运作的结果"，是一个"政治问题"。② 不过，他们的阐释依然没有跳出经济史窠臼，更多地还是从粮食问题角度说明 18 世纪美洲白银输入并未导致清朝通货膨胀、物价上涨。

本书对乾隆十三年大讨论的分析将基于以下三个方面的思考：首先，将讨论置于"大政治过程"框架内加以考察。这个"大政治过程"不是孤立的历史节点，而是乾隆初年以来完整的常平积贮养民政治过程，自始至终贯穿着国家意志与地方行政实践关系的发展演变。进言之，这场讨论不是简单的对粮价上涨原因的讨论，不是一个偶然发生的单一历史事件，而是对乾隆前期常平积贮养民思想、理念、政策、行为的一次总结性反思。其次，既然以政治史的视角研究粮食问题，在分析督抚奏报内容和高宗的上谕时，就不能局限于文本自身的描述，而是要结合政治演进去分析文本中隐藏的深层政治逻辑。再次，更多地以现代经济学的术语和思维去框定传统社会的行政思想和政府行为，很容易偏离事物本身，因此要更好地走入历史现场，力争更加真切地发现、感知、理解甚至认同时人的思维方式和行为选择。

一　"今日政治之阙失何在？"

乾隆十二年（1747）十月，江南道监察御史欧堪善从多个层面对当前粮政形势进行了分析，引起了高宗的高度关注。

欧堪善首先提出，各省数年以来无论丰歉俱苦米价昂贵，虽然"生齿

---

① 邓海伦：《乾隆十三年再检讨——常平仓政策改革和国家利益权衡》，《清史研究》2007年第 2 期。另外，将常平仓作为政府干预经济重要手段的学者还有很多，如李明珠指出："现代之前的世界史上，清朝的粮仓体系是政府干预经济的行为中最具雄心且最为持久的尝试，它自身的成败功过，连同其他历史上所起到的微妙、间接的重要作用都应得到更多的评价。"参见 [美] 李明珠《华北的饥荒：国家、市场与环境退化（1690—1949）》，石涛等译，人民出版社 2016年版，第 253 页。

② 陈春声、刘志伟：《贡赋、市场与物质生活——试论十八世纪美洲白银输入与中国社会变迁之关系》，《清华大学学报》（哲学社会科学版）2010 年第 5 期。

繁滋户口日众""岁时旱涝收成歉薄""小民巧诈囤积居奇"三种因素乃"势所必有"，但是"米价之昂，似不尽由此"。他对此问题的思考是："康熙、雍正年间去今未远，生齿之繁固不如是之甚速，且我国家气运与天无极，岂再数百年而养民无善策乎？若旱涝灾祲，何时蔑有？顾此丰彼啬，原可相济。查迩年各省虽有偏灾，而报丰稔者亦复不少。至囤积居奇，久经严禁，地方官自当实力奉行，何至积弊连年，听其垄断耶？"也就是说，这三种因素早已有之，并不能解释为当前米贵问题的主要根源。

在否定人口、灾歉、囤积三种因素决定作用基础上，欧堪善对常平积贮存在的主要问题进行了剖析。他首先指出："古者耕三余一，耕九余三，积贮固所以便民，但积贮行之而善则民享其利，倘积贮而奉行不善则法立弊生，恤民者每为病民之具。"此言明确将矛头指向了政府"奉行不善"，即政府行为的不当。其中，采买的主要问题是，"数年前，采买风行，一省丰收，各省采买骈至，米价日见腾涌，此蜀、楚、西江所以受病也"。此外还有派买、勒买等，弊窦丛生。平粜主要存在的问题是，"春夏之间米价日涌，州县乃开仓照时价平粜。如时价每米一石需银二两，官价每石减银五分或减一钱。每民一户一日许买仓米三升，乡民离城遥远，势难荒工赴粜，故买仓米者大率附近居民。奈仓米粗粝，市米稍洁，赴仓则守候维艰，赴市则交易甚便，且价值相去无几，是以小民宁买市米，而不愿买仓米。于是米铺、牙行收买乡间门牌，勾通衙役仓书买受仓米，不十余日而仓米半归米铺，市价日昂，官价亦增。迨至仓谷渐空，米价愈加昂贵"。

欧堪善还就以上各种现象举出了现实中的一些典型案例，称其在邸抄中曾见本年八月内陕西巡抚特参淳化县知县黄必达，收还常平仓民借麦谷，浮收斗面200余石；九月，浙江巡抚特参钱塘县知县张开弟，令内幕蔡姓唤米铺私买仓米至1930余石，"俱渔入己"。他认为，"盖连年粜籴，积弊相沿，米价之昂，端率为此"，因此必须加以改革。欧堪善提出，"欲行常平之法，必遵常平定例。谷贱始籴，谷贵则宁不籴，一切勒买之弊必严行禁绝也。至谷贵开仓，必照原价平粜，每谷一石量加耗费些微。凡仓书、牙行弊端悉行严禁，则仓谷平粜米价自可渐减。若照时价平粜，则米价日昂，是官有平粜之名，而民未受平粜之实也……皇上爱养黎元，每遇偏灾，赈恤不惜帑金数千百万两，岂区区于仓谷平粜之原价、时价较量锱铢？"①

欧堪善所奏提醒高宗，办理常平积贮"必遵常平定例"，应有效解决政府行政过程中有悖制度本意的问题，从根本上杜绝不遵定例而产生的累民、累官之弊。其中，他特别强调了常平粜粜的灵活性与原则性，即"谷贵则宁不粜"，粜卖应按照原价平粜而非时价。

高宗命大学士会同户部就此密议具奏。从欧堪善所奏内容看，尽管他分析了人口、灾歉、囤积等各种因素与米价上涨的关系，但是核心问题和建议与以往反复的讨论相比并无多少新颖之处，故而大学士和户部官员等仍基于乾隆四年布兰泰、乾隆七年张渠以及杨二西等人条奏案内所议结论，认为常平仓定例，谷贱伤农，官为收买，谷贵病民，官即停止，而且量加耗费，以及酌量情形减价出粜等均已有遵行，"是谷贱始粜，谷贵则宁不粜，原属常平之旧法"。至于照原价平粜问题，考虑到常平仓的运转问题，如果较市价过贱，"不特秋成买补维艰，且益启仓书、牙行勾通贩鬻之弊"，谷贵开仓平粜等各项事宜均毋庸再议。② 高宗表示认可，但同时认为，"积贮原为善政，民命攸关，行之不善，亦足滋弊。欧堪善所奏虽难见诸施行，但其折中所陈采买、平粜情由及种种弊窦，亦不无所见"，因此命将原折抄录，于奏事之便寄与各省督抚，"令其知米贵受病之由，随时随地留心厘剔，务使调剂有方，得收常平之效"③。

就在谕旨颁布后的当年十二月初，陕西巡抚徐杞就办理情况回奏高宗。他再次梳理了平粜、采买过程中产生的民间奸徒射利、预先给银、贱价定买、囤户居奇等种种弊端，并建议高宗饬令各省督抚再行严加禁止。④ 从徐杞奏报看，所举各款应严行禁止的行为，同样不算是什么新鲜内容，甚至大多是老生常谈，高宗却将徐杞的奏报与欧堪善的陈请联系在了一起，并借此道出了多年来办理常平积贮与当前粮价上涨之局关系的困惑，要求各省督抚详细讲求，据实陈奏。为防断章取义，兹将上谕主体内容照

---

① 《朱批奏折》，乾隆十二年十月十三日江南道监察御史欧堪善奏，档号：1140 - 035。

② 《朱批奏折》，乾隆十二年十月二十五日大学士讷亲等奏，档号：1141 - 003。

③ 《清高宗实录》卷301，乾隆十二年十月辛巳。

④ 《朱批奏折》，乾隆十二年十二月初九日陕西巡抚徐杞奏，档号：1141 - 015。

录如下：

（徐杞）所议固属现在应行之事，然督抚奉到部文，不过转行各属，出示禁约，多一番文告而已。有司之果否实力奉行，及奉行而于米价之贵贱，实在有无裨益，尚未可知也。朕思米谷为民生日用所必需，而迩年以来日见腾贵，穷黎何以堪此？即如川湖素称产米，而川抚纪山则以商贩云集、米价腾涌为奏。湖北督抚则以江南被灾，资楚粮接济，以致本省米贵为奏。又如直隶一省，向藉八沟粮石，今岁畿辅尚属有秋，而八沟亦以搬运太多而贵。夫商贩流通，贵则征贱，间或暂时翔涌，何至连岁递增，有长无落？若谓囤户居奇，此实弊薮，然自地方官力所能禁，何至全不奉行，任其垄断累民，而督抚漫无觉察，竟无一实力严禁，著有成效者？若谓户口繁滋，则自康熙年间以来，休养生息，便应逐渐加增，何独至今日而一时顿长？若谓水旱偏灾，则亦向来所有，何以从来未闻如此之贵？且亦当歉者贵而丰者贱，又何至到处皆然，丰歉无别？若谓康熙年间仓储有银无米，雍正年间虽经整饬，尚未详备，今则处处积贮，年年采买，民间所出，半入仓庾，未免致妨民食，此说似乎切近。然在当时分省定额，悉经该督抚分别酌议，自按各省情形。且至今足额者寥寥，亟需采买，所在皆是，藉以备荒拨赈，难议停止。设或果由于此，则当切实敷陈，商酌妥办，不当听其自然而不为之所也。朕反复思之，不能深悉其故，亦未得善处之方。夫人事不修，则民生不裕。今日政治之阙失何在？所以致此者何由？米豆关税业经通免，虽不可因此遽求奏效，而于米价宜不为无补，又何以价不日减，转益日增？今使复征，不且较此更增乎？朕自御极以来，宵旰励精，勤求民隐，间阎疾苦无或壅于上闻，乃不能收斗米三钱之益，而使赤子胥有艰食之累，殊益焦劳。各督抚身任封疆，于民生第一要务，必当详悉熟筹，深究其所以然。如果得其受病之由，尤当力图补救。乃各省督抚或不以介意，或归咎于邻封，或责过于商贩，而应作如何办理之处并未筹及。可传谕各督抚，令其实意体察，详求得失之故，据实陈奏。或朕所举诸条之外别有弊端，俱宜确切入告，务期实有裨益，以裕民天，更不得因谕旨中偶及免税一节误会朕旨，以谓意在仍征米税也。①

结合前文仔细玩味上谕文字，大概可以对事情的来龙去脉产生这样一种印象：在米价上涨的核心问题上，高宗于乾隆七年接受官员们的建议，以指标过高、采买争籴造成米价腾贵，命各省督抚重新核定积贮指标。令人不解的是，当时各省确定仓储指标，乃督抚们"自按各省情形"，充分考虑了地方大小、户口繁简以及距离水次远近等各种因素，更何况目前能够达到积贮指标要求的省份寥寥无几，请求继续采买的省份则比比皆是。即使推行本色捐监，实际效果也没有对全局产生实质影响，米价仍在不断上涨。此外，乾隆八年还进行了一场暂停邻省采买和本色捐监的"政治实验"，其结论并不支持官员们的看法。尽管一直以来很多官员都认为是政府采买造成了粮价上涨，这种说法只是"似乎切近"，也不是一种确论。究竟问题出在哪里？"夫人事不修，则民生不裕。今日政治之阙失何在"一句话直白地表达了长期隐藏在高宗心中的疑虑，更表现出了莫大的政治勇气和政治诚意。他首先想到可能是自己的治国理政存在缺失，希望各省封疆大吏能够"实意体察"，找到问题的真正原因，或者其中另有隐情，"俱宜确切入告，务期实有裨益"。回答两个方面的疑问，由此成为各省督抚具奏陈述的中心议题。此谕的颁布，正式拉开了高宗君臣关于米贵问题大讨论的序幕。

高宗谕旨发出后，各省督抚先后具折陈奏。目前已发现包括布政使在内的地方高级官员所具奏折共计 27 份。② 对于这批档案如何利用，需要进一步明确三个原则：首先，分析督抚等对米价问题的看法，应尝试将文本与常平积贮养民政治实践结合起来，并特别注意避免以现代理论或理念去人为框定历史。其次，由于米价上涨与大量采买主要涉及东南沿海和长江中下游地区的缺粮、产粮省份，因此这些省份督抚的意见代表了地方的主流认识，应予重点考察。再次，要留意与高宗的关注点契合

---

① 《清高宗实录》卷 304，乾隆十二年十二月戊辰。
② 具体参见魏淑民的研究。她查阅到 26 份奏折，笔者另外找到了山东巡抚阿里衮的奏折。

且与最终定论相向而行的意见，因为这些观点可能直接影响到了高宗的思考和决策。

从以上三点出发，可以进行初步筛选。乾隆十三年（1748）正月，河南巡抚硕色提出，"以天下大概而论，近年粮价，各处渐昂，此实由生齿日繁所致"，"以一省地方而论，或此贵而彼贱，则由于丰歉之不齐；或初贱而后贵，则由于商贾之囤贩"。对此，高宗明确指出："此亦不过一端耳，正恐未中病源也。"① 可见，与乾隆十二年上谕精神一致，生齿日繁、囤积居奇并没有被高宗视为粮食问题的主要症结所在。乾隆十四年（1749）三月，大学士等待各省意见汇齐后会议认为，"各省督抚查奏米贵之由，熟筹补救，虽因地制宜，各有不同，而为常平买谷请缓、请停者大半……又称开垦疏浚以兴利、通贩禁囤以济乏、晒曲烧锅并行禁止，均在各督抚悉心饬属办理，毋庸另议"②。因此，兴修水利、通贩禁囤、禁曲禁烧锅等也被大学士和大部分督抚认为是外围性内容，仅仅就以上问题阐述观点的奏报不再关注。此外，将督抚所奏对照下文乾隆十三年七月高宗调整政策上谕可以发现，有九位督抚的奏报与上谕精神比较接近，分别是湖南巡抚杨锡绂、山西巡抚准泰、浙江巡抚顾琮、云贵总督张允随、云南巡抚图尔炳阿、署理湖北巡抚彭树葵、两江总督尹继善、江西巡抚开泰和两广总督策楞。换句话说，这九位督抚的奏报应该是对高宗毫不犹豫做出决策产生了重要影响，本书将重点关注。

在各位督抚的奏报中，湖南巡抚杨锡绂所奏被高宗认为是"尚觉留心，非寻常敷衍之文"③。杨锡绂认为，水旱偏灾与囤户居奇，虽足致米谷之贵，"然尚非所由贵之源"。米价上涨主要是户口繁滋、风俗日奢、田归富户、仓谷采买等多种因素积累的结果。以往研究多关注于此，但是如果对所奏其他文字再做深入考察便可发现，"非寻常敷衍之文"所要表达的核心思想并不在于此，而是杨锡绂抓住机会，向高宗揭示了其最为关心的"今日政治之阙失何在"问题，即乾隆前期常平积贮养民政治运行过程中

---

① 《朱批奏折》，乾隆十三年正月二十三日河南巡抚硕色奏，档号：1141-037。
② 《清高宗实录》卷337，乾隆十四年三月庚午。
③ 《清高宗实录》卷311，乾隆十三年三月。

存在的巨大政治隐患。

杨锡绂首先表示了对高宗推行常平积贮的认同，声称此举"藉以备荒，难议停止，圣明远见，诚为探本握要"。对于如何经营常平积贮，杨锡绂有着与高宗并不相同的观点，即"积贮以足敷赈济而止，不必过多"。杨锡绂随之披露了以往各省核实贮额的深层逻辑：此前御史孙灏请求重新酌定各省积贮指标以平米价，"经部议准，通行各省，虽俱酌定额数，然当时督抚究为有备无患之意重，而未深计及于谷价之日昂，采买维艰。即以湖南言之，州县之仓有贮至五六万者，府仓有贮至七八万者，亦未免过多"。

何谓"究为有备无患之意重"？何谓"未深计及"？由于原定增贮指标虚高，经孙灏和大学士奏请，高宗同意重新加以核定，然而各省督抚都明白常平积贮的政治意义，并没有按照本省实际去重新核定，即使部分省份指标有所削减，整体仍旧被保持在高位运行，而且米价上涨已非一日，多年来督抚督促州县官员经营常平积贮一直被言官作为了批评对象，因此与乾隆七年揭开并被批评的乾隆三年所定根本无法实现的捐监增贮指标一样，乾隆九年最后确定的新积贮指标，其实也是高宗强力推行常平积贮压力下督抚迎合皇权旨意的产物，都是不切实际的。为此，杨锡绂建议饬令各省"将定额再加详细确核，有过多者酌量裁减十之一二，其已买足者于平粜时存银归库，未买足者即扣除，不必再买"，"从前部议各省仓谷足额后续有收捐监谷，设遇赈恤动用，毋庸买补。第赈恤已有额贮之谷，此额外捐谷与其久贮繁重，不如逐岁卖之"。① 此时杨锡绂的一番陈奏解开了高宗心中的重大疑窦，即"今则处处积贮，年年采买，民间所出，半入仓庾，未免致妨民食，此说似乎切近。然在当时分省定额，悉经该督抚分别酌议，自按各省情形。且至今足额者寥寥，亟需采买，所在皆是，藉以备荒拨赈，难议停止……朕反复思之，不能深悉其故，亦未得善处之方"。一个时期以来，高宗对政府采买引起米价上涨的说法颇感怀疑，因为他一直以为各省都是按照本省实际情形确定的积贮指标，加上足额省份寥寥无几，仍需要不断进行采买。这些直到杨锡绂的奏报恭呈御览，才给出了一

---

① 《朱批奏折》，乾隆十三年三月湖南巡抚杨锡绂奏，档号：1142－025。

种比较合理的解释，原来问题就出在这个未按实际核算出来的积贮指标上。

讨论中，向高宗透露隐情的不止杨锡绂一人，山西巡抚准泰所奏与其不谋而合。他指出，"近年米价之增，惟东南日甚"。尽管自己身任山西巡抚，但曾任职东南诸省，了解实际情况。他认为，米价上涨主要由于"官仓积贮太广，采买日烦"。现在"一州一邑积贮动盈万千，统七省计之，积于官者不啻千余万。天施地生，止有此数，七省中每年已少千余万之流通"。虽然部文有价贵暂停买补之例，后有禁赴邻省采买之条，"而总无不买之地，亦无不买之年，所以禾稼尚未登场，官役已经云集，不特商民求贩运之不得，即彼此官役交争购籴，亦每患到手之难。不特江浙欲买补之未能，即楚蜀粒米狼戾之邦，亦每患购买之不易。而欲求米价之不日贵也，庸可得乎？"他主张进行民间流通的同时，追溯了各省定额问题的由来，阐明了常平原额的重要性及造成目前混乱的根源："积贮为地方本计，东南米价日昂，台臣已交章言之，大学士、九卿已屡经分晰议之，指斥利弊，计虑图维，可谓详且密矣。迄无善法以解于米贵者，则以积贮之事，大不敢轻议更张。所以乾隆七年五月议覆台臣孙灏所奏，亦谓常平定数遵行已久，不便任其缺少原额，惟令将增请捐谷一项并入常平旧额，各按地方大小，分别户口繁简及水次远近情形，逐一较核，或以常平旧额为额，或以捐谷并入常平旧额为额，造册报部，未敢请减常平旧额者，慎重之至也。今又六年于兹，各省定额臣虽未能周知，谅多遵照旧额有增无减，而东南诸省米贵益甚。"准泰的这番陈奏在于告诉高宗，尽管此前言官等对常平积贮多有指摘，大学士、九卿等也稔知其弊，却一直没有找到妥善的解决之道，他们都明白办理积贮的政治意义所在，故而"大不敢轻议更张"。孙灏所奏在于保留旧额基础上量力而行，但是各省督抚大多没有照此办理。尽管准泰表示并不全部了解定额情况，凭借着对官僚政治的认知，仍做出了各省积贮指标应该大多有增无减的准确推测。揆度形势，准泰主张应削减其额。康熙年间"旧额极多，亦止以数千石为率"，"已无不备之患"。东南七省"常平额数必大减于旧额"，减额之米悉行平粜，粜价咨部以备折赈之用。如此则每年既不必与民争籴，且常留数百余万之米，听七省之民自相流通转输，米价问题自可解决。①

作为官场历练多年的封疆大吏，准泰和杨锡绂对常平积贮养民政治有着深刻的体悟。尽管他们都使用了较为含蓄的词语，但均借机道出了常平积贮养民政治失误的核心问题：各省根据高宗意旨虚报高额积贮指标，而高宗的认识并未及此。由是观之，高宗的道义追求，从一开始就被纳入到了乾隆初政时期官僚政治的"旋涡"。皇权积极倡导和强力推动的常平积贮养民，在君臣关系作用下，高姿态地走向了州县行政实践。直到今日，督抚们自己揭开了高额积贮的盖子，原来那些鲜亮的积贮指标根本就不切实际，而高额积贮带来的则是争籴与米价上涨。对此，具折时间稍晚的四川巡抚纪山也曾有一番陈述："从前各省定额，因见康熙年间仓储有银无米，各省督抚未免有心矫弊，惟思贮谷多多益善，未暇计及行之日久，有妨民食。"② 其中各省督抚盲目定额问题一目了然，而所谓的"贮谷多多益善"，表面上是各省督抚所为，其实是高宗的理念和行为发挥了根本的推动作用。这一点在下文高宗决定恢复康熙、雍正旧额的上谕中将得到进一步印证。回顾乾隆初年以来的历史，这似乎又是乾隆三年核定捐监增贮一事的重演，两次指标的产生，都深深地镌刻着皇权与官僚政治的印记。

在乾隆十三年七月高宗提出恢复康雍旧额之前，还有几位督抚也把矛头对准了高额积贮指标及其带来的地方政府行为的混乱。其中，云贵总督张允随指出，米价上涨的主要原因在于，"休养之余，生齿繁庶，所产之米不足以给日增之民，而自常平定额以来，各省竟事采买，不加剂量，是以米谷渐少，价值渐增，相推相激，至今日而益甚"。常平之法至今为病，实际是"积贮非病，病在处处积贮；采买非失，失在年年采买"。张允随认为，"以有余补不足，不特因乎其时，亦必审乎其地，初无一概取盈而不为之剂量者"。而现在地方办理积贮，"普天下有城社之处，皆令积贮米谷，每岁出陈易新，存七粜三，秋成买补，绳以一定之价，限以必盈之额。官难自购，势须压派里民；压派不行，必致官为赔垫。至于本地不敷

---

① 《朱批奏折》，乾隆十三年四月十八日山西巡抚准泰奏，档号：1142－036。
② 《朱批奏折》，乾隆十三年闰七月初六日四川巡抚纪山奏，档号：1144－007。

采买，远购邻封，有盘运水脚之费，有波涛沉失之忧，弊累多端，公私交病。而且各省每当新谷上市，价值本平，一闻采买，立即增长"，"及至平粜，地方官恐不敷买补，名为减价，实则所减无几。在民未受积贮之利，而先受米贵之害"。张允随认为，"此救时急务，诚莫有如暂停采买者"。暂停采买止是行于东南商贾四达之区，不可行于沿边重地、舟楫不通之所。即使暂停采买的省份，"亦非听其仓额虚悬"，而是要在两三年后，民间积有留余，仍于丰稔之年酌量收买，使无谷贱伤农之患，如此则目前米价可平，仓储亦可渐裕，实为两全之策。①

两江总督尹继善分析了积贮定额对各地民食造成的冲击。他指出，各省积贮均有二三百万石，"自定额以后，拨协赈粜，时有盈缩。一届新谷登场，各属争先买补，市价因而顿长。及至收贮在仓，必俟青黄不接之时方行减价平粜，必遇水旱灾伤之候方行分别给赈，出纳拘于期限，坐使有用之米谷积于官而不用，诚不如散在民间，听其自为流通洇注，不劳而取携甚便，则停止采买，米价似可渐平"。但是，尹继善并不赞成将米价上涨完全归罪于政府采买。他指出："年来百物腾涌，凡布帛薪蔬，民间一切日用之物，并非官为采买，而较之十数年前无不价增，可知采买仓谷特米粮价贵之一端，而其实不全系此。"为此，应该饬令各省督抚通盘筹划，保持一定贮量且不可急于购买，"其已经足额者，饬令加谨收贮，毋庸多增。即有额数未足者，亦须俟年丰谷贱之时酌量收买。倘市价未平，仓额补足无期，统以收捐本色监谷通融弥补。迟之岁月，积贮自可充盈，不得于价贵之时争先购买，致妨民食"。②

此外，浙江巡抚顾琮也表示了对原额之外增贮的不同意见。他指出，从前布兰泰、徐以升、嵇璜、杨二酉等屡次陈请停罢采买，户部"终未议允，良以积贮者国之常经、民之大命，徒狃于目前之故，而不思经久之图，则于国计无裨，抑于民生何补"。顾琮一方面主张应"权其缓急，计其轻重，歉岁则宜停买，而丰年自应补苴"，一方面提出"常平之本额不可不

---

① 《朱批奏折》，乾隆十三年三月云贵总督张允随奏，档号：1142-024。
② 《朱批奏折》，乾隆十三年七月初二日两江总督尹继善奏，档号：1143-030。

存，续议之加增可以酌减"。① 两广总督策楞的想法与顾琮较为相似。他指出，"各省经办之始，已未免各怀欲速之心，不及计年岁之果否丰收、价值之是否敷足，严限催督，饬取仓收了事"。各直省常平仓额谷共 2800 万石，加以各年所收捐监谷以及社仓谷石仍不下 3000 万石，"是官仓之积贮已莫备于斯时"。如有水路可通，可以随时调剂。即使一省临时不敷应用，邻省也可通融拨补。因此，办理积贮不应该保留高额指标，各省应以"现在存仓之数为额"，"此后不必再有加增"。② 署理湖北巡抚彭树葵认为，"采买于仓储空虚之日则不可议停，采买于仓储将次足额之日则又未始不可暂停"。应敕下各直省查明，各府州县凡常平仓原贮谷石有全不足额及贮数在六分以下者，仍饬于秋收后及时采买。其余买有十之六七并额外添贮之项，俱令暂行停止，俟生俊报捐谷石徐补足额，所有谷价均令贮库。③ 云南巡抚图尔炳阿认为，现在既有常平仓，又有社仓，各府州县还有捐监本色，"积贮之盛，实为远迈于古，即岁计蒸折鼠耗，为数亦多"，因此除沿边各省照额采买外，其余内地各省未买之额似可暂停采买。④ 江西巡抚开泰虽然没有明确批评高额指标，但指出了各省地方官奉行不善及其引发的社会问题：采买之时，"数之少者尚觉宽期办理，数之多者恐米谷不继，率分头群集大市镇，争先购籴，远近传播，鲜不辗转观望，设法居奇。且夫喜赢［赢］而恶绌者，市井之常也。故物价易贵不易贱，不独米谷，举凡钱、盐等项类然"。⑤

除以上几位督抚外，署理江苏巡抚觉罗雅尔哈善于乾隆十四年（1749）四月始行陈奏，时间迟误已近一载，但高宗仍称其"因朕常平之额而发"，"亦不无中时弊之言"，还命军机大臣会同户部酌议。那么，究竟雅尔哈善哪些话语引起了高宗的共鸣？高宗心目中的"时弊"又是什么呢？先看雅尔哈善陈奏的大意：

---

① 《朱批奏折》，乾隆十三年三月浙江巡抚顾琮奏，档号：1142 – 020。
② 《朱批奏折》，乾隆十三年三月两广总督策楞奏，档号：1142 – 021。
③ 《朱批奏折》，乾隆十三年三月署理湖北巡抚彭树葵奏，档号：1142 – 023。
④ 《朱批奏折》，乾隆十三年六月初九日云南巡抚图尔炳阿奏，档号：1143 – 021。
⑤ 《朱批奏折》，乾隆十三年三月江西巡抚开泰奏，档号：1142 – 026。

民间米谷皆当留之民间，如江河流通，其泽自广。合天下之势言之，我朝中外一家，蒙古部落皆皇上之世臣，爱戴之深同于八旗。且商贾往来于齐秦晋豫之郊，阡陌毗连于边关游牧之地，非若汉唐宋明内外隔绝者比，固无须积贮之多也。滇黔闽粤僻在东南，谷不外行，均能自给。楚蜀素有遗秉滞穗之饶，吴越亦有大田多稼之称，接壤通津，舳舻远达四方，贩运贾谋最稳。谚云"湖广熟，天下足"，江南财赋甲天下，正不必鳃鳃过虑、筹积贮于平时也。今各省积谷遍于州县，额照旧定，亦已繁多。人知其多贮也，未届青黄不接，辄作平粜之图；偶值风雨不调，即存发（棠）[帑]之想。虽赈不滥施，而粜实常例，多则必粜，补即因之，是平粜实由多贮开其端，而捐采亦由多贮成其局。臣窃以为，欲平米价须停捐采，欲停捐采须停平粜，则当自少贮始。康熙年间，仓无定额，非计之未周，诚以可多可寡，随时转移，策之最善者也。似当仿照大意，就直省各府、直隶州各贮谷四五万石，以备大灾急需协拨之用。其谷每年照例出易，或间年出易，听守牧自行调剂。易谷只在本地，与田多殷实之家新陈交易，毋庸谋之境外，庶不动百姓之心，不长奸商之智。凡采买、平粜及纳谷捐监之例，概请停止。①

雅尔哈善的观点主要是，天下粮食可以调剂，不必于平时积贮过多；多贮是平粜、捐采等所有问题的根源。今后办理积贮，可以仿照康熙年间随时加以调剂转移，适量贮粮以备大灾急需。这些应该是被高宗所认同的。

在多位督抚表态反对高额积贮的同时，还有随之而来的另一个重要问题需要给出合理解答：高宗初政之始坚持"赈济之道在于发粟"②"若以银分给，殊非周济民食之本义"③的赈灾理念，与此相对应的则是政府手中必须掌握大量的粮食资源，这也成为大规模常平积贮的思想动力。此时如果放弃大规模常平积贮，今后遇有灾歉又将如何应对呢？督抚们提供的

---

① 《朱批奏折》，乾隆十四年四月二十五日署理江苏巡抚觉罗雅尔哈善奏，档号：1147 - 013。
② 《清高宗实录》卷55，乾隆二年十月癸卯。
③ 《清高宗实录》卷54，乾隆二年十月甲午。

"退路"是：应该银米兼赈或邻省协济，特别是要以赈银为替代，不要将"赌注"全部压在常平积贮身上。两广总督策楞认为："如遇旱涝不常，小灾赈银，大灾酌量银米兼赈。"① 署理湖北巡抚彭树葵认为：暂停采买之后，"其间或偶遇偏灾，即银谷兼赈，与小民亦属相宜"。② 云贵总督张允随指出："若东南泽国，舟楫通行，商米源源接济。倘遇岁歉乏食，每荷皇仁，截漕数十万石，不虞米粮之少，且贫民领银即得糊口，尽可银米兼赈，不必尽赖仓储。康熙年间有银无米，而赈济未始不办。"③ 云南巡抚图尔炳阿奏称："若赈济所重惟粮，顾思中州内地舟车相通，设有歉收之区粮少价贵，商贩闻风自必搬运云集，并蒙圣恩优渥，每赐截漕，或拨协邻省粮石，不患无以接济。况灾民无银则无食，若有银在手，无论杂粮等类，俱可果腹，从未有持银而填沟壑者。是现贮未买之价，或遇天时不齐，尽可用为银谷兼赈，于民亦无不便。"④ 两江总督尹继善的观点是："设值水旱不齐，需粮给赈，除本处米谷过于缺少者，自应于别属拨济外，若不过一隅偏灾，尽可以银折给。盖地方被灾之后，商贩云集，灾民得银，即可酌买杂粮糊口。"⑤ 即使在乾隆十三年七月高宗谕令停止大规模常平积贮之后，仍有官员表示支持银米兼赈。如四川巡抚纪山指出："设有拨赈之处，原可银米兼赈，即专议赈银，小民亦得买食，原无妨碍。"⑥ 署理江苏巡抚觉罗雅尔哈善提出，各府州可以各贮谷四五万石，以备大灾急需协拨之用，"其余偏灾应赈者，惟酌赈以银，勿轻动仓谷"。⑦

集中讨论银米兼赈问题在乾隆前期已有多次，其中自乾隆初年山西放赈时高宗与孙国玺、石麟等官员的讨论开始，到乾隆八年左右言官们再提银米兼赈反对政府采买，再到此次讨论督抚们以此反对高额积贮，银米兼赈的观点一直占有主流地位。而在官员们不断地建议、奏请之下，特别是

---

① 《朱批奏折》，乾隆十三年三月两广总督策楞奏，档号：1142-021。

② 《朱批奏折》，乾隆十三年三月署理湖北巡抚彭树葵奏，档号：1142-023。

③ 《朱批奏折》，乾隆十三年三月云贵总督张允随奏，档号：1142-024。

④ 《朱批奏折》，乾隆十三年六月初九日云南巡抚图尔炳阿奏，档号：1143-021。

⑤ 《朱批奏折》，乾隆十三年七月初二日两江总督尹继善奏，档号：1143-030。

⑥ 《朱批奏折》，乾隆十三年闰七月初六日四川巡抚纪山奏，档号：1144-007。

⑦ 《朱批奏折》，乾隆十四年四月二十五日署理江苏巡抚觉罗雅尔哈善奏，档号：1147-013。

随着对高额积贮态度的转变，高宗的备赈理念也在不断变化，并最终接受了督抚们的意见，同意由各省视情形决定赈米还是银米兼赈，从此银米兼赈真正成为了办理赈务的基本原则。正如乾隆十八年高宗针对淮扬水灾赈济时所言，"向来筹办赈务，每动辄委员告籴邻境，市侩闻风，涌价射利，往往因一省被灾，而邻封稔岁，胥受贵价之苦，非救荒善策也。朕思定例银米兼赈，而江淮舟楫相通，商贩四集，贫民得银，即可易米，正当听其自为流通，不必官为采买"。① 随后，又谕："向来赈恤，原有银谷兼支之例。但此项谷石若从邻省采买，恐邻省市价未免有加昂之虑。江南为水陆通衢，商贩辐辏，今闻该处需米，图利者自必益加云集。若全以银折赈，民间尽可自行买食，是灾黎既可沾恩，而邻封亦不至食贵，庶为妥协。"② 由坚持赈济粮食到银米兼赈，高宗御灾备赈理念发生的重要转变，进一步为停止大规模常平积贮扫清了障碍。

综括督抚们讨论的焦点，主要集中在了高额积贮指标和银米兼赈两个方面。他们大都认为，前期定额过高，在高额指标压力下，各地往往争相买补，导致粮价上涨；其实常平无须多贮，应以保证原额或当前已有积贮水平为前提，遇有灾歉可以通过银米兼赈、通融协拨等形式解决粮食不足问题。督抚们提出以上意见，正面回应了高宗探究"今日政治之阙失"的要求，由此深受高额积贮之苦，但此前一直没有发出声音的地方官员，将高额积贮指标及其推动下产生的地方行政乱局全面揭开，同时还提供了依靠实物赈济的替代方案，希图以此说服高宗削减积贮指标，缓解地方行政压力。要之，督抚们集中针对高宗初政以来反复强调的加紧采买、多多益善，"赈济之道在于发粟""若以银分给，殊非周济民食之本义"的积贮养民思想，及其由此带动的政府积贮粮食实物的批评和否定，进一步从理论和实践上动摇了大规模常平积贮养民政治的根基。

最后需要说明一点。关于高宗君臣对米价上涨的认识水平，假借现代理论加以否定的做法是不可取的，其中有关米价与银钱比价关系的讨论即可说明问题。民国时期，彭信威曾分析认为，"乾隆年间物价上涨的基本

---

① 《清高宗实录》卷444，乾隆十八年八月甲午。
② 《清高宗实录》卷444，乾隆十八年八月甲午。

原因，是美洲的低价白银流入中国"。① 讨论中山东巡抚阿里衮的具奏，已清晰地表达了银钱比价变动对物价的影响，故而彭信威称"山东巡抚阿里衮也许是第一个提出（维持货币同商品的比价）这种要求的"②。这一点在以往的研究中似乎被忽视了。

阿里衮明确提出，在人口增长、地方官采买行为不当等因素之外还存在一个银钱比价的问题。"凡布帛丝棉之属，小民日用所必需者，价值靡不增长，而钱价之昂贵，尤与米谷相表里。盖农民不辨戥星，不识银色，粜卖米粮，大率钱多银少，而客商、铺户收贩粮食，俱以钱价合银计算。在康熙年间，每银一两易大制钱一千文，亦九百余文。今每银一两，止易钱七百余文。是向之米价每石千文止值银一两或一两有零者，今即照依原价，已暗加二三钱，而况价值视昔有增，故益觉其一时顿长，骤难消落也。"不仅如此，阿里衮并不认可将米价上涨归咎于采买本身的做法，"其实每年采买与赈动数目比较有绌无盈，是以各省仓粮自分省定额以来，至今足额者寥寥，则采买之米谷仍多散在民间，似未可以民间所出半入仓庾过为归咎也"。阿里衮还就养民问题提出了包括酌量采买、商贩流通和变通钱法三条在内五个方面的"补救之道"。其中关于钱法，他再次强调，"钱文昂贵，实与米价相关"，以后铸钱，每文称重一钱，"小民购铜较易，私销之弊杜，而钱文日裕，价值可冀渐减，亦与米价不无裨益"③。可以想象的是，高宗览奏之后，自然意识到银钱比价对米价上涨的影响，这就是历史当事人的意见。虽然此折没有准确具折时间，但从阿里衮奏报中出现高宗"降旨将仓贮谷数，悉照康熙、雍正年间旧额饬部妥议"字样可以大致推论，此折应该在乾隆十三年七月颁布回归康雍旧额之后不久呈报，只不过高宗前前后后都未提及米价上涨与银钱比价的关系问题。因此，作为后来人，对乾隆十三年大讨论不能单纯用当代经济理论去评量，在历史当事人的思维逻辑中，他们更多关注的其实是与国家治理理念和政府行为相关的政治运作问题。

---

① 彭信威：《中国货币史》，上海人民出版社 2007 年版，第 632 页。
② 彭信威：《中国货币史》，第 669 页。
③ 《朱批奏折》，乾隆十三年山东巡抚阿里衮奏，档号：04-01-35-1382-019。

二 高宗难以释怀的困惑与断然废止高额指标

随着各省督抚陆续奏报，高宗也在捕捉着有助于揭开米价上涨"谜底"的重要线索和信息。可是，未等折子全部送达，乾隆十三年（1748）七月高宗毅然对常平积贮政策进行全面调整，决定放弃高额积贮，将各省定额恢复到康熙、雍正年间水平。谕曰：

> 米谷为民生食用所必需，朕夙夜筹维，一切农田水利，无不申谕有司加意经理，又蠲免米豆税银，数至钜万，所以为百姓谋朝夕者纤细具备。而迩年以来，各省米价不见其减而日见其增，反覆推究，莫知致此之由。常平积贮，所以备不虞，而众论颇以为采买过多，米价益昂。因思生谷止有此数，聚之官者太多，则留之民者必少，固亦理势之自然。溯查康熙、雍正年间，各省常平已有定额。朕以积贮为要，故准臣工奏请，以捐监谷石增入常平额，虽益仓储，实碍民食。朕既知初意之失，不可不为改弦之图。直省常平贮谷之数，应悉准康熙、雍正年间旧额。其加贮者以次出粜，至原额而止。或邻省原额不足，即就近拨运补足，所需运价，照例报销。其如何彼此拨运，并查定原额及原额存粜之法，著大学士会同该部悉心查明，妥议具奏。①

仔细分析上谕内容发现，尽管各省督抚先后具奏陈述己见，但是积蓄在高宗内心的矛盾、委屈和疑惑并未因此而消释。多年来，自己以"父母斯民"为己任，苦心孤诣地追求养民道义，反复推出种种利民举措，时至今日，米价还在不断上涨，地方官民沸沸扬扬。究竟问题出在何处？多位督抚对高额积贮和政府采买的集中批评，仍然不能使高宗认同将米价上涨归罪于政府采买，前有"此说似乎接近"，今有"因思""固亦理势之自然"等话语，在高宗心中，"众论"充其量是一种推理，而非确论。不过最终他还是接受了高额积贮指标不切实际的事实，决定将积贮指标回调到

---

① 《清高宗实录》卷319，乾隆十三年七月辛丑。

代表一种常态化积贮模式的康熙或雍正年间旧额水平。

乾隆十三年闰七月，高宗进一步明确了减少常平贮额后政府采买行为应遵循的基本准则：

> 向来每遇秋收，有司必乘时采买仓贮，以致市贾居奇，民苦贵籴。积年以来，米价日腾，未必不由于此。前经特降谕旨，令各省常平悉准康熙、雍正年间旧额，使民间多留升斗之储，庶籴食者不苦于踊贵。常平积贮，固属国家良法，然聚之官者多，则藏之民者少。今秋成虽稔，与其敛积于官庾，何如流通于闾井？可再通行传谕各督抚，遵照前旨，详悉查明各属常平现存仓谷，如果不敷旧额，许令斟酌采买，亦须派委能员，妥协办理。其已足旧额之州县，则令停止采买，勿转令新谷价昂，以妨民食……各督抚其善体之。①

这则上谕同样表达着高宗对办理积贮的基本看法：一是地方官员采买有可能造成米价上涨（"未必不由于此"）；二是以康熙、雍正年间积贮旧额为准"斟酌采买"，才可解决"聚官多""藏民少"的矛盾。

当年八月，针对浙江巡抚喀尔吉善以浙省常平仓谷缺额 80 余万石，现酌量地方情形分别督买，再次阐明了对待采买的立场：

> 买补仓谷一案，朕已两次明切降旨，令各省督抚善体朕意，悉准康熙、雍正年间旧额，斟酌查办。盖米粮攸关民食，聚之官者多，则藏之民者少。向来外省每遇秋成丰稔，争先购运，遂致市贾居奇，价值腾涌，频年米贵，未必不由于此。今岁虽幸获有收，然与其积之廪庾，何如流通闾井？浙省缺额之谷为数既多，刻期取盈，必至仍蹈前辙。该督抚等应详加酌度，如所属州县果有不敷旧额，许令斟酌购办，但须因地因时，熟筹妥协，毋令属员纵役滋弊，致各属米价因此又至昂贵，方为尽善。著传谕喀尔吉善、方观承一并知之。②

如果将乾隆十二年、十三年颁布的多则上谕加以排比分析又可发现：

① 《清高宗实录》卷 320，乾隆十三年闰七月丁卯。
② 《清高宗实录》卷 322，乾隆十三年八月癸未。

乾隆十二年上谕中，高宗明确表示自己"反复思之，不能深悉其故，亦未得善处之方"，乾隆十三年七月上谕也坦言"反复推究，莫知致此之由"，乾隆十三年闰七月、八月两则谕旨仍分别表述为"积年以来，米价日腾，未必不由于此"，"向来外省每遇秋成丰稔，争先购运，遂致市贾居奇，价值腾涌，频年米贵，未必不由于此"，显然在政府采买与粮价上涨关系问题上，四则上谕一以贯之地表达着高宗无法释怀的困惑，即政府采买过多导致米价上涨仅仅是一种可能，甚至是一种说辞。如果将四则上谕再与乾隆八年暂停采买、捐监上谕对比更可发现，乾隆八年上谕中"细求其故，实系各省添补仓储、争先籴买之所致"的论断明显是非常肯定的，多年以后态度反而发生了变化，高宗并没有从内心真正接受官员们对政府采买过多造成米价上涨之局的指责。若再结合以往常平积贮实践看，乾隆八年高宗断然暂停邻省采买和本色捐监，以期缓解各地争相籴买，并由此观察政府采买和米价上涨之间是否存在必然的联系，结果证明停止采买、捐监并未能阻止米价上涨势头，将米价问题归结到政府采买，甚至归罪于各地争相籴买的说法无法站稳脚跟，这在朝廷上下已是有目共睹。也正如两江总督尹继善在此次奏报中所言："年来百物腾涌，凡布帛薪蔬，民间一切日用之物，并非官为采买，而较之十数年前无不价增，可知采买仓谷特米粮价贵之一端，而其实不全系此。"①

即使如此，为何高宗要彻底改变积贮政策呢？关键还在高额积贮指标如何产生的问题上。我们再回到乾隆十三年七月上谕。其中对采买与米价上涨关系保持存疑的同时，一句"朕既知初意之失，不可不为改弦之图"，似乎隐隐约约地在表达着另外一层含义。"初意之失"究竟何意？失误又在何处？按照上谕的表述逻辑，这是追本溯源得出的认识，即康熙、雍正年间常平积贮本有原额，但是自登基以来，由于自己着意强调常平积贮养民的重要性，以多多益善的思想要求各地加紧采买多贮。正是在皇权压力和推动之下，乾隆三年各省督抚整齐划一地奏请将捐监移归各省收捐本色，并为此核定了高额增贮指标。然而，不切实际的增贮计划因报捐无几落得有名无实，政府采买也不断遭到官员们的批评。

---

① 《朱批奏折》，乾隆十三年七月初二日两江总督尹继善奏，档号：1143 - 030。

了解到情况的高宗接受了孙灏及大学士等所议，特别是他们共同提及的乾隆三年捐监增贮指标的不合理性，所谓"此非额之难足，以定额过多，而买补匪易，故常见其不足"①，同意将原本希望通过本色捐监来实现的积贮指标"增入"常平原额之中，由各省督抚根据实际加以重新核定。就像杨锡绂、准泰等督抚所反映的，被高宗和大学士等认为是符合各地实际的重新核定后的积贮指标，因当时督抚不敢轻易调减仍旧居高不下，继而因捐监依然名不副实导致采买压力不降反升，缺粮地区不得不罔顾现实，赴产粮地区集中采买，从而直接冲击着粮食市场乃至社会的稳定。本为养民的常平积贮，在过高积贮指标驱动下，反而贻害民生。进言之，尽管高宗一手推动的常平积贮养民政治不断追求"父母斯民"、教养百姓的道义责任，但是这些良法美意却被各省督抚的迎合性操作一步步扭曲，尤其是在高宗原本以为都是各省提出的实实在在、切实可行的数字（如乾隆十二年上谕所言，"然在当时分省定额，悉经该督抚分别酌议，自按各省情形"），前期一直没有发声的督抚们现在纷纷承认了积贮指标的虚高及其带来的种种弊病（"各省督抚查奏米贵之由，熟筹补救，虽因地制宜，各有不同，而为常平买谷请缓、请停者大半"②），这令高宗始料未及。其中，"朕以积贮为要，故准臣工奏请"一句话，清晰地表达出高宗对自己与督抚们在推进常平积贮养民政治中的角色以及这场政治过程本质的认知。回头再与乾隆十二年讨论米价上涨谕旨相对照，高宗一一排除囤户居奇、户口繁滋等原因之后，仍感觉非常纳闷，"反复思之，不能深悉其故，亦未得善处之方"，到此时他才明白问题还是出在虚高不下的指标上，而根源竟是大规模常平积贮养民的政治理念。这就是"初意之失"的真正含义所在。要之，乾隆朝常平积贮养民政治实质上是高宗君臣关系共生演进的产物，是皇权意志与地方行政实践博弈使得高宗被迫放弃通过大规模常平积贮实现养民道义追求的过程。本书将乾隆十三年政策调整定性为政治行为而非经济问题的依据正在于此。

———————————

① 《户科题本》，乾隆七年五月初九日大学士鄂尔泰等题，档号：02-01-04-13504-007。
② 《清高宗实录》卷337，乾隆十四年三月庚午。

　　进一步回顾乾隆前期常平积贮养民的轨迹，在皇权和高额积贮指标压力之下，督抚等督促各地加紧积贮，结果造成州县官员出现了两种极端的做法：一种是本心就不想存储大量粮食，因此拖延待买，懈怠抵制，各地仓储大量缺额由此产生；一种是督抚督办州县官不顾实际争相购籴，引起产粮地区米价上涨。同时，原本被赋予监督功能的盘查制度，也因督抚、道府等各级盘查流于形式未能发挥出应有的作用（参见第八章）。常平积贮很大程度上已经背离政策设计初衷，严重销蚀着其养民道义内涵，甚至在很多情况下被扭曲变异为累官累民之弊政，况且即使如此强力推行，各地仓储足额者仍然寥寥无几。经过讨论，高宗进一步明确了各地奉行不善、争相采买背后，是对常平积贮养民理念引导下产生的虚高积贮指标以及由指标带来的采买压力的不满，特别是原本积极"配合支持"大规模常平积贮养民的各省督抚直接将矛头对准常平高额积贮，使得高宗感到只能另谋"改弦之图"，放弃以大规模增贮为导向的常平积贮养民政策，削减不切实际的积贮指标，从而释放在地方官员看来是被高额指标"绑架"的地方行为（即在地方政府行为失序的前提下"以不治治之"①）。事已至此，高宗不等督抚奏报齐全即迫不及待地命令削减积贮指标也就不足为怪了。

　　恢复康熙、雍正年间的旧额，标志着乾隆七年以来对积贮指标调整过程的完成，常平积贮结束了追求高额积贮的"特殊状态"，回到了依

---

　　①　乾隆十三年五月，高宗谕曰："近阅浙省奏报，米价较前增长。访求其故，因上年御史汤聘条陈严禁囤户，通行各省，而常安奉行不善，以致于此。盖浙西一带地方所产之米，不足供本地食米之半，全藉江西、湖广客贩米船，由苏州一路接济。向来米船到浙，行户揭贮栈房，陆续发粜，乡市藉以转输。即客贩偶稀，而栈贮乘时出售，有恃无恐。是以非遇甚歉之岁，米价不至腾涌，向来情形如此。近因申囤户之禁，地方官并栈贮而禁之，商贩无停贮之所，本地无存积之粮，来船稍阻，入市稍稀，则人情惶惶，米价顿长数倍。近日为此说者颇众。看此情节，大概市井之事，当听民间自为流通。一经官办，本求有益于民，而奉行未协，转多捍格。曩者京师办理钱价，屡奉其法，迄无成效。后乃以不治治之，即小有低昂，亦不见其骤长至于倍价。此其前车也。可传谕巡抚方观承，令其度量时势，斟酌办理，务令便民，使市价日渐平减……此民生日用切要之图，故谆谆谕及，该抚其善体此意，并将此旨传谕江南督抚知之。"（《清高宗实录》卷314，乾隆十三年五月乙酉）尽管此谕提出粮食仍应归民间自由流通，但其前提则是官办奉行不善转多不便，因此"以不治治之"是政府行政行为转换的另一种形式，或者说高宗在地方政府行政失当造成善政无法顺利推行时做出的无奈选择，而非市场问题上具有了"现代意识"的主动作为。

据原额积贮的"原始生态"或"常态"，乃至此后更有原额存有十分之三四即不必亟资买补的弹性积贮政策。与高宗初政以来在常平积贮上的高调姿态相比，这种回归实际宣告了常平积贮"多多益善"思想以及大规模积贮养民政治实践的失败。高宗"罪己诏"式的"朕既知初意之失，不可不为改弦之图"上谕，道出了高宗太多的遗憾与无奈。

第二节　政策逐步调整到位

乾隆十三年七月，高宗决定放弃大规模积贮养民计划，削减常平积贮指标，确定了今后政府经营常平积贮的基本思路和方向。上谕提出，各直省常平积谷之数悉准康熙、雍正年间旧额，或邻省原额不足即就近拨运。关于如何彼此拨运并查定原额及原额存粜之法，命大学士等酌议，同时要求督抚查明额存及借粜各确数具奏。闰七月再谕，以仅据从前所报部册查核，则十三年又有动用之项统不足凭，命各省督抚等将康熙、雍正年间额数若干及该省现年实存若干、粜借若干、现存粜价若干查明确数，逐一具奏，交大学士等会同户部妥酌定议。① 在高宗催促之下，各省督抚陆续具折奏报，经大学士等核定并奏准，最终将乾隆十三年常平积贮政策的调整落到了实处。

一　恢复康熙雍正旧额

各省积贮指标调整是此次政策调整的关键。根据奏报情况，大学士等向高宗条列数据，报告了各省定额标准，并就今后如何办理买补、平粜、捐监等提出了建议。

概括大学士等所议内容，大致包括四个方面：一是，各直省康熙年间未经全数定额，应请照雍正年间旧额为准。云南极边，不近水次，陕

---

① 《清高宗实录》卷320，乾隆十三年闰七月乙丑。

西、甘肃沿边兼备军糈，三省雍正年间未有定额，应以乾隆年间定额为准。福建、广东、贵州三省"山海之地，商贩不通，仓储宜裕"。与乾隆年间定额相比多有不敷，而较雍正年间旧额则有多余，可以现存之数为定额。其余各省悉照雍正旧额。通计 19 个省份，共应贮谷 33792330 石。与乾隆年间定额相比，共计核减 14318300 余石，应令各该督抚按所属大小匀贮。二是，直隶、江苏、江西、湖北、湖南、山西、广西、安徽、山东、四川、云南、西安、福建、广东、贵州十五省皆额外有余，奉天、浙江、河南、甘肃四省皆额内不足。有余省份应将溢额谷及出借、征还余谷以次出粜，然后将粜价提贮司库，报部酌拨；不足省份，现有征收地米及收捐本色，应渐次补足，毋庸邻省拨运。三是，明确灵活实施存粜之法。"定例存七粜三，然各省情形不同，应令酌量增减，其每年平粜谷例于秋后原价买补，然价有平贵，不可一例，应令因时酌办"。四是，明确部分省份可以继续以捐监弥补定额不足。"今常平既经定额，无庸于额外增贮"，不敷省份可以通过收捐加以补足。有余各省所收本色应另案存贮，遇赈恤即于此内拨用。或平粜谷不能买补，即将此项拨抵，粜价造报酌拨。① 大学士等此奏是对高宗谕旨的全面回应，重点明确了各省积贮定额确定的基本依据和标准（参见表 7 – 1），其中常平既经定额，则不用再行额外增贮，本色捐监也失去了其实施的本意，直到乾隆三十年全部停止，保持康熙、雍正年间积贮水平，重新成为政府经营常平积贮的根本指导思想，常平仓由此不再是高宗关注的行政重点。回顾乾隆前期的这段历史，虽然高宗自上而下大力推行常平积贮，实际情况却是百弊丛生，而随着行政重心的转移，加之地方"抵触"多贮的根本问题并未得到实质解决，乾隆十三年的政策全面回调导致了此后缺额或亏空问题不断加剧，"自是仓储只散不补，渐形空虚，所赖以填补及赈济者，大都出于截留漕米"②。

---

① 《清高宗实录》卷 330，乾隆十三年十二月壬辰。
② 冯柳堂：《中国历代民食政策史》，第 187 页。

表7-1 各省常平旧额及乾隆十三年定额、缺额等项统计情况

单位：石、两、千文

省份	康熙旧额	雍正旧额	乾隆九年	乾隆十三年	实存	缺额	出借	平粜	溢额	存价银（两）	存价制钱（千文）
直隶	未定	1996216	4370000	2154524	1628607	525917	1377439	—	851522	120252	31664
江苏	无考	1528000	2111000	1528000	1134398	393602	314544	321240	374286	184362	12726
江西	1341248	1370713	1606000	1370713	1506609	—	4834	25150	135896	17393	—
湖北	216763	520935	1017844	520935	617284	—	8574	218680	96349	164652	3559
湖南	360726	702133	1757354	702133	1256414	—	59306	28340	554281	118925	—
山西	1052253	1315837	2736000	1315837	1933583	—	72705	11019	617746	34857	—
广西	1599120	1274378	1413398	1274378	1322596	—	31061	348395	48218	6404	—
安徽	240000	942000	1000000	942000	345978	596022	107060	—	3798	317233	46827
浙江	1504550	2800000	3480000	2800000	943343	1856657	940930	205562	—	529028	8917
河南	1265787	2310999	5010000	2310999	1132303	1178696	675703	190816	—	173613	—
奉天	未定	540000	—	600000	200906	309094	59205	—	—	103526	—
山东	无考	2959386	3970000	2959386	2185892	773494	—	1084330	428841	1097177	—
四川	414027	1029800	2929459	1029800	1458641	97346	—	—	—	—	—
云南	未定	未定	701500	701500	604154	—	154079	25833	56733	15936	—
甘肃	860000	未定	3280000	3280000	3280000	—	—	—	—	—	—
广东	未定	未定	3359000	2953661	2901700	—	—	140000	—	319000	—
陕西	未定	未定	2733010	2733010	2477003	—	297211	549614	—	217670	—
贵州	未定	未定	507010	507010	500000	—	—	—	—	—	—
福建	1725434	1690167	2810902	2566449	2052410	—	—	—	—	603878	48654

注：1. 直隶雍正年间宛平、大兴、通州、广昌等处谷仓未经定额，乾隆九年（1744）定额则包括宛平等处新设新录各仓定额158308石。此外，还有出借籽种银7853两，出借籽种大制钱980千文。

2. 江苏省实贮数额包括实存谷538041石，江西湖南买运谷并拨运协米抵谷596357石等项。另存拨发买谷各仓存银66050石，抵谷132101石。

3. 湖北省应买谷450157石。

4. 山西省出借项下数字含碾出借、运兵米等项。

5. 安徽省为贮米数据。乾隆十年（1745）、十一年（1746）两年赈缺。另外，还有乾隆十三年运东米125000石，已粜留银买补。浙江省出借项下包括出借、平粜两项，无法区分。此外，毋庸动项买补。

6. 浙江省康熙年间额贮米752275石，雍正年间额贮米1400000石，米谷以一米二谷标准折算。浙江省将出借谷数催还，现存粜价按价平买补，仍计缺额谷915727石。

7. 河南省将出借谷数按数催还以及现存粜价按价平补，仍计缺额谷297431石，仍计缺额谷297431石。拟由捐监抵补所缺额谷。

8. 奉天为贮米数据。新设之宁海县于乾隆八年（1743）定额20000石，义州现请贮谷40000石。乾隆十三年定额含宁海、义州二州县。此外，缺额含将出借谷数按数催还以及现存粜价按价平补，仍计缺额米149073石。奉天每年征收民地米40199石，约需四年即可足额，毋庸邻省拨补。

9. 山东省截拨项下应存米317595石，谷436066石，高粱139000石，谷、高粱11000石，以上催还足额仍剩余谷并米折合427233石。乾隆十三年征收粜价并米折合2185892石。直隶省协拨谷300000石，通共实存谷并米折合2185892石，当前实际在仓存谷899994石。粜价银除动银800000两为运费、折赈、出借籽种等项之用，实际余银297177两。另有截拨米193897石。

10. 云南省康熙六十一年（1722）奏销实存米麦荞菽豆共计445853石。雍正十三年（1735）奏销实存米谷麦荞菽豆共计445853石，并非原额。乾隆八年议定加贮监谷240000石。因云南省地处极边，不通舟楫，仓储宜裕，故乾隆十三年该省常平仓各额数以乾隆定额数字为准。康熙三年（1738）云南巡抚题请各属不近水次，不通舟楫酌量定额贮谷701500石。乾隆十二年（1747）核定册报实存谷3042463石，内除捐监谷1255913石外，常平仓实存谷1786550石。

11. 甘肃省乾隆九年实际为乾隆八年实存数字，即乾隆八年实存米1678382石，雍正十三年1925685石均为乾隆八年和乾隆八年实存数字。雍正十三年底仓应含奏销册落实之数字，共计2061740石。

12. 广东省康熙六十一年定额，谷、高粱11000石，以上催还足额仍剩余谷并米折合427233石。雍正二年（1724）底陕西省奏销谷数1212722石。雍正年间粮数以雍正十三年底应含奏销册落实之数为准，共计2061740石。

13. 雍正二年（1724）甘肃省乾隆十三年应存谷3537327石，其中各年发粜未买及乾隆十三年发粜共计970876石，各年碾给兵粮等项有款计补共谷514039石。此外，尚有原奏应征乾隆十二年供粜并带征旧欠余粜78700石。

14. 福建省属乾隆十二年奏准贮谷400000石未经正买足额，未经题报，现存粜120838石，本年发粜谷120498石，垫给乾隆十二年兵粮粜76680石，乾隆十三年九月二十日陕西巡抚陈宏谋奏，乾隆十三年数据见第四章第二节表格。买粜6828石，尚有原奏应征乾隆十二年供粜并带征旧欠余粜78700石。此折残缺。

资料来源为"乾隆十三年"：《未批奏折》，档号：04-01-35-1132-016。此折残缺，整理者将此折具文时间标注为"乾隆九年"，实际应为"乾隆十三年"附清单。甘肃省乾隆九年数据见第四章第二节表格。乾隆十四年八月二十五日大学士张廷玉等奏，乾隆十三年九月二十日陕西巡抚陈宏谋奏，乾隆十三年数据见第四章第二节表格。广东省乾隆九年数据参见第四章第二节表格。乾隆十三年九月二十日陕西巡抚陈宏谋奏，乾隆十三年数据见第四章第二节表格。广东省数据来源：《未批奏折》，档号：1144-046；贵州省数据由督粜尔吉善奏，档号：04-01-35-1148-004。陕西省数据来源：《未批奏折》，乾隆十三年九月二十日陕西巡抚陈宏谋咨达奏，档号：1144-036。福建省数据由督粜尔吉善奏，档号：1144-036。贵州省巡抚定长奏，档号：1144-036。乾隆十三年九月二十八日贵州总督鄂尔吉善奏，档号：1144-026。此外，甘肃、广东、陕西、贵州、福建五省乾隆十三年定额还参考了（光绪朝）《钦定大清会典事例》卷190所载内容。

280

经过近十年的时光，到乾隆二十二年（1757），户部侍郎吉庆具奏反映了各省常平积贮的颓废情形。他指出："在地方官每以买补视为畏途，因循延诿，无所不有。甚至于将买补价银存收便已，延至交代时又易于授受。种种积习，何所底止？州县既视为畏途，而地方大吏又不悉心办理，年复一年，仓储日匮，既失常平之美意，而仓储亦全无充实之日矣。"① 随后，高宗颁旨通谕各省抓紧买补："前因各省争议采买，一时米粮翔涌，是以议立定额。迩年以来，市价不致过昂，此其效也。然额定而缺者不补，则缓急其奚恃焉？督抚身任封疆，民瘼所关，自当详加觉察，时时留意。此分所当为，岂可因循玩视而不为先事计耶？"② 次年，太仆寺卿彭树葵揭露的情况同样触目惊心："臣前任右通政时，见各省仓粮奏销案内，有乾隆元、二等年赈粜谷石迄今未经买补者。近复留心体访，各省中固有秋收稍歉，未能如期办理，亦有地方官乐于贮银，希图简便，以致应存仓项半属有名无实。"③ 高宗希望督抚留意常平积贮只能是停留在他的主观意愿层面了。而由于缺额或亏空问题日趋严重，常平仓在赈粜救济中的作用变得更为受限，政府只有转向了更多依靠截漕、协拨以及借助市场供给等其他各种手段。④ 乾隆三十七年（1772），户部侍郎蒋赐棨再提常平积贮事宜，奏准饬令督抚即速核明该省各年动缺谷数，转饬州县及时采买足额⑤，各地缺额问题依旧非常严重。直到乾隆五十七年，高宗仍批评各州县"欲详采买，即云岁丰粮贱，宜趁此买补；或不欲采买，则又云收成虽好，粮价尚未平减。而该上司亦任其朦混禀报，不加稽核，以致各省仓储不免亏缺"⑥。同年，又复以直隶办赈中暴露的问题，专旨训诫各省督抚："各省督抚每年俱汇奏仓库无亏，而遇有偏裨歉收，并未据奏闻动拨仓谷，以济饥民。即如本年直隶畿南一带因旱歉收，经朕降旨询问梁肯堂何不将仓贮

---

① 《录副奏折》，乾隆二十二年七月十三日户部侍郎吉庆奏，档号：03－0750－026。

② 《清高宗实录》卷542，乾隆二十二年七月癸卯。

③ 《朱批奏折》，乾隆二十三年太仆寺卿彭树葵奏，档号：04－01－35－1155－046。

④ 参见张祥稳《清代乾隆时期自然灾害与荒政研究》一书的相关研究。

⑤ 笔者未能找到蒋赐棨原折，但根据其户部侍郎身份以及各省覆奏推论，折内反映的应该是各地较为严重的缺额问题。参见《朱批奏折》，乾隆三十七年十二月初八日山西巡抚三宝奏，档号：04－01－35－1170－012。

⑥ 《清高宗实录》卷1412，乾隆五十七年九月己酉。

谷石就近先行动拨，据该督奏，各该处额贮谷石，除连年出借籽种及本年平粜外所存无多，不敷散赈，等语。可见各省仓储并不能足数收贮。此皆由不肖官吏平日任意侵那亏缺，甚或借出陈易新为名，勒卖勒买，短价克扣，其弊不一而足。以古人之良法，转供贪墨之侵渔，而该督抚等并不实力稽察，惟以盘查无亏一奏了事，以致各省仓储俱不免有名无实，备荒之义安在乎？该督抚等向来因循怠玩，此后务当认真整饬，实力稽查，使仓谷丰盈，以期有备无患。"① 高宗明白，督抚们"向来因循怠玩"，表面上粮食足数储备在仓，而且每年奏报、题报都信誓旦旦地宣称本地仓储"实贮无亏"，事实上却是大量缺额不买和亏缺仓谷，以至于遭遇灾荒之时根本无法很好地发挥其赈济功能。② 由此可以想见，面对已经常态化的地方行政行为，无论此时高宗如何督促，此谕终将沦为一纸具文。总之，高宗"退而求其次"，希望保持原额积贮水平的预期又被大打折扣，乾隆十三年也因此成为常平仓制度走向全面衰落的重要节点。③

二　粜价提解司库

关于平粜粜价提解问题，乾隆元年曾经部议准，令就近积贮道府库，州县需要买补之时可以照数领买。乾隆二年，再经部议覆条奏，嗣后毋庸提解，严饬地方官据实详报，督抚委员不时盘查。乾隆五年，又复规定各

---

① 《清高宗实录》卷1417，乾隆五十七年十一月甲寅。
② 对于各地实际储量究竟有多少，本书赞成魏丕信的观点，即可利用的探寻方法十分有限，难以回答。（［法］魏丕信：《18世纪中国的官僚制度与荒政》，徐建青译，第155页）此外，魏丕信倾向于认为地方仓储实际储量无法掌握，但又认为省仓可以"通过档案资料中字面统计上的定额数字（或更恰当地说，是主观意愿上的目标储量），至少可以在一定程度上计算出实际储量"。（参见《18世纪中国的官僚制度与荒政》，第317—318页）本书认为，单纯的定额数据就是一个"目标储量"，具体的奏报、题销数据也是一个账面计算出来的"理论"数据，与实际储量没有关系，根据这些数据计算实际储量的设想和做法是不切实际的。参见第八章。
③ 马立博关于岭南地区的研究也证明，乾隆初期，"仓库系统中的弊端、在岭南潮湿气候下储备粮食的困难，以及保障仓储及时买补的问题使得很多岭南的官员更倾向于尽可能少地储存粮食，而代之以采用白银贮库的方法在需要时从市场中进行购买"。到1760年代时（广西则在十年之后），已经主要依赖市场力量提供城市地区的粮食供应。"管理着各地常平仓的地方官员们更愿意用白银贮库和从市场购买所需粮食的方式代替在粮仓中储备粮食实物，因而到了18世纪70年代，粮食贮库已经不常见了，而依靠市场则成为了通常的手段。"（［美］马立博：《虎、米、丝、泥：帝制晚期华南的环境与经济》，王玉茹、关永强译，第243—244页）

省仓谷减价平粜价值解存司库或就近之道府库，秋收领价买补。倘谷价昂贵不能买补，声明咨部展限。① 乾隆十年七月，户部又复咨会各省，以各地米谷价值不一，有全行买补贮仓者，亦有买补不足咨请展限者，现在捐监已经划归各省收捐补仓，可以将各省存贮平粜价银停其采买，并将未买实存银数造具清册，奏明详查。户部此举遭到了各省的强烈反对，后经高宗指示办理并未真正付诸实施，前已有述，兹不赘论。

乾隆十三年的政策调整，一方面明确了常平既经定额，无庸于额外增贮，不敷部分可以通过收捐补足；另一方面，对于"平粜谷不能买补，即将此项拨抵，粜价造报酌拨"。② 邓海伦就此指出，此举目的是为了防止州县侵挪，"要求将资金数量'报部'等于把控制权力转移到中央政府"③，即以往由地方掌握的这部分粜价在大规模积贮压力解除后被收归中央管理，再根据需要向中央申请拨付。对于谕旨精神，个别督抚仍有理解上的误差。如护理湖南巡抚温福奏称，该省各州县所存粜价，"酌留应买之数外，其余价银统照数批解司库。其各属停买谷内，间有未奉谕旨之前乘稻谷登场先已采买者，若即令发粜，此时谷价日减，恐不得原价，应准于来岁青黄不接之时出粜，原价易于归还"。高宗对此错谬行为明确予以纠正，并在上谕中再次对粜价解司政策进行了解释：

> 常平仓谷出粜，原当在青黄不接之时，但从前所降谕旨，令将粜价提解司库者，本指已粜谷价除买补足符康熙、雍正年间旧额外，所余价银现存贮该州县者而言。此项若听其久贮，恐启侵挪之弊，是以酌令提解。温福所奏，是欲将现贮之谷发粜得价，以便提解，意在符合前旨，而折中所奏殊未明晰，实乃误会前旨矣。该省常平谷数，即较雍正年间旧额尚有不足，则停买州县现在已买之谷，即用以补不足

① 《朱批奏折》，乾隆十三年九月二十六日江西巡抚开泰奏，档号：1145-002。
② 《清高宗实录》卷330，乾隆十三年十二月壬辰。
③ 邓海伦：《乾隆十三年再检讨—常平仓政策改革和国家利益权衡》，《清史研究》2007年第2期。邓海伦在此文中还进一步推测，"我们最好不要把乾隆十三年的大论战看作是朝廷为了劫掠常平仓的资产所精心设计的巧妙方案，而是要把皇帝和军机大臣、户部堂官等置于一个为应付不测事件和'做最坏打算'这样的境遇里来加以理解"，也就是将各省粜价解司与当时筹备金川用兵之需有关。

之额，一转移间，可免采买之烦，岂不甚便？若专以提解谷价为事，现在出粜已买之谷，而不足额之州县，将来又须动项买补，益滋纷扰，非妥协办理之道。著传谕温福知之。①

可见，所谓的粜价解司，前提必须是现有价银，而且能够充分保障满足康熙、雍正年间旧额积贮需要，并非"专以提解谷价为事"，将现存贮谷发粜提解。

根据谕旨要求，各省督抚开始对本省常平仓储粮平粜情况进行全面清理。兹将各省奏报存粜和粜价情况胪列如下。

安徽：连年灾赈，一切平粜、赈拨所缺多未买补，加以本年拨运山东粮石，共计应买谷130余万石。虽本年秋收丰稔，粮价可望平减，"亦断不能采买如许之多"。先经商请督抚，将拨协山东粮石暂缓买补外，应买谷约有110余万石，"为数亦多"。各属存贮节年未买粮价及本年平粜价银约共37万余两，既不能尽数采买，又难免侵挪，如果仓额未足或存价少者，俱令将粜价先行解贮府州之库，秋后领银于价贱处酌量采买。其有存价甚多即仓谷未充断难一时买足者，分别酌留应买之数，其余提解司库。②

浙江：乾隆九年题定通省额贮谷348万石，十二年盘查案内共实贮各案谷1820595石、米31839石，内除粜借拨运各项谷877772石、米31579石，现在通省实存仓谷942822石、米260石，实存粜价银529028两、钱8916900文。③

山东：定例全编内刊载，康熙四十三年九卿、户部议覆科臣徐宾条奏请定各直省存仓米谷案内，前任巡抚王国昌疏称，大州县存谷20000石，中州县16000石，小州县12000石。雍正七年前任总督田文镜等议覆仓谷定额案内，各府附郭首县贮谷20000石，大州县18000石，中州大县16000石，中县14000千石，小县12000千石，大卫1万石，中卫5000石，小卫2500石，大所3000石。以此定额，通省计谷170余万石。其地要民稠或积洼易涝者现谷多余，量加二三千石。以此拟定成数，均匀派贮，加以彼

---

① 《清高宗实录》卷329，乾隆十三年十一月己巳。
② 《朱批奏折》，乾隆十三年八月初十日安徽布政使舒辂奏，档号：1144-015。
③ 《朱批奏折》，乾隆十三年八月初十日浙江巡抚方观承奏，档号：1144-016。

时道府各仓现存谷，通省合计额外有余共贮谷 290 余万石，所剩余价提解司库，俟有缺额动用买补，所议部覆允行在案。乾隆八年前任巡抚议覆科臣孙灏条奏，虽定有 397 万之额，"并未捐补足数"。然逐年捐积添买，至乾隆十一年奏销实在通省共存仓谷 328 万余石，"较之雍正年间原定额数几增一倍"。其中除节年动赈 98 万余石，出借籽种口粮未完谷 317500 余石，平粜谷 1084000 余石，截至本年闰七月底，实存仓谷 899900 余石，粜价银 789300 余两。此外，山东频年灾歉，自乾隆十一、十二、十三等年截漕协拨邻省共米 1722000 余石，高粱并谷 15 万石，共 1872000 余石，"较之常平仓额谷数倍多"。经查，连年动赈之外，出借贫民籽种口粮米谷 447000 余石，平粜米 193000 余石，实存米 423000 余石，高粱并谷 139000 石，粜价银 307000 余两。此项米谷可资常平补额，"以收随时调剂之益"。合计以上各项，似与雍正七年定额不致有亏。现存截漕协拨米 42 万余石、高粱谷 13 万余石，以备被水州县今冬明年加赈，因此请将山东本年采买暂停。①

湖南：常平仓谷自康熙十八年官民捐积起，至六十一年止，各属共贮谷 360726 石；自雍正元年至十三年，原额并增贮各案谷 702133 石。至乾隆十二年，奏报实存谷 1534402 石。乾隆十三年各属出粜谷 218680 余石，存价银 118925 两，动碾兵米及借给兵民共谷 59306 余石，现在实存仓谷 1256414 石。②

奉天：所属共十二州县，康熙年间仓贮米谷原无定数。雍正十三年题准，承德府十州县定额 54 万石，新设之宁海县乾隆八年定额 2 万石，义州尚未定额。奉天现年实存确数，自乾隆十二年奏销后，至十三年闰七月底止，现存粟米及连谷稗高粱折米共 200906 石，逐年出借米 59205 余石、出粜米 190816 石，现存粜价及敬筹仓谷案内米价共银 103526，以上现在存贮以及借粜各米共 44 万余石，尚短额米 10 万余石，加以每年征收民地米 4 万余石，再将溢额州县粜价银分别拨补不足州县按时价采买，约需三四

---

① 《朱批奏折》，乾隆十三年八月十三日护理山东巡抚唐绥祖奏，档号：1144-017。
② 《朱批奏折》，乾隆十三年八月十八日湖南巡抚杨锡绂奏，档号：1144-018。

年，彼此均可足额。义州现存及借粜米 16000 余石。①

福建：常平仓谷"虽有原额随时动销，盈缩原无一定，每于奏销年底察盘案内报部即系额贮之数"。乾隆八年，经前任巡抚周学健于东南米价等事案内题请，分别大、中、小县，通省共应额贮谷 2810902 石，声明俟收捐监谷一年限满另行定额，经户部允准。乾隆十年，周学健特请加捐监谷案内题准部覆，常平仓谷应存额数俟加捐监谷收足之日，通计各属仓粮已敷储备，定为常额。经查，康熙年间额存谷 1725434 石，雍正年间额存谷 1690167 石。乾隆十三年通共额存常平各项仓谷，除赈借、豁免等项报销外，应存谷 3537327 石，内各年发粜未买及乾隆十三年发粜共谷 970876 石，各年碾给兵粮眷米等项有款归补共谷 514039 石，现存谷 2052410 石，现存粜价银 603878 两，粜价钱 48654 千文。此外尚有台湾府属乾隆十二年奏准备贮谷 40 万石，因未经征买足额，尚未汇入察盘案内题报，现存粟米 120838 石，本年拨粜谷 120498 石，垫给十二年兵粮粟 76680 石，未买米 6828 石，尚有原奏应征十二年供粟及带征旧欠余粟 78700 余石，俟查报征收谷石归入备贮项下。②

江苏：因案卷散佚较多，康熙年间旧额已难稽考，现存谷数、粜价亦因正在开粜之时，实在银数一时不能截算，故只就雍正年间旧额及现存粜借、存价约数奏报。前任巡抚乔世臣于雍正十年奏定通省常平仓均贮之数，大县 30000 石，中县 20000 石，小县 16000 石，共计 68 州县贮谷 1528000 石。考虑到常平积贮过多恐采买病民，而江苏户口殷繁，过少则缓急不足以备用，"似应即以此为定额"。现在各属册报存仓之谷约计 54 万余石，此外尚有本年奉旨拨运江西平粜米 10 万石，因运到之时江苏米价已平减，现已檄行停粜，约计存米尚可抵谷十五六万石；湖南买运谷 20 万石，淮淮、徐、海三府州属应征各年缓漕改征杂粮以实仓储，可抵谷 16 万石；江西买备谷 20 万石，现奉旨会商江西巡抚一并请留。以上拨抵各谷连实存共谷 126 万余石，较均贮常平仓原额仅少 25 万余石。此外，前任巡抚

---

① 《朱批奏折》，乾隆十三年八月二十一日奉天府府尹苏昌奏，档号：1144 - 021。
② 《朱批奏折》，乾隆十三年八月二十八日闽浙总督喀尔吉善、福建巡抚潘思榘奏，档号：1144 - 026。

安宁已先令各州县动支平粜价银 17 万两前往江广等产米之地采买。通省均贮额谷将来可望有盈无绌。①

河南：据康熙年间奏册，河南常平仓谷共存谷 126 万多石；据雍正年间奏册，共存谷 231 万多石。乾隆十三年通省常平存谷 2013500 余石，其中历年因灾民借未还及本年循例借谷共计 675700 余石，历年平粜因灾停买及本年春粜 205500 余石，共粜存谷价银 173600 两。②

贵州：常平仓粮向无定数。乾隆八年始奉部文，即以该年实存之数作为定额。③

广东：通省常平积贮谷石 "谨就康熙六十一年暨雍正十三年，按其实存之谷，即为额贮之数"。康熙六十一年通省实存谷 1678382 石零，雍正十三年实存谷 1925685 石零。乾隆十二年核定册报通省实存谷 3042463 石零，除监谷 1255913 石零，实存常平谷 1786550 石零。乾隆十三年各府州县平粜谷石秋收未买，尚难截数。但就现在已报粜数而计，粜出谷 14 万石零，通省常平及监谷一并计算，共实存谷 2901700 石零。以雍正年间较之康熙年间已加增谷 20 余万石，以现年谷较之雍正年间又多谷 100 万石，另有积年平粜未买谷 46 万石，现存粜价银 319000 余两。④

乾隆十三年八月初十日，安徽布政使舒辂回奏安徽省粜价情形时声明，安徽仓谷未充、断难一时买足之州县，分别酌留应买之数，其余粜价俱行提解司库，这样既可以防止州县官员侵挪亏缺，又可使仓储有备，粮价亦不致昂贵。⑤ 高宗对安徽粜价解司的做法表示赞许，称其 "如此办理，较为妥协"，同时再次谕令各省督抚酌议是否可照舒辂所请将粜价解司，并将未报旧额及实存、粜借情形速行奏闻：

朕前降旨，各省仓谷俱照康熙、雍正年间旧额，其余皆停止采

① 《朱批奏折》，乾隆十三年八月两江总督尹继善、署理江苏巡抚策楞奏，档号：1144-027。
② 《朱批奏折》，乾隆十三年九月初八日河南巡抚硕色奏，档号：1144-029。
③ 《朱批奏折》，乾隆十三年九月十二日贵州巡抚爱必达奏，档号：1144-036。另附清折无从查找。
④ 《朱批奏折》，乾隆十三年九月十三日广东巡抚岳浚奏，档号：1144-038。
⑤ 《朱批奏折》，乾隆十三年八月初十日安徽布政使舒辂奏，档号：1144-015。

买，则所存谷价银两，与其存留各州县，以启侵挪之弊，不如令解藩库，以备临时动拨。可传谕各省督抚，将所有未买粮价及平粜价银，可否照舒辂所奏提解司库，将来各州县即有应用，再从司库请拨，亦为妥便。如康熙、雍正年间旧额之内应行买补者，其谷价仍存州县，以备酌量买补。若旧额之外所余粮价银两有必应需用之处，准其分别酌留，其余悉令解司。该督抚等就各省情形，悉心查办，仍遵前旨，一面将康熙、雍正年间额数及现年实存、粜借等项数目速行具奏，应否拨动之处，听军机大臣等会议。此旨已经逾月，各督抚多未奏到，甚属迟延，著传谕令其速行奏闻。①

上谕颁布后，奉天等省很快将该省情况具折奏闻。为区别于上谕颁发之前的第一批奏报，兹将以下省份的奏报称作"第二批奏报"。②

陕西： 各属平粜粮价向来办理不一，有存贮州县库内，有解贮府州库内。自乾隆九年均定额贮之后，凡有溢额粜价，悉令解贮司库。榆林府属榆林等部分州县解贮府库，借给出口种地农民牛具之用。节年平粜未买及本年平粜粮价，共银 217669 两零。除延安、榆林二府留贮备借出口种地农民牛具银 10912 两零外，其余银 206757 两零全部解贮司库。嗣后如有出粜粮价，应行分别提解，以免侵挪之弊。对于各属仓谷康雍年间旧额多寡不一，各属将来出粜价值何者在旧额之内、何者在旧额之外，难以分析确定，应请除离省较远部分州县粜价提解府库外，其余离省较近州县提交司库。其已敷定额不需采买者，无论远近悉令解贮司库拨用，一概不必存贮州县。③

云南： 康熙、雍正年间未经定额。自康熙二十九年奉旨办理仓储，至康熙六十一年奏销实存米谷等共计 445853 石零。雍正六年经总督鄂尔泰奏准，将各属文武官庄田地概行归公收租，归入常平项下，每年收支数目多少不一。雍正十三年奏销实存米谷等共计 508699 石零。乾隆三年酌量分贮

---

① 《清高宗实录》卷 323，乾隆十三年八月乙巳。

② 在查找各省奏报情况时发现，除广西、湖北、贵州、江西等个别省份奏报正文无具体数据且未能找到所缮清折外，其他各省则有详细开报。

③ 《朱批奏折》，乾隆十三年九月二十日陕西巡抚陈弘谋奏，档号：1144－045。

案内，经巡抚张允随奏准，按照地方大小，每处贮谷 3000 石至 1 万石不等，通计各属额贮谷 701500 石。乾隆五年捐监移归本省收捐案内，总督庆复议照各属应贮额谷数目加倍收捐，经部议准。乾隆八年议覆御史孙灏奏报东南米价日昂案内，巡抚张允随酌议常平定额谷石照数备贮外，前议加捐一倍之监谷核定捐谷 24 万余石，部议将额贮谷加谨收贮，遇有赈恤平粜，查明原额之外如有捐贮谷石，即将捐谷动用，毋庸买补。如常平原额虽敷而捐谷无几，适有赈恤平粜，不得不于原贮谷内动用者，粜价银两暂贮司库，本地丰稔之后酌量陆续买补。所议监谷 24 万余石未便收捐，行令停止，遇丰年捐米，无害民食。乾隆九年，原定捐监谷 24 万石量减一五收捐本色。至乾隆十三年实应存米谷等项 784000 余石。①

四川：康熙年间初无定额，至六十一年统计各属实在贮仓捐输、捐纳等项，共米麦谷等 414027 石零。递年增除，至雍正九年遵旨详议时，议定贮额 1029800 余石。乾隆十三年因金川用兵动支兵米，现应存谷 1458641 石零。现在碾办军米随时动拨，未能遽定确数。四川历来系春借秋还，即遇有粜卖，亦现年买补，并无谷价留存。②

江西：常平仓向来每年粜三谷石俱于秋收照数买补。乾隆七、八、九等年因谷价昂贵，难以买足，当将价银提解司库。后因监生归于本省收捐本色，仓贮渐充，经部奏明停买，随将节年原存粜价银 100177 两零拨解云南兵饷。"江省谷价银两历系年清年款，并无频年存贮州县库内之事"。本年各属平粜谷价共计银 17392 两零，恐州县侵挪，未曾粜卖之前已行令各府于平粜后提解府库。近因协拨江苏谷石 20 万石，附近水次州县照康雍年间旧额不足，又将银领回买补。③

奉天：奉天现未足额，各属米价自应仍存州县买补。十二州县节年未买粮价及平粜价银多至 103500 余两。现在参追亏空者有承德、辽阳、宁远、义州、宁海等五州县，"且每处亏空俱至成千累万，其设法防闲之道不得不加倍严密"。应将存价尚少易于买补者仍旧存留州县，其存价甚多

---

① 《朱批奏折》，乾隆十三年九月二十三日云南巡抚图尔炳阿奏，档号：1144 - 047。
② 《朱批奏折》，乾隆十三年九月二十六日署理四川巡抚班第奏，档号：1145 - 001。
③ 《朱批奏折》，乾隆十三年九月二十六日江西巡抚开泰奏，档号：1145 - 002。

且一时不能买足者俱行提解。①

浙江：州县籴存未买谷价就近存贮府库与解交司库，曾经户部议及。外省解司、解府亦俱各就地方情形办理。若存留州县，恐启侵挪之弊。浙江节年缓买谷价银142000余两。本年因米价腾贵，经前任巡抚顾琮奏明，不拘常例出籴。通计本年平籴、拨协等项谷价银共404000余两。两项共银546000余两。现酌于康雍年间旧额内应行买补者饬令买补，应停应缓谷价批行藩司，悉数提解司库。②

湖南：康熙年间仓谷旧额只有36万石，雍正年间为70万石，应以雍正年间旧额为准。各属本年平籴仓谷218680石，动碾兵米及借给兵民谷59306石，应除籴数在雍正年间旧额以外者足敷备贮，概令停买。现在各府州县将所存籴价内如有应买缺额之数酌留价值外，其余价银统限文到日照数批解藩司衙门贮库，以备临时动拨。③

广东：十府三州五厅现存仓谷，除平籴未补外尚存2901700石，现年实存谷数较之康熙、雍正年间旧额有盈无绌。除雷州、连州等部分府州外，广州、南雄、韶州、惠州、潮州、肇庆、高州七府，嘉应、罗定二州及惠防、南澳二同知共十一属，现存籴价银318300余两。除合浦县动支3890余两应行买补外，通省实存谷价银314440余两。除惠防、南澳因系要地存谷价7100余两应行买补外，其余307340余两全数提解司库存贮，将来需用再行请拨。州县仓贮多寡不一，可通融酌拨。④

贵州：从前并无饬发未买存贮价银。常平项下现存籴价共1999两零，仍请将常平仓粮照旧存贮，此项即应买补，且为数无多，毋庸提解司库。秋粮项下籴价前奏共26400余两，已请解司充饷，不必买补。⑤

福建：平籴谷价银两向来近省府厅州县俱于籴后解贮司库，买补之期预行请拨。离省偏远者，责令知府、直隶州提解贮库，道员不时稽查，仍令各府州将存库银两分别款项按月折报查核，以杜侵挪亏缺。此为历来办

① 《朱批奏折》，乾隆十三年十月十二日奉天府府尹苏昌奏，档号：1145-006。
② 《朱批奏折》，乾隆十三年十月十七日浙江巡抚方观承奏，档号：1145-010。
③ 《朱批奏折》，乾隆十三年十月二十四日护理湖南巡抚温福奏，档号：1145-012。
④ 《朱批奏折》，乾隆十三年十月二十八日广东巡抚岳浚奏，档号：1145-016。
⑤ 《朱批奏折》，乾隆十三年十月二十八日贵州巡抚爱必达奏，档号：1145-017。

理之成规。通省历年平粜未买谷价合计 667993 两零。其中，延、建二府，屏南、南平、尤溪、建安、邵武五县，应买谷 57700 余石，其粜价银 36075 两零应令照时发价买补；台湾府平粜价银 9798 两零照旧存贮府库，道员盘查出结。其余各府厅州县平粜银 621519 两零概行提贮司库，遇有动用临时请拨。①

山东：米谷粜价"计有一百余万两之多"，久存州县，易滋挪垫亏缺，先已请将平粜、截漕、拨运米价提解司库。常平谷价需秋后买补，解贮府库。本年六月，巡抚阿里衮批饬提解，如有所需，再行请拨，与舒辂所办意见相同。现此项米谷粜价内奉户部拨银 80 万两"以济司库支放"，已解府库之银概令提解司库。②

江苏：十一府州所属常平仓，乾隆十三年闰七月底共现存谷 538041 石零，平粜出易等项存价银 184362 两零、钱 12726283 文，共应补谷 321240 石零。淮、徐、海三属拨发买麦存银 66050 两零，应抵谷 132101 石零。民欠、留漕、借给籽种、买补核减等项共谷 139194 石零。此外，奉旨淮、徐、海三属乾隆十二年以前缓漕改征杂粮抵谷 175350 石零，奉旨拨发江西米内除粜实存米抵谷 196357 石零，奉旨拨发湖南买运谷 20 万石，须经奉准拨发江西买补谷 20 万石，通共抵谷 1902286 石零，比奏定雍正年间旧额尚属有余。因各项未能买补或完欠，尚难预定。如有不足旧额，给发买补还仓，其余存价应提解司库。如有溢额谷石，来岁出粜后，粜价一并解司。③

此次重新梳理以后，除四川、贵州等省随时买补，粜价无多，毋庸提解外，其余各省存价仍全部提解司库。不过，以上奏报结合上节定额、缺额等各项统计表可以表明，各省手中存有为数较多的粜价银，其中山东省高达 109 万余两，福建省 60 余万两，浙江省近 53 万两，广东省、安徽省均为 31 万余两，各地常平积贮缺额问题由此可窥一斑。

---

① 《朱批奏折》，乾隆十三年十月二十八日闽浙总督喀尔吉善、福建巡抚潘思榘奏，档号：1145－019。

② 《朱批奏折》，乾隆十三年十一月初十日护理山东巡抚唐绥祖奏，档号：1145－023。

③ 《朱批奏折》，乾隆十三年十一月十五日署理两江总督策楞、署理江苏巡抚觉罗雅尔哈善奏，档号：1145－024。

三　细核额外加贮

就在各省陆续奏报粜价应行解司时，乾隆十三年九月，户部尚书蒋溥向高宗建议，各地应根据实际条件再次详细核定是否需要增贮。他指出，尽管照依康雍旧额采买原则已定，但是各省情形不一，即使一省之中，各府州县情形也不相同。如果只是酌定额数，大县积谷若干，中县、小县积谷若干，然而转运之难易、出产之多寡、地方之紧要等情况不明确，"则实效未臻"。蒋溥提出，所谓情形不一，如附近省会地方及水次流通之处，则毋庸多贮，遇水旱灾害，"商贩可招之立至，官运亦片帆即达"，而偏僻地方宜量为加贮，以备不虞。膏腴之地产谷毋庸多贮。积歉之区，如江南之海州、邳州、宿州，山东之兖州等处，直隶之盐山等处，"与其临时拨济，既觉运费重劳，且恐后时无及，何如预为筹画，稍增旧额，以防一旦之需"。此外，各省"犬牙相入之处，有当彼此通融，邻省可互为协济者"，如临清、德州多贮可为山东、河南、直隶三省之备，陕西蒲州、潼关多贮可为河南、山西、陕西之备。沿边地方以及提镇驻扎之处，"兵食宜足，难照旧额存留，亦应量为加贮"。总之，仓储问题应由各省督抚"通盘筹算，勿存此疆彼界之意，勿为目前苟且之图，酌定成规，务俾永远遵守，则采买既停，米价可无腾贵，而常平所积仍足以备用"。蒋溥也提议各省停止采买后现存县库或府库的谷价银两应提贮藩库。[1] 高宗传谕军机大臣等将蒋溥所奏钞寄各省督抚，令其各就该处情形详酌妥议，具折奏闻。[2]

随后，直隶等相关省份督抚将本省情形具奏，并经户部会议奏准实行，具体情况如下[3]：

直隶：直隶总督那苏图奏称，正、顺、广、大、冀、赵、深、定等处

---

① 《朱批奏折》，乾隆十四年八月二十五日大学士张廷玉等奏，档号：04-01-35-1148-004。

② 《清高宗实录》卷324，乾隆十三年九月丙寅。

③ 《朱批奏折》，乾隆十四年八月二十五日大学士张廷玉等奏，档号：04-01-35-1148-004。该折将各省督抚所奏全部囊括在内，以下不再一一注明。

292

虽与河南毗连，但"路属通衢，且称沃壤"，获鹿、井陉、唐、完、满城、易、涞一带地处山僻，然尚有近水州县接济通融，顺天、保定、河间、天津等府邻近水次，且有通、津二仓协拨，其中永平、遵化等处界接关东、热河产米之乡，均可毋庸增额。宣化府"既有重镇，且地处万山之中"，辇运不易，其中延庆、蔚州、怀安、蔚县、赤城、龙门、怀来等七州县溢额谷 51163 石，保安、宣化、万全、西宁等四州县不敷额谷 7139 石，应于该府溢额谷内拨补，"余谷即为增添之额"。盐山、庆云二县虽为积歉之区，但二县分年带征谷数尚有 14 万余石，俟征收完日再定增贮数额。

户部会议认为，直隶常平仓先经奏准照雍正年间旧额加以新设新隶各仓定额 2154524 石。宣化府余谷 4 万余石，应酌量通省情形，"于额谷内衷多益寡，未便于定额之外另请增添"。延庆等地可由各处仓谷按数出粜提价解司银内，由藩司交应增各属于秋收价平之时酌量采买贮仓，以符定额。其余如其所请。

江苏：署理江苏巡抚雅尔哈善奏称，江苏"素号水乡，通商近水者居多，山僻州县绝少"。松、太、常、镇、扬、通等八府州沿江近河，水陆通津，俱属商贾往来必经之地，且水旱之事岁不常有，毋庸增贮。淮、徐、海三郡积歉之区，情形也不相同，淮、徐二府通河近水、商贩流通，邳州亦同，毋庸添贮。唯独海州僻处海隅，虽有内河可通，一遇闭闸，必须由海转运，其中赣榆县尤系不通内河，因此二州县积贮必须酌添。雍正十年，原定常平旧额系分上、中、下三等，通计原额谷 1528000 石。其中，福泉已归并青浦减除谷 2 万石，青浦升为大县应添谷 1 万石，尚有溢额谷 1 万石，分派海、赣二州县各半。其余各州县均贮谷石如原定额数毋庸更改。

户部会议认为，江苏常平仓先经奏准照雍正年间定额 1528000 石为准。海、赣二州县添贮谷石，如果拨运维艰，脚费不赀，即将福泉县减除谷石按数出粜提价解司，由司拨交二州县领回酌量买补。其余如其所请。

安徽：安徽巡抚纳敏奏称，徽州府六县僻处山陬，不近水次，采买脚费浩繁，"历来旧额尚多虚悬，若再请加贮，徒有虚名，终鲜实济"，仍照旧额陆续设法购足。潜山等十三州县虽系山僻，但产谷较多，"旧额适中"，毋庸加贮。其余沿江近河之怀宁等州县仍照旧额，毋庸议减。积歉之区凤、颖、泗三府州应稍增旧额，以备急需。安、庐、凤三府额收捐米10万石内，安庆府仓贮米7万石、庐州府1万石、凤阳府2万石。除庐州府仓应照旧额外，安庆府附近省会毋庸多贮，凤阳府附郭凤阳县已有储备府仓，应予酌减，将安庆府仓改为贮米15000石，凤阳府仓改为1万石，计减旧额米65000石，酌于沿江之池州、太平二府仓各贮米8000石以备协济，其他派于凤、颖、泗三府之凤阳等十九州县均匀加贮。其他各州县均照旧额。如此增减，仍照942000石之旧额。

户部会议认为，安徽常平仓先经奏准以雍正年间定额942000石为准。加贮之地如拨运维艰，脚费不赀，即将应减府仓谷按数出粜提价解司，由司拨交应增之处领回买补。其余如其所请。

江西：两江总督黄廷桂奏称，江西大半为出产米谷之乡，与邻省犬牙交错、水路相通，大江惟九江府与江南之安庆、湖北之黄州相连，内河惟饶州府与江南徽、池二府相接。然此二府出产无几，"止可照常存贮"，其余更是偏僻，不独邻省不可通融协济，即本县之人遇有粜三也多不愿赴粜，"更可不必多贮"。因此，江西附近省会及水次流通之地应该增贮，偏僻州县以及犬牙相错之处不必多贮，"与他省情形迥然不同"。其余本系大县，户口日繁，又附近省会、大河拨运甚便之地，请于旧额之外加贮谷1万石，离省稍远或滩河拨运稍难者加贮5000石，中小县内情形有似此者，则中县照大县、小县照中县之额加贮，偏僻山城毋庸多贮者照原额减贮。此外，大府应定额贮1万石，小府8000石，南昌请贮谷3万石。瑞州同知移驻铜鼓，吉安同知移驻莲花桥，皆雍正年间分贮仓谷，向未定额，"又应酌量增贮"。通省共酌贮谷1519000石，奉部议准定额谷1370713石，计加贮谷148286石。

户部会议认为，江西常平仓先经酌议应以雍正年间定额1370713石为准。本年正月江西布政使彭家屏具奏称，上年拨运江苏平粜补仓谷40万石，于本年派买20万石，现已买15万石；分别稍增案内，议请照康熙年间旧额加贮谷17万石；又经户部以该省业经定额，自应遵照原奏办理，所有已买谷15万石应入于溢额谷石数内照例粜价造报酌拨，未买谷石停止采买。以上均经奏准，未便于定额之外再议加增，该总督所议加贮148286石之处毋庸议。其余如其所请。

山东：山东巡抚准泰奏称，山东仓贮已经查照各地情形，通计酌派贮谷 290 余万石，"是因地制宜，以期缓急有备之意，正与尚书蒋溥所奏大略相符，只须仍循旧章将州县卫所原派分贮之额谷拨足，已可储备有资"。至于蒋溥所奏临清、德州应多贮谷，查雍正九年前任总督田文镜题准部覆，在德州、临清二处建仓，于雍正十一、十二两年截留南漕米 20 万石分发新仓收贮，前后截留漕粮共易谷 40 万石，除节年协济直隶、江南及本省历年赈粜等项动用外，现存谷 74400 余石，未补谷 325000 余石，尚有仓廒可以备贮，应照原题于南漕或于本省漕粮分两年截留米 16 万石收仓易谷积贮。登、莱、青三处动缺谷石，现于拨运直隶谷石案内酌筹运贮，其府仓加贮谷石或俟直隶拨济，或俟奉天丰收米贱之时买运，或俟民借征完就近酌拨，或俟收捐补足，从容筹补，酌量办理。

户部会议认为，山东先经酌议定额 2959380 余石为准。登、莱、青三处动缺谷石，因该省捐监谷已令停止，统归户部收捐折色，其余办法可斟酌办理。至于德州、临清截漕一事，因该巡抚未将协济、赈粜、买补等各项数额说明，应予查明具题后再议。其余如其所请。

河南：署理河南巡抚鄂容安奏称，河南九府四州有黄、淮、睢、卫等河，凡濒河州县毋庸议增。山僻不通舟楫共二十一个州县，自应多贮。禹州等州县常、漕仓谷现存 52300 余石及一万七八千、五六千石不等，照地方大小科算，均属有备，毋庸议增。唯有宜阳县止存 11810 石，南召县止存 7990 石，应该加贮。宜阳县为中县，应加至 15000 石以上，南召县为小县，应加至 1 万石以上。全省地势低洼屡告偏灾者共十三县，"应不拘旧额，量为加增"。其中，商邱、宁陵、永城、鹿邑、虞城、柘城、西华、沈邱、扶沟等县止存谷一万三四千、二三千石不等，"不特于原额无所加增，即较雍正年间额数尚属减少，应酌量添补"。商邱、宁陵、永城、西华、扶沟五大县每县增至 2 万石以上，鹿邑、虞城、柘城、沈邱四中县每县增至 15000 石以上。项城县现存常、漕谷 18950 石，已与中县之数相符，应稍缓加增。夏邑县存常平仓谷 21480 石，较旧额有余；淮宁县现存常、漕谷 25850 石，商水县现存常、漕谷 17750 石。二县常平虽敷旧额，而漕仓不足。三县作为积歉之区，可稍变通，将粜价存留，酌量增买。界邻直隶之彰、卫二府所属安阳等县，现存仓谷自 2 万石以上至 3 万石不等，邻山东之开封府阳武等县现存仓谷自 1 万石以上至 2 万石不等，邻江南之陈、光等府州各属现存仓谷自一二万石至三万石不等，且淮宁、商水两县现于积歉项内酌量将增，均属有备。陕州及所属灵宝、阌乡二县毗连山陕，土地硗薄，宜多为积贮。上年三处碾米 5 万石，运陕接济，各存漕谷 1 万余石。陕州常平仓现存 11758 石，阌乡现存 12018 石，灵宝现存 3551 石，俱宜酌量添补。以上增补之处，应俟麦秋之后酌量发价购办。本省捐纳本色，监谷充盈，可就近拨贮。

户部会议认为，河南先经酌议以雍正年间额贮谷 2310999 石为准。因业已定额，陕州等需加增之州县应增谷石，可于该省原定额数内衰多益寡，通融派拨，毋庸定额之外再议加增。如拨运维艰，脚费不赀，即将应减府仓谷按数出粜提价解司，由州县领回买补。其余如其所请。

山西：山西巡抚阿里衮奏称，山西之民别无他业，唯资田亩，恐积贮谷少，一时需用，购买维艰。原定大州县存谷 2 万石，中县 16000 千石，小州县 12000 石。阳曲县系省会大邑，兵民杂处，不近水次，商贩难通，应贮谷 36000 石。临汾、大同二县系附府首邑，户口殷繁，且有驻兵，兵糈民食宜多备，贮谷 32000 石；永济县系附府首邑，附近黄河，与陕西、河南接壤，可互为协济，又属积歉之区，应贮谷 35000 石；临晋县附近黄河，与陕西接壤，平定州与直隶接壤，绛州附近汾河，且与陕西泛舟相通，皆可互为协济，各应贮谷 30000 石；平陆、芮城二县附近黄河，与河南接壤，河津县附近黄河，与陕西接壤，均可互为协济，各应贮谷 25000 石；应州、浑源二州虽属中州，均系积歉之区，各应比旧额稍增贮谷 2 万石；怀仁、山阴、灵邱、广灵、阳高、天镇、朔州、左云、平鲁、宁武、虞乡、隰州等十二州县虽属小州县，或僻处山陬，辇运维艰，或地本瘠薄，产谷不丰，并有连年积欠及附近边陲，应比旧额稍增，各贮谷 16000 石。其余各州县毋庸加额，如榆次等二十一州县系大州县，应照旧额各贮谷 2 万石；太原等三十四州县系中州县，应照旧额各贮谷 16000 石；岢岚等二十六州县系小州县，应照旧额各贮谷 12000 石。通省共应贮谷 1808000 石。现存并借粜应行买还共谷 1962411 石。各州县现贮与拟定额数分别计算，谷多之处共计溢额 324860 余石，谷少之处缺额 170440 余石。晋省现有本色捐监之例，可收捐补额。足额州县动用时有收捐补额，无碍米价，毋庸停止。现有溢额州县应于青黄不接之时照例平粜，价银解贮司库，俟有应用，再为请拨。平、潞、汾三府仓及河东运司及归绥道属归化、绥远、托克托三城所贮常平谷石应照旧存贮。

户部会议认为，山西先经酌议应以雍正年间定额 1315837 石为准。阳曲等二十四州县应量为加增，但该省应贮谷石业经定额，增贮谷石应于通省原定额数内酌量地方情形衰多益寡，通融派拨，毋庸于定额之外再议加增。所议捐监补额之处，因于酌定常平额谷案内议以不敷定额省份仍以收捐补足外，其额外有余各省所收本色另案存贮，遇有赈恤，即于此内拨抵，所存粜价造报酌拨，应令遵照办理。其余如其所请。

甘肃：甘肃巡抚黄廷桂奏称，甘肃尤为极边之所，"陆路则跬步皆山，水程则舟楫不通，既难借资于邻壤，复苦商贩之不前"。另有大量兵马驻扎，加之地气寒瘠，荒多熟少，或赈或贷，无岁无之，因此难拘旧额。河西甘、凉、西、肃、宁夏五属"非地当边口，支应纷繁，即设置冲要，驻扎满兵，兼之一提三镇标营罗列，卒伍众盛，烟户稠集，军糈既多，民食倍广"，应于乾隆三年原定常平额数如数积贮，不便议减。河东兰、巩、平、庆、秦、阶六属"虽无满兵驻防，而绿旗标营所在林立，且田高土亢"，旱灾常发，积贮不可不充，仍照乾隆三年原定额数备贮，不便议减。渭源、伏羌、西和、宁远等二十七州县虽生齿日繁，仓粮难照从前旧额，但地亩"尚为易熟，视其支用，或尚属有限"，请酌减 54 万石。河东、河西各属实存粮石，如有浮于乾隆三年定额及现今酌减额数，悉令粜价解司。如数有不足，即以粜价陆续分发采买足额。倘粜价不敷，再请动项。

户部会议认为，甘肃先经酌议以乾隆三年定额 328 万石为准。甘肃地处极边，积贮兼备军糈，因此该省仓贮应查照原议定额数内酌量情形分别拨贮，未便于额数内减贮。其余如其所请。

陕西：陕西巡抚陈弘谋奏称，陕西界在边关，山岭交错，舟楫难通。乾隆八年按地方情形酌定贮谷每州县自 75000 石至 2000 余石。凡山僻处所、积歉之区贮谷定额比康熙、雍正年间俱已加增，毋庸加贮。陕西潼关与河南陕州、灵宝、阌乡接壤，"逼近河干，泛舟甚便"。现定额贮潼关贮谷 17200 余石，河南已请近陕之偃师等七州县贮谷 164000 余石，以备陕西接济之用。倘河南近陕之地偶有需用，亦可接济河南。如需陕省接济，则咨会后将潼关贮谷及附近水次各州县贮谷通融筹拨。山西蒲州与陕西同州府朝邑等县原属接壤，水路可通。同州丰稔之年，山西商民俱向朝邑等处自行买运接济，无须官仓预为多备。榆林府现贮谷 25 万石，延安府各州县贮谷 42 万石，绥德州及所属贮谷 16 万石。因三地逼近边隅，外联鄂尔多斯，"民夷杂处，仓储尤须多备"。现今榆林等属所定贮额外，尚有溢额谷自数千石至二三万石不等，另款存贮，遇有赈恤，作正开销。贮额不足及平粜出借各项应行补还。

户部会议认为，陕西先经酌议以乾隆年间所定额谷 2733010 石为准。如其所议。

至乾隆十四年（1749）八月，各省情况陆续报齐。综括以上大学士、户部等所议，除山东、陕西二省额贮谷石通计酌派，业已储备有资，毋庸再议外，直隶、江苏、安徽、江西、河南、山西、甘肃等七省各按本省情形分别匀拨，俱有应增、应减谷数，但所议匀拨谷石有请于额外增添者，有请于额内减少者，"与奏请均匀拨贮之本意不符"，是以应令各该督抚将"该省应减处所拨于应增处所，总于额谷数内察看通省情形，哀多益寡，通融派贮"。所拨之谷如辗运维艰，脚费不赀，即将应减谷石按数出粜，价银提解司库，由藩司发给应增各属，于秋收价平时照数采买贮仓，以符定额。总之，增减之数只可在全省原定额数内统筹解决，有效维护了康雍旧额的稳定性。高宗接奏后命依议速行。①

四 酌议永停动项复买

经过乾隆十三年左右的辩论，最终确定使用康雍年间旧额作为地方仓储指标，并由各省督抚根据实际相机办理。

就在当年七月，湖南巡抚杨锡绂请求湖南代买江苏仓谷。他指出，"湖南产米之区，他省多资接济"。向闻江苏省未经买补仓粮甚多，今年春夏之交米价颇昂，最近阅读邸抄，又见江西奉拨米 10 万石运送江苏。他推测今年江苏平粜仓谷"为数必多"，即使秋收丰稔，谷价也必然较湖南稍

---

① 《清高宗实录》卷 347，乾隆十四年八月辛丑。

贵，本地也未必能够一时俱能买补足额。作为封疆大吏，"有可酌盈剂虚之处，当无本省、邻省之分"，于是请求在湖南司库中动帑，令附近水次、谷价平贱之州县分买谷 20 万石，买足之日运赴长沙，先期移咨江苏巡抚，委员领运。高宗对其先事预筹的做法表示非常满意，朱批"甚好"。① 随后的闰七月，署理江苏巡抚安宁具奏，江苏仓贮空虚，现在饬令各属寻找价平地方，将节年所存籴价及今年现籴之价，遵照定例按数买补还仓，并令通盘筹划，将籴价有余州县拨发不足州县领回买补。② 针对各地奏请采买，高宗专门颁谕，重申办理积贮和采买的基本原则：

> 筹补仓储，自本计所重。但朕因近年米价日昂，再三筹画，以生谷止有此数，聚之官者多，则留之民者必少，不得不将直省常平谷数斟酌变通，准康熙、雍正间旧额，已经降旨通行。又经派拨江西米十万石运苏接济，近又据杨锡绂奏请买谷二十万石，令江苏委员赴长沙接运，更有开泰奏请备拨谷二十万石，现在降旨令该督抚等会同妥议，似豫筹之处已为有备。且今岁江苏秋成丰稔，民食有资，稍宽轸念。若遽行买补，或致市侩居奇，价值骤长，是于有秋之年，仍受贵籴之累矣。可传谕尹继善、安宁，酌量所属收成光景，详悉查明。若旧额已足，即可不必采买，为闾阎留有余之粟，以裕仓箱，庶可望价值渐平。倘于旧额实系未敷，必应补足，仍须照例采买，亦当斟酌筹画，期于妥协，勿致张皇，以昂市价。该督抚等悉心会酌奏闻。③

此谕再次明确，采买应以旧额为标准，要以维护米价稳定为前提，如果确系旧额不足，也要视情况从容加以买补。

即使如此办理，仍有部分官员对官方采买耿耿于怀。乾隆十六年，两江总督高斌奏报外省米贵缘由时，提出了请永停遏买之令、听州县分头买补、折银赈济三方面的建议。七月初六，大学士傅恒等根据高宗旨意，对

---

① 《朱批奏折》，乾隆十三年七月二十一日湖南巡抚杨锡绂奏，档号：04-01-35-1143-032。

② 《朱批奏折》，乾隆十三年闰七月初一日署理江苏巡抚安宁奏，档号：04-01-35-1144-001。

③ 《清高宗实录》卷 320，乾隆十三年闰七月丁卯。

高斌所奏进行了密议。他们坚持的总原则是："天时不齐，旱干水涝亦所常有，惟在善为经理，调剂得宜。若必预定规条，转恐窒碍难行。"具体情况如下：

一，关于永停趸买。高斌指出，比年以来，不独江苏、浙江等省米价较前渐增，即江西、湖广、安徽等素称产米之区米价亦贵于往时。"地产原止此数，听民贸迁，犹可不至腾贵。若官为采买，数盈万千，克期取足，鲜不骤昂市价，转病本地之民食"，因此请将动项委员趸买一事"永行停止"。傅恒等众臣会议认为，高斌所奏米贵原因"亦属实在情形"，"地方丰歉不齐，出产之多寡各异，以此省之有余，补彼省之不足，无非因时挹注之意。虽多发帑银，官为趸买，诚不免于市价渐增"。然而，傅恒等又对永行停止采买而走向另一个极端的做法表示了质疑，认为如果明定禁令，永行停止，遇有缓急则无以接济，"未免因噎废食"。因此，应该饬令各省督抚"因地制宜，通融筹办"，如可稍缓买补，不妨暂存库项。如果急需，则择米多价贱之地按照时价采买。市价增长，即为停买。

二，关于听州县自行买补。高斌认为，常平定例存七粜三，倘遇市米缺乏，必须破例调剂，方可酌量多粜。如果拨协邻省，则秋成之后应听州县官各自分头买补，"数少则易足，地分则势涣，犹于大局市价无碍"。傅恒等对此款基本表示认同，指出常平定例存七粜三，除非偶遇偏灾，或市米昂贵，必须减价多粜，"例不得于三分之外滥行出粜，以致储积空虚"。至于平粜、协拨缺额米谷，如果为数无多，可听州县官于本地秋收时自行买补。如果所动之数较多而本地收成歉薄，又不得不速行买补，"不必委员趸买，则数少地分，大局市价无碍，与民生更为有益"。

三，关于折银赈济与截漕。高斌指出，如果地方需用抚恤，可以照例折银。即至偏灾，必须本折兼赈，而常平仓不敷或偶值空虚，则东南有漕省份可奏请量予截漕。如果灾歉较重，确系熟田无多、产米果少，可能导致下年匮乏，则照旧例量予折征，免输本色，以供民间自由流通。傅恒等认为，如果被灾，自应确按情形分别查办。地方广阔，市集米粮既少，百姓即使得银也无处购买，必须专赈本色。如果荒歉不过一隅，米价尚属平减，则照例本折兼赈，或专赈本色，百姓既可自行买食，仓贮留此米石亦可接济别项。现在各省多有如此办理者，应仍照旧办理。关于截漕，皆出自皇恩，"非可以据为定例"。如果灾重粮缺，该督抚可以具折奏请截漕，"若援以为例，将来偶有偏灾，概准折征，积年计算，通仓积贮必致多亏正额，所关于国计者甚巨"，高斌所请毋庸议。①

目前请求停止采买者并非高斌一人，而后仍有官员向高宗提及此事。为此，乾隆十七年（1752）七月初，高宗再次对采买政策做出调整，进一步明确降低各地采买比例：

> 年来米价在在昂贵，深堪畴咨。上年大学士高斌曾奏，动帑委官采买，数盈万千，克期取足，市价鲜不骤昂，有妨本地民食，请永行停止。经军机大臣等议，令该督抚量其缓急，通融筹办，近复有以停止采买为言者。夫采买以裕仓储，本为民食计耳。乃因采买而市价益昂，是未得向后接济之益，而先受当前贵食之苦。市侩共知采买在所必需，甫届西成，豫为抬价之地。小民嗜利，习为当然。地方官亦以奉行为职，务在取盈。年复一年，有增无减。筹米价者率以停采买为言，非无所见。虽未可明立禁令，永行停止，而以今岁情形而论，各省仓储尚多有备，即或有需，亦可于附近拨给。所有存贮实数得十分之三四，即不必亟资买补。其动帑委员采买之处，似可概行停止。官买少则市粜多，米价庶可望其渐平，于民食有济。著传谕询问各该督抚，令将本地收成情形据实查明，详悉妥酌具奏。如应行停止，即一面奏闻，一面出示晓谕商民，俾共知悉。②

此则上谕最为紧要之处，在于给各省办理常平积贮提出了一个相对具体的量化标准，即各省常平积贮并不要求按照原定之数足额买补，而是只要求买补其中一部分（"所有存贮实数得十分之三四"）即可，尚不足额贮的一半。上谕的颁布，对各地买补行为产生了明显的导向作用，即买补积贮量力而行，适可而止，可以说地方积贮采买由此全面松绑。根据谕旨要求，各省先后将本省如何办理情况奏报朝廷。③

---

① 《宫中档乾隆朝奏折》第 1 辑，第 70—72 页。
② 《清高宗实录》卷 418，乾隆十七年七月丙寅。
③ 《清高宗实录》卷 418，乾隆十七年七月丙寅。以下奏报均出自此条。

奉天府府尹鄂宝奏称，奉天仓贮虽及十之三四，但民仓米向有旗人借支之例，贮备宜裕。且该处旗民"多以务农为业，一切费用仰藉于粮石。如停止采买，恐本地销售无多，势必他处运粜。本年尚属有秋，请量为收买，价昂即停"。直隶总督方观承奏称，直隶仓粮有应买补者，系春月平粜之数，尚属无多。现今谷丰价贱，请陆续酌买还仓。两江总督尹继善、江苏巡抚庄有恭奏称，江苏"地窄民稠，食指繁庶，仓贮尤宜充裕。但委员动粜，全数取盈，恐于民食有碍"，拟各属贮粮已及十之五者停止采买，不及五分者买至五分而止。浙江巡抚觉罗雅尔哈善奏，浙省各属仓贮已足原额十之七，应停采买。湖广总督永常、湖北巡抚恒文奏，楚北仓贮尚属有盈无亏。本年被旱各州县，虽赈粜或有不敷，仍可银米兼赈，应将动项采买之处停止。署湖南巡抚范时绶奏，湖南永州、常德、辰州、沅州各府及郴、靖、澧、桂各州，每年例用仓粮、碾运兵米，兼以接济湖北、江西、浙江等省，亦须缓急有备。常平应买动粜谷 30 余万石，本年秋收丰稔，请及时买补。山东巡抚鄂容安奏，东省仓贮实数合计已有十之四，自应暂停采买。但各属贮谷多寡不同，上年被灾之地仓贮空虚，附近亦无可拨补，幸本年尚属有秋，市值平减，请将节年平粜谷 14 万余石原存价银酌买补仓，并拨给匮乏之地贮用。陕西巡抚钟音奏，陕省西安、同州等属，因被秋灾，现停采买。延安、榆林等处界在边地，积贮宜裕，缺额仍照旧采买。陕甘总督兼署甘肃巡抚黄廷桂奏，甘省常平仓额已足十之七八，即缓急需用不敷，尚可于附近拨给，应停采买。本年有望丰收，粮价减落，各州县出粜谷于秋收后各在本境买还，为数尚少，毋庸议停。四川总督策楞奏，川省本年约计出粜 30 万石，常平尚有溢谷，可以抵补，毋庸另行采买。但是各州、县、所仓贮盈缩难齐，有溢谷多而应买甚少者，有应买多而并无溢谷者，有易于拨运而不能如数者，有数能敷补而辗运维艰者，现在分别确查办理。两广总督阿里衮、广东巡抚苏昌奏，粤东滨海瘠区，山多地少，各府州属产米不敷民食，必藉官粜接济。现在仓贮额谷未及十之三，应停应买，俟察看本年秋收情形，筹酌再奏。广西巡抚定长奏，粤西常平额谷止缺十之一，虽本年收成丰稔，买补甚易，但贮谷既多，自可停止采买。云贵总督硕色、云南巡抚爱必达奏，"滇省跬步皆山，不通舟楫，各属产谷止供本境之用，不特邻省不能贩运，即邻邑亦艰辗输"。是以常平贮谷例应存七易三，年来秋成丰稔及有借粜不及三数者，各就本境买补，为数无多，毋庸议停。贵州巡抚开泰奏，黔省各属仓贮缺额不及十之一，毋庸买补。安徽巡抚张师载奏，安省各属仓粮总计虽存十之三，其中多寡悬殊，并有存贮不及一二分者。今秋收丰稔，请分别办理。如存谷已十之四以上者概停买补，不足者视该处市价在本境收买，以买足十分之四为率，价贵即止。闽浙总督喀尔吉善、福建巡抚陈弘谋奏，闽省僻在海疆，不通商贩，若官仓贮谷太少，难为缓急之备。现今通省有望丰收，如仓贮已及原额十之五，而该处粮价尚平，仍令乘时酌买，价贵即止。不足五分者，统以买足五分为率。河南巡抚蒋炳奏称，豫省"向无动项委员采买之事"。各属仓贮较原额已足十之五，此外尚有出借、平粜各项谷，应于秋后收买。至平粜谷石，若一并买补，恐致价昂，应该暂停。

在以上督抚奏报中，高宗还专门颁谕指示河南巡抚蒋炳办理本地积贮事务不可拘泥于十分之三四的标准："前因直省米价，多由采买致昂，谕令核计仓储实数，得有十分之三四，即可不必亟资买补，乃指丰稔有秋、足敷民食者而言。今据蒋炳所奏，约计豫省本岁收成，合计可得八分，而通核常平仓谷，较之原额仅及十之五，则西成未为丰裕，而常平所贮为数太少，且秦晋接壤，尚需接济。此又不可泥于前旨，所当因地制宜，或于价贱之处陆续收买，不必克期取足，令奸商闻风抬价，致于民食有妨。"① 不过，从总体上看，由于具体情况不一，除个别边远省份需要继续自行采买外，大部分省份能够遵照"存贮实数得十分之三四，即不必亟资买补"的标准，在保证基础需求的前提下不再实施采买，或视具体情况适当采买，各省回奏与高宗确定的采买原则基本一致。

此外，乾隆十七年，高斌还就如何实施采买进一步向高宗提出，除两广、山陕等省径路远隔，向不采买江广米石毋庸议外，其余直隶、河南、山东、湖南、湖北、江西、安徽、江苏、浙江等省沿河州县，粮船通行之处，不若听商贩自行流通，毋庸官为采买。各省所属州县如果收成丰稔，粮价平减，听由地方官随时请籴于本处采买，不得远行采买。如果沿河州县偶遇歉薄，赈恤不敷，需要采买，则令该省督抚随时酌量，一面奏闻，

---

① 《清高宗实录》卷420，乾隆十七年八月壬寅。

一面办理。大学士傅恒等认为，向来江苏、浙江等省采买，"特委专员，赍银坐赴米粮聚积处所，及米船经由驻泊之地，以便收买"。这种大张旗鼓的操办的确引来了一些后续的棘手问题，即牙行经纪一闻消息"藉此名色，顿昂价值"，"是以不论所买多少，惟一经采办，即至翔涌，转于民食未见有益"。高斌所议沿河各省停止采买的意见究竟是否符合各地实际，尚须命各省督抚详悉定议具奏。以下看湖南、直隶等九省议奏结论。①

十一月十二日，署理湖南巡抚范时绶具奏指出，"直隶各省水旱时有不齐，偶遇歉收，赈恤借粜，全赖官贮谷石。官谷不敷，势须动项采买"。采买则应视地方情形、仓存多寡、谷价长落，"筹酌缓急，相时办理"，则仓存有备，且不致价昂。湖南为产米之乡，且地居江浙上游，向来采买补仓谷俱在本省分散购粜，并不远赴他省采买。他省赴湖南采买，必须办理得宜，"若分散各地，不在一处匮买，遇价增昂，即可暂停，再看价值长落，因时随势，酌量妥办"。②

十一月十五日，直隶总督方观承覆奏指出，直隶与江苏情形不同，每次需用米谷，即在八沟或赴奉天采买，既不妨碍民食，亦无预行抬价之弊，应照旧例随时酌办。他同时指出，各州县米载通行之处不使官买有妨商贩流通，则市价可免昂贵。而地方有收，买补额贮，自可毋庸远购。由于偶遇歉收，急需赈粜，或本省仓储不敷动用，或动用后筹补数多，不得不依赖外省，"则采买一事亦未可遽云永行停止"。但是，采买之法尚有应行变通之处。以往议奏采买，唯恐委员有买贱报贵及以近报远、冒销银脚等弊，所以令将赴买地方及所买米数报明督抚，移会买米省份，转饬州县确查米价，分别成色，预期咨会。因此，委员未到则市侩即闻风把持。委员既到，即使米少价贵，不得不照原报口岸尽数买足，附近虽有米多价贱之处不敢赴买。期间牙行也以其必买居奇抬价，商贩则因官买价贵裹足不前。他提出，如遇必需采买，应一面奏闻，一面将所需米数密咨产米丰收省份，由该省督抚查明何处口岸粮多价贱，即动拨该省库项，交本处地方

---

① 《宫中档乾隆朝奏折》第 4 辑，第 305—306 页。
② 《宫中档乾隆朝奏折》第 4 辑，第 305—306 页。

官酌量采办。①

十一月十七日，河南巡抚蒋炳依据河南的地理位置及物产对如何采买进行了分析。他认为，彰德、卫辉二府，卫河乃粮船经行之处，其余各府的惠济河、贾鲁河、沙河、淮河诸处，虽然迂回曲折，但是尚可辗运。紧邻山、陕之州县则陆运亦近。所产系小米、麦豆、杂粮为多，大米甚少，除供应本省外，每年各省商贩陆续采买，络绎不绝，"亦听其自为流通，从未禁止"。外省委员赴豫采买，有乾隆三年、六年、七年江南曾差员买米米麦，乾隆九年、十年直隶、山东两省差员采买。间有外省赈粜需要豫省协济者，则有豫省截留漕米易谷一项。相反，豫省买补仓储，向于麦收、秋收之后在附近丰稔、价平之处采买，一遇昂贵，即行停止，"从未有委员赍银前往别省采买之事"。蒋炳认可傅恒等所提到的采买弊端，"一经委员采买，动盈千万，定期取足"，奸牙等舞弊导致粮价上涨，其中豫省光州等处出产大米，与江南邻近，"自官买之后，价即增长，近年议停，始得稍减，已为明验"，因此应照廷议停止外省差员采买为便，仍听本省、外省商贩自行贩运流通。②

十二月初一日，江西布政使王兴吾奏称，江西向称产米之区，"商贾原自流通"。如果停止外省委官采买，"则牙行无所用其巧诈，而市价亦不至顿昂"。如果将本地采买亦行停止，"将积累多年，必致买补不易"，因此应照旧例，酌量丰歉，春间出粜，秋成买补。至于邻省年岁不齐，则有无相济，缓急相通，随时酌量，通融办理。③

十二月初二日，闽浙总督喀尔吉善、浙江巡抚觉罗雅尔哈善合词具奏称，官为筹备，不若听民自行转运便捷。"盖天之所生、地之所产止有此数，不在官，即在民。一经采买，则富户之居奇、市侩之抬价、有司之取盈均所不免。且当采买之时，办运之家人、船户难保其必无侵渔偷漏之弊。迨夫上仓之际，经收之书吏、斗级又多扇扬狼籍之虞，是无故而耗其什分之二。听民自运，则收藏慎密，既无耗费之事，商贾乐于贩运，有粮

---

① 《宫中档乾隆朝奏折》第 4 辑，第 321—322 页。
② 《宫中档乾隆朝奏折》第 4 辑，第 349—350 页。
③ 《宫中档乾隆朝奏折》第 4 辑，第 459 页。

之家乐于粜卖，交易亦甚便易，价值自不能增长。即使偏僻州县有稍昂之处，商人趋利若骛，必能转运，其流通为更速"，因此如同大学士等所议，应听由商贩自行转运，毋庸官为采买。如果偶有歉薄，不敷赈恤，则随时酌量，一面奏闻，一面办理。①

十二月初四日，江苏巡抚庄有恭回顾了本省办理采买事务的大致经历：江南采买仓谷，向例将平粜原价于六、七月间即预发本地殷商富室，秋后运谷交仓，并不假借铺户、牙行，是以奸侩无从抬价。雍正十三年十二月户部议覆内阁学士方苞条奏，以本地买补恐有派累短价及抑勒富户里民等弊，"务令于邻近州县购买"。乾隆元年十月，又议准署理江苏巡抚顾琮条奏，令委员于安徽、江西、湖广采买。乾隆三年，两江总督那苏图、安徽巡抚赵国麟、苏州巡抚杨永斌议奏，令各州县赴产米之地采买时，将应买数目报明督抚，行知买米地方，如系隔省即咨会彼省督抚转行知照。乾隆四年九月，原任巡抚张渠奏请不通水路州县准在本地采买，部议又称"通江水路州县不得援以为例"。庄有恭指出，本地采买不免短价抑勒等弊，故令赴邻境采买。但是，"州县牧令大半起家寒素，难得亲信可托之人。若以千金万金付托一二无籍之长随、不谙之子弟，身家所系，谁不寒心？是以率多观望延挨，不肯买补"。此后定例，采买移咨产米州县稽查，"虽挟资越境者稍可放心，而产地一接知照，势必示谕牙行，差役督买。各委员张大招摇，门枪旗帜络绎河干，牙侩闻风争先长价。产地官员若欲抑之使减，既虑为邻得谤。赴买委员若竟徒手空回，来往浮费又难开销。是以彼此争买，价益增昂，十余年来米价之不平未必不由于此"。如果说担心奉行不善而抑勒派累，只要督抚等严加稽查则其弊立见，"参处一二而其余自惩，正不必因噎而废食"。因此，应如大学士傅恒等所议，嗣后随时详请于本地采买，毋庸远赴产地。如果本地歉收，必须赴邻省采买者，也只令州县官择谨慎书役，"照商贾之例，于邻近市镇自行收买，不得移文知会，张大招摇"。如果遭遇大灾，则奏请邻省协拨。总之，委员越省采买之例应请永行停止，则市侩不得居奇，粮价不致昂长，官民均可

---

① 《宫中档乾隆朝奏折》第4辑，第484页。

受益。①

十二月初五，湖广总督永常、湖北巡抚恒文联衔具奏，湖北沿河各州县船艘通行之处，一经采买，则牙行经纪"藉此名色，顿昂价值，以致翔涌，实于民食未见有益"。常平额贮只有此数，每年青黄不接，即须照例开粜。如遇偏灾，借赈兼施，为数更难预计。"若竟停止采买，则仓储以日用而日绌，必致缓急难恃，亦属未便"。如果今后积贮足以备用，则停止采买。如果额数渐次不敷，即酌量地方情形，于本省年丰价贱之地陆续动项买补，且不必取足于一时，则有备无患，且无碍民食。②

十二月初八，暂署山东巡抚杨应琚奏称，遵照十七年七月上谕要求，存贮实数得十分之三四，即可不必急资买补。查山东通省现存谷1495000余石，较之2950000之定额已及十分之五，"纵或年岁不齐，亦属有备"，因此通饬暂停买补，以裕民食。③

十二月十六日，管安徽巡抚事张师载再次就此事具奏，声称"仓粮之储积原为利民，而采买之机宜先当去其病。若不审察情形，明立限制，一遇秋成，官商争购，市侩居奇，遂致粮价顿昂，官仓未收积贮之益，乡民先受食贵之病，势使然也"。安徽环山滨江，地土瘠薄，本非产米之区。只有桐城县棕阳镇、合肥县三河镇、含山县运漕镇系江广米粮聚积之地，江浙等地官商多在三镇采买。如遇不敷采买，则致粮价增长。本年七月，已经奉旨停止动帑委员采买。并酌定限制，嗣后按年确核收成丰歉及缺额多寡，酌量情形，责令各州县陆续买补，"不必一时取盈"。如果该州县歉收或产米无多，不得不仰给于其他地方，于本省邻近州县米多价平处所量为酌买，不许委员远赴外省购办，则市粮充盈，客贩乃得流通，且无妨民食。张师载同时指出，数年来米价高昂，不能平减，人们以为各处米粮只有此数，官买既多，商贩自然不足，唯有停止采买，米价可以渐平。本年七月已谕令各省，存贮十分之三四者即可不必急于买补。安徽前已奏准，存贮十分之四者本年概行停止采买。不足十分之四，如该州县市值中平，

① 《宫中档乾隆朝奏折》第4辑，第506—508页。
② 《宫中档乾隆朝奏折》第4辑，第514—515页。
③ 《宫中档乾隆朝奏折》第4辑，第539页。

则于本境买补，以十分之四为率，如价值稍贵即不得急买，"总不许于聚米之处群趋争购，致市价高昂"。①

从九省回奏情况看，督抚们一般反对委员跨省集中采买，主张鼓励商贩流通，同时也不赞成完全停止采买，支持额贮已足十分之三四者即可不必急于采买的原则，不足者可酌量地方情形，实施灵活采买，兼顾米价变动，达到常平有备与无碍民食的平衡。

乾隆初年，高宗再三督促各省督抚加紧采买收贮，多多益善。十多年来，常平积贮养民政治不断向前推进，然而风风雨雨，一路坎坷。乾隆十三年，高宗一锤定音，确定回复康熙、雍正旧额，后经核定旧额指标、汇奏粜价解交司库、核实各地额外加贮，至此反对越境籴买，确定常平积贮以总体收贮十分之三四且实施灵活采买作为基本准则，地方行政在常平积贮方面紧绷多年的神经彻底松弛了下来。

此时可能有人会提出疑问，既然常平仓运行弊病、漏洞百出，为何高宗没有彻底废除这一制度？在此问题上，本书比较赞成萧公权的观点。他指出："我们并不认为存粮体系毫无作用。一代代皇帝找不到更好的防止饥荒的方法，而粮仓在一定范围内有助于减少因饥荒流行而引起危机的风险。有一个令人不满意的饥荒控制体系，比完全没有要好些；而且很有可能，清朝皇帝也从未期望过粮仓体系能取得完美效果。"② 通过本书研究可见，尽管认为清朝皇帝从未期望过粮仓体系能取得完美效果的观点值得商榷，但是其提出的保留常平仓制度而不废的分析则有一定道理，这在前文提到的官员们对常平仓历史作用的认识中已经得到反映，如浙江布政使张若震所言，"救荒无奇策，积贮为先"③。河南道监察御史陈其凝也称："顾筹画积贮之道，舍采买一法似别无善策。"再如前文提及，山西巡抚准泰奏称："台臣已交章言之，大学士、九卿已屡经分晰议之，指斥利窦，计利图维，详且密矣。迄无善法以解于米贵者，则以积贮之事，大不敢轻议更张。"因此，传统社会缺乏应对饥荒的替代形式，建设各类仓储，特别

---

① 《宫中档乾隆朝奏折》第 4 辑，第 610—611 页。
② ［美］萧公权：《中国乡村：19 世纪的帝国控制》，张皓、张升译，第 217 页。
③ 《朱批奏折》，乾隆二年九月二十六日浙江布政张若震奏，档号：1104 - 043。

是国家建设常平仓把控备荒、赈灾、平粜整体形势，成为了皇帝爱养天下子民的不二之选，即使不再推行大规模常平积贮，仍将仓储体系保留下来未予废除，且时有督促训诫。这可能是对乾隆朝常平积贮最为合理的一种解释逻辑。

五　废止本色捐监

从乾隆十三年前后开始，各地本色和户部折色两种报捐形式仍旧延续推行，但此时的捐监已非彼时的捐监，它已不再作为增贮的主要手段，而作为弥补常平原额亏缺的方式被保留下来，捐监在乾隆前期粮政中的角色发生了根本转变。①

乾隆十四年（1749）三月底，高宗谕令部分省份将办理本色捐监的具体情况奏闻。谕曰：

> 江南、福建、山东、四川捐纳贡监事例，前经改归各该省收捐本色。盖以在京、在外原属一体，既以本省收捐为便，不妨试行一二年，将所收米谷数目核计，则有益无益可以立见。乃山东、江南既有年余，闽、蜀则已数年，收捐有无成数，尚未据该督抚具奏。著传谕询问，自改例后每年所收几何？生俊情形是否踊跃？向前收纳米谷是否足补仓额？即查明详悉具折奏闻。②

根据谕旨要求，江苏等省督抚相继将本省办理情形具奏。四月，两江总督黄廷桂奏报，江苏减二五捐纳事例自乾隆十二年夏季开捐，到乾隆十三年年底止，共计收捐谷 163992 石，其中十二年收捐 70038 石，十三年收捐 93954 石。他认为，尽管江苏省"素称富庶"，但是"收捐以来，仅计得谷十数万石，又因节年赈粜频仍，亦即旋收旋用，不能补足"。现照常平额

---

① 邓海伦对本色捐监的批评是彻底的，她认为乾隆三年通过出售监生头衔以加倍仓储的尝试，是出于好意但是缺乏经验的年轻统治者所犯的不可理解的错误。（Helen Dunstan, *State or Merchant*: *Political Economy and Political Process in* 1740*s China*，p469）

② 《朱批奏折》，乾隆十四年六月初三日福建巡抚潘思榘奏，档号：04 - 01 - 35 - 1147 - 026。

数已经奏准以雍正年间旧额为准，收捐本色原为补足仓贮之需，现照定额已足拨抵，有余无所藉资，且各属生俊报捐"未为踊跃"。①

五月，黄廷桂将安徽省办理情形具折奏闻。安徽省减二五、减三、减四捐纳事例，自乾隆十二年夏季奉文开捐，至乾隆十三年底，共收捐谷104765石，其中乾隆十二年收捐4548石，十三年收捐100217石。因各属地土瘠薄，民非殷阜，收捐已及半年，而所得仅有10万余石，加之连年赈粜频仍，旋收旋用，未能补足。现在常平额数已经奏准以雍正年间旧额为准，安省现存及出借未还，节年平粜未买，乾隆十年、十一年应买赈缺、拨缺米石，"各数已敷，抵额有余，似可无需捐谷补足"，而且各属捐谷多寡悬殊，有无不一，"总缘百姓富户既少，兼之节年谷价不能平减，是以生俊报捐不为踊跃"。②

六月，山东巡抚准泰奏报，自乾隆三年移归本省收捐本色，每监生一名按银108两、每谷一石价银五钱计算，应纳谷216石。至乾隆八年夏，"五年之久"，仅收捐本色谷14224石。乾隆九年奉旨减二收捐，每谷一石作银六钱，每名该谷180石，本折兼收。当年奉文至乾隆十一年夏，两年间亦仅收本色谷8640石。乾隆十三年正月，奉旨山东省捐纳贡监停其在部收捐，归于本省本折兼收，报捐本色者减二收捐。乾隆十三年五月，又奏准愿捐本色者准其米麦、高粱一并收纳，小麦照一米二谷，大麦、高粱照谷数收仓；七月又经部议，捐纳本色者再加减二，计每名收谷144石。自乾隆十三年六月开捐至十四年三月底，共计收谷696石、小麦930石、小米72石，统计本色米麦谷石"实属无几，未能补足仓额"。准泰指出，捐监未能达到目的，主要原因是"积歉频仍，粮价昂贵，投捐折色较捐本色实多节省，是以报捐本色者为数寥寥，而投捐折色者未及一年，生监银数已至十万余两"。③

与江苏、安徽、山东收捐寥寥无几相比，福建、四川的情况较为理

---

① 《朱批奏折》，乾隆十四年四月三十日两江总督黄廷桂奏，档号：04-01-35-0621-014。

② 《朱批奏折》，乾隆十四年五月十六日两江总督黄廷桂奏，档号：04-01-03-1147-020。

③ 《朱批奏折》，乾隆十四年五月十六日山东巡抚准泰奏，档号：04-01-03-0118-003。

想。六月，福建巡抚潘思榘奏称，从乾隆四年夏季改归本省收捐，至乾隆十四年春季，共计收过捐谷1793633石。所捐谷数已经部议"入于定额"2656400石之内"补足常平仓额"。其常平仓平粜谷价提解司库候拨。关于生俊报捐情形，从前监生一名捐谷200石至180石不等。乾隆八年朝廷允准，每监生一名减收谷120石，廪生、增生、附生捐监准其一例办理，通省生俊于丰收之余，"莫不踊跃从事"。其中，乾隆十年一年间即捐至60万石，八年、九年、十一年、十二年等年也各捐至9万石、18万石、26万石不等，"行之已有成效"。因此，福建"情形原与他省不同，本籍收捐实于仓储有益"。现在额定监谷200万石，已经捐过179万石，入于常平额贮下，所剩仅206000余石，"现在陆续上捐，生俊实属踊跃"。①

多年来四川办理捐监效果相对乐观一些。四川总督策楞奏称，自乾隆四年夏季开捐，至乾隆十三年冬季止，连外省生俊报捐，每年自五六万石以及八十余万石不等，前后共收纳谷米麦菽等项共计2089900余石。其中，拨济江西、湖广并碾办金川战争所需军粮动支监谷1090784石，实存999120石，合之现在常平仓谷218493石，照部定雍正十二年旧额贮谷1029800石标准，尚有余谷187814石，"仓额固已足补，而生俊报捐虽历年多寡不一，揆其情形，亦尚为踊跃"。尽管如此，策楞对四川办理捐监还有另外的看法，即四川没有必要再推行本色捐监政策。他声称，自其到川以来，"据各属纷纷详请平粜，大约以难于久贮为辞，而留心访察，每届秋收之时，谷价必处处平减，购买亦较易于他省。现今额定谷数已属有盈无绌，似无需额外多为储蓄，转致有霉变之虞。且川省素称产米之乡，只因连年办理粮饷，以致价值高昂，而闾阎亦户鲜盖藏，兹值军务告竣，又仰荷皇恩，蠲征缓赋，民间正可于此时培植根元，将来秋成有望，米价可期复旧。若仍留捐监一途，无论蓄于官者多，则藏于民者自少，而纷纷采买，价不能平，势必小民复受米贵之累"。经过与在省司道等商酌，所有本省收捐监谷应请停止，以后再需开捐另行具奏请旨。②

---

① 《朱批奏折》，乾隆十四年六月初三日福建巡抚潘思榘奏，档号：04-01-35-1147-026。

② 《朱批奏折》，乾隆十四年六月初十日四川总督策楞奏，档号：04-01-35-1147-029。

此后，高宗坚持了既定政策的稳定，一般不太支持地方以捐监增加仓储。即如乾隆二十三年（1758）高宗对讬恩多提出的广东、广西捐监之例暂停部收，统归广西一省临近水次州县减三收纳本色，捐足百万石之数奏明停止的请求指出，讬恩多"筹办张皇过当，未得事理之宜。前因该省米贵，已敕湖南省拨解楚谷二十万石，并广西省仓谷十万石，运东补额，以资接济。今据奏称，早禾登场，市价已得平减，是该省近日情形，已不致有谷贵之虞。而讬恩多急遽无绪，乃欲于两省改捐本色，且为数至一百万石之多。殊不知地方产米止有此数，若此例一开，地方争以赴捐籴买，反致米价翔贵，是本处未受其益，先受其害矣"。① 当然，如果完整地看待乾隆朝纳谷捐监的结局，我们可以将问题继续向后推延。乾隆三十一年（1766）十月，高宗连发两则上谕，对大部分省份本色捐监予以叫停。谕曰：

> 向来外省捐监事例，原令其捐输本色，以补仓储。乃行之有年，渐至多捐折色，遇有需用之时，仍属不敷支给。且州县官承办此事，收捐时难保其不多收勒索，或从中侵蚀那移。种种弊端，皆所不免。自不若在部援纳，额数既有成规，不致浮收滋弊。况各省所捐折色，仍须采买还仓，则拨用部帑较之动用州县存贮之项尤为妥协。是以前经降旨将陕甘捐例停止，仍令愿捐贡监者赴部报捐，以归画一。现在除福建、广东、湖南、湖北、云南等五省，或在边远，或为出米之乡，著各该督抚查明实在情形，应行应止，详悉具奏，再降谕旨外，所有直隶、安徽、山西、河南等省事同甘肃，捐例即著一体停止，均令赴部投捐。至各该省仓谷积贮，务须筹备充裕。倘有缺额谷石，俱即动项，如数买补。嗣后如有本省库项不敷应行请拨之处，该督抚等确核情形，随时据实奏闻，听候酌量拨给。②

同日，又命军机大臣等传谕各省督抚，一面要求将安徽、直隶等省本色捐监一概停止，一面要求云南等个别实施本色捐监有益积贮的省份将是

---

① 《清高宗实录》卷574，乾隆二十三年十一月甲申。
② 《清高宗实录》卷770，乾隆三十一年十月丁未。

否需要继续维持查核奏闻：

> 外省常平捐监事例，原令其捐输本色，以备仓储。乃行之年久，
> 渐至多收折色，承办官吏不无浮收需索及那移侵蚀等弊，自不若在部
> 报捐者转属简便妥协。前已降旨将陕甘捐例停止，仍令赴部报捐。复
> 经查明，各省捐监事例未经停止者尚有九省。所有安徽、直隶、山
> 西、河南等省，现在降旨并著一体停止外，其云南一省产米本少，商
> 贩又难于接济。福建、广东本地米粮亦属不敷，或取资于台地外洋，
> 或藉给于舟舶贩运，则常平仓谷果能多捐本色，自于积贮有益。至湖
> 广一省，向称产米充裕。若平时宽余储偫，不特本省有备无患，设遇
> 邻省需粮，亦可酌量协拨，然只可多存本色，不可言及折色。且各该
> 省向设常平事例，是否实在收贮本色，现今或已足额，无需再捐，或
> 尚需仍留本省收纳，并果否裨益仓储，不致有名无实，及启官吏私征
> 折色、藉端滋弊之处，著传谕各该督抚，将实在情形及此事应行应
> 止，逐一查议，据实奏闻，候朕另降谕旨。①

从上谕内容看，随着常平积贮政治的全面松弛，本色捐监执行情况也
逐步背离了其初衷，"乃行之有年，渐至多捐折色""乃行之年久，渐至多
收折色"表明，私收折色现象已经比较普遍，希望通过捐监弥补常平额贮
的计划也基本落空，甚至出现了浮收需索和挪移侵蚀等弊端。此时在高宗
看来，除个别省份外，各省已实无保留本色捐监的必要。与此同时，高宗
也明确了如果停止捐监，遇有缺额可以动项买补。如本省库项不敷，随时
据实奏闻请拨。

根据高宗谕旨，从十一月二十一日闽浙总督苏昌奏报福建省办理情形
开始，相关省份的督抚陆续覆奏，全面梳理了乾隆三年以来报捐情况。闽
浙总督苏昌称，乾隆三年福建举行本色捐监，巡抚卢焯奏请捐监一名收谷
180 石至 200 石不等。后因谷价渐昂，收捐日少，乾隆八年由总督那苏图
奏准每名减数收谷 120 石，以符部捐 108 两之数。自乾隆四年开捐，至乾
隆十六年春季，共收监谷 210 余万石，"统入额贮谷内，以济平粜之需"。

---

① 《清高宗实录》卷 770，乾隆三十一年十月丁未。

然而，自乾隆十六年夏季之后，"各处粮价较前更增，十余年来所收监谷仅止从前十分之二。节年平粜后买补维艰，仓储不能充裕"。因此，乾隆三十年冬，他与巡抚定长奏请再行酌减谷数收捐，并请陕甘二省停止闽人报捐，以便粜缺谷298000余石易于收补足额。乾隆三十一年正月，户部以谷价随时长落、减数过多难免胥吏别滋弊端为由议驳，只将陕甘二省闽人报捐停止。因此，现在虽然各属源源报捐，但是仍未足额。苏昌认为，福建办理捐监较他省为难，本省既无多余谷石，又无聚谷码头，城乡市镇只有零星挑卖之米，"一闻官买数至盈千累万，奸牙市侩势必长价居奇，小民立受食贵之累。闽省民情浮动慄悍，难免因米贵而滋生事端。惟有报捐监谷，出富户之有余收贮官仓，济贫民之并不足，实属良法美意"。经过与巡抚庄有恭、布政使颜希深等酌议，认为"闽省常平捐监之例，实大有益于民食仓储，似应仍留本省收纳，未便即行停止"。①

十一月二十六日，湖广总督定长、湖南巡抚常钧奏称，湖南常平仓谷于乾隆十年经巡抚蒋溥奏准定额1757300石。其时现存谷1482000余石，不敷之数请收监谷补足。乾隆十三年于均匀存贮等事案内，酌定湖南省额贮常平谷702133石，其余溢额谷粜价解司充饷。乾隆十四年，经巡抚开泰奏准，于溢额谷内拨贮30万石，以备接济邻省。乾隆十七年，经巡抚范时绶奏准存贮溢额谷174600余石。乾隆二十二年，经巡抚蒋炳奏准添买贮备谷20万石。乾隆二十三年，巡抚冯钤奏准加买谷6万石。乾隆二十四年，布政使许松佶奏准添买谷6万石。此为湖南省历年办理常平额贮章程。虽经减定722100余石，"究因额数太少，恐不敷拨运，节经抚司各臣奏议加添在案"。湖南上接川黔，下达江苏、江西等省，"俱一水可通，实属居中扼要，可以援济四邻之处"。本省"圩田广袤，产谷实多，每年江浙等省之商贾于此贩运米石往下游者何止百数十万，即湖北省亦赖南省之米接济。其为民有余谷，事属显然"。如果将捐监仍留本省收捐本色，"以闾阎之余谷贮之官仓，年常本省借粜以平市价，设遇邻省需用，随时动拨，毋虞缺乏"。为此，额数应该认真加以核定。现存旧额、续捐及加添等谷共

①《朱批奏折》，乾隆三十一年十一月二十一日闽浙总督苏昌奏，档号：04 - 01 - 35 - 1164 - 002。

计 150 余万石，虽有籴、借等项动用可以买补还仓，"均作实贮计算"，此外应请加贮谷 25 万石，仍符乾隆十年旧额 175 万石之数，则积贮充裕，缓急有备。此外，关于收捐谷数，"从前定数过多，虽经议减，究属无几，生俊报捐不能踊跃，是以历二十余年之久，所收之数有限，势难足额"。经查，湖南连年谷价每石总在五钱四五分以上，"此系常例，虽获丰收，不能甚减"。现在应行酌定捐数，每谷一石统作五钱计算，俊秀一名上谷 216 石准作监生，以符部捐 108 两之数，廪生等照此加减，此外仍照旧收公费银五分，其余毋庸另议。①

十二月初六日，湖广总督定长、湖北巡抚鄂宁合词具奏，声称湖北省收捐监谷原于乾隆三年奉旨，酌定通省共收捐谷 120 万石，后因捐纳无几，于乾隆七年经巡抚范璨奏请九折收捐，并苗疆一带与不产稻谷之处准其米麦粟一体收捐，经部覆准，"仍复捐纳不前"。乾隆九年，奉上谕酌减一五收捐，经巡抚晏斯盛题准，江夏等 31 州县俊秀每名收谷 206 石零，崇阳等 14 州县俊秀每名收谷 196 石零，远安等 23 州县俊秀每名收谷 183 石零，廪生、增生等依次减定谷数。自乾隆十年起至二十六年，共捐监生 285 名，纳谷 58311 石。乾隆二十八年，奉旨停止江浙等四省贡监收捐本色之例，此后续有报捐。湖北"为九省通衢，幅员辽阔，人烟稠密，且与江浙、河南等省舟楫相通"，"若平时宽余储偹，非特本省藉以无虞，而接壤邻封亦得以资接济"。现在通省仅存谷 110 余万石，"为数过少"，且有二十九年被水动赈及三十、三十一年籴借未买、未还共谷 49 万石，现在止实存谷 67 万石，"设有需用，恐致周章，是审度情形，实应仍留本色捐监之例，庶与地方大有裨益"。经查，从前报捐数少，"缘湖广虽称产米充裕，其实产米之多在于湖南。若湖北一省，则全赖四川、湖南之米接济。近来生齿日繁，且江浙等省民食亦由楚贩运，以致谷价增昂，民间利悉锱铢，是以行之年久，捐数寥寥"。现在虽然谷价不一，但大概均在八钱内外，此外还有建仓等费。如果照前定谷数，"恐生俊仍属观望不前，必致有名无实"。因此，请求照乾隆九年酌动之数再减十分之三。其中，江夏、武昌、

---

① 《朱批奏折》，乾隆三十一年十一月二十六日湖广总督定长、湖南巡抚常钧奏，档号：04 - 01 - 35 - 1164 - 004。

咸宁等 31 州县俊秀捐监每名收谷 144 石，附生 120 石，增生 107 石，廪生
80 石，武生 133 石，青衣生 200 石；崇阳、通城等 14 州县捐监每名收谷
137 石，远安、枣阳等 23 州县捐监每名收谷 128 石。收捐额数酌定以 80
万石为准，照州县大、中、小等次分别收纳足额。江夏、武昌等 24 个大州
县各收捐 15000 石，咸宁、崇阳等 13 个次大州县收捐 12000 石，通城、云
梦等 9 个中州县收捐谷 1 万石，通山、当阳等 22 个小州县收捐谷 8818 石。
统定以奉准部文之日起，扣限五年，收足停止，并请在此五年内暂停赴部
报捐之例，亦不许外省报捐，各令就本地交仓，本地数足方准赴邻邑报
捐。外省行商过客流寓等情愿在楚报捐本色者亦准一体收捐。①

　　十二月十五日，云贵总督杨应琚、云南巡抚汤聘奏报云南办理捐监事
宜。云南常平仓额并未载等则谷菽青稞 709514 石，"久经足额"。所有收
捐监谷"遵照向例，另案存贮，以备不时赈恤及平粜不能买补之用"。截
至乾隆三十年，共计收贮新旧监谷 149200 余石，均系实贮在仓。从前赈
恤、军粮等均于监谷项下酌拨，近年粮价稍昂，平粜买补者甚多，若一时
采买，恐不免昂贵。现在查明监谷有余之州县酌量拨补，以敷原额，"是
滇省收捐监谷一事，于仓储大有裨益，并非有名无实"。此外，每年收捐
监谷多者万余石，少者数千石，分计每州县不过数名，"历系殷实之户亲
赴州县报捐，即将自有谷菽照数交纳。总缘滇省粮价较昂，若照市价征收
折色，报捐之户势必裹足不至。若照部定谷价，以每石五钱征折，州县艰于
买补，更属无利可渔"，因此并无私征折色之事。他认为，云南地处边陲，
距离京城最远，生俊赴部报捐未免艰难，而监谷一项"实可以接济常平之不
足"，因此本色捐监事例似应循照旧例仍留本省收纳，"实属官民两便"。②

　　十二月二十一日，广东巡抚王检回奏称，广东常平仓谷定额 2964500 余
石。自乾隆四年开捐至乾隆三十年奏销，共收捐监谷 1529771 石零。除匀拨
入仓足额及陆续拨补赈济、平粜共计 1450367 石，尚余监谷 79403 石。因此，
广东常平仓谷"额外有余，并无不足之处"。但是，广东"山多田少，所产

---

① 《朱批奏折》，乾隆三十一年十二月初六日湖广总督定长、湖北巡抚鄂宁奏，档号：04 -
01 - 35 - 1164 - 013。
② 《朱批奏折》，乾隆三十一年十二月十五日云贵总督杨应琚、云南巡抚汤聘奏，档号：
04 - 01 - 35 - 1164 - 018。

米粮不敷民食，向藉估舶运济"，因此应将捐监事例仍留本省收纳本色。如遇有赈济或平粜价贵难于买补，借资拨抵。王检同时指出，尽管以前报捐不少，但最近本省粮价稍昂，生俊俱携资赴陕甘投捐，每年多至千余人。现在陕甘捐例已经奉旨停止，报捐之人必于本省投捐，因此应该立法严查。①

根据福建、湖南、湖北、云南、广东等省督抚所奏，无论是用于弥补额贮之不足，还是用于本省之平粜、赈济，以及用于备贮协济邻省，几乎异口同声地认为本色捐监事例仍有养民备灾之功，应保留在本省。尽管此时本色捐监并未彻底废止，只是实际意义和地位与乾隆初年相比已不可同日而语。最终，乾隆四十六年（1781）甘肃捐监冒赈案发，本色捐监遂被彻底终止，"其后监捐无复纳粟遗意矣"②。

自乾隆三年确定将捐监移回各省收捐本色以充实常平仓储，其中饱含了高宗对通过本色捐监绕开采买、以本地之有余济本地之不足，实现大量增加粮食积贮，如愿履行爱民、养民道义责任的无限期待，本色捐监因此成为乾隆朝常平积贮养民政治的重要组成部分。然而，现实的复杂性迫使督抚们对本色捐监难以为继的抱怨和一再降低标准的呼声此起彼伏。他们也希望在高宗寄予厚望的本色捐监问题上能够取得实际进展，但是两大障碍却无法逾越：一是报捐标准僵化导致所需谷数如果折算则远高于在部报捐标准，严重影响到了地方生俊本地纳谷报捐的积极性。二是州县官对本色捐监的抵触，特别是增贮指标与积贮原额合并后产生的高额积贮任务，被州县官视为"畏途"，他们根本不情愿去组织实施。因此，除四川、福建、江西等个别省份取得一定成效外，即使政策曾做出一定调整，各省捐谷仍然"几等空名"③，本色捐监多年的艰难推行并没有对常平积贮产生实质性影响，而期间捐监增贮指标的产生及其调整，却成为了这一政治过程的核心内容。

---

① 《朱批奏折》，乾隆三十一年十二月二十一日广东巡抚王检奏，档号：04 - 01 - 35 - 1164 - 019。
② 赵尔巽等：《清史稿》卷112，第 12 册，第 3245 页。
③ 《朱批奏折》，乾隆八年五月贵州道监察御史孙灏奏，档号：04 - 01 - 35 - 1125 - 032。

第八章 "惟以盘查无亏一奏了事"：积贮盘查与各类数据的真实涵义

  在对乾隆朝常平积贮养民政治的探讨中，积贮数据是一个比较有意思的问题。这些数据主要被保留在《清实录》、题本、奏折①以及方志等文献中。以往的研究很自然地将其视为了一种"历史的真实"，认为乾隆朝确有如许多的粮食实物积贮在仓，并据此对乾隆朝常平积贮、经济发展以及政治运作等宏观问题做出了非常乐观的评价。② 有学者甚至仅仅依据《清实录》数据就断定，"乾隆十三年定额以前，清代常平仓储量曾一度达于

---

  ① 督抚每年以"民数谷数折"的形式将谷数与民数一起奏呈。参见侯杨方《乾隆时期民数汇报及评估》，《历史研究》2008 年第 3 期。

  ② 魏丕信认为，通过民数谷数奏折"也可以部分了解实际储量情况"。"这些数据是各省每年年底奏报时的实际仓谷数，也就是说，是在每年秋季买补之后、春夏粜借之前的数字——换句话说，即每年仓谷循环周期中的最高储量"。（[法] 魏丕信：《18 世纪中国的官僚制度与荒政》，徐建青译，第 162 页）魏氏还提出，没有数据是绝对可靠的，并不一直都是精确的，其主要依据就是每年未完和拖欠的数字未能计算在内，同时也认为，这些数据可以粗略地反映仓储的储量及其活动（Pierre-Étienne Will & R. Bin Wong, *Nourish the People*: *The State Civilian Granary System in China*（*1650 - 1850*），pp. 288 - 289；p296）。罗威廉认为，"从 18 世纪 20 年代到 40 年代后期，全国常平仓储藏量已逐步达到约 5000 万石的水平"，"18 世纪中叶以后，常平仓系统的粮食储藏量仍在稳步增长"。（[美] 罗威廉：《救世——陈宏谋与十八世纪中国的精英意识》，陈乃宣等译，第 379—380 页）欧立德指出，"在乾隆统治时期，这些官仓的粮食贮备翻了一番。因其可以稳定粮价，这些官仓又被称为'常平仓'，在遇到紧急事件时，它们可以行之有效地缓解粮食供应问题"（[美] 欧立德：《乾隆帝》，青石译，社会科学文献出版社 2014 年版，第 219 页）。王国斌认为："18 世纪的仓储制度表明国家有能力建立一个巨大的和复杂的结构，以影响各地的物质福利"（[美] 王国斌：《转变的中国——历史变迁与欧洲经验的局限》，李伯重、连玲玲译，第 112 页）。韩书瑞、罗友枝也认为，十八世纪清朝常平仓"通常都能很好地发挥作用"。（[美] 韩书瑞、罗友枝：《十八世纪中国社会》，陈仲丹译，江苏人民出版社 2009 年版，第 23 页）

最高，而该年定额所显示的减少其实仅是暂时的现象……至少直到乾隆末年，常平仓储量尚维持着显著增加的趋势。换言之，在清代康、雍、乾盛世，常平仓储量不断地扩充，正反应这个制度曾良好地运行"①。通过本章的讨论将会发现，事实似乎并非如此。

第一节　从《清实录》数据谈起

作为官方权威文献，《清实录》系统记载了乾隆六年（1741）到六十年（1795）的全国仓储数据。②在此 50 余年间，乾隆三十一年（1766）可以视为一个节点。之前，全国储量保持在 3300 万石左右；此后，逐步呈现上升趋势，大多数年份保持在 4000 万石左右。其中，储量最高为乾隆五十六年（1791）的 45752581 石③，最低为乾隆十七年（1752）的 26672804 石④。如果仅就这些数据认为乾隆朝常平仓储量不断提高并保持在较高水平并不为过。然而需要探究的是，《清实录》的数据从何而来？它们能否作为全国仓储情况的真实反映呢？

据笔者搜集到的户部核算具题全国仓储总数的档案资料，除极个别数据稍有出入外，《清实录》载录的年末数据与此完全一致。如，题本中乾隆四十一年（1776）、四十二年（1777）的总数分别为 40302593 石和 41454324 石⑤，乾隆五十五年（1790）、五十六年分别为 45486610 石和

---

①　刘翠溶：《清代仓储制度稳定功能之检讨》，陈国栋、罗彤华主编《经济脉动》，中国大百科全书出版社 2005 年版，第 318 页。持有类似观点者不在少数。

②　其中还包括其他各类仓储数据，但常平仓占绝对多数。此外，本书所用数据一般四舍五入，故个别总和数据与分项数据存在些微偏差。

③　《清高宗实录》卷 1393，乾隆五十六年十二月。数据增长的因素中，还有吉林、巴里坤——乌鲁木齐等新增加地区的贡献。如，乾隆三十八年数字由三十七年的 37872349 石上升到 41249013 石，乃系加入吉林省数字的结果。参见《户科题本》，乾隆三十九年十二月十三日大学士于敏中等题，档号：02 - 01 - 04 - 16532 - 008。

④　《清高宗实录》卷 429，乾隆十七年十二月。

⑤　《户科题本》，乾隆四十三年十二月初七日大学士于敏中等题，档号：02 - 01 - 04 - 16892 - 001。

45752581 石①，均与《清实录》数据吻合。因此，《清实录》编修时采用了户部题本数据是没有问题的。但是，户部数据也不是最原始数据，而是与每年各省奏报和题报密切相关。为便于分析，有必要追本溯源，先对常平积贮数据奏报、题销制度加以简要梳理。

自雍正朝以来，清朝政府为准确掌握地方积贮情况，加强对地方仓储的监督监管，做出了多种制度性安排，大致可以分为例行审查（包括每年例行盘查奏报、题销，官员新旧交代盘查等）、特别审查（包括派员清查、钦差盘查等）两类。②其中，特别审查针对的是个案问题，具有特殊性，与每年全国数据的形成关系不大，不再讨论；在例行审查中，新旧交代盘查数据为间断性数据，只是证明前任官员在位时并未产生亏空，与全国数据的形成关系并不密切，文中有所涉及但不作为分析重点。本文主要是对与全国数据直接相关的、具有连续性的每年例行盘查奏报、题销数据的价值作出评估。

具体而言，雍正八年（1730），刑部尚书励廷仪请求强化各省督抚对仓储的监督监管，令其委员盘查，每年一次将存贮、支用实数"造册具奏，著为定例"，新任督抚履任交代则限三个月详查核奏。③户部表示支持，奏准照其所请，行令各省实心奉行，同时将督抚"造册具奏"改为"年终造册保题"。④乾隆五年（1740），高宗谕令各省"每岁仲冬"将各府州县户口之减增、仓谷之存用详悉具折奏闻，以供"朝夕披览，心知其数，则小民平日所以生养及水旱凶饥，可以通计熟筹而预为之备"。⑤户部遵旨议奏，各省"各项仓谷详核存用实数"，俱于每年十一月缮写黄册具

---

① 《户科题本》，乾隆五十七年十二月初七日大学士和珅等题，档号：02 - 01 - 04 - 17724 - 005。

② Pierre-Étienne Will & R. Bin Wong, *Nourish the People：The State Civilian Granary System in China*（1650 - 1850），pp. 195 - 232.

③ 《雍正朝汉文朱批奏折汇编》第 1 册，江苏古籍出版社 1991 年版，第 757 页。

④ 参见《户科题本》，乾隆十四年四月二十三日大学士兼管户部事务傅恒等题，档号：02 - 01 - 04 - 14380 - 005。乾隆朝要求各省"于每年奏销时出具实贮无亏印结，造册申详保题"之外，还规定知府应不时盘查，无论何时查出亏空，立即揭参，可以免其革职赔补。参见《朱批奏折》，乾隆十四年九月初十日护理广西巡抚李锡秦奏，档号：04 - 01 - 35 - 1148 - 007。

⑤ 《清高宗实录》卷 130，乾隆五年十一月戊辰。

折奏闻，著为定例，并将奏明数目报明户部，由其核明汇总奏闻。① 从此，民数谷数题报、奏报制度相继建立起来，成为朝廷通过发挥督抚作用，掌握地方积贮情况、保障粮食安全的重要途径。

接到督抚咨报、具题数据，户部的主要职责是将前后两年数据"按册合算"②，只要账面对应一致，均能通过查核。因此，户部根据分省数据汇总形成全国数据仅是一种程式化行为，并不触及数字的真实性问题。那么，随奏咨部清册开列的分省数据成为了核算该省仓储盈亏的关键，本文将重点加以探讨。③

第二节　题本、奏折文本数据评估

在题本、奏折两个数据系统中，关键是要弄清楚两种文本中的起始数据（"旧管"或"额贮"）、结论数据（"实存"或"现存"等）的涵义，以及搭建二者之间桥梁的计算方法。下文将以内容表述相对规范、数据相对齐全的浙江省为引，结合其他省份情况加以分析。限于篇幅，此处只列举部分年份数据以说明问题，其他从略。先看题本数据。

表 8 - 1 　　　　　　　乾隆年间浙江省题报仓储数据④　　　　　单位：石

年　份	旧　管	新　收	开　除	实（应）存
五年	—	—	—	1649833（实存谷） 60069（米）

---

① 《户科题本》，乾隆八年十一月二十六日大学士徐本等题，档号：02 - 01 - 04 - 13530 - 001。

② 《户科题本》，乾隆五十七年十二月初七日大学士和珅等题，档号：02 - 01 - 04 - 17724 - 005。

③ 需说明的是，各省奏报（咨报）、题报数据，并非单指常平仓积贮数据，有的还包括社仓、义仓、官捐谷等项，故而户部根据汇奏数据题报全国总数时，一般使用各省"存仓米谷"字样，以表示数据为以常平仓为主的各类仓储总储量。但是，由于在各项谷中常平仓比重最大，其他仓储一般无法与其相提并论，因此本文将其笼统视为常平积贮数据加以考察。

④ 笔者搜集到的题本数据，缺少八、十二、十八、二十三、二十六、二十八、二十九、三十一、三十二、四十八、四十九、五十年，五十二、五十三、五十五、五十六、五十八、五十九、六十年。考虑到数据的数量及连续性，已有数据足以支撑本文的研究。

续表

年　份	旧　管	新　收	开　除	实（应）存
六年	—	—	—	1570981（实存谷） 57291（米）
十六年	—	—	—	426330（实存谷）① 11559（米）
十七年	—	—	—	707866（实存谷） 304889（米）
十八年	—	—	—	1622157（应存谷） 462576（米）
二十年	1809493（谷） 393635（米）	679700（谷） 13433（米）	201394（谷） 169701（米）	2287799（实在谷）② 237367（米）
二十一年	2287799（谷） 237367（米）	96766（谷） 1759（米）	10931（谷） 45519（米）	2373633（共存谷）③ 193607（米）
二十二年	2373633（谷） 193607（米）	85438（谷） 3615（米）	8950（谷） 40719（米）	2450121（实在谷） 156503（米）
三十七年	2732569（谷） 27717（米）	24142（谷） 643（米）	2342（谷） 11806（米）	2754370（应存谷） 16554（米）
三十八年	2754370（谷） 16554（米）	11676（谷） 39（米）	3038（谷） 2029（米）	2763007（应存谷） 14564（米）
三十九年	2763007（谷） 14564（米）	12616（谷）	1080（谷） 1600（米）	2774541（应存谷） 12964（米）
四十二年	2774062（谷） 11099（米）	16714（谷）	365（谷）	2790411（谷） 3009 石（米）
四十三年	2790411（谷） 3009（米）	539（谷）	1138（谷）	2789812（谷）
四十四年	2789812（谷） 3009（米）	539（谷）	8219（谷）	2782131（应存谷）

① 乾隆十六年数量骤减，系因该年浙江温州、金华、台州等地发生严重旱灾，赈济较多。

② 实存谷减去各属未经征买各年粜借谷 693972 石、米 154511 石，现存谷 1593826 石、米 82856 石。

③ 实存谷数减去各属未经征买各年粜借谷 630605 石、米 138594 石，现存谷 1743028 石、米 55013 石。以下实存、现存问题同此，不在胪列。

续表

年 份	旧 管	新 收	开 除	实（应）存
五十一年	2784415（谷） 3009（米）	537（谷）	1832（谷）	2783121（实存谷） 3009（米）
五十七年	2779179（谷） 3009（米）	436（谷）	1246（谷）	2778368（实存谷） 3009（米）

注：1. 乾隆十七年以前数据不包括各地粜借等项，故与后面数据相差较多，参见正文说明。
2. 从乾隆四十三年开始旧管米均为3009石6斗7升4合5勺，而下表奏折中从乾隆四十四年后均使用约数"三千九百石零"，二者实际相同。为便于统计，两表统一约数为3009石。

资料来源：《户科题本》，乾隆六年五月二十九日浙江巡抚卢焯题，档号：02－01－04－13395－009；《户科题本》，乾隆七年十一月三十日大学士兼管户部尚书事务徐本等题，档号：02－01－04－13513－005；《户科题本》，乾隆十七年五月二十八日浙江巡抚雅尔哈善题，档号：02－01－04－14640－005；《户科题本》，乾隆十八年五月二十八日浙江巡抚雅尔哈善题，档号：02－01－04－14743－015；《户科题本》，乾隆二十年六月十四日大学士傅恒等题，档号：02－01－04－14931－013；《户科题本》，乾隆二十一年九月初六日户部尚书蒋溥等题，档号：02－01－04－15011－014；《户科题本》，乾隆二十二年八月二十四日户部尚书蒋溥等题，档号：02－01－04－15103－014；《户科题本》，乾隆二十三年八月二十二日户部右侍郎吉庆等题，档号：02－01－04－15158－021；《户科题本》，乾隆三十八年九月初七日署理户部尚书永贵等题，档号：02－01－04－16506－012；《户科题本》，乾隆三十九年九月十四日署理户部尚书永贵等题，档号：02－01－04－16602－020；《户科题本》，乾隆四十年九月初五日署理户部尚书永贵等题，档号：02－01－04－16727－003；《户科题本》，乾隆四十三年五月二十九日浙江巡抚王亶望题，档号：02－01－04－17017－020；《户科题本》，乾隆四十四年九月初九日户部尚书英廉等题，档号：02－01－04－17113－017；《户科题本》，乾隆四十五年五月二十九日浙江巡抚李质颖题，档号：02－01－04－17188－022；《户科题本》，乾隆五十二年十月初二日大学士管理户部事务和珅等题，档号：02－01－04－17473－001；《户科题本》，乾隆五十八年十月十三日大学士管理户部事务和珅等题，档号：02－01－04－17809－007。

在题本数据中，最主要的是"实存"。从乾隆二十年（1755）前后开始，浙江明确分旧管、新收、开除、实存（应存）四柱开列各项积贮数据，实存仓谷则由旧管与新收、开除两项合并计算得出。从文本上看，它既代表的是本年的实际储量，又作为"旧管"成为次年办理积贮的基本依据而逐年加以核算。然而，实存的本意并非如此。以下从三个方面对实存的含义及各数据之间的关系加以考察。

一是实存与现存之关系。在题本中，大多数年份实存谷数之外还提供了一类现存谷数（参见表格注释）。所谓现存谷，系实存减除未经征买当年或各年粜借等项谷数（即缺额谷）后的存仓谷数。就两种数据同时出现而言，"现存"似乎更接近于实际储量的概念，而"实存"是把并未征买入仓的缺额谷也计算在内，从而使得"实存"并不等同于实际储量，只是一种理论储量。当然，地方官员将未补缺额谷作为实存造报也自有道理。缺额谷很大部分是常平仓履行粜卖、赈济、协拨、民借等功能而出现的各种消耗，"借欠未完，在民领状可据，与侵亏有间。粜卖未补者，临时措置应买价银呈验，以为谷虽未买，谷价现存"。负有盘查职责的道府官员"遂因循扶同出结"①。湖南官员也反映，各地买补时，"上司檄催严迫，州县不得不将已发价者入册造报"，"迨上司盘查或离任交代，水落石出，而又以为已买未交，追比有着，非侵挪亏空者可比，每多置之勿论。此所以习为固然也"②。也就是说，缺额谷都是登记在案，道府盘查无法将其视为亏空或无着，只得认定实储在仓，作为实存造报呈送。然而，随着时间的推移，将各年缺额视为实存笼统开报并滚动计算的做法，使得缺额谷数更加模糊不清，加上积年缺额现象大量存在（参见下文），造成长期缺额不补或仓储亏空被逐年题报的华丽数据所掩盖。因此，题本实存不代表等量米谷真正积贮在仓，仅表明"应该有"如此多的米谷积贮在仓，地方官员口口声声表示的"俱系实贮在仓，并无亏空"③，充其量说明各地仓储在账面上不存在亏缺而已。

如果实存数据不能代表常平仓实际储量，那么现存数据能否代表呢？答案是否定的。除计算现存所依据的实存谷数无法代表实际储量因素之外，减去的未经征买缺额谷数也是一个笼统开报数据，其中既有本年缺额，也有各年累积缺额，因此当年现存谷数根本无法清晰计算。此外，从其开报未经征买量来看，各年累积未经征买数量在10—30万石之间，数量似乎并不为大，而下文将要讨论的是，各地办理常平积贮中间存在着较为普遍的大量缺额不补甚至亏空现象，究竟各年买补情形如何，无从准确知悉。因此，每年将实存谷数直接与笼统开报、无法确定的未经征买缺额谷

---

① 《朱批奏折》，乾隆二十四年四月十三日山西道监察御史吴龙见奏，档号：04 - 01 - 35 - 1156 - 032。

② 《朱批奏折》，乾隆八年闰四月初九日湖南按察使明德奏，档号：04 - 01 - 35 - 1125 - 001。

③ 《户科题本》，乾隆七年十一月三十日大学士徐本等题，档号：02 - 01 - 04 - 13513 - 005；《户科题本》，乾隆十二年九月十三日大学士讷亲等题，档号：02 - 01 - 04 - 14177 - 005；等等。

数合并计算，且一直被作为统计原则延续下去，导致现存谷数同样无法代表当年的实际储量。

二是题报数据蕴含的浓厚"原额"观念。何炳棣在对明清土地数字的考察中，提出了土地清丈存在的"原额"观念。[①] 与此类似，康熙、雍正年间各级常平积贮均设有不同的数额指标（即原额）。"作为一个行政决定的结果，而非一个计算程序的结果"[②]，常平"额"的理论意义，在于为各地办理积贮设置了目标储量，确定了一项地方行政职责，地方官员以此为标的，不断努力向原额靠近，并在其框架内按比例平粜，秋成之后买补还仓，从而实现常平仓的正常运转。

就浙江而言，雍正年间原额指标为 280 万石；乾隆初年，各省大规模推行捐监增贮，贮额被大幅提高到了 348 万石；乾隆十三年（1748），高宗决定放弃大规模增贮计划，贮额再次回调到了 280 万石的旧额水平。[③] 280 万石的原额指标，就成为浙江各级官员办理常平积贮的指挥棒。从表格数据看出，浙江常平积贮"额"外"新收"一般寥寥无几，没有特殊的赈粜、协拨等项用粮，"开除"也属无多，因此积贮数据不断向 280 万石的原额水平靠近，特别是从乾隆三十七年（1772）开始，实存基本保持在了 278 万石左右，几乎与原额持平。数十年间一直保持高度接近原额的高位运行表明，如同土地清丈中原额的"目的在均税，在使田额不受亏损，而不是在索求耕地精确的亩数"[④] 一样，原额及其每年按例题报并不是要准确统计出常平仓到底存有多少粮食实物，而是要首先确保每年积贮数据在原额框架内的合理波动。所以，题报数据的实质是一种额贮，与实际储量不是一个层面的概念，不具有现代统计学价值。这一点与奏折直接将取自题本的实存数据称之为"额贮"是对应一致的（参见下文）。进而言之，只要每年题报实存整体上与代表着"仓储量的理想水平"[⑤] 的原额不发生

---

① 参见［美］何炳棣《中国古今土地数字的考释和评价》，中国社会科学出版社 1988 年版。

② Pierre-Étienne Will & R. Bin Wong, *Nourish the People：The State Civilian Granary System in China*（1650－1850）, p. 277.

③ 《朱批奏折》附清单，乾隆十三年奏，无具折人姓名，档号：04－01－35－1132－016。按：整理者误将具折时间标注为乾隆九年。

④ ［美］何炳棣：《中国古今土地数字的考释和评价》，第 65 页。

⑤ ［法］魏丕信：《18 世纪中国的官僚制度与荒政》，徐建青译，第 161 页。

严重背离，地方官员就可以向朝廷表明自己很好地履行了常平积贮的行政职责，粮食均实贮在仓，并不存在亏空问题。这就是题报数据的真实含义所在，而由此则乾隆三十七年到四十一年以及四十四等年题报文本将"实存"直接改用"应存"的问题也就迎刃而解了。

三是题报内容的复杂性。在各年题报的数据链条中，乾隆二十年实存数据陡然提高到了 2287799 石。原因在于，当年题报新收谷多达 679700 石，这在乾隆朝浙江历年新收谷数中也是最高的一次。然而，67 万余石的"新收"，并不是真正意义上的旧管（额贮）之外的纯粹增加之数，而是包括了官员捐谷 475 石，征买各年借粜米易谷 71529 石，买补宣平县已故知县黄士钧亏空生俊捐谷 740 石，买补拨运备粜谷 85054 石，拨贮常平额谷 1500 石，杭、嘉、湖三府受拨处州府同知买回补额谷 80416 石，杭、嘉、湖等九府受拨补额谷 439986 石等项谷数。[①] 其中征买、拨补等多项本属于该省旧管（额贮）的仓谷，该年却被一并作为新收笼统归入到了实存之内。题报时未买、已买各项谷数使用之混乱可窥一斑。此举不仅导致该年数据发生重大变化，而且虚高的数据一直被沿用了下去。

表 8-2　　　　　　　乾隆年间浙江省奏报仓储数据表[②]　　　　　　单位：石

年　份	额贮（存）仓谷	粜借拨赈等谷	实（应）存谷	额存米	实（应）存　米
十二年	—	—	1820595（实存）	—	31839（实存）
十三年	—	—	959957（实存）	—	9176（实存）
十八年	1476822	806505	670317（实存）	604295	150988（实存）
十九年	1622157	965826	656331（实存）	469232	6120（实存）
二十年	1932126	576707	1356419（实存）	393652	80236（实存）
二十一年	2287798	1311587	976211（实存）	262838	68608（实存）

---

① 《户科题本》，乾隆二十一年五月二十九日浙江巡抚杨廷璋题，档号：02-01-04-15010-005。

② 乾隆十二年之前奏折各项积贮数据并未在正文开列，而是记录在黄册之中。根据朱批可见，大部分黄册被留中，现已无法找到。(参见《朱批奏折》，乾隆八年正月十二日浙江巡抚常安奏，档号：04-01-35-1122-024；乾隆十一年十一月二十九日浙江巡抚常安奏，档号：04-01-35-1137-008 等) 另外，笔者搜集到的奏折数据，缺少五年至十一年，十六、三十八、四十六、五十九、六十年诸年份。

续表

年 份	额贮（存）仓谷	粜借拨赈等谷	实（应）存谷	额存米	实（应）存米
二十二年	2373633	619326	1754307（实存）	193606	74616（实存）
三十七年	2737834	347194	2390640（实存）	25085	13275（实存）
三十九年	2763007	521036	2241970（实存）	14565	4804（实存）
四十四年	2789811	733373	2056438（实存）	—	3009（实存）
四十五年	2782131	629974	2152157（实存）	—	3009（实存）
五十一年	2784415	632882	2151533（应存）	—	3009（应存）
五十二年	2783120	670834	2112285（应存）	—	3009（应存）
五十七年	2779179	111401	2667777（实存）	—	3009（额存）
五十八年	2778368	55981	2722386（现存）	—	3009（额存）

注：1. 部分年份另有一些"开除"数据，此表不再列入。2. 乾隆十九至二十三等年粜借协拨等项据次年数据计算得出。3. 粜借等项谷数一般为当年粜借量，但有些为多年累计数据，如乾隆五十一年为"各年"粜借数据，五十七、五十八等年为两年粜借数据。

资料来源：《朱批奏折》，乾隆十三年十二月初九日浙江巡抚方观承奏，档号：04 – 01 – 35 – 1145 – 042；《宫中档乾隆朝奏折》第 7 辑，第 34 页；《宫中档乾隆朝奏折》，第 10 辑，第 222 页；《宫中档乾隆朝奏折》第 13 辑，第 149 页；《宫中档乾隆朝奏折》第 16 辑，第 206 页；《朱批奏折》，乾隆二十二年十一月十五日浙江巡抚杨廷璋奏，档号：04 – 01 – 01 – 0212 – 045；《朱批奏折》，乾隆三十七年十一月二十一日署理浙江巡抚熊学鹏奏，档号：04 – 01 – 35 – 1169 – 034；《朱批奏折》，乾隆三十九年十一月二十八日浙江巡抚三宝奏，档号：04 – 01 – 35 – 1172 – 008；《朱批奏折》，乾隆四十四年十一月二十二日浙江巡抚王亶望奏，档号：04 – 01 – 01 – 0368 – 010；《朱批奏折》，乾隆四十五年十一月二十八日署理浙江巡抚富勒浑奏，档号：04 – 01 – 35 – 1178 – 006；《录副奏折》，乾隆五十一年十二月初二日浙江巡抚琅玕奏，档号：03 – 0360 – 040；《录副奏折》，乾隆五十二年十一月三十日浙江巡抚琅玕奏，档号：03 – 0290 – 045；《朱批奏折》，乾隆五十七年十一月二十五日浙江巡抚福崧奏，档号：04 – 01 – 01 – 0444 – 023；《朱批奏折》，乾隆五十八年十一月二十八日浙江巡抚吉庆奏，档号：04 – 01 – 35 – 1185 – 028。

　　奏折实存的计算方法不同于题本实存，但却与题本现存数据的计算方法相似，系由额贮减除粜借、拨赈各项后得出。这里的起始数据使用"额贮"字样，从字面上看它似乎与"原额"存在着某种直接联系。若将奏、题数据加以比对发现，从乾隆十九年（1754）开始，作为每年奏报积贮数据的基本依据，额贮并不是上年奏报的实存数据，奏报额贮反而与题本中上年的实存数据是对应一致的。以乾隆十九年为例，奏报额贮仓谷1622157 石，并未使用十八年（1753）奏报的实存 670317 石，而是将题本实存数据作为了额贮。前文曾指出，题本数据不代表实际储量，且带有浓

厚的原额观念，奏折与题本两个数据系统保持一致的做法，说明奏折数据
同样体现着浓厚的"原额"观念。即如乾隆十九年、二十年浙江巡抚周人
骥奏请买补仓谷时先后所称，现在通省共存米谷只有 90 余万石，"核之定
额既有未足，而动缺未补谷数复又多于现存"①，"现在常平仓贮较之上年
已补三分之二，缓急已属有备，而以额贮核计，尚缺谷一百余万石"，加
之本年平粜应买补谷 2 万余石，均应及时筹补②，显然其办理常平积贮即
是以追求"原额"足额为目标的。既然如此，则非侵挪亏空、未经买补的
缺额仓谷，也被作为实在存仓谷统计在奏折实存谷数之内，即使奏报时实
存谷已经将本年或历年粜借、拨赈等谷计算在内予以减除，但是由于其起
始数据额贮存在前述问题，加之官员开列的一些年份粜借等项数据并非当
年粜借量，而是两年或多年的累计数据③，缺额或亏空同样被掩盖起来④，
奏折数据反映的积贮状况距离实际亦是越走越远⑤，故而奏折实存（应存）
同样仅仅代表着原额指标在本年所应当达到的理论储量，不能说明当年常
平仓中积贮有如此多的粮食实物。

对于以上问题，闽浙总督喀尔吉善和福建巡抚潘思榘直言不讳地指
出：各年"虽有原额随时动销，盈缩原无一定，每于奏销年底察盘案内报
部即系额贮之数"⑥。这也可以从一些官员的质疑中得到印证。如前文所
引，乾隆八年（1743）福建道试监察御史胡宝瑔提出，高宗御极以来加意
整顿，现在各直省岁底奏报存仓谷数共计 3440 万石有奇，"亦可谓有备无
患"，"然每遇支拨，或无以应，臣窃疑之"，请求饬令各省督抚，以后岁

---

① 《宫中档乾隆朝奏折》第 9 辑，第 296 页。
② 《录副奏折》，乾隆二十年八月二十四日护理浙江巡抚周人骥奏，档号：03 - 0749 - 023。
③ 高王凌认为："这种不断买补同时不断赈粜消耗的现象，在乾隆初年是普遍和大量存在的。这样，单纯依赖年终造报数字便不可能得出实际的增贮情况。"（高王凌：《活着的传统：十八世纪中国的经济发展和政府政策》，第 115 页）
④ 参见 Pierre-Étienne Will & R. Bin Wong, *Nourish the People: The State Civilian Granary System in China（1650 - 1850）*, p. 234.
⑤ 尽管乾隆二十年以前的奏报方式与此后略有不同，问题却基本相同。如，乾隆十二年实存 1820595 石，其中包括未买粜借等项 877772 石。乾隆十九年之前虽然未使用题本数据，但是也没有使用上年奏报的实存数据，如乾隆十七年奏报实存 407647 石（《宫中档乾隆朝奏折》第 4 辑，第 543 页），而十八年核算时的额贮数据为 1476822 石。
⑥ 《朱批奏折》，乾隆十三年八月二十八日闽浙总督喀尔吉善、福建巡抚潘思榘奏，档号：04 - 01 - 35 - 1144 - 026。

底奏报谷数应将管、收、除、在一一据实开明，有挂银挪借、拨动未补之项，"不得混入存仓实数"，上司仍不时查核，"则仓谷不致徒有虚名"。①胡宝瑔的担忧并非无中生有，奏折数据与实际积贮不是等同划一的两个概念，因为各地常平缺额很多，而奏报确实大量粮食实贮在仓，现实中一旦灾歉发生需要平粜、赈济之时，仓储无以拨动则是必然之事了。然而，胡宝瑔的建议并未也不可能得到真正落实。

实存作为一种理论数据，从各省奏报文本的不同表述中同样可以得到证实。实存，一般称"实在各项仓谷（米）"，或称"实在现存谷（米）"等，而历任浙江巡抚在奏报时，实在存仓谷有"实存""现存"之分，实在存仓米还有"实存""应存""额存"之别，如乾隆五十一、五十二等年使用的则是"应存"字样（参见前表），当然其实质意义则是一致的（题本同样如此）。其他各省奏报情形大致可以分为三类：一是，云南等省将每年积贮表述为"应存谷"，表明奏报数据为该年本省应该达到的储量。如，乾隆五十一年（1786）云南巡抚谭尚忠奏称，云南"应存常平、社仓米谷麦荞青稞"1727389石。②二是，广西等省表述为"实在存仓常平额贮"，直接表明奏报数据是由额贮（原额）增减而来。如，乾隆三十一年（1766）广西巡抚宋邦绥奏称，全省"实在存仓常平额贮、社仓、官租并备广东及收捐监谷"共1600227石。③三是，同一省份不同督抚在不同年份使用了不同的表述方式。如，乾隆四十一年（1776）广东巡抚李质颖奏报当年"共计实存各项仓谷"3138719石。④乾隆四十五年（1780），广东巡抚李湖奏报民数谷数则称，即"共计额存各项仓谷"3344148石。⑤"实存各项仓谷"改为"额存各项仓谷"，并且一直被沿用了下去。可见，在督

---

① 《朱批奏折》，乾隆八年六月二十八日福建道试监察御史胡宝瑔奏，档号：04 - 01 - 35 - 1126 - 006。

② 《录副奏折》，乾隆五十一年十月十八日云南巡抚谭尚忠奏，档号：03 - 0359 - 019。

③ 《朱批奏折》，乾隆三十一年十一月十七日广西巡抚宋邦绥奏，档号：04 - 01 - 35 - 1163 - 047。

④ 《朱批奏折》，乾隆四十一年十一月十五日广东巡抚李质颖奏，档号：04 - 01 - 35 - 1175 - 003。

⑤ 《朱批奏折》，乾隆四十五年十一月初二日广东巡抚李湖奏，档号：04 - 01 - 35 - 1177 - 029。

抚心目中，应存、额存与实存其实是同一概念，或者说，额存、应存已经被公然等同于实存。因此，尽管各省表述存在差异，但都是指与原额相对应，或者说由原额延伸计算出来的理论储量，不能直接等同于各地的实际储量。

最后需指出的是，乾隆二十年之前，无论奏折还是题本，每年的积贮数据较低，原因在于浙江各地仓储缺额问题较为严重。据浙江巡抚周人骥奏称，自乾隆二年至十九年，"巢借未经征买"缺额谷达到150万石之多，"核之定额既有未足，而动缺未补谷数复又多于现存，设有急需，不无左支右绌之虑"①，因此从乾隆十九、二十年开始要求各地集中采买，其中乾隆十九年采买78万余石②，呈报的积贮数据由此明显改观。当然，由于其实存（应存）仍是依据原额得出的，加之各地盘查流于形式，乾隆二十年之前的数据同样不能等同于该年的真实储量。

第三节　形同虚设的盘查奏题

乾隆五年（1740），高宗一纸上谕颁行全国，要求各地认真盘查奏报民数谷数。然而，各地在推行过程中并没有按照高宗预设的路线而行，地方官员特别是负有直接核查职责的道府等官员，往往将其作为例行之公事，根本不去认真盘查即行出结奏报。

就浙江而言，乾隆七年（1742）巡抚常安声称，"该管知府虽有盘查之责，而积贮甚多，一时难以盘查尽数，亦且非止一处，必费人力工资，是以认真举行者无几"。尽管按例巡抚到任限三月盘查出结，而且每年奏销，巡抚出结保题，但都"未免顾瞻例限"，"年年饬行道府加结，在道府既已具结于先，又何难再行具结，遂视为逐年故套，年复一年，而弊窦日积"。高宗认为"所奏是"，同意放宽期限严加盘查。③ 广东"道府平日盘

---

① 《宫中档乾隆朝奏折》第9辑，第296页。
② 《录副奏折》，乾隆二十年八月二十四日护理浙江巡抚周人骥奏，档号：03-0749-023。
③ 《朱批奏折》，乾隆七年四月初二日浙江巡抚常安奏，档号：04-01-35-1118-027。

查视同故事，而上司并无廒口册籍，遂致散漫无稽"①。山西道监察御史吴龙见曾严厉批评山西巡抚塔永宁所报不实，称各地均奏报大多数实贮在仓，但是各州县平粜之后"亦不及时买补，一遇造报之期，虚填存仓数目"，"其实所贮之数，并不符所报之数"，而且"此种情弊各省皆所不免。是虽有储备之名，仍鲜储备之实"②。在广西，"定例非不綦严，而州县亏空之案仍未尽绝"，重要原因就在于，知府"恃有无论几时察出揭参免赔之例，每视奏销盘查为具文，遂不无朦混出结之弊。及至事难欺饰，即以一揭请参，便可脱然事外"。为此，巡抚李锡秦担心州县官员"将以盘查为不足畏，视官储为己有，日渐月深，遂至盈千累万"③。

道府、藩司不能履行盘查之职，督抚等封疆大吏逐年盘查更是无从谈起。福建"各属仓谷保题之案，向皆由藩司委员盘查，取一文结，督抚即行据详，分别题奏"。乾隆三十五年（1770）福建巡抚温福即以到任正值年终汇奏，但却以自己"不敢以仓库重务因循外吏旧辙，草率办理"，而事关通省有无亏缺，请求高宗宽限严行盘查具奏④。乾隆四十五年，广东巡抚李湖循例奏报高额积贮的同时声明，"各属仓谷虽据各道府结报无亏，但究无亲自盘量之实"，请求遴委公正大员分路再加复盘⑤。乾隆五十一年，两广总督富勒浑等更明确声称："粤东仓谷历年题保，俱系但凭司道结报，督抚即以实贮无亏保题，诚如圣谕，仅系刻板文书，一奏塞责。若不严定创惩，积习难得顿改，于仓储实大有关系"⑥。从福建、广东的奏报看，文本数据与实际存仓显然是两码事。乾隆四十七年（1782），署浙江巡抚富勒浑称，浙江通省额存仓谷 2780250 石，除各年粜借谷 492285 石，

　　① 《朱批奏折》，乾隆十年二月二十七日署理广东巡抚策楞奏，档号：04-01-35-1132-033。

　　② 《朱批奏折》，乾隆二十四年四月十三日山西道监察御史吴龙见奏，档号：04-01-35-1156-032。

　　③ 《朱批奏折》，乾隆十四年九月初十日护理广西巡抚李锡秦奏，档号：04-01-35-1148-007。

　　④ 《朱批奏折》，乾隆三十五年四月十三日福建巡抚温福奏，档号：04-01-35-1166-025。

　　⑤ 《朱批奏折》，乾隆四十五年十一月初二日广东巡抚李湖奏，档号：04-01-35-1177-029。

　　⑥ 《录副奏折》，乾隆五十一年五月初九日两广总督富勒浑奏，档号：03-0764-023。

实应存谷 2287965 石。将缮具黄册具折奏闻的同时，他声明以上仓谷"果否实贮在仓，业经臣恭折奏明，委令道府大员彻底盘查，俟查竣另行奏闻"。① 乾隆五十七年（1792），高宗曾严厉斥责各省督抚"惟以盘查无亏一奏了事，以致各省仓储俱不免有名无实，备荒之义安在乎？"② 可见，各省奏报声称高额积贮实贮无亏的背后，其实是仅据州县官员自行报出，督抚、道府等各级官员均未加以盘验，数据可信性无从核实，即使宣称要彻底盘查，最终也都不了了之。

至于各级官员为何不去认真盘查而笼统开报，除官员不愿储粮等主观因素外（参见下文），制度设计本身也存在着难以操作的问题。一方面，对盘查奏题的时间要求不合时宜。秋后买补时，"上司檄催严迫，州县不得不将已发价者入册造报"，而"秋成去岁底不远，限期紧迫，采办殊难"。③ 因此，每年要求各地按时准确上报，在州县官那里难以做到，只好在原有数字上有所增减后即行报出。而奏销盘查多在三四月间，此时"正值青黄不接存七粜三、纷纷展动之际，适有亏缺，易于掩饰。且时届奏期，府州事务纷繁，每有不暇分身前往，委之所属州县彼此互盘，该管府州惟具一结申送者，其中狥情容隐滋弊，更难枚举，是徒有盘查之名，而无盘查之实"④。另一方面，买补、平粜、出借等各项"头绪既繁，易滋那掩情弊"⑤，各地积贮状况复杂，无法实施细致盘查。前文已有浙江巡抚常安"积贮甚多，一时难以盘查尽数，亦且非止一处，必费人力工资，是以认真举行者无几"的结论。安徽布政使李渭认为，"虽有年底盘查之例，亦只能查其旧存仓谷，而此项新买米石，或称运送在途，或称存贮籴买之

---

① 《宫中档乾隆朝奏折》第 54 辑，第 170 页。

② 《清高宗实录》卷 1417，乾隆五十七年十一月甲寅。

③ 《朱批奏折》，乾隆八年闰四月初九日湖南按察使明德奏，档号：04 - 01 - 35 - 1125 - 001。

④ 《朱批奏折》，乾隆六年十月初一日四川布政使阆尧熙奏，档号：04 - 01 - 35 - 1117 - 029。

⑤ 《朱批奏折》，乾隆八年十二月十八日福建巡抚周学健奏，档号：04 - 01 - 35 - 1128 - 025。

处，尚未运送，难以查察"。高宗对此表示认可。① 江西巡抚常钧一边奏报仓谷均实贮在仓，一边向高宗声明，"递年俱系存贮本色，每年例应取具实贮在仓数目印结，随册送部。缘各属存仓谷石现在照例陆续粜借，有银有谷，参差不齐，未便先取实在存贮数目印结"，应俟粜借办竣，另造细册报部查核。② 然而，各省并未都像常钧一样详细加以区分，而是无论是粮是银，一并作为实存粮食在仓造册上报了。

梳理各省奏报、题报的大量数据还可惊奇地发现，一面是官员们每年按时准确盘查奏报、题销基本不具有可行性，另一面却是督抚们按时呈报的"精确无误"的积贮数据和"实贮无亏"的盘查结论。如，乾隆八年（1743）江西巡抚陈弘谋奏报通省"常平仓实在共谷九十万七百五十四石八斗六升五合二勺二抄四撮四圭七粟一颗一粒六穗八粃……实存谷九十七万六千八百三十七石五斗六升五合二勺二抄四撮四圭七粟一颗一粒六穗八粃"③。乾隆五十一年（1786）直隶总督刘峨奏称，"直属应存常平仓谷二百七十二万八千四十五石二斗一升二合五勺，内除动用谷四十六万六千八百四十二石二斗三升七合五勺……实在现存谷一百八十万八千八百八十三石九斗九升二勺"。④ 再如，同年四川总督保宁奏称，全省"旧管米谷麦菽豆粟青稞三百六十九万三千九百二十八石二斗六升三合一勺六抄……实在新旧共存贮仓斗米谷麦菽豆粟青稞三百四十万三千九百八十二石七斗九升二合三勺九抄"。⑤ 题本数据之精确程度更是有过之而无不及。如，乾隆二十七年（1762）山东巡抚阿尔泰题报，据布政使崔应阶查得，上年通省"实存常平仓谷、高粱一百九十一万五千五百三石一斗五合八抄一撮

---

① 《朱批奏折》，乾隆十四年正月二十八日安徽布政使李渭奏，档号：04 - 01 - 35 - 1146 - 022。

② 《户科题本》，乾隆二十七年七月二十三日户部尚书李侍尧等题，档号：02 - 01 - 04 - 15500 - 013。

③ 《朱批奏折》，乾隆八年十二月十六日江西巡抚陈弘谋奏，档号：04 - 01 - 35 - 1128 - 022。

④ 《朱批奏折》，乾隆五十一年十一月二十六日直隶总督刘峨奏，档号：04 - 01 - 01 - 0418 - 032。

⑤ 《朱批奏折》，乾隆五十一年十一月二十日四川总督保宁奏，档号：04 - 01 - 01 - 0418 - 024。

二圭九粟一颗七粒五糠九粃三秒……以上共合谷二百一十万七千四百五十五石一斗四合七勺二抄六撮六圭六粟五颗七粒六糠一粃三秒，均属实贮无亏，查核相符，理合造具总册，同送到印结一并呈送本院查核保题"。阿尔泰查核相符具题，户部、高宗对此也并无异议。[①] 此外，无论是题本还是奏折，浙江实存米数从乾隆四十二年（1777）左右开始一直为3009石6斗7升4合5勺，没有任何变化。结合前文所述可见，精确程度无以复加的积贮数据奏报、题报，可谓欲盖弥彰，文中声称"均属实贮无亏"，仅仅是对前后数据核算得出的结论，并不是对各地常平仓实际存储量认真盘查的结果，二者不存在实质关系。

总之，每年例行的查核对于知府司道及督抚而言，只是任凭州县官自行奏报具结，然后逐级递呈，究竟州县存仓谷数有多少，往往不去全面核实，也无法全面核实。盘查奏题制度原被赋予的监督监管地方仓储的功能，在实际运作中已经被严重削弱，各地办理积贮的主动权、话语权实际已经转移到了州县官员之手。

第四节　方志数据与实际储量

清代是传统方志编修的鼎盛时期。在官方主持纂修的省、府、县三级志书中，大部分都有常平仓积贮数据的记载。作为当时最重要的地方文献，方志载录的仓储数据经常被现代学者们应用到相关学术研究中。对于这些官方数据的价值和意义，也需要适当加以梳理和分析。

魏丕信研究乾隆七、八年直隶赈灾时注意到，乾隆时期"尽管人口激增，但这些贮额数字看来是比较稳定的，只有少数几个省调高了一些"。这些数据"只是'目标'数字，即这只是仓储量的理想水平。考虑到仓谷支出和买补的实际决策过程的因素，真实储量可能会低于或高于这些数字"。他进一步利用"一种更接近于反映地方真实状况的资料"地方志，从中估测

---

① 《户科题本》，乾隆二十七年九月二十日大学士傅恒等题，档号：02 - 01 - 04 - 15502 - 008。

1730—1760 年间 "是地方官仓的一个成功发展时期：这不仅在于它们可观的存储量，而且在于从这些数字中，清楚地反映出政府维持法定储量的努力，有的实际上已经超过了法定储量"，同时还大胆推测，"1748 年（按：即乾隆十三年）仓储量恢复到较低水平的原因，不仅仅是为了限制国家在粮食市场上的采买量，很可能还因为地方仓储设施已经超量承载"。①

尽管我们不能否认地方官员的积贮努力，但是如果仅就方志中的仓储数据就断定当时各地拥有可观的存储量，恐怕尚有可讨论的余地。这一点可以从魏丕信评价较高且诸多学者引用其结论较多的乾隆七、八年直隶赈灾中反映出来。当时，政府通过截漕、采买、拨运等各种形式向直隶 27 个受灾地区输送粮食共计 10 次，总数达 100 多万石。② 魏丕信对粮食赈济的 "总的印象" 是，"一个原本就是勉强自足的省份，如今部分地区遭受了严重饥荒，绝大部分救济粮当然只能靠从外部输入"。③ 为何在高宗初政强调加强积贮养民多年后的乾隆七、八年，直隶赈灾并不是依靠本地粮食资源，而是主要依靠赴东北、河南等地大规模采买和截漕？原因就在于，当时直隶各地存储粮食实物严重不足。一些学者对其他地区的研究也证明，"乾隆时期很多州县厅之仓储确是徒有虚名，流于形式。正因为如此，使得各地一遇灾荒赈借，要么部分或全给折色，要么把希望寄托于中央政府手中的漕粮"④。所以，直隶各州县方志中的数据反映的积贮情形与积贮现实是不能对应起来的。

与魏丕信直接使用方志数据的做法相似，陈春声依据（道光）《广东通志》及《广东省事宜》、（嘉庆）《户部则例》等，认为乾隆初年广东常平仓储量达到了 2938256 石，"是为清代常平仓积谷的最高峰"。直至道光

---

① ［法］魏丕信：《18 世纪中国的官僚制度与荒政》，徐建青译，第 161—167 页。

② 第一次分运存贮粮食 10 万石用于急赈，第二次从通州仓拨谷 40 万石运往天津，第三次直隶总督拨动司库银 20 万两从长城以北地区购买 7.9 万余石，第四次又动用司库银 10 万两以奉天购买黑豆 1 万余石、粟米 8.5 万余石，第五次动用司库银 5 万两购奉天高粱 7 万余石，第六次高宗批准截漕 10 万石，第七次截漕及通州仓拨运共 30 万石加赈，第八次河南代买动拨 7.9 万余石加赈，第九次动银 10 万两采买河南冬小麦 6.5 万余石，第十次动拨 22 万两采买 14.6 万余石。（［法］魏丕信：《18 世纪中国的官僚制度与荒政》，徐建青译，第 123—136 页）

③ ［法］魏丕信：《18 世纪中国的官僚制度与荒政》，徐建青译，第 138 页。

④ 张祥稳：《清代乾隆时期自然灾害与荒政研究》，中国三峡出版社 2010 年版，第 292 页。

初年的百年左右时间里，"广东常平仓积谷数基本不变，甚至略有减少"。然而，从其所列清中期各府州积谷表中明显看出，乾隆早期、嘉庆年间、道光早期三个时期各地积谷数字非常相似，其中南雄府、罗定州三个时期数据一模一样，其他各府州也几乎完全一致。① 究其原因就在于，（道光）《广东通志》中明确记载的是各州县的"常平仓存额谷"，并非当时各州县的实际积贮数据。②

方志数据的意义和价值也曾被一些学者所质疑。费正清在为何炳棣《明初以降人口及其相关问题：1368—1953》一书撰写序言时写道：方志"即便是一代人以前编成的，代表了以往缺乏定量化的时代。它们的'统计数'并不是现代头脑的政府统计人员或经济学家的统计数，只不过是文人学士或墨守陈规的书吏记下的一些数字，充其量只能说明数量大小的次序或满足记载中的数字资料形式上的需要。"③ 因此，利用方志中出现的各类数据时，应该结合时代背景和历朝典章制度去加以合理分析和认知。此外，何炳棣对旧志中"丁"的重新解读以及张建民对旧志农田水利资料的辨析，进一步为认识旧志数据的价值提供了重要个案参考。其中，张建民通过比对历代方志对农田水利工程数量的记载发现，旧志存在着无可忽视的长时段因仍、雷同旧记载、无限夸大、不切合实际等现象，严重削弱了方志的时代性和实用性，也为后世利用增加了困难。④ 就旧志中的仓储数据而言，以上问题同样存在。

概括地讲，历代方志中载录的常平仓储数据多系额贮数据，而非实储数据。这种做法在各地属于一种普遍现象。⑤ 作为地方官绅们编纂的重要

① 陈春声：《市场机制与社会变迁——18 世纪广东米价分析》，第 171—172 页。
② 阮元修，陈昌齐等纂：（道光）《广东通志》卷 169，道光二年刻本。
③ ［美］费正清：《明初以降人口及其相关问题：1368—1953》"序言"，［美］何炳棣著，葛剑雄译，生活·读书·新知三联书店 2000 年版。
④ 张建民：《传统方志中农田水利资料利用琐议——以江西省为例》，《中国农史》1995 年第 2 期。
⑤ 张崇旺在其明清江淮地区自然灾害及荒政的研究中，列举了各州县方志中的积贮数据，指出这些谷数"很多是额贮，也就是账面上的数目，实际上并不一定能达到这个数目"。但同时又认为，康雍乾时期，"江淮的很多地方还是基本上达到了规定的额贮数，有的地方实贮谷数甚至超过了额贮水平"。（张崇旺：《明清时期江淮地区的自然灾害与社会经济》，第 400—401 页）

地域性文献，方志为何不去记述本地仓储的实际储量，而要保留额贮数据呢？（道光）《济南府志》的一段精彩引言道出了其中的原委："积贮者，生民之大命也，仓储之设綦重矣哉。旧志及通志以仓廒附于公署之后，邑志所载参差不齐，而额贮若干、拨用若干、现存若干并未详晰言之。盖拨用、现存无定者也。今年拨用，明年可以买补。今年现存，明年可以拨用。偶尔一年之数，何足为据而著于百年不朽之书？缺而不详有由然也。至仓廒之存废、贮谷之额数，所以备掌故、示将来。兹特博稽载籍，近考册档，著于篇，想见国家劝农之意、闾阎待补之情，胥于仓储是赖。苟仓廪之未实，何以望礼教之振兴？然则节拨用、急买补，俾现存岁有加增，以期渐符额贮之数，则在有仓储之责者加之意也。"① 引言文意大致有二：其一，常平买补、平粜是每年都在发生的行为，以传世志书载体记述某年具体积贮数据不合体例；其二，方志的基本功能之一在于资政，记述额贮数据，主要目的乃是希望并告诫各任官员谨记积贮养民的重要性，能够切实用心办理地方积贮事务。一言以蔽之，方志中的积贮数据与奏折、题本数据一样，均非该地实际储量，都不可用以估算各地粮食实物的储藏规模。

第五节　常平积贮数据的总体评估

通过分析可见，不论是奏折、题本等档案文献，还是《清实录》等重要官书，其中载录的分省或全国常平积贮数据都是一种理论数据。华丽的高额积贮数据背后，则是各省盘查奏报、题销均未认真执行而流于形式。督抚与户部强调的是奏报、题报前后数据是否吻合，特别是督抚的真正目的不是要彻底搞清楚本地仓储的真正储量，而是年年例行公事，借以向朝廷表明本地积贮仍在正常运转，并不存在仓储亏空。此外，方志中的数据也多为一地额贮指标。因此，这些重要文本中的积贮数据不具有现代统计学意义，或者说只是一种账面上的合理存在，不能将其等同于常平仓的实

---

① 王赠芳、王镇修，成瓘、冷烜纂：（道光）《济南府志》卷16，《中国地方志集成》本。

际储量。

　　当然，对常平积贮数据的考察不能仅仅停留在就数据论数据的层面，我们更关注的是常平仓运作的实际状况，特别是各地的实贮情况。遗憾的是，官方数据却遮盖着与之相悖的另一种景象。前文有述，高宗初政以来大力推行常平积贮养民遭遇到种种难题。地方官员视积谷为畏途，并不实心经营，甚至暗中抵制，各地较为普遍地存在着缺额未补乃至亏空，常平仓运作与高宗养民大政的初衷发生背离。多年来，高宗也是明知其不可为而仍欲为之，不遗余力地加以推行，结果未能如其所愿，加之高额积贮受到了言官及督抚们的集中批评，最终导致乾隆十三年高宗对政策作出全面回调，常平积贮由此开始游离于高宗的关注重点，其作用更被全面削弱。积贮数据的价值及其常平仓运作的实际提醒我们，乾隆朝常平仓的历史地位不宜被高估，那些试图通过常平积贮对乾隆朝经济规模、社会保障、国家治理等问题予以高度评价的做法更需慎之又慎。

结　语

　　中国传统政治理念认为，民之于君，犹子之于父母，故而父母斯民者，须以爱民、养民为己任。这是皇权统治合法性的重要体现，也是检验皇权统治合法性的主要标准。所以，从理论层面上讲，中国的传统政治是一种追求爱民、养民的道义政治。

　　清代，作为国家权力结构主体的皇帝与各级官员，同样"都被要求基于儒教理念的道德实践，政治和道德没有分离，以及政治思想就是治世意义上的经世思想"①。高宗更是"深受帝国模式影响，为正统的儒家形象：圣君、孝子、儒士、军事天才等。他严格按照这些模范来塑造自己的历史形象。因此，乾隆可以被视为一个隐匿在一系列传统形象之后的帝王"②。践祚伊始，面对天下生齿日繁、灾害频仍的现实考验，他脑海中不断浮现出大灾降临后子民们饥饿难耐、嗷嗷待哺乃至身填沟壑的悲惨景象，继承并肩负起了"父母斯民"、教养百姓的道义使命，希望通过一番努力，最终达到传统政治的制高点——实现"三代之治"。为此，不断向臣工们传达着教民之道在于养民、养民莫先于积贮、赈济之道在于发粟的政治理念，试图大幅度提高政府控制的常平仓粮食实物储量，进而确保天下子民

---

　　① ［日］森正夫等编：《明清时代史的基本问题》，周绍泉等译，商务印书馆2013年版，第36页。

　　② ［美］魏斐德：《中华帝国的衰落》，梅静译，民主与建设出版社2017年版，第100页。

遭遇灾歉之时，能够实实在在地获得来自天子的恩惠和救济。[①] 这是以高宗为代表的清朝政府对传统政治道义内涵的追求，是依靠皇权力量将具有浓厚道义色彩的政治理念（或言政治理想）转化为地方行政实践，并由此带动政府职能强力扩张的政治过程[②]，体现的是道义追求与政治运作的碰撞、磨合和博弈，折射出传统社会国家治理中政治机制运转的特点、逻辑和弊端。[③]

在现实政治生活中，一项大政的出台及其推行，往往是皇帝与多个层级的官员共同参与其中，并通过各自的理念与行为多维度地作用于政策（或制度）本身的动态综合体。这一点在清代集中表现在皇帝、督抚与州县官三者关系的互动上。为更加清晰地归纳和展示乾隆朝大规模常平积贮养民的基本轮廓和特质，本书将借助于三者之间关系的分析框架加以阐述。当然，这种做法也是将常平积贮养民回归到其国家政治（或国家治理）本质属性进行研究的必然要求。

对于常平积贮养民政治，皇帝与督抚的关系是揭示其中道义与政治关系的第一个层面。乾隆初年，为了将大量粮食收入常平仓，高宗反复强调督抚代表皇权切实履行养民职责，反复训诫督抚加大对州县的督促和监管，从而强化政府采买，以期实现 2800 万石原额足额收贮，甚至鼓励

[①] 乾隆三年，高宗要求臣工直陈为政之失："凡朕用人行政之间，岂能一一悉当？如有缺失，即当据实指陈，不但政事之形于外者，即朕躬朕心偶有几微过误，俱当直陈无隐。"谈及养民、赈灾等问题时，高宗要求官员们提出能够使百姓得到政策实惠的意见："至于散赈、平粜、截漕等项，俱宜预为筹画，务期有备无患。议者每谓天庾至重，宜积贮丰裕，以备不时之需。朕思仓储之设，原以为民。现今米价腾贵，百姓嗷嗷待哺，此即所谓不时之需矣。若坐视民食之艰，而不为通融接济，则积米在仓，将欲何所用之？《易》曰'损上益下之谓益'，此不易之至理。尔等皆当留心民瘼，凡可以裨益民生之处，或公同奏请，或各抒己见，不必瞻顾吝惜，务使闾阎均沾实惠"。（《清高宗实录》卷66，乾隆三年四月甲申）

[②] 18 世纪中国的一个重要特征是政府对社会事务干预的扩大及其带动的政府职能全面加强，其中不仅包括大规模常平积贮养民，还包括农业、赈灾、矿业、慈善、黄河河工、江浙海塘、开通金沙江通川河道、农田水利等。参见和卫国《治水政治：清代国家与钱塘江海塘工程研究》，中国社会科学出版社 2015 年版，第 391—393 页。

[③] 邓海伦对大规模增贮给出了几乎全盘否定的评价，称其是"出于好心但是缺乏经验的年轻统治者所犯的一个不可理解的错误。1743—1744 年全国范围的储量指标的削减并不能充分纠正这种过量。只有通过 1749 年的进一步削减，在管理国家粮食剩余中，政府与市场参与才达到了合理的平衡"（Helen Dunstan, *State or Merchant*？: *Political Economy and Political Process in 1740s China*, p. 469）。

"地方积谷不厌其多",多多益善。为避免政府采买妨碍民食,乾隆三年(1738)在高宗提出实施本色捐监增加常平积贮的意图后,各省督抚积极"配合"来自皇权的政策设计,在 2800 万石积贮原额之外,又不约而同地核定出了总数高达 3200 万石的捐监增贮指标。由此,通过政府采买和本色捐监两种途径,实现总量高达 6000 多万石的粮食实物存储,成为地方官员日常行政的重要职责和任务。

可是,庞大的捐监增贮计划后来被证明是仓促、盲目和不切实际的。本色捐监推行多年,大部分省份报捐寥寥,打算通过捐监实现大幅增贮的设想基本落空。在御史孙灝和大学士、九卿等官员的陈奏下,高宗认同了增贮指标虚高问题和"与其定一难足之额以存虚名,不若议一可足之额以归实用""与其常需采办而时悬一万难补足之额以亏仓贮,不若酌量厘减而确核一易于买补之额以实国储"的意见,同意将高额增贮指标"增入"常平原额,命各省督抚根据本地实际重新核定积贮指标。然而,各省督抚深知,"方今国家根本首重仓储"①,"积贮为政治之要务"②,更多顾及的是维护体现皇权意志的大规模常平积贮养民能够继续推进,没有也不敢大幅调减高额积贮指标,结果造成各省定额"多遵照旧额,有增无减"③,积贮总量仍被保持在了 4800 万石左右。捐监增贮任务"增入"原额后,在本色捐监徒有虚名的情况下,积贮压力被叠加到了政府采买肩上,各地行政负担不仅没有缓解反而被强化,高额指标与地方行政之间的紧张与矛盾日益突显,特别是在缺粮省份尤其突出,很多地方不顾现实,限期大量集中跨省采买,甚至出现了"捐谷几等空名,固未尝为谷病也,病谷独在常平"④的局面。

高宗初政以来,以御史、给事中等言官为代表的官员不断对政府采买提出质疑。随着一些地区米价的不断上涨,官员们更将米价问题直接归结

---

① 《朱批奏折》,乾隆八年闰四月二十五日河南巡抚雅尔图奏,档号:04 - 01 - 35 - 1125 - 007。

② 《朱批奏折》,乾隆八年五月十八日署理湖南巡抚蒋溥奏,档号:04 - 01 - 24 - 0029 - 059。

③ 《朱批奏折》,乾隆十三年四月十八日山西巡抚准泰奏,档号:1142 - 036。

④ 《朱批奏折》,乾隆八年五月贵州道监察御史孙灝奏,档号:04 - 01 - 35 - 1125 - 032。

为各地的非理性采买，乃至将矛头对准了虚高的积贮指标，很多还在限制政府采买的同时提出了鼓励商贩流通的主张。但是，在高宗和大学士、九卿等看来，米价上涨主要是地方官员奉行不善、争相购买等不当行为所致，因此在酌议官员折奏时，他们再三强调各省督抚要以不妨碍民食为衡量，根据米价情况因时因地实施采买，赋予督抚更多采买自主权，甚至乾隆八年（1743）高宗不惜暂停邻省采买和本色捐监，以观察采买与米价上涨之间的关系。遗憾的是，各省米价上涨并没有因此而停止。不到一年时间，乾隆九年（1744）正月高宗谕令各地继续适时采买，二月又重启本色捐监，并特别希望通过有效组织本色捐监替代备受争议的政府采买。

然而，常平积贮困局依然无法打开，米价还在继续上涨，本色捐监仍旧举步维艰。一方面，多年来一再要求督抚不要急于购籴，而且暂停采买、捐监已经证明二者与米价上涨并无必然联系；另一方面，对户口繁滋、年岁歉收、囤货居奇等因素也一一排除，那么导致米价上涨的症结究竟在哪里？高宗百思不得其解，于是发起了关于米贵问题的大讨论。其间，各省督抚大多直接将批评的目光对准了高额积贮指标，纷纷提出常平仓根本没有必要积贮大量粮食实物，特别是杨锡绂、准泰等督抚还向高宗道出了高额积贮指标背后的故事：原来高宗一直以为"当时分省定额，悉经该督抚分别酌议，自按各省情形"，现在才发现由于特别强调积贮不厌其多，督抚们再次核定出来的积贮指标与乾隆三年捐监增贮指标一样，都是迎合皇权意志而提出的不切实际的虚高指标，而且即使积贮如此忙乱，"足额者寥寥，亟需采买，所在皆是"。① 与此同时，督抚们还明确提出完全可以通过银米兼赈解决常平积贮不足赈济问题，根本不用全部使用粮食赈济。此时，作为常平积贮养民政治重要支持者和参与者的督抚们反过来如此集中地反对大规模常平积贮，从根本上动摇了高宗初政以来提出的养民、足民理念以及以此为理论前提推行的积贮、赈济政治实践。虚高指标、急于争籴、报捐寥寥、批评不断、米价腾涌，加之州县官的抵制和督抚们的集体反对，就在众声喧哗之

---

① 《清高宗实录》卷304，乾隆十二年十二月戊辰。

中，内心充满困惑、失望乃至不满的高宗，毅然决定废除高额积贮，恢复康熙或雍正年间常平原额，以追求养民道义为目的的乾隆朝大规模常平积贮养民努力最终匆匆收场。

揭示道义与政治关系的第二个层面是皇帝与州县官的关系。常平积贮是一个涉及多方面利益和风险的系统工程，其中买补、平粜、贮藏等每个环节能否正常运转，对于州县官都是一种挑战。自康熙朝以来，常平积贮就面临着制度困境①，只不过在乾隆朝常平积贮养民政治格局中问题被进一步放大。面对来自皇权道义追求传导下来的采买压力，以及大量积贮粮食实物可能带来的霉变、损耗、赔补、处分等政治风险和利益损失，州县官"视积谷为畏途，等平粜若具文，不肯实力奉行"②。为规避风险、寻求利益损失最小化，他们采取了诸多应对之策，如采买中存价待买、派买勒买，甚至较为普遍地存在着多年不买任其缺额乃至亏空，还有很多在高额积贮指标压力下不顾实际集中跨境采买，引发米价腾涌，怨声载道。③ 平粜中，州县官也是自顾利益，或"惜粜"，或"多粜"，或平粜减价过少，并未真正将皇权恩泽惠及民间。被寄予厚望的本色捐监同样前途渺茫。一方面州县官阻挠赴捐和私收折色等在所难免，另一方面报捐标准因无法适应米价上涨形势而被实质性抬高，结果捐监推行多年收效甚微。常平积贮养民政治的道义内涵在地方行政实践中逐步被扭曲。

对于常平积贮运作的真实情况，特别是州县官的畏惧、懈怠和抵制，身居庙堂之上的高宗心知肚明。面对州县官种种"不合作"行为，从道义出发的高宗皇帝，一直秉持着自己的养民理念，即使政治预期被严重削弱，仍旧希望通过政策的不断修正、调整，找到一套能够满足实际需要的运作机制，开始推动常平采买逐步由急于购买、集中趸买向督抚督促州县

---

① 参见吴四伍《清代仓储的制度困境与救灾实践》第一章。
② 《朱批奏折》，乾隆元年二月二十五日署理兵部侍郎王士俊奏，档号：1103－007。
③ 张祥稳通过对乾隆朝荒政的研究，得出了荒政的五个特点，其中包括各级政府重视程度从上到下的倒金字塔形、重形式轻实效、许多政策并不能落实到位等，由此看出国家政策在推行过程中遭遇到的阻力和障碍，以及可能产生的结果。参见张祥稳《清代乾隆时期自然灾害与荒政研究》，第368—369页。

官员相机筹划，应买则买、应停则停转变。同时，高宗还采用截漕充实仓储①、本省通融拨补、外省调拨、鼓励商贾流通、劝谕富户平粜等形式辅助解决粮食问题。办理平粜则要求各省督抚不拘定例，根据被灾程度和本地粮价变动情况确定平粜价格，确保平粜政策真正能够惠及百姓。应该说，常平积贮养民运作过程中，政策实施的环境逐步走向宽松。

尽管如此，行政机制存在的矛盾始终没有得到根本解决。首先，要求各地因时灵活采买的同时，高额积贮指标与高宗不断训诫各地应大量足额积贮、多多益善产生的行政压力一直存在。其次，在平粜比例问题上，乾隆初年以来反对存七粜三固定比例、主张灵活平粜的意见成为主流，但是政府并未取消存七粜三定例，即一方面希望官员们在日常平粜中能够遵照此例而行，另一方面又强调发生灾歉、粮价昂贵之时可以多粜济民，如遇岁稔价平之年则可少粜或不粜。在平粜价格问题上，一方面定例酌减五分，另一方面要求各地遭遇灾歉之时不要拘泥定例，要大减价值实施平粜。然而，多粜或减价过多带来的是难以及时买补，以及买补经费缺口无法得到稳定、可靠的弥补。再次，实施本色捐监，州县官在地方收捐折色竟有"十分之八九"，有的借出陈易新之名，将存仓谷作为监谷，而以收捐银两作为粜价申报采买②，特别是"本地捐谷之价浮于部中捐银之数"情形始终未能彻底扭转，是以报捐者较少③，一定幅度的减价收捐虽有局部效果，仍不足以全面调动报捐的积极性，本色捐监并无实质性成效。正如刑部侍郎周学健所言，"常平积谷不去其累官者，而欲仓储之常盈而无亏，容可得乎？"④ 高宗君臣试图解决采买、平粜现实困难而采取的积极举措，也被州县官的惰性行为所侵蚀。对此，江苏巡抚张渠一语中的："州县自行酌办之例行，而官仓之谷益少矣；米贵大加酌减之例行，而价值在在不敷矣；通融拨补之例行，而处处觊觎观望矣；新任代买之例行，而交

---

① 《清高宗实录》卷150，乾隆六年九月丙寅；《清高宗实录》卷196，乾隆八年七月壬辰。
② 《朱批奏折》，乾隆八年四月二十三日河南道监察御史陈其凝奏，档号：04-01-35-1124-012。
③ 《朱批奏折》，乾隆六年七月十六日候补左春坊左谕德嵇璜奏，档号：04-01-35-1117-004。
④ 《朱批奏折》，乾隆六年十一月二十日刑部侍郎周学健奏，档号：1117-036。

代之案混淆不清矣。"① 乾隆九年高宗还曾对暂停邻省采买后多地竟将原额采买一概停止的做法公开提出批评。

乾隆初年,耶稣会士巴多明在一封致法国科学院德·梅朗先生的信中说道:"还有一件您很难理解的事,这就是在中国经常出现歉收的荒年饥岁",这些成为"那些贤明皇帝们自古以来最关心的国家大事","人们至今尚可以读到古代皇帝们的诏令和上谕,其中对于其受灾臣民充满了最温柔的辞藻。皇帝们声称,他们在未能减轻大众苦难时,寝食不安"。然而,"事实上只有半数诏令才能有效回应。只有皇帝才爱民如子,而在皇帝依靠为其效力的官吏中,其爱民之心却无法与皇帝相媲美。因此,这就是本国出现的一切灾难的原因。"② 应该说,巴多明看到了皇帝与官僚之间的微妙关系,特别是已经意识到很多情况下两者思想和行动存在着明显分歧。这在乾隆朝常平积贮养民政治中已得到较为充分的验证。被赋予最直接养民职责的州县官,没有像高宗想象的那样去认真传布皇恩德意,反而在各种现实原因的作用下,扮演了一个不协调甚至是相反的历史角色。又如黄仁宇所言:"按照中国的传统理论,行政管理更多的是依靠官员个人的能力,而不是建立起一套专门的制度,这种办法在处理地方性的、短期的情况时还有一定实用之处。然而,它完全忽视了情况的变化和管理技术的困难,有着明显的局限性。"③ 也正是因为制度性困局没有根本破解,关键问题依旧存在分歧,所以即使信奉"有治人,无治法"的高宗通过上谕或朱批的形式,屡屡强调督抚、州县官"父母斯民"的道义职责,不厌其烦地劝谕、训诫或饬令督抚、州县官实心经理常平积贮养民,但是这并不足以改变州县官的基本态度,从而对常平积贮养民政治走向产生了根本性影响。即如萧公权在对清代仓储进行研究时指出的:"清朝皇帝所犯的最大错误,可以说是他们利用传统方法来解决古老的灾荒问题,故而不得要

---

① 《朱批奏折》,乾隆四年八月十五日江苏巡抚张渠奏,档号:1111-041。
② [法]杜赫德编:《耶稣会士中国书简集:中国回忆录》(第4卷),郑德弟译,大象出版社2005年版,第141—147页。
③ [美]黄仁宇:《十六世纪明代中国之财政与税收》,生活·读书·新知三联书店2001年版,第414页。

领；或者说，跳脱不出造成这个问题的历史环境。"① 这似乎就是乾隆朝常平积贮养民政治的历史宿命。

皇帝与督抚、皇帝与州县官之外，还有第三层关系，那就是督抚与州县官的关系。从常平积贮养民政治的过程看，督抚起到了皇帝与州县官沟通枢纽的作用。一方面，他们代表皇权行使教养百姓的职责，对待来自于皇权的压力不敢怠慢，不断秉承皇权意志督促所属州县加紧采买、推行捐监，以期扩大常平积贮，奏折中不免对州县拖延造成的常平缺额不补甚至亏空的担忧和焦虑。另一方面，由于政府采买和本色捐监存在制度短板，他们对州县官经营积贮的困难，特别是对州县官视常平积贮为畏途也知之甚明，尽管高宗时常提醒督抚不要迁就纵容州县拖延不买等错误行为，以免造成仓储空虚，督抚们还是在很多情况下选择了局部让步：对州县官严加督促，同时也对属下的缓买行为给予了一定的理解和支持，所谓"督抚大吏于所属情形最悉，急之实不能，则姑缓之外，虽严督之，而中亦曲谅之"②，"封疆大吏既明知民情之维艰，更知采买之匪易，故有逾期尚未采买足额者，有因原价不敷题请加增者"③，通过不断向高宗反映地方办理积贮的种种问题和弊端，希望能够得到朝廷的宽宥和支持，以暂时延缓买补、按时价实施采买、通省通融拨补等方式缓解州县官的行政压力。此外，包括督抚在内的积贮盘查往往流于形式，督抚每年奏报、题报的数据虽然鲜亮可观，但是朝野上下都明白，这些数据不等于实实在在积贮在仓的粮食实物，高宗也在上谕中坦言，督抚"惟以盘查无亏一奏了事，以致各省仓储俱不免有名无实"④。本色捐监亦复如此。即如前文所引江苏布政使安宁所言，他"深知州县办事习气，全看督抚意指。督抚倘于此事留心查办，则州县自必奉行恐后；若督抚意之所注不在于此，则州县便因循玩视"，所以批评署理湖广总督鄂弥达等地方大吏并不认真督率，"明知州

---

① ［美］萧公权：《中国乡村：19 世纪的帝国控制》，张皓、张升译，第 217 页。

② 《朱批奏折》，乾隆七年贵州道监察御史孙灏奏，档号：04 - 01 - 25 - 0326 - 004。

③ 《朱批奏折》，乾隆八年四月十五日江西道监察御史卫廷璞奏，档号：04 - 01 - 35 - 1124 - 006。

④ 《清高宗实录》卷 1417，乾隆五十七年十一月甲寅。

县有留难之弊，不为查禁，反迁就其说，请改捐谷为捐银"。① 高宗对此颇
为认可，并特旨申明督抚务必实心整理，涤除积习。即使如此，很多州县
仍在督抚的"监督"下实行了缓买或折色收捐。各地常平积贮就在督抚与
州县官的某种"默契"中被不同程度地搁置下来，常平积贮养民政治正是
在这种尴尬境况里艰难地向前推进。

　　通过以上分析可见，政治是各种利益主体共同组成并相互作用形成一
定平衡关系综合体的过程。在这个过程中，各种力量从所处环境、地位和
利益出发，不断对政策推行、事件演进、制度调整、格局变化、社会变动
等做出思考、判断，并转化为具体行为以施加影响，从而实现自己的政治
目的和利益最大化。因此，政治不是直线的和平面的，是一张鲜活的、充
满不确定性的，甚至富于戏剧性变化的关系网和路线图。从这种意义上
讲，常平积贮养民不只是一种社会控制问题②，也不能简单解释为政府与
市场的关系问题③，而是更多地体现为皇帝与督抚、皇帝与州县官、督抚
与州县官之间多重关系交织和相互作用下，不断走向国家治理中心位置而
最终又逐步退出中心位置的政治过程，是18世纪清朝政府职能扩张中发生
的一段理想与现实、道义追求与地方行政互动博弈的历史故事。在此过程
中，督抚与州县官基于自身地位和利益产生的思维逻辑和行政行为，不断
挤压着皇权道义的生长空间，最终导致后者做出全面让步，以高宗谕令将
高额仓储指标回复到康熙、雍正年间水平为主要标志，宣告了乾隆前期大

---

① 《江苏布政使安宁为密陈各省捐监督抚应认真督率事奏折》，《历史档案》1992年第1期。
② 陈春声认为，以往对古代仓储的分析，大多将其视为一个经济问题，探讨的是仓储与民
食的关系及其在农业生产中的作用。仓储问题在更大程度上是一个社会问题，仓储的运作"实质
上是一种社会控制的形式"。通过对18世纪广东仓储问题的研究，表明各种仓储"正是不同社会
阶层所掌握的一种积极的社会控制措施，其形式的更替正反映了基层社会控制权的转移"（参见陈
春声：《市场机制与社会变迁——18世纪广东米价分析》，第163页）。
③ 尽管承认艾尔曼对中国的帝国时代政府支持公众福利建立在儒家学说基础之上的论断，
但是邓海伦还是认为，乾隆前期关于市场作用和政府干预对市场的影响的核心争论是技术和经济
问题，并非儒家的问题（Helen Dunstan, *State or Merchant?*：*Political Economy and Political Process in
1740s China*, p. 468.）。本书以为，这种论断过分强调了运用现代理论和思维去评述清朝皇帝、官
僚们的言行，忽略了作为传统社会的统治主体，他们更多的是从儒家经典学说出发，看重的仍是
传统意义上的道义和责任。离开这一条根本出发点去理解他们的言行，难免陷入一种类似"传统
等于落后"的怪圈。

规模常平积贮养民政治实践（或称"运动"①）的失败。此处之所以称"全面让步"和失败，关键就在于积贮指标的调整不仅仅是纯粹的数字变动，更带动的是以"贮粟养民乃国家第一要务"为中心的国家治理理念和政府行为的根本调整。而政策的重大调整也使得以往督抚和州县官对待常平积贮的行为被默认和保存下来，此时地方官员的感觉应该是终于如释重负，更加理所当然地回归过往了。这就是乾隆前期最宏观、最重要的粮食政治问题，同时也是中国传统政治中经常遭遇而又难以逃避的"最现实的问题"，其中既包含了皇权政治的特色，又反映出地方政治生态的实际，因此具有典型性和代表性。

由以上所述亦可进一步考量清代的政治运作机制。有研究认为，"18世纪政策的特征，是官方的监督与官僚机构的垂直控制连为一体"②。这种观点有一定的认识基础和道理，但存在明显不足。通过对乾隆朝常平积贮养民政治的研究发现，所谓"监督"和"垂直控制"，往往不是想象的那种强度，并非"上下一般粗细"，或像高宗自己经常标榜的可以"乾纲独断"，完全由其决定国家政治或政策的发展方向。政治的本质既是斗争，是选择，也是妥协。皇权意志及其国家政策（或制度）在向地方推行过程中，并不会完全按照设计者规划的运行路线顺利进行。清朝皇帝"同以前各朝的皇帝一样，他们所面临的是无法贯彻他们意志的类似的环境"③。因为，地方官员的力量不容小觑，他们的意愿和执行力不仅直接决定着政策（或制度）的实际效果，还决定着政策（或制度）能否继续向前推进以及推进的深度。特别是很多情况下，他们对皇权意志及国家政策表面上不会予以硬性抵抗，而是采取软性抵制的方式，在行政实践中从自身利益出发，不断按照自己的思考和立场去修正皇权意志和国家政策，那么很多时候皇权意志和国家政策不得不进行重大调整也就可以理解了，而这也正是人们特别重视地方行政的主要原因所在。

---

① 参见邓海伦、王国斌的相关研究。
② ［美］王国斌：《转变的中国——历史变迁与欧洲经验的局限》，李伯重、连玲玲译，第119页。
③ ［美］萧公权：《中国乡村：19世纪的帝国控制》，张皓、张升译，第216页。

　　最后需要强调的是，国家治理的重点在地方，地方政治从来不是政治的边缘和末梢，地方政治生态的存在与生长具有明显的相对独立性。主要体现在，地方官员的思维倾向和行为选择中，维护自身利益一般是其最基本的出发点和落脚点，正所谓的"大约州县之中，急公者少而自顾者多"①，"身家之念重，国计民生之念轻"②，"盖窃畏久贮之贻累，惟欲图自利之念切耳"③。这就是地方政治中的官员利益本位原则。在这个原则面前，即使代表皇权意志强力推行的具有高度道义价值和内涵的国家政策（或制度），同样会在地方行政实践中被调适或改造。所以，考察中国传统政治，不仅要看到皇权意志和国家政策预期主观设计的一面，还要充分关注地方行政实践的台前与幕后，既要防止主观臆想，又要反对以道德标准（"公义"）绑架现实政治，从而更加清晰地透视出皇权意志和国家政策在地方社会土壤中到底会结出一个什么模样的果子；只有研究目光形成"上""下"良性互动，才能从行政运作实践中更好地把握住中国传统政治的独有特质。

① 《江苏布政使安宁为密陈各省捐监督抚应认真督率事奏折》，《历史档案》1992 年第 1 期。
② 《朱批奏折》，乾隆二年九月二十六日浙江布政使张若震奏，档号：1104－043。
③ 《朱批奏折》，乾隆十二年三月初七日江西布政使彭家屏奏，档号：1138－028。

参考文献

（一）档案

中国第一历史档案馆编：《雍正朝汉文朱批奏折汇编》，江苏古籍出版社1989年版。

中国第一历史档案馆藏：乾隆朝《朱批奏折》。（注：本书所用档案来自国家清史纂修工程数字档案库。该库朱批奏折、灾赈档两个子库标注的奏折档案号繁简不同，凡标注完整档号者属于朱批奏折库，标注简略档号者属于灾赈档库，本书使用档案时尊重其原标注形式，不做改动）

中国第一历史档案馆藏：乾隆朝《录副奏折》。

中国第一历史档案馆藏：乾隆朝《户科题本》。

《宫中档乾隆朝奏折》，（台北）故宫博物院1982—1988年印行。

（二）官书、正史、方志、文集、笔记等

（光绪朝）《钦定大清会典事例》，（台湾）新文丰出版公司1976年印行。

《清世宗实录》，中华书局1985年版。

《清高宗实录》，中华书局1985—1986年版。（说明：该书从卷306开始为1986年出版）

陈振汉等编：《清实录经济史资料（顺治—嘉庆朝）》，北京大学出版社1989年版。

班固：《汉书》，中华书局1962年版。

赵尔巽等：《清史稿》，中华书局 1976 年版。

阮元修，陈昌齐等纂：（道光）《广东通志》，道光二年刻本。

王赠芳、王镇修，成瓘、冷烜纂：（道光）《济南府志》，《中国地方志集成》本。

杨受廷等修，马汝舟等纂：（嘉庆）《如皋县志》，嘉庆十三年刻本。

孔安国传，孔颖达正义：《尚书正义》，上海古籍出版社 2007 年版。

王先谦撰，沈啸寰、王星贤点校：《荀子集解》，中华书局 2016 年版。

方苞著，刘季高校点：《方苞集》，上海古籍出版社 1983 年版。

李绂：《穆堂初稿》，《续修四库全书》本。

杨锡绂：《四知堂文集》，《四库未收书辑刊》本。

袁枚著，周本淳标校：《小仓山房文集》，上海古籍出版社 1988 年版。

陈康祺撰，晋石点校：《郎潜纪闻二笔》，中华书局 1984 年版。

昭梿撰，何英芳点校：《啸亭杂录》，中华书局 1980 年版。

赵慎畛撰，徐怀宝点校：《榆巢杂识》，中华书局 2001 年版。

汪辉祖：《学治臆说》，辽宁教育出版社 1998 年版。

王庆云著，王湜华点校：《石渠余纪》，北京古籍出版社 1985 年版。

黄卬：《锡金识小录》，《中国方志丛书》本。

魏源编：《皇朝经世文编》，《魏源全集》编委会编《魏源全集》，岳麓书社 2004 年版。

徐珂编：《清稗类钞》，中华书局 1984 年版。

钱仪吉编：《碑传集》，上海古籍出版社 1987 年版。

（三）研究著作与学位论文

[美] 艾尔曼：《经学、政治和宗族——中华帝国晚期常州今文学派研究》，赵刚译，江苏人民出版社 1998 年版。

[日] 岸本美绪：《清代中国的物价与经济波动》，刘迪瑞译，社会科学文献出版社 2010 年版。

常建华：《清代的国家与社会研究》，人民出版社 2006 年版。

陈春声：《市场机制与社会变迁——18 世纪广东米价分析》，中国人民大学出版社 2010 年版。

陈国栋、罗彤华主编：《经济脉动》，中国大百科全书出版社 2005 年版。

邓小南：《宋代历史探求》，首都师范大学出版社 2015 年版。

冯柳堂：《中国历代民食政策史》，商务印书馆 1993 年版。

复旦大学历史地理研究中心主编：《自然灾害与中国社会历史结构》，复旦大学出版社 2001 年版。

高王凌：《活着的传统：十八世纪中国的经济发展和政府政策》，北京大学出版社 2005 年版。

高王凌：《乾隆十三年》，经济科学出版社 2012 年版。

高王凌：《政府作用和角色问题的历史考察》，海洋出版社 2002 年版。

高翔：《康雍乾三帝统治思想研究》，中国人民大学出版社 1995 年版。

郭成康：《乾隆正传》，中央编译出版社 2006 年版。

［美］韩书瑞、罗友枝：《十八世纪中国社会》，陈仲丹译，江苏人民出版社 2009 年版。

［美］何炳棣：《中国古今土地数字的考释和评价》，中国社会科学出版社 1988 年版。

［美］何炳棣：《明初以降人口及其相关问题：1368—1953》，葛剑雄译，生活·读书·新知三联书店 2000 年版。

和卫国：《治水政治：清代国家与钱塘江海塘工程研究》，中国社会科学出版社 2015 年版。

黄国信：《区与界：清代湘粤赣界邻地区食盐专卖研究》，生活·读书·新知三联书店 2006 年版。

［美］黄仁宇：《十六世纪明代中国之财政与税收》，生活·读书·新知三联书店 2001 年版。

［美］柯文：《在中国发现历史——中国中心观在美国的兴起》，林同奇译，中华书局 2002 年版。

郎擎霄：《中国民食史》，《民国丛书》本。

［美］李明珠：《华北的饥荒：国家、市场与环境退化（1690—1949）》，石涛等译，人民出版社 2016 年版。

李文海等：《近代中国灾荒纪年》，湖南教育出版社 1990 年版。

［美］罗威廉：《救世——陈宏谋与十八世纪中国的精英意识》，陈乃宣等译，中国人民大学出版社 2013 年版。

［美］马立博：《虎、米、丝、泥：帝制晚期华南的环境与经济》，王玉茹、关永强译，江苏人民出版社 2012 年版。

［美］欧立德：《乾隆帝》，青石译，社会科学文献出版社 2014 年版。

彭信威：《中国货币史》，上海人民出版社 2007 年版。

钱穆：《国史新论》，生活·读书·新知三联书店 2005 年版。

钱穆：《中国历代政治得失》，生活·读书·新知三联书店 2001 年版。

瞿同祖：《清代地方政府》，范忠信、晏锋译，法律出版社 2003 年版。

全汉昇：《中国经济史论丛》，中华书局 2012 年版。

［日］森正夫等编：《明清时代史的基本问题》，周绍泉等译，商务印书馆 2013 年版。

申妙：《养民——乾隆初期粮政决策》，中国人民大学，硕士学位论文，2011 年。

［美］史景迁：《追寻现代中国：1600—1912 年的中国历史》，黄纯艳译，上海远东出版社 2005 年版。

［美］王国斌：《转变的中国——历史变迁与欧洲经验的局限》，李伯重、连玲玲译，江苏人民出版社 1998 年版。

［美］魏斐德：《中华帝国的衰落》，梅静译，民主与建设出版社 2017 年版。

［法］魏丕信：《18 世纪中国的官僚制度与荒政》，徐建青译，江苏人民出版社 2003 年版。

魏淑民：《乾隆初年粮政的再探讨》，中国人民大学，硕士学位论文，2004 年。

吴四伍：《清代仓储的制度困境与救灾实践》，社会科学文献出版社 2018 年版。

［美］萧公权：《中国乡村：19 世纪的帝国控制》，张皓、张升译，九州出版社 2018 年版。

杨奎松：《忍不住的"关怀"：1949 年前后的书生与政治》，广西师范大学出版社 2013 年版。

杨念群主编：《新史学（第五卷）》，中华书局 2011 年版。

［法］杜赫德编：《耶稣会士中国书简集：中国回忆录》（第 4 卷），郑德弟译，大象出版社 2005 年版。

［美］余英时：《宋明理学与政治文化》，吉林出版集团有限责任公司 2008 年版。

［美］曾小萍：《州县官的银两——18 世纪中国的合理化财政改革》，董建中译，中国人民大学出版社 2005 年版。

［美］詹姆斯·C. 斯科特：《国家的视角——那些试图改善人类状况的项目是如何失败的》，王晓毅译，社会科学文献出版社 2004 年版。

张崇旺：《明清时期江淮地区的自然灾害与社会经济》，福建人民出版社 2006 年版。

张分田：《民本思想与中国古代统治思想》，南开大学出版社 2009 年版。

张祥稳：《清代乾隆时期自然灾害与荒政研究》，中国三峡出版社 2010 年版。

Helen Dunstan, *State or Merchant?: Political Economy and Political Process in 1740s China*, Harvard University Press, 2006.

Pierre-Étienne Will & R. Bin Wong, *Nourish the People: The State Civilian Granary System in China (1650 – 1850)*, Ann Arbor: The University of Michigan, 1991.

后　记

我的第二本小册子终于收尾了。

说来惭愧，这本书从萌发写作想法到付梓，已有十三年之久。这绝非是因为我的严谨，也不能借口生活不易或者琐务缠身，主要是投入精力越来越不够，前紧后松、拖拖拉拉所致。不过，值得庆幸的是，2008年博士毕业至今，在把专业当作业余爱好的岁月里，我的这点微不足道的研究竟然没有完全扔掉。

这项研究最初是受到了我的硕士生导师、中国人民大学清史研究所高王凌教授的影响。高老师是清代经济史研究专家，对18世纪中国的经济发展与政府政策、18世纪经世学派等问题的研究具有开创意义，其中包括乾隆朝的粮政问题。近些年，我就本书的写作多次向老师请教。然而，2018年夏天，老师突然走了，留给我无尽的伤感、怀念和遗憾。

我要特别感谢我的博士生导师、中国人民大学清史研究所刘凤云教授多年来对我的教导和培育，并且将本研究纳入她承担的教育部人文社会科学重点研究基地重大项目之中。2008年毕业后，刘老师一如既往地关心、鼓励我，反复叮嘱我要踏踏实实做学问，还对本书的写作悉心加以指点。尽管自己常常因为努力不够而感到羞愧，但是老师的关怀和督促却使我不仅没有放弃，反而始终保持着对清史研究的那份浓浓情结，这是我一生宝贵的精神财富。

特别感谢中国社会科学院把本书纳入"中国社会科学院文库"资助出版，感谢文库评审专家提出宝贵意见。特别感谢中国社会科学出版社宋燕鹏编审的热心联络和精心审校，他为本书的出版付出了很多的辛勤劳动。

　　特别感谢我的父母，我取得的每一个进步，都离不开二老的鞭策和鼓励。感谢妻子申建霞、女儿和岳、儿子和祚尧给予我的莫大支持，特别是妻子将全部家务承担起来，并悉心照顾我的生活起居，令我感动不已。

　　一个时期以来，受西方学术影响，我国史学研究开始热衷于推介理论、概念、名词，乐此不疲地"建构""解构"，或者对"转型""变迁"津津乐道，随之也不断开拓出社会史、医疗史、环境史等新领域。在此过程中，长期占据主导地位的政治史研究遭到了冷落，我们的学术独立性受到了冲击。虽然有学者呼吁重提政治史研究，重视我们的学术传统，但都是响应寥寥。个人愚见，中国史学研究的真正壮大，应该以政治史研究为引领，在合理汲取西方学术之长基础上，弘扬我们的治史传统，以自己的叙事方式解读和讲述自己的历史。而欲求政治史研究"东山再起"，必须正视以"大政府小社会"为显著特征的中国传统社会留下来的历史遗产，在注重探讨国家权力结构的同时，紧紧抓住作为"政治"主体内容的国家治理主线，属意中国历史发展中的政治理念、政府角色和政府行为，深入探寻政治过程的立体化演进。我的第一本小册子《治水政治：清代国家与钱塘江海塘工程研究》，立足于政治史，从治水理念、政府政策与政府行为角度对清代钱塘江海塘工程进行了研究。这本小册子虽然很粗浅，但是以乾隆朝常平积贮养民政治为切入点，关注了乾隆朝国家治理的问题与弊端，关注了地方政治生态的生长，关注了皇权意志及国家政策与地方行政的互动，可以算是对以上体悟的另一点微不足道的探索吧。

　　由于越来越游离于清史学界，加上能力有限，书中肯定多有错谬之处，恳乞大家批评指正。

和卫国

2020 年 6 月于北京通州